Thailand
Der Süden

Michael Möbius · Annette Ster

DUMONT
Reise-Taschenbuch

Unterwegs in Südthailand

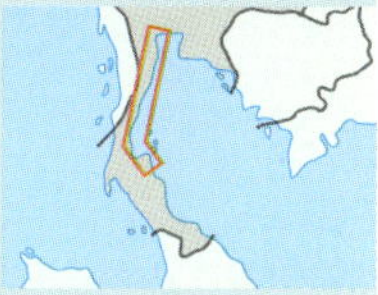

Inhalt

Auf Entdeckungstour

Karten und Pläne

► Dieses Symbol im Buch verweist auf die Extra-Reisekarte Thailand – Der Süden

Schnellüberblick

Andamanenseeküste und zentrales Bergland
Zwischen Phuket im Süden und der Grenze zu Myanmar im Norden erstrecken sich unendlich lange Strände, während die farbenprächtigen Korallenriffe der vorgelagerten Inseln mit zu den hochkarätigsten Tauchrevieren in Thailand zählen und das Hinterland mit bizarren, urwelthaften Landschaften überrascht. S. 166

Provinz Krabi – das Festland
Wahrlich märchenhaft mutet die Landschaft an, und ob an der Küste, auf den vorgelagerten Inseln oder im urwaldreichen Hinterland, stets wird nur der Superlativ der Realität gerecht. S. 214

Phuket
So wie Mallorca in Europa ist Phuket in Asien das beliebteste Ferienziel von Pauschalurlaubern. Die Perle der Andamanensee beeindruckt mit einer unglaublichen Vielfalt an allem, was des Touristen Herz begehrt. S. 190

Die Inselwelt vor Krabi
Ob man nostalgische Palmwedelrefugien sucht oder ruhige Urlaubsinseln mit Komfort, berühmte Filmstrände oder Robinson-Eilande ohne Fußspuren – im Archipel des Glücks wird jeder Traum erfüllt. S. 232

Südliche Andamanensee
Die Inselwelt des tiefen Südens gilt mit palmengesäumten Sandstränden, verführerisch schimmerndem Meer und bunt belebten Korallenriffen als Inbegriff eines exotischen Tropenparadieses. S. 256

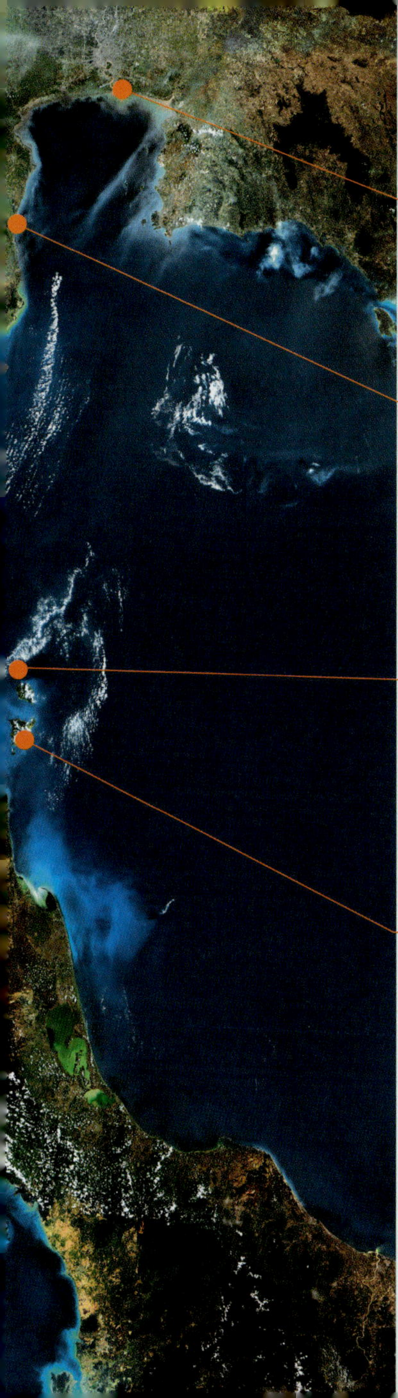

Stoppover in Bangkok
Dank ihrer einzigartigen Atmosphäre im Spannungsfeld zwischen Alt und Neu ist die politische, wirtschaftliche und kulturelle Metropole Thailands eine der faszinierendsten Großstädte der Welt. S. 78

Am Golf von Thailand
International genießt das mit kilometerlangen Stränden gesegnete königliche Seebad Hua Hin hohes Ansehen als urbanes Ferienzentrum. Im Hinterland kann man großartige Landschaften und entlang der Golfküste kulturelle Schätze, malerische Buchten und immer wieder Strände entdecken. S. 102

Ko Pha Ngan und Ko Tao
Ko Pha Ngan erinnert mit Bambushütten an Bilderbuchstränden noch stark an vergangene Tage. Doch das Publikum ist überwiegend jung und die Vollmondfeste weltberühmt. Das kleinere Ko Tao wird seinem Spitznamen ›Ko Tauch‹ in jeder Hinsicht gerecht. S. 144

Ko Samui
Urlauber aus aller Welt genießen auf der Palmeninsel exotische Traumstrände, Unterkünfte aller Komfortklassen nebst einem überschäumenden Nachtleben. Doch auch wer Ruhe und Entspannung sucht, kann in diesem einstigen Paradies der Rucksackreisenden auf seine Kosten kommen. S. 124

Mit Michael Möbius und Annette Ster unterwegs
Michael Möbius und Annette Ster arbeiten als freie Reisejournalisten, denn Reisen und Schreiben – in dieser Reihenfolge – sind ihre großen Leidenschaften. So haben sie in den vergangenen 30 Jahren zahlreiche Länder auf allen Kontinenten kennengelernt und häufig sind sie monatelang unterwegs, vorzugsweise mit dem Fahrrad, Kajak und per pedes. Doch selbst als ›manisch Reisende‹ brauchen sie immer wieder Ruhepunkte, die sie einerseits auf den norwegischen Lofoten gefunden haben und andererseits auf einer Insel vor Krabi, der in ihren Augen schönsten Provinz Thailands.

Michael Möbius

Thailands Urlaubsparadies

Stellen Sie sich ein Land vor, das warm ist und sonnig, wann immer Sie kommen, das schön ist, wohin auch immer Sie blicken, und das nicht zuletzt von Menschen bewohnt wird, denen es wichtig ist, das Dasein zu genießen. Wenn Ihnen das gelingt, haben Sie bereits einen guten Teil der Urlaubsrealität von Südthailand vor Augen.

Tropentraum zwischen zwei Ozeanen

Die Seele baumeln lassen, neue Energie tanken, das kann man vielleicht nirgends sonst so gut wie auf der Malaiischen Halbinsel, die südlich von Bangkok beginnt und sich auf fast 1000 km Länge bis hinunter an die Grenze mit Malaysia erstreckt. Mit gut 85 000 km² ist dieser Landesteil etwa so groß wie Österreich und hier treffen gleich zwei Ozeane mit tausend Inseln und bunt belebten Korallenriffen auf fast 3000 km Tropenküste.

Im Osten steigt die Malaiische Halbinsel aus dem Golf von Thailand auf, im Westen aus der Andamanensee, und Rückgrat dieses lang gezogenen Bogens sind die Ausläufer des Himalaya. Sie erstrecken sich als kulissenartig versetzte Bergketten und sind mit ausgedehnten Regenwaldflächen bedeckt, die heute größtenteils unter Naturschutz stehen. Auch die größten Seen und eindrucksvollsten Wasserfälle finden sich in dieser Region, deren Bergmassive vorwiegend aus Kalkstein gebildet sind, der zu bizarren Formen erodiert ist.

Märchenhaft schön präsentiert sich ebenfalls die über 900 km lange Küste der Andamanensee, die zum Indischen Ozean zu rechnen ist. Denn auch hier prägen oftmals bizarre Kalksteinformationen das Landschaftsbild. Teils ragen sie als Trauminseln aus den tiefblauen bis türkisfarbenen Fluten dieses an Korallenriffen so überaus reichen Meeres auf, teils bilden sie die Küste selbst, die mal schroff ins Meer abstürzt, mal in kleine, mal in große Sandbuchten, mal in kilometerweite

Annette Ster

Coral Cove Bay auf Ko Samui

Strände mit Palmen und Kasuarinen ausläuft.

Im Gegensatz dazu wird die Festlandküste des Golfs von Thailand, der zum Pazifik gehört, im Wechsel von endlos langen Sandbändern und Mangrovenwäldern gefasst. Auf den weit vorgelagerten Inseln schließlich finden sich die Strandsensationen von Südostasien und auch einige der betauchenswertesten Korallenriffe des Landes.

Was immer das Herz begehrt

In der ›Badewanne Südostasiens‹ kann jeder nach seiner Fasson glücklich werden, denn Robinsoninseln und durchgestylte Ferienzentren bilden die Pole des variantenreichen Angebots: Entspannen Sie in einer romantischen Palmwedelhütte an einem Traumstrand, steigen Sie hinauf in Ihr Baumhaus am Urwaldrand oder lassen Sie sich in einer luxuriösen Teakholzvilla am Meer verwöhnen. Springen Sie aufs Fahrrad, klettern Sie ins Kajak oder ziehen Sie Wander- bzw. Kletterschuhe an. Beobachten Sie Elefanten und Nashornvögel oder tauchen Sie ab in die blaue Tiefe des Ozeans zu Riesenschildkröten und Walhaien. Auch wer exotische Kultur mit fremdartigen Gebräuchen und Traditionen sucht, wird nicht enttäuscht: Mehrere hundert buddhistische Tempel laden allein in der Metropole Bangkok ein und zusammen mit hypermodernen Wolkenkratzern fügen sie sich hier zu einem faszinierenden Bild aus Alt und Neu.

Unvergessliches Thailand

Ob Sie also vorrangig an Natur oder Kultur interessiert sind, an Kontakten zu warmherzigen und gastfreundlichen Menschen, an Aktivurlaub oder Genussferien, an atemberaubenden Strand-, Insel- und Berglandschaften oder an quirligen Metropolen: Südthailand, nur elf Reisestunden vom Alltagsstress entfernt, wird Sie mit offenen Armen empfangen – und dies zu allen Jahreszeiten. Das Land des Lächelns gilt mit seiner Sonnensicherheit rund ums Jahr nicht umsonst als eines der beliebtesten Urlaubsparadiese weltweit. »Unvergessliches Thailand« eben, wie es der neue Slogan der thailändischen Tourismusbehörde so absolut zutreffend ausdrückt.

Nostalgische Gefühle am Hat Khom auf Ko Pha Ngan, S. 156

Entspannung fernab vom touristischen Trubel auf Ko Siboya, S. 241

Lieblingsorte!

Liegender Buddha in der märchenhaften Unterwelt der Khao-Luang-Höhle, S. 108

Herrlich wie am ersten Tag – am Stauseee Chiew Lan, S. 182

Dem Himmel so nah auf dem Klosterberg des Wat Tham Sua, S. 230

Im Full Moon Restaurant auf Ko Samui schlemmen wie im Paradies, S. 130

Die Reiseführer von DuMont werden von Autoren geschrieben, die ihr Buch ständig aktualisieren und daher immer wieder dieselben Orte besuchen. Irgendwann entdeckt dabei jede Autorin und jeder Autor seine ganz persönlichen Lieblingsorte. Dörfer, die abseits des touristischen Mainstreams liegen, ganz besondere Ausblicke, Plätze, die zum Entspannen einladen, ein Stückchen ursprünglicher Natur – eben Wohlfühlorte, an die man immer wieder zurückkehren möchte.

Im Labyrinth des Chatuchak Weekend Market in Bangkok, S. 96

Auf Ko Rawi für immer bleiben, S. 274

Reiseinfos, Adressen, Websites

Palmen und Meer auf Phuket – der paradiesische Urlaub kann beginnen

Informationsquellen

Infos im Internet

Thailand ist asienweit am besten im Internet vertreten. Die Landeskennung ist ›co.th‹. Die größte thailändische Suchmaschine ist www.google.co.th (auch auf Englisch).

www.thailandtourismus.de
Die offizielle Seite des Thailändischen Fremdenverkehrsamtes (TAT) hält Wissenswertes für die Reisevorbereitung, Basisinformationen zu vielen Themen und nützliche Links bereit.

www.tourismthailand.org
Die offizielle englischsprachige Seite des Thailändischen Fremdenverkehrsamtes (TAT) ist wesentlich umfangreicher als ihr deutsches Pendant. Immer einen Klick wert ist der News Room von TAT (www.tatnews.org), der u. a. eine prächtige Fotogalerie bietet.

X **www.sawadee.com**
Thailands führendes Tourismusportal bietet auf Englisch viele allgemeine Auskünfte, informiert aber auch über die einzelnen Regionen und Ferienzentren des Landes. Zu Letzteren führt der Link www.thailand.sawadee.com, auf dem der Großraum Südthailand mit seinen Provinzen detailliert vorgestellt wird. Die meisten Informationen dieses Portals werden vom Thailändischen Fremdenverkehrsamt (TAT) zur Verfügung gestellt.

www.forests.org/thailandrain forest
Mit Blick auf das faszinierende Ökosystem Regenwald bietet vor allem diese englischsprachige Seite interessante Infos rund um den thailändischen Urwald.

www.thaiminator.de
Das Webportal zu Thailand speziell für Individualreisende mit allem, was nicht nur das Herz des Rucksackreisenden begehrt. Alles über Reisevorbereitung und Reisen im Land, Tipps auch zu den Hauptreisezielen des Südens sowie eine umfassende Linksammlung zu Thailand. Ein Gästebuch ist ebenso zu finden wie eine Reisepartner-Suchseite.

www.thailand-reisetipps.de
Privates Reiseforum zum Thema Thailand. Besonders der Süden ist mit über 10 000 Beiträgen bestens vertreten.

www.forum-thailand.de
Diese Seite empfiehlt sich als weiteres Forum mit vielen Beiträgen auch zu Kultur, Politik und dem Tagesgeschehen.

www.bangkokpost.com
Der Online-Auftritt der liberalen, englischsprachigen Zeitung »Bangkok Post« informiert über aktuelle Politik, Wirtschaft und Kultur im Lande.

In Thailand ins Netz gehen

Internetcafés finden sich in allen Touristenzentren, den meisten Städten und zunehmend auch in kleineren Ortschaften des Landes. In vielen Unterkünften und den meisten Internetcafés kann man auch drahtlos mit dem eigenen Laptop ins Netz gehen. Die meisten Internetcafés verfügen inzwischen auch über Headset, Webcam und ein Konto bei Skype. Das Surfen im Netz (meist aber per ADSL oder Satellit) kostet etwa 40 Bt pro Stunde.

Fremdenverkehrsämter

Allgemeine Reiseinformationen und Broschüren erhält man beim Thailändischen Fremdenverkehrsamt. Jedes Jahr kommt das »Thailand Reisemagazin« neu heraus. Es steht auch zum Download bereit.

... in Deutschland

Bethmannstr. 58
60311 Frankfurt/Main
Tel. 069 138 13 90
Fax 069 13 81 39 50
www.thailandtourismus.de

... in Österreich

Apropos Marketing & Events
Heumühlgasse 3
1040 Wien
Tel. 01 585 24 20
Fax 01 585 23 44
www.tourismusthailand.at

... in der Schweiz

Gretz Communications
Zähringerstr. 16
3012 Bern
Tel. 031 300 30 88
Fax 031 300 30 77
www.tourismthailand.ch

... in Thailand

Lediglich in Bangkok, Phetchaburi, Hua Hin, auf Ko Samui, Phuket und in Krabi finden sich offizielle Fremdenverkehrsämter. Englisch wird verstanden. In ländlichen Regionen informieren die privaten Travel Agencies und Websites, die im Reiseteil aufgeführt werden.

Tourism Authority of Thailand (TAT)
1600 New Phetchaburi Road
Makkasan, Ratchathewi
Bangkok 10400
Tel. 02 250 55 00
www.tourismthailand.org

Lesetipps

Folgende Bücher stimmen auf Südthailand ein:

John Burdett: Der Jadereiter. München 2010. Ein Krimi aus Bangkok, in der Presse als »ungetrübtes Lesevergnügen« gelobt. Auch die anderen Bangkok-Krimis des Autors haben gute Kritiken erhalten.

Alex Garland: Der Strand. München 2000. Ein Traumstrand – für den jungen Engländer Richard das Paradies. Doch bald zeigt der Strand sein wahres Gesicht. Richard stellt fest, dass er in die Hölle geraten ist. Der Roman spielt auf einer Insel vor Ko Pha Ngan und wurde auf Ko Phi Phi verfilmt.

Rattawut Lapcharoensap: Sightseeing. Köln 2006. Sieben literarische Kurzgeschichts-Kostbarkeiten aus Thailand, die zusammen ein fantastisches Kaleidoskop des Landes bilden.

Christopher G. Moore: Haus der Geister/Nana Plaza. Zürich 2000/2001. Die spannenden Thriller des kanadischen Autors führen in die Unterwelt Bangkoks und sind in Thailand Kult.

Markus Reichert: Die Unruhen in Südthailand. Saarbrücken 2008. Facettenreiches Bild des Konflikts mit muslimischen Aufständischen in Südthailand, das die Wechselwirkungen zwischen Identität, Abgrenzung und politischer Macht zeigt.

Heike Werner und Kirsten Ritscher: Ein Staubkorn auf der Erde. Unkel/Rhein 2006. Erstmals liegen Erzählungen preisgekrönter thailändischer Autoren in deutscher Übersetzung vor. Schwerpunkt sind sozialkritische Themen, in denen sich die gesellschaftliche Realität Thailands mit ihren Widersprüchen zwischen Tradition und Moderne, Stadt und Land, Arm und Reich, Mann und Frau spiegelt. Pflichtlektüre für alle, die sich ernsthaft auf Thailand einlassen wollen.

Wetter und Reisezeit

Im Zeichen des Monsuns

Südthailand liegt im Tropengürtel und damit im Einfluss der Monsunwinde, die je nach Jahreszeit aus unterschiedlichen Himmelsrichtungen wehen. Sie sorgen für drei Klimaperioden.

Von Mitte Mai bis November weht der Monsun aus Südwest und beschert die Regenzeit mit mehr oder weniger starken Niederschlägen und hoher Luftfeuchtigkeit bei Temperaturen um die 30 °C. Während des Nordostmonsuns von November/Dezember bis Februar/März ist es eher kühl. Die Temperaturen schwanken zwischen 21 °C und 28 °C, die Luftfeuchtigkeit ist gering und die Wahrscheinlichkeit für schönes Wetter jetzt am höchsten. Der kühlen Periode folgt die heiße Zeit: Gegen Ende März können die Temperaturen auf über 35 °C ansteigen, im April sind auch 40 °C keine Seltenheit. Erst wenn gegen Mitte Mai der Südwestmonsun einsetzt, kühlt es wieder ein wenig ab.

Klimatabelle Bangkok

	J	F	M	A	M	J	J	A	S	O	N	D
Mittlere Tagestemperaturen in °C	32	33	34	35	34	33	33	32	32	32	32	31
Mittlere Nachttemperaturen in °C	21	23	25	26	26	25	25	25	25	24	23	21
Mittlere Wassertemperaturen in °C	26	27	27	28	28	28	28	28	28	27	27	27
Sonnenstunden/Tag	9	9	9	9	7	6	6	5	5	6	8	8
Regentage/Monat	1	2	2	4	13	12	13	15	18	14	5	1

Am Golf von Siam

Am Golf von Siam wirkt sich der Südwestmonsun weniger stark aus. Besonders im nördlichen Küstenabschnitt (etwa Hua Hin) und auch in Bangkok hält sich der Niederschlag in Grenzen. Im Süden, im Bereich von Ko Samui und den Nachbarinseln, wechseln sich verregnete Tage mit sonnigen Zeiten ab. Diese Wetterlage hält sich etwa bis November, wenn der Nordostmonsun einsetzt und die Golfküste in den Einflussbereich teils heftiger Tiefdruckgebiete kommt. Ab Mitte bis Ende Dezember ist diese kurze Schlechtwetterphase meist vorüber und bis Mitte Mai etwa gibt es viel Sonnenschein. Zusammenfassend kann man sagen, dass bis auf die Monate von etwa Mitte September bis Mitte Dezember das ganze Jahr über Saison herrscht. Hochsaison (auch in preislicher Hinsicht) ist von Mitte Dezember bis Mitte Januar und von Juni bis Anfang August.

An der Andamanensee

Für den gesamten Großraum gelten die Monate von Dezember bis Ende April als beste Reisezeit. Ab etwa Mitte Dezember sind die Chancen für schönes Wetter am größten – und die Preise am höchsten. Die übrige Zeit des Jahres ist Nebensaison. Allerdings gibt es regionale Unterschiede: Phuket und Ko Phi Phi z. B. sind auch zwischen Mai und August als Reiseziel empfehlenswert. Die allermeisten Unterkünfte sind ganzjährig auf Gäste eingestellt, doch das Meer ist in der Zeit des Südwestmonsuns in der Regel aufgewühlt.

An der nördlichen Andamanenseeküste herrschen zwar die gleichen klimatischen Bedingungen, doch da die Strände offener sind, kann man dort zwischen Mai und Oktober oft tagelang nicht baden, viele Unterkünfte haben geschlossen. Ideale Reisezeit: Dezember bis Ende April, wobei Dezember und Januar (auch in preislicher Hinsicht) die Topsaison markieren.

Für den Großraum Krabi gilt das Gleiche wie für Phuket. In Ko Lanta, wo die Strände eher ungeschützt sind, herrscht hingegen zwischen Mai und Oktober wenig Betrieb. Die südlichen Inseln bis hinunter nach Ko Tarutao sind während des Südwestmonsuns aufgrund der dann oft rauen See mitunter nur schwer zu erreichen, daher sind die meisten Anlagen geschlossen.

Klimawandel und Wetterbericht

Spätestens seit März 2011, als in Südthailand wegen extremer Niederschläge an beiden Küsten teils der Notstand ausgerufen werden musste, ist klar, dass das Wetter auch hier verrückt spielen kann. So sollte man sich nicht allzu sehr auf allgemeine Angaben sowie Statistiken über das Wetter verlassen und sich stattdessen lieber an den kurz- und mittelfristigen Wetterberichten orientieren, die man unter www.tmd.go.th/en abrufen kann. Dank der Symbole ist die Seite außerordentlich informativ und vorausschauend – es werden auch Voraussagen für den kommenden Monat angezeigt.

Königlich überwintern

Immer mehr Senioren ziehen mit Einbruch des Winters nach Südthailand. Erleichtert wird solches Überwintern durch spezielle Visaregelungen der thailändischen Regierung. Und so bekommt, wer über 50 Jahre alt ist und ein geregeltes Einkommen hat, völlig problemlos ein sogenanntes Non-Immigrant-Visum, das zu einem Langzeitaufenthalt berechtigt.

Wer als Senior seinen Ruhesitz in Thailand nehmen will, findet ebenfalls ideale Bedingungen vor, sogar betreutes Wohnen wird u. a. auf Phuket angeboten. Umfassende Informationen liefert das thailändische Fremdenverkehrsamt in Frankfurt/Main.

Zwar fahren Senioren in alle Ferienzentren des Südens, doch für Rentner aus deutschen Landen hat sich insbesondere Khao Lak, hier vor allem Nang Thong Beach, einen herausragenden Namen gemacht. Auch Ko Lanta, insbesondere Klong Dao Beach, ist extrem populär, teilweise auch Phuket und Ko Samui. Die Unterkunftspreise richten sich nach der Dauer des Aufenthalts: Je länger man bleibt, desto günstiger wird es.

Kleidung und Ausrüstung

Aufgrund des tropischen Klimas ist in Thailands Süden ganzjährig leichte Sommerkleidung ratsam, vorzugsweise aus Baumwolle. Neben Badeutensilien gehören lange Hosen und langärmelige Hemden ins Gepäck, die als Mücken- und Sonnenschutz dienen. Ein Pulli hilft, Fahrten in den klimatisierten Bussen ohne Erkältung zu überstehen. Wer wandern möchte, benötigt festes Schuhwerk.

Da die Thais zuerst nach dem äußeren Erscheinungsbild urteilen, ist ein seriöses Outfit außerhalb der Strandzonen ratsam. Was an sonstiger Ausrüstung notwendig ist, hängt primär von den geplanten Aktivitäten ab.

Rundreisen planen

Während die schönsten Strände und Ferienzentren sowie die interessantesten Natur- und Kultur-Highlights von Südthailand in den Kapiteln des Reiseteils näher vorgestellt werden, geben die Routenvorschläge einen ersten Anhaltspunkt, welche Touren bei längerem Aufenthalt empfehlenswert sind und welche Rundreisen bei wenig Zeit im Land einen größtmöglichen Überblick verschaffen können.

Inselhopping in der Andamanensee

Dauer: 14 Tage sind ein absolutes Minimum, im Sinne eines ausgewogenen Reiseerlebnisses sollte man wenigstens drei Wochen ansetzen.

Die Inseln der Andamanensee sind nicht nur für ungetrübte Badefreuden gut, sondern bieten zudem ein breites Spektrum an Aktivitäten. Gerade für Schnorchler gibt es kaum Vergleichbares an anderen Orten, da hier die Korallenriffe den Stränden oft direkt vorgelagert sind. Tauchfahrten sowie Boots- und Kajaktouren sind weitere Highlights. **Ko Phi Phi** besitzt Klettereviere der Weltklasse (und ein Nachtleben mit reichhaltigem Angebot), auf **Ko Libong** kann man u. a. Seekühe beobachten und auf **Ko Tarutao** auf eigene Faust kilometerweit durch den Urwald wandern. Man bereist die Inseln am besten im Rahmen eines Inselhopping-Trips. **Krabi** ist dafür ein idealer Ausgangspunkt. Von dort aus geht es dann mit dem Schnellboot über **Ko Jum** nach **Ko Lanta.**

Alternativ kann man auch von Krabi nach Ko Phi Phi fahren mit Bootsanschluss nach Ko Lanta, von wo aus täglich ein Highspeed-Motorboot vorbei an Ko Kradan und Ko Libong via **Ko Ngai, Ko Muk** und **Ko Bulon Lae** nach **Ko Lipe** verkehrt. **Ko Tarutao** liegt schließlich auf dem Bootsweg von **Ko Lipe** nach **Ban Pakbara** auf dem Festland, von wo aus alle Ferienzentren des Südens mit Minibussen innerhalb weniger Stunden erreichbar sind.

Highlights im Bergland

Länge und Dauer: ca. 500 km, reine Fahrzeit 2–3 Tage, aber mit Abstechern gut 8–10 Tage. Das ideale Fahrzeug für diese landfeste Rundfahrt, die stets ausgezeichneten Straßen folgt, sind ein Mietmoped oder ein Mietwagen.

Die landschaftlich eindrucksvollste Route führt von **Krabi Town** aus auf küstennah parallel zum Highway 4 verlaufenden Nebenstraßen nach **Ao Luk.** Dort geht es dann über die Highways 4 und 415 durch eine Urwaldhügellandschaft weiter an den Highway 401 heran. Hier wartet der nahe gelegene Stausee **Chiew Lan** mit atemberaubenden Bootstouren und Urwalderlebnissen. Außerdem ist Richtung Takua Pa das Hauptquartier des **Khao Sok National Park** ansässig. Die reine Fahrzeit beläuft sich auf etwa drei Stunden. Am Ziel der Strecke laden zahlreiche Unterkünfte aller Kategorien, verschiedene Wanderungen und abenteuerliche Aktivitäten ein.

Der Highway 401 bestimmt auch weiterhin die Richtung durchs große Regenwaldgrün hindurch, bis man den Highway 4 nach insgesamt ca. 150 km erreicht. Er führt via **Takua Pa** durch Kautschukplantagen und vorbei an mehreren ausgeschilderten Wasserfällen zum Ferienzentrum **Khao Lak.** Hier kann man einen weiteren Unterkunftstopp einplanen oder seine Tour fortführen.

Auf der Fahrt geht es weiter Richtung **Phuket** bis **Thung Maphrao** (etwa 20 km), wo man nach links auf den Highway 4240 einbiegen sollte, der nach rund 10 km auf den Highway 4090 trifft. Rechts ab geht es durch dichtes Urwaldgrün nach **Bang Ba,** wo der alte Abschnitt des Highway 4 erreicht wird. Er führt nach **Thap Put.** Diese Strecke von ca. 20 km ist eine Traumroute über einen kleinen Urwaldpass hinweg, auf dessen südlicher Seite der ungemein eindrucksvoll in einem Kalksteinkessel gelegene **Wat Tham Suwankhua** am Weg liegt.

Rund 10 km sind es von dort aus noch bis zur Kreuzung mit dem neuen Abschnitt des Highway 4, etwa 70 km von Krabi entfernt.

Am Golf von Thailand

Dauer: 14 Tage sollte man wenigstens ansetzen; wer Hua Hin und die Golfküste auslässt, kann sich auch in etwa 10 Tagen einen Überblick verschaffen.

Ausgangspunkt ist **Bangkok,** von wo aus es nur ein kurzes Stück bis zum Badeort **Hua Hin** ist. Der Ort eignet sich als Ausgangspunkt zur Entdeckung der nördlichen Golfküste und ihres Hinterlandes. Eine Tour von ein bis zwei Tagen mit dem Mietfahrzeug (oder organisiert) sollte die Tempelstadt **Phetchaburi** und den **Kaeng Krachan National Park** zum Ziel haben. Hier laden Bootsfahrten, Wanderungen und Urwaldabenteuer nebst Unterkünften in allen Kategorien ein. Auch eine Fahrt in den im Süden liegenden **Khao Sam Roi Yot National Park** ist ein Muss, denn das vogelreiche Refugium beeindruckt mit großartigen Kalksteinlandschaften, Mangrovengebieten und Sandstränden.

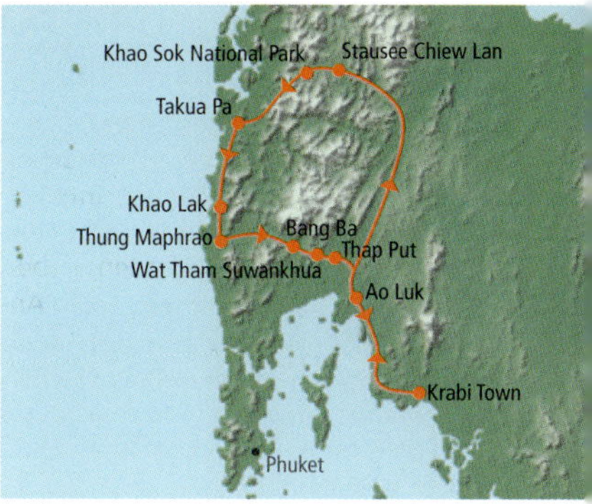

Mit dem Bus oder Zug ist von hier aus schnell **Chumpon** erreicht, von dort gibt es per Boot Anschluss nach **Ko Tao.** Auch wer kein leidenschaftlicher Taucher ist, wird auf dieser Insel mindestens zwei bis drei Tage verbringen wollen, bevor es auf dem Wasser weitergeht zur Insel **Ko Pha Ngan** (zu empfehlen sind hier ebenfalls zwei oder drei Tage Aufenthalt) und nach **Ko Samui.**

Von den drei Golfinseln aus sind übrigens im Laufe eines Tages alle Ferienzentren an der Andamanenseeküste für wenig Geld zu erreichen.

Anreise und Verkehrsmittel

Einreisebestimmungen

Für die Einreise nach Thailand ist ein Reisepass erforderlich, der am Tag der Ankunft noch mindestens sechs Monate lang gültig sein muss. Auch Kinder, selbst Säuglinge, benötigen einen mit Foto versehenen Reisepass (keinen Kinderausweis!), sofern sie nicht im Pass der Eltern eingetragen sind.

Ein Visum ist nicht erforderlich, wenn man maximal 30 Tage im Land bleibt und ein bestätigtes Rückflug- oder Weiterreiseticket (kein Open-date-Ticket) vorweist. Für einen längeren Aufenthalt benötigt man ein Touristenvisum, das für 25 € in einfacher Ausführung 60 Tage gültig ist. Als Reentry-Visum berechtigt es zu maximal drei Aufenthalten à 60 Tage, wobei sich der Preis verdoppelt bzw. verdreifacht. Mit diesem Visum kann man nach Ablauf der Aufenthaltsfrist aus- und sofort wieder einreisen und so maximal sechs Monate im Land bleiben.

Mit dem Non-Immigrant-Visum kann man 90 Tage bzw. mit dem Multiple-entry-Visum bis zu einem Jahr in Thailand bleiben. Das Visum kostet 50 € bzw. 120 € für mehrere Einreisen und gilt u. a. für Senioren, die einen Langzeitaufenthalt planen. Eine Rentenbescheinigung ist in diesem Fall vorzulegen.

Die Visa stellen die diplomatischen Vertretungen Thailands vor Reiseantritt aus. Die erforderlichen Formulare erhält man online oder fordert sie telefonisch bzw. schriftlich an. Die Bearbeitungszeit dauert ca. 7–10 Tage.

Zollvorschriften

Zollfrei können persönliche Gebrauchsgüter wie Kleidung und Kosmetika, 200 Zigaretten oder 250 g Tabak und 1 l Wein oder Spirituosen mitgenommen werden.

Elfenbein, Schildpatt, Krokodilleder und andere Produkte von geschützten Tieren dürfen nicht ausgeführt werden. Antiquitäten und jegliche Buddhafiguren erfordern eine spezielle Exportgenehmigung. Auch gute Repliken können bei der Ausfuhr Probleme bereiten.

Anreise

Pauschal oder individuell?

Sicherlich ist es eine Frage der persönlichen Vorliebe, ob man pauschal oder individuell reisen möchte. Generell ist aber festzuhalten, dass es kein Land in Asien gibt, das so problemlos individuell bereist werden kann, wie Thailand. Ein wenig Abenteuerlust sollte man natürlich mitbringen. Für Urlauber mit hohen Ansprüchen an den Komfort ist eine Pauschalreise jedoch in der Regel wesentlich preiswerter. Dies gilt insbesondere für die Destinationen Hua Hin, Phuket und Ko Samui.

Flüge nach Bangkok und Phuket

Der Direktflug von Mitteleuropa nach Thailand währt rund zwölf Stunden. Drehkreuz des thailändischen Flugtourismus ist Bangkok, das allein von Frankfurt/Main von drei Dutzend Fluggesellschaften angeflogen wird. Andere Abflughäfen sind u. a. Berlin, München, Düsseldorf, Wien und Zürich. Preiswerte Flüge gibt es auch von Amsterdam und Brüssel aus.

Täglich direkt von Europa angeflogen wird auch Phuket. Zudem verkehren zwischen Bangkok und Phuket täglich rund zwei Dutzend Maschinen, die Flugzeit beträgt etwa eine Stunde.

Auch nach Ko Samui besteht ein regelrechter Shuttleservice. Krabi wird zudem mehrmals täglich von Bangkok aus angeflogen, sodass man innerhalb von ca. 15 Stunden Südthailand via Bangkok von Westeuropa aus erreichen kann. Transparenz über das oft unübersichtliche und teilweise täglich wechselnde Flugangebot bieten Vergleichswebsites. Die effektivsten sind u. a. www.flugvergleich.com, www.idealo.flug.de und www.billig-flieger-vergleich.de.

Mit Air Berlin nach Thailand
Air Berlin fliegt täglich nach Bangkok zu außerordentlich günstigen Preisen: ab etwa 520 € hin und zurück. Phuket ist je Strecke rund 50 € teurer. Sportgepäck darf man für ein geringes Entgelt zusätzlich zum erlaubten Gepäck mitnehmen. Geflogen wird ab Berlin, Düsseldorf und München, doch da man mit Air Berlin gleichzeitig Anschluss von den meisten Großstädten in Deutschland, der Schweiz und Österreich hat, bietet diese Gesellschaft ein umfassendes Netz. Am billigsten online buchen über www.airberlin.com, ansonsten über die gängigen Reisebüros und über die Service-Telefonnummern 01805 73 78 00 (Deutschland), 0820 73 78 00 (Österreich), 0848 73 78 00 (Schweiz).

Verkehrsmittel in Thailand

Der öffentliche Personenverkehr ist in Thailand dichter, pünktlicher und effizienter als in allen anderen Ländern Südostasiens und könnte durchaus auch vielen Ländern Europas als Vorbild dienen. Einen schnellen Überblick über die Fahrpläne für Flugzeug, Bus und Zug ab Bangkok gibt die Website www.sawadee.com/transfer.

Flugverkehr

Neben Bangkok mit seinen beiden Flughäfen sind Phuket, Ko Samui und Krabi die Drehkreuze für den touristischen Luftverkehr in Südthailand. Aber auch Surat Thani, Trang und Hat Yai besitzen Flughäfen.

Bedeutendste Fluggesellschaft ist Thai Airways (www.thaiair.com, Tel. 069 92 87 44 44 (in Deutschland), Tel. 022 88 70 00 (in Thailand), die u. a. mindestens 7x tgl. die Strecke Bangkok–Phuket bedient (ab 3015 Bt) sowie 3x tgl. Bangkok–Krabi (ca. 2900 Bt) und 2x tgl. Bangkok–Surat Thani (ab 2400 Bt).

Die Linie Bangkok Air (www.bangkokair.com, Tel. 022 70 66 99) verbindet mindestens 4x tgl. Bangkok mit Phuket (ab 1755 Bt) und 12–20x tgl. Bangkok mit Ko Samui (ab 3160 Bt).

Unter den Billigfliegern gilt Asia Air als mit Abstand am pünktlichsten und sichersten (www.airasia.com, Tel. 025 15 99 99). Die Gesellschaft fliegt u. a. von Bangkok bis zu 8x tgl. nach Phuket (ab 1500 Bt), 2x tgl. nach Surat Thani (ab 1200 Bt) und 3x tgl. nach Krabi (ab 1500 Bt).

Der Billigflieger Nok Air (www.nokair.com, Tel. 1318) verkehrt 2 x tgl. auf den Strecken Bangkok–Phuket (ab 1200 Bt) und Bangkok–Surat Thani (ab 1250 Bt) und fliegt außerdem Hat Yai und Trang (nahe Krabi) an.

Die Linie Orient Thai (www.flyorientthai.com, Tel. 1126) fliegt von Bangkok aus ebenfalls Phuket (ca. 1450 Bt) sowie Hat Yai und Trang zu günstigen Preisen an.

Bahn

Auf der Southern Line der State Railway of Thailand verkehren Züge von Bangkok aus via Hua Hin (12 x tgl.), Surat Thani (10 x tgl.) und Hat Yai (4 x tgl.)

nach Malaysia (www.railway.co.th/english, Tel. 022 22 01 75 und 026 21 87 01). Die Züge sind pünktlich, komfortabel und preiswert und brauchen den Vergleich mit mitteleuropäischen Maßstäben nicht zu scheuen.

Die verschiedenen Zugtypen sind mit drei Klassen ausgestattet, Schlaf- und Speisewagen sind angehängt. Die Gerichte, die in der 1. und 2. Klasse auch im Abteil serviert werden, sind mit Preisen zwischen ca. 100 und 200 Bt überteuert. Vorverkauf der Fahrkarten über das Advance Booking Office in Bangkok bis zu 60 Tage vor Reiseantritt (16 90 und 022 23 37 62, Mo–Fr 8.30–18, Sa/So bis 12 Uhr).

Bus

Nahezu alle Ortschaften und Städte in Südthailand sind untereinander und mit Bangkok durch ein vorbildliches System aus Normalbussen mit Ventilator (Fan) und klimatisierten Bussen (AC) verbunden. Eine Toilette ist in den AC-Bussen oft an Bord. Auf den Langstrecken (Tickets, auch im Vorverkauf, u. a. über die Postämter des Landes) von/nach Bangkok sind zudem Luxusbusse (VIP-Busse) mit 32 oder 24 Sitzen im Einsatz, die über Nacht fahren und in denen es sich gut schlafen lässt. Essen und Frühstückskaffee sind im Preis (ca. 1000 Bt für 1000 km) in der Regel inbegriffen. Da es in den klimatisierten Bussen nachts empfindlich kalt sein kann, sollte man einen Pulli mitnehmen.

Minibus: Zwischen den Ferienzentren in Südthailand verkehren zwölfsitzige, klimatisierte Minibusse. Im Preis enthalten ist meist ein Abholservice an der Unterkunft – eine schnelle und preiswerte Art zu reisen. Buchung über die örtlichen Reisebüros.

Fähre/Boot

Alle Inseln von touristischer Bedeutung werden mehrmals täglich von meist klimatisierten Schnellbooten bedient. Zudem verkehren längs der südlichen Andamanenseeküste zwischen Ko Lanta und Ko Lipe Highspeed-Motorboote auf fester Strecke.

Die in Thailand verbreiteten langen, schmalen Longtailboote mit einer weit nach hinten herausragenden, beweglichen Antriebsschraube fahren selbst zu den kleinsten bewohnten Inseln. Sie können sehr günstig gechartert werden und sind daher ideal zum Inselhüpfen. Im Reiseteil werden alle wichtigen Infos und Preise angegeben.

Nahverkehr

Taxi: Sie verkehren nur in den größeren Städten. Man stoppt sie durch Heranwinken und zahlt den Taxameterpreis (nur in Bangkok), sofern man nicht vor Fahrtantritt einen Preis aushandelt. Eine normale Stadtfahrt in Bangkok von 5 km kostet 50 Bt (35 Bt für 2 km plus 5 Bt/km).

Tuk-Tuk: Wo es keine Taxen gibt, da verkehren die kleinen drei-, heute zunehmend auch vierrädrigen Allroundfahrzeuge, die lautstark durch die Straßen knattern. Der Preis ist Verhandlungssache und beläuft sich auf ca. 50–70 Bt für eine normale Stadtfahrt.

Motorradtaxi: Alternativ bieten sich Motorräder an, erkennbar an den roten oder blauen Westen der Fahrer, die maximal zwei Passagiere mit manchmal mörderischer Geschwindigkeit befördern. Der Fahrpreis ist auszuhandeln und hängt u. a. vom Verkehr, dem Straßenzustand und der Nachfrage ab (ca. 30 Bt für eine normale Stadtfahrt).

Songthaew: Von Stadtbussen einmal abgesehen, die nur in den großen Städten fahren, werden insbesondere Songthaews im Nahverkehr eingesetzt. Es handelt sich meist um Pickups mit überdachter Ladepritsche, auf der zwei Sitzbänke befestigt sind. Sie ver-

Laut und luftig geht's mit dem Tuk-Tuk durch Bangkok

kehren auf festen Routen und kosten ca. 5–10 Bt pro Strecke.

Mietfahrzeug

Südthailand von einem festen Standort aus mit Jeep bzw. Pkw, Motorrad oder Moped zu bereisen erfreut sich allergrößter Beliebtheit. Am günstigsten mietet man bei thailändischen Firmen (Adressen im Reiseteil). Jeeps inklusive Vollkasko kosten etwa 800–1200 Bt/Tag, Motorräder mit 120 ccm Hubraum und Halbautomatik liegen bei 150–220 Bt/Tag. Zum Ausleihen und Fahren eines Autos benötigt man offiziell einen internationalen Führerschein, für Motorräder/Mopeds genügt in der Regel der nationale. Hinterlegt wird Pass oder Passkopie.

Verkehrsregeln

Mit Linksverkehr und rechts gelenktem Fahrzeug klarzukommen ist etwas gewöhnungsbedürftig, jedoch einfacher, als sich mit der Missachtung der offiziellen Verkehrsregeln, die in etwa den Regeln in Deutschland entsprechen, zu arrangieren.

Generell haben große Fahrzeuge wie Trucks und Busse immer Vorfahrt. Um Risiken zu vermeiden, sollte man langsam, umsichtig und vorsichtig fahren und sich die thailändische Gewohnheit zu eigen machen, beim Überholen von Fahrzeugen wie von Fußgängern stets die Hupe zu betätigen bzw. nachts zusätzlich die Lichthupe zu aktivieren.

Das Straßennetz in Südthailand ist im Großen und Ganzen von ausgezeichneter Qualität. Die wichtigsten Hinweise sind auch in lateinischer Schrift ausgeschildert. An Tankstellen herrscht auf den Hauptstraßen kein Mangel. Selbst auf dem Land finden sich überall kleine Stationen, wo der Treibstoff aus Fässern abgepumpt wird. Die Benzinpreise liegen bei etwa 30 Bt/l.

Übernachten

Von der romantischen Palmwedelhütte mit Hängematte am Strand bis hin zur Traumvilla mit allen Hightech-Finessen in klassisch thailändischer Teakholzarchitektur reicht das breit gefächerte Angebot an Unterkünften in Südthailand. Mit Ausnahme weniger Hotels und Resorts stimmt in der Regel das Preis-Leistungs-Verhältnis. Fast immer zahlt man den Preis für das Zimmer oder den Bungalow, unabhängig von der Anzahl der Gäste, die es bewohnen.

In ländlichen Regionen und in den Städten gibt es kaum Preisunterschiede zwischen den einzelnen Saisonzeiten, doch in den Ferienzentren variieren die Preise zwischen Hochsaison (an den Küsten Dez.–Febr. und an der Golfküste auch Juli/Aug.) und Nebensaison (Rest des Jahres) gewaltig. Vor allem über den Jahreswechsel zahlt man nicht selten dreimal so viel wie sonst – was bei den Unterkünften im Reiseteil in der Regel mit angegeben ist.

»Kommen, sehen, mieten« ist nur in den Gästehäusern der Budgetklasse zu empfehlen, denn in allen anderen Häusern, insbesondere denen der Spitzenklasse, kann man bei Onlinebuchung Schnäppchenpreise erzielen, die bis zu 50 % unter den regulären Zimmertarifen liegen. Die Buchung erfolgt entweder direkt auf der Website des jeweiligen Hotels oder über spezielle Hotelreservierungsdienste, die oft noch günstiger sind (u.a. www.thaisouth.com, www.hotelthailand.com, www.hotels2thailand.com).

Guesthouses

Gästehäuser (Guesthouses) findet man in allen Regionen des Landes überwiegend in urbanen Ferienzentren und Städten. In Bangkok stellen sie eine preisgünstige Alternative zu den Hotels dar. Da vor allem junge Rucksackreisende hier wohnen, ist die Atmosphäre international und locker.

Zimmer mit Ausblick – auf Ko Samui entspannt man modern und ganz nah am Wasser

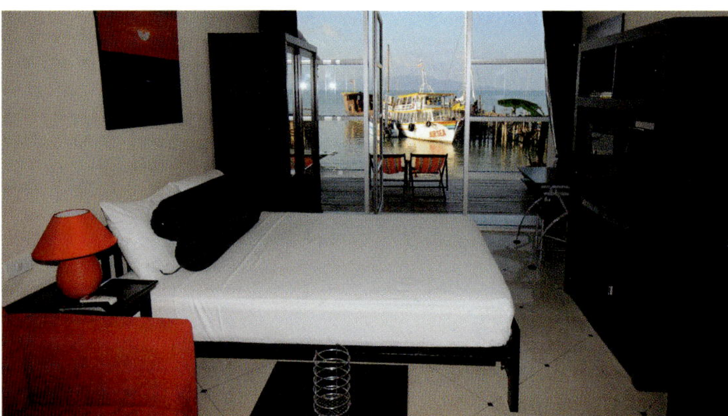

Zimmer in einem Gästehaus – sauber, akzeptabel und meist mit Ventilator *(fan)* ausgestattet – gibt es ab etwa 150 Bt. Ab 250 Bt muss man für ein Zimmer mit Bad zahlen. Mehr und mehr Gästehäuser bieten Zimmer mit Klimaanlage (AC = *airconditioning*) ab etwa 400 Bt. Manche Gästehäuser können durchaus mit gehobenem Hotelstandard konkurrieren, zumeist ist ein einfaches Restaurant angeschlossen.

Für den perfekten Schlaf
Da die Bettlaken in den Budgetunterkünften nicht immer den Hygienevorstellungen von Reisenden aus Deutschland entsprechen, empfiehlt es sich, ein eigenes dünnes Baumwolllaken mitzubringen, mit dem man sich dann auch zudecken kann. Ein Schlafsack ist dank des Klimas nicht notwendig!

Hotels

Der Standard der Hotels in allen urbanen Ferienzentren und Städten variiert von spartanisch bis höchst luxuriös. Selbst in Häusern der internationalen Spitzenklasse kann man bereits ab etwa 2500 Bt ein Doppelzimmer bekommen, in Bangkok, wo die Hotelpreise generell um etwa 50 % über dem Landesdurchschnitt liegen, ab ca. 3500 Bt. In der Mittelklasse muss man ab 800 Bt (Bangkok ab ca. 1200 Bt) für ein Zimmer mit Bad/WC, AC, TV, Telefon und Minibar einkalkulieren. Generell gilt, dass man bei direkter Onlinebuchung oder über Hotelreservierungszentralen günstigere Preise erzielt (s. S. 24).

Bungalowanlagen und Resorts

Am Strand wohnt man in Bungalowanlagen und Resorts. Die Namensgebung ist fließend, aber im Allgemeinen liegen die Bungalowanlagen vorwiegend im unteren Preissegment, während Resorts mindestens zur Mittelklasse zählen. Ab ca. 250 Bt ist eine romantische, aber nur mit Matratze, Moskitonetz und Veranda spartanisch ausgestattete Bambushütte zu bekommen. Ab ca. 300 Bt gehören ein eigenes Bad/WC und Ventilator zur Ausstattung. Für eine Unterkunft mit Klimaanlage muss man mit mindestens 500 Bt rechnen.

Ein eigenes Restaurant gehört zu jeder Anlage, die besseren besitzen meist auch einen Swimmingpool. Immer mehr Resorts bieten inzwischen Spa und Wellness an. In den Nationalparks vermietet die jeweilige Parkverwaltung Bungalows (meist zwischen 1000 und 2000 Bt).

Zelten

Es gibt zwar keine Campingplätze in Thailand, aber wer sehr billig reisen bzw. naturnah übernachten möchte, sollte die Mitnahme eines einfachen Zeltes erwägen. Wild zu zelten ist nirgends ausdrücklich verboten und gerade in den Nationalparks verschafft es Freiraum. Dort werden zwar oftmals auch Zelte vermietet (etwa 250 Bt), doch sie entsprechen nicht immer den europäischen Standards. Außerdem gibt es Leihzelte dort nur bei den Hauptquartieren, doch niemals im wirklich naturnahen Abseits.

Aber auch in den Ferienzentren sind Zelte oft nützlich, da sie in der Hochsaison einen Platz für die Nacht garantieren, wenn ohne vorherige Reservierung keine feste Bleibe mehr zu bekommen ist.

Essen und Trinken

Ohne *sanuk,* Lebensfreude, wäre das Dasein für die Thailänder eintönig und trist. Essen und Trinken, am liebsten gemeinsam mit Freunden genossen, ist *sanuk* in Reinform und bedeutet weitaus mehr als die Befriedigung eines Grundbedürfnisses. Da es Behagen *(sabai)* bereitet, es sich so gut wie möglich gehen zu lassen, wird keine Gelegenheit zu einem Essen, Snack oder guten Schluck vertan. Folglich scheint man in Thailand immer und bei jeder Gelegenheit zu essen. (Siehe auch Kulinarisches Lexikon auf S. 282)

Garküchen und Restaurants

Die Anzahl der **Garküchen** in Südthailand ist auf dem Land und in den Städten schier unermesslich. Da die Thais am liebsten abends Essen gehen, gibt es überall **Nachtmärkte,** wo sich Garküchen bzw. Essensstände dicht an dicht drängen, man hier eine Suppe holt, da einen Snack nascht und dort vielleicht ein Curry- oder Fischgericht kostet. Eine sättigende Auswahl wird kaum mehr als 70 Bt kosten, Tee wird in der Regel kostenlos dazu serviert. Auch in den einfachen Thairestaurants am Straßenrand kann man für etwa 70 Bt inklusive Reis und Tee etwas Leckeres aus dem Töpfebuffet auswählen.

In den Ferienzentren sowie natürlich in Bangkok und Phuket Town laden klassische **Thairestaurants** der gehobenen bis königlichen Thaiküche und auch der Nouvelle Thai Cuisine zu wahren kulinarischen Entdeckungsreisen in Sachen Gaumenschmaus und Augenweide ein. Das Ambiente ist fast immer gepflegt und stilvoll-gemütlich. Ab etwa 150 Bt sind im Durchschnitt für ein Gericht anzusetzen, doch auch ein Schlemmerabend zu zweit wird kaum mehr als 1500 Bt kosten. Ähnliche Preise werden in den Restaurants der **Hotels** und **Resorts** verlangt, wo die einheimischen Gerichte allerdings stärker dem europäischen bzw. internationalen Geschmack angepasst sind. Auch in den vielen **Strandrestaurants** der Ferienzentren gilt der westliche Gaumen als das Maß der Dinge.

Gewürzorgie für den Gaumen

Die thailändische Küche ist ungeheuer vielfältig und kennt fast 3000 spezifische Gerichte. Das hat ihr in Verbindung mit ausgeklügelten Rezepturen, in denen sich Einflüsse sowohl der chinesischen und indischen wie auch der malaysischen und indonesischen Kochkünste finden, den Ruf eingebracht, eine der besten Küchen der Welt überhaupt zu sein.

Dadurch, dass zahlreiche Gerichte im Wok nur kurz angebraten werden, bleiben alle Zutaten frisch und knackig. Und so gilt die Thaiküche heute als eine der gesündesten der Welt. Eine der würzigsten ist sie sicherlich ebenfalls, denn schon in Standardgerichten sind – um nur die wichtigsten zu nennen – Koriander, Bergamotte, Knoblauch, Pfeffer, Ingwer, Kardamom, Zitronengras *(lemon grass)* und Minze feste Bestandteile. So entfalten die Gerichte ein wunderbares, vielfältiges Aroma. Nicht zu vergessen sind selbstverständlich auch Chilischoten – diese kleinen ›Gaumenterroristen‹, die das thailändische Essen neben allem anderen natürlich auch zu einem der schärfsten der Welt machen.

Alles zusammen und alle von allem

Was am ersten Tag wegen der exotischen und scharfen Gewürze vielleicht nicht essbar erscheinen mag, empfindet man bald schon als angenehm. Zudem hat es sich in Thailand längst herumgesprochen, dass Europäer gemeinhin eher mäßig gewürzte Speisen bevorzugen, weshalb entweder die Schärfe des Essens für Ausländer reduziert oder gefragt wird, ob man das Essen *phet* (scharf) oder *mai phet* (nicht scharf) möchte. Das goldene Mittelmaß erhält, wer *nitnoi* (ein wenig) bestellt. Und wer dann noch die thailändische Speisefolge übernimmt, also reichlich Reis dazu und Suppe nebst anderen, milden Gerichten genießt, der gibt seinem Gaumen die Chance, sich schnell auf neue Geschmackserlebnisse umzustellen. Jawohl, Suppe zum Essen und nicht etwa davor oder ausschließlich, denn im Gegensatz zu der westlichen Speisefolge (Vorspeise, Suppe, Hauptspeise) werden bei einem thailändischen Menü alle Speisen mitsamt Reis auf einmal aufgetischt. Und wenn man nicht alleine sitzt, ist es auch gang und gäbe, dass alle von allem essen.

Die Mahlzeiten

Eine typische **Hauptmahlzeit,** meist am Abend eingenommen, besteht aus Reis *(khaoo plau)*, denn »essen« wird auf Thai gleichgesetzt mit »Reis essen«. Dazu gibt es eine klare, meist säuerliche Suppe, klassisch *tom yam,* ein gekochtes Gericht wie etwa Kokosnusscurry (mild etwa das sämige *gaeng massaman,* scharf z. B. das *gaeng pe-*

So schmackhafte und vielfältige Gerichte genießt man am besten in großer Runde

naeng), ein gebratenes Gericht, vorzugsweise *plah* (Fisch) oder *gai* (Hühnchen), wozu ein scharf gewürzter Salat (populär ist etwa *som tam* aus grüner Papaya) mit einer Auswahl an Soßen und Rohkost gegessen wird. Nur das Dessert wird in Thailand, wie auch bei uns üblich, nach dem eigentlichen Essen serviert, und was wäre in einem Tropenparadies naheliegender, als dass es aus Früchten (s. u.) besteht?

Mittags, wenn die Hitze den Hunger ohnehin reduziert, wird eher nur ein Snack in einer Garküche eingenommen. Auch das **Frühstück** ist in Thailand traditionell natürlich ein Reisgericht, gerne *khaoo tom* (Reissuppe), *khaoo yam* (kaltes, süß-scharfes Reisgericht) oder Nudelsuppe, die die Chinesen in die Thaiküche eingebracht haben.

Messer und Löffel

Nur bei Nudelgerichten (und bei Nudelsuppen) kommen Essstäbchen als Besteck zum Einsatz, wohingegen man in Thailand sonst lediglich mit Löffel (in der rechten Hand) und Gabel (in der linken Hand) isst. Die Gabel verwendet man dazu, mundgerechte Happen auf den Löffel zu schieben. Messer hingegen gehören nicht zur gängigen Besteckkombination, denn sie sind für thailändische Gerichte, in denen stets alle Zutaten schon zerkleinert sind, völlig unnötig.

Die Getränke

Zum Essen trinkt man üblicherweise grünen **Tee** *(tschah),* der ebenso wie Wasser *(nham)* meist kostenlos serviert wird. Für europäische Mägen empfehlenswerter als ›normales‹ Leitungswasser sind in Flaschen abgefülltes Trinkwasser (im Laden ab 7 Bt/l, im Restaurant 10–20 Bt) und Mineralwasser (im Laden um 15 Bt/1,5 l, im Restaurant gut das Doppelte). Zumindest Ersteres gibt es überall in Stadt und Land und es ist hygienisch völlig unbedenklich.

Auch die üblichen **Softdrinks** finden sich in nahezu jedem Dorf (um 10 Bt im Laden und 15–30 Bt im Restaurant). **Fruchtsäfte** und **Shakes** in großer Auswahl hingegen werden nur in den Ferienzentren angeboten und kosten dort um ca. 50–80 Bt. Mit Ausnahme der überwiegend von Muslimen bewohnten Regionen gibt es auch **Bier** diverser Marken, das teils von deutschen Brauereien hergestellt wird. Im Laden muss man für eine 0,33-l-Flasche ca. 30 Bt bezahlen, im Restaurant ab 60 Bt.

Die Thais, die ein kühles Bier zum Essen sehr schätzen, trinken zudem gern **Hochprozentiges**, und das nicht nur zum Essen. An erster Stelle steht der Mekong, eine Art Whisky von vermutlich nicht allzu großer Reinheit, aber großer Wirkung bei kleinem Preis (ca. 120 Bt/0,5 l). Ihn genießt man auf thailändische Art mit Soda, Lemon und Eis. Daneben werden Sang Thip, ein Weinbrand, und Sang Som, eine Rumvariante, angeboten.

Süß und saftig – tropische Früchte

Ananas und Kokosnuss, ganz zu schweigen von Melone und Banane, kennt jeder Europäer. In Thailand kann man aber auch weniger bekannte Tropenfrüchte mit seltsam klingenden Namen wie Rambutan, Mangostan oder Durian kosten. Anders als daheim sind die Exoten hier frisch, ausgereift und preiswert – vor allem auf den Märkten. Die meisten Früchte müssen vor dem Verzehr geschält werden und können dann bedenkenlos gegessen werden.

Durian (*thurien;* lat. *Durio zibethinus*): Die etwa kopfgroße ›Königin‹ der Früchte wird despektierlich auch ›Stinkfrucht‹ genannt. »Sie stinkt wie die Hölle und schmeckt wie der Himmel«, sagen ihre Verehrer. Eine gelbgrüne, stachelige Schale umschließt weißliches, cremiges Fruchtfleisch mit einem extrem süßen, karamellartigen Geschmack, das man am liebsten mit verschlossener Nase probieren möchte. Es zeichnet sich durch einen hohen Gehalt an Vitaminen aus und ist angeblich ein Aphrodisiakum. Saison: April bis September.

Jackfrucht (*khanun;* lat. *Artocarpus integrifolia/heterophyllus*): Die direkt am Stamm wachsenden Früchte haben eine gelbgrüne, genoppte Schale und können angeblich bis zu 40 kg schwer und 60 cm lang werden. Die saftigen, gelben Fruchtfleischsegmente werden vorzugsweise eiskalt, die Samenkerne meist roh oder geröstet verzehrt. Die Jackfrucht ist mit der Durian verwandt. Saison: ganzjährig.

Mango (*mamuang;* lat. *Magnifera indica*): Die nierenförmige und bis zu 400 g schwere Baumfrucht gibt in grünem, unreifem Zustand ein köstliches, nussig schmeckendes Gemüse ab, reif und goldgelb erinnert sie an einen Pfirsich. Am besten löst man den großen Kern mit einem Messer heraus und löffelt das Fleisch aus der Schale. Saison: März bis Mai.

Mangostan (*mang kut;* lat. *Garcinia mangostana*): Obwohl ihr Name ähnlich klingt, ist die apfelgroße, violette Frucht mit dem kleeblattähnlichen Käppchen am Stiel nicht mit der Mango verwandt. Das weiße, saftige Fruchtfleisch unter der harten Schale der Mangostan hat einen einzigartigen, angenehm säuerlichen Geschmack und harmoniert hervorragend mit der Durian. Saison: April bis September.

Papaya (*ma la kor;* lat. *Carica papaya*): Die länglich-ovale Frucht, die bis zu 40 cm lang, 10–20 cm im Durchmesser groß und 5 kg schwer wird, zählt zu den Melonengewächsen. In grünem, unreifem Zustand wird sie für Currys und einen scharfen Salat *(som tam)* verwendet. Die reife Frucht mit gelblich orangefarbener Schale und hellorange Fruchtfleisch schmeckt angenehm süßlich, wobei Limonen- oder Zitronensaft eine feine säuerliche Note geben können. Bei Verstopfung wirkt Papaya wahre Wunder. Saison: ganzjährig.

Pomelo (*somoh;* lat. *Citrus maxima*): Das faserige, hellgelbe bis rosafarbene Fleisch der fußballgroßen Frucht, die der Pampelmuse ähnelt, wird von einer dicken, grünen Schale geschützt. Es schmeckt süßlich, erfrischend und überhaupt nicht bitter. Saison: ganzjährig.

Rambutan (*ngo-phruan;* lat. *Nephelium lappaceum*): Eine rötliche und stark behaarte Schale kennzeichnet die pflaumengroße Frucht. Reif lässt sich das wenige weiße, glitschige Fruchtfleisch leicht aus der Schale drücken und vom großen Kern lösen. Die Frucht ähnelt in Aussehen und Geschmack der Litschi, hat aber eine leicht säuerliche Note. Saison: Mai bis September.

Sternfrucht oder **Karambole** (*mafu'ang;* lat. *Averrhoa carambola*): Die längliche Frucht verdankt ihren Namen dem sternförmigen Querschnitt. Mit glänzender, durchsichtiger Haut in Hellgrün, Gelb oder Orange erinnert sie eher an eine Peperoni. Das gelbe Fruchtfleisch ist knackig, erfrischend, sehr wässrig und kernlos und kann auch mit ein wenig Salz gewürzt werden. Die Sternfrucht lässt sich schlecht schälen. Man sollte sie deshalb am besten zubereitet kaufen. Saison: ganzjährig.

Aktivurlaub, Sport und Wellness

Für Aktivurlauber ist Südthailand ein wahres Traumziel. Kein anderes Land in Asien kann eine vergleichbare Infrastruktur aufweisen. Unter Kostenaspekten gibt es vermutlich weltweit keine Alternative zu Südthailand.

Fahrrad fahren

Kaum zu glauben: Südthailand ist auch für Radler durchaus ein Traumland. Die Verkehrsdichte ist eher gering und die Straßenverhältnisse sind gut. Durch abwechslungsreiche Landschaft führen sowohl anstrengende Bergrouten als auch leicht zu bewältigende Küstenstrecken. Das Fahrrad kann im Flugzeug zumindest bei Air Berlin (s. S. 21) als Sportgepäck mitgenommen und vor Ort im Bus transportiert werden. Ersatzteile lassen sich problemlos beschaffen und alle Touristenzentren bieten Leihräder an (ab ca. 100 Bt/Tag). Auf Phuket, Ko Samui und in Krabi werden organisierte Radtouren angeboten, die Website www.cyclingthailand.com informiert u. a. über organisierte Touren von Bangkok bis nach Krabi und am Golf von Thailand entlang.

Die eindrucksvollste Radstrecke folgt dem Highway 4 ab Chumpon via Ranong nach Krabi und auch die Bergland-Rundreise von/nach Krabi (s. S. 18) ist für Radler wie geschaffen.

Kajak

Mit ihren unzähligen und teils unbewohnten Inseln stellt die Andamanensee eines der abwechslungsreichsten Kajakreviere dar. Zentren dieses Sports sind Phuket und Krabi, wo zahlreiche Veranstalter organisierte Touren rund um die Phang-Nga-Bucht, nach Ko Phi Phi und in die Mangrovenwälder an der Küste anbieten. Auf fast allen anderen Inseln der Andamanensee und des Golfs kann man inzwischen Kajaks ausleihen. Es handelt sich allerdings zumeist um ›Sit-on-Top‹-Hartplastikschalen, mit denen man wahrhaftig keine ausgedehnten Touren machen möchte.

Adäquates Material für längere Kajaktouren findet man am ehesten auf Phuket, wo auch komplette Zeltausrüstungen vermietet werden. Allerdings übersteigt der Mietpreis schnell die Kosten für den Kauf eines faltbaren Kajaks, das in der Regel im Flieger als Sportgepäck ohne oder nur zu geringem Aufpreis transportiert werden kann. Insbesondere Klepperboote haben sich im Tropeneinsatz bestens bewährt (www.klepper.de).

Vom Chiew-Lan-See, einem Traumrevier im Urwaldsaum, abgesehen zählen die Phang-Nga-Bucht, die Küste zwischen Krabi und Ko Muk sowie vor allem der Tarutao-Archipel zu den besten Paddelgründen. Thailandweit der größte Anbieter von geführten Kajaktouren ist Sea Canoe (www.seacanoe.net). Und sowohl an der Golf- und Andamanenseeküste als auch im Khao Sok National Park werden Touren angeboten: von kurzen, nur wenige Stunden dauernden bis hin zu mehrtägigen Expeditionsfahrten.

Schnorcheln und Tauchen

Schnorchler finden mit Ausnahme von Hua Hin vor allen Ferienzentren interessante Felsformationen, stellenweise sogar kleine Korallenriffe. Überall gibt

Ab nach unten – Vorbereitung zum Tauchgang auf Ko Tao

es Schnorchel-, Masken- und Flossenverleih. Schnorchler können darüber hinaus an den meisten Tauchausflügen teilnehmen. Will man im Golf von Thailand abtauchen, ist Ko Tao mit Abstand die beste Adresse.

An der Andamanenseeküste finden sich zahlreiche intakte Korallenriffe von atemberaubender Vielfalt und Schönheit. Besonders die Riffe des Ko Similan Marine National Park, des Ko Surin Marine National Park und des Ko Tarutao Marine National Park zählen heute zu den besten Tauchdestinationen der Erde. Ein weiteres lohnenswertes Tauchrevier liegt bei Ko Lanta und den vorgelagerten Inseln.

Den besten Überblick über die Unterwasserwelten von Südthailand gibt www.diveguidethailand.com, lesenswert sind u. a. auch www.divetheworldthailand.com und www.tauchen-am-meer.de/thailand.

Segeln

Der Seglertreff schlechthin in Südthailand ist Phuket mit vorbildlicher Infrastruktur und Chartermöglichkeiten von Booten sowie Jachten in allen Größen und Preisklassen. Wer an einem Segeltörn fürs kleinere Budget interessiert ist, sollte sich in Krabi umhören: Während der Saison von etwa November bis Ende April/Anfang Mai werden oft zahlende Mitsegler gesucht. Beliebt ist die Route von Krabi bis hinunter in den Tarutao-Archipel. Aber auch nach Penang in Malaysia lässt sich stets ein ›Lift‹ finden, der ab etwa 50 €/Tag inklusive allem kostet. Daneben haben sich auch Ko Samui und Ko Lanta einen guten Namen in Seglerkreisen gemacht. Weitere Infos über www.sailingthailand.com.

Traditionelle Sportarten

Die Thais sind ein Volk von Sportenthusiasten, besonders die traditionellen Disziplinen werden gepflegt. So treffen sich am Spätnachmittag fast überall im Land meist junge Männer zum **Sepak Takraw** (auch *takrao*), eine sprechende Bezeichnung, denn ›Kick den geflochtenen Rattan‹ lautet in etwa die Übersetzung für dieses dem Volleyball ähnliche Spiel. Zwei Mannschaften mit je drei Spielern versuchen den rund 12 cm großen Rattanball mit Füßen und Knien, Schenkeln und Köpfen über das Netz in das gegnerische Feld zu kicken, wobei nur maximal drei Ballkontakte je Team erlaubt sind und Hände oder Arme nicht eingesetzt werden dürfen. Wahrhaft akrobatische Techniken haben sich entwickelt, um den Ball auf eine Geschwindigkeit von bis zu 140 km/h zu beschleunigen. Damit ist Takraw das schnellste Ballspiel der Welt.

Neben Takraw gilt **Muay thai** (Thaiboxen) als Nationalsport des Landes. Dieser Kampfsport ist einer der ältesten der Welt, wird jedoch inzwischen kaum noch in seiner traditionellen Form ausgeübt. Bei der heute üblichen Variante mit Vollkontakt sind u. a. Schlag- und Tritttechniken mit Faust, Ellbogen, Knie, Schienbein oder Fuß erlaubt.

Traditionelle Unterhaltungsform der südthailändischen Männerwelt ist der **Büffelkampf,** bei dem in einer Arena zwei Wasserbüffel ihre Kräfte messen. Das geht in aller Regel unblutig zu, steht ganz im Zeichen maßloser Wettleidenschaft und erfreut sich vor allem auf Ko Samui und Ko Pha Ngan allergrößter Beliebtheit.

Der neueste Hit in ganz Südthailand sind **Vogelgesangswettbewerbe,** die vor allem in den ländlichen Bezirken der Andamanenseeküste in der männlichen Bevölkerung beliebt sind. Man trifft sich auf einer großen Wiese, wohin die Teilnehmer ihre eigenen, in Käfige gesperrten Piepmätze mitbringen. Diese zwitschern dann auf Kommando, was das Zeug hält (oder auch nicht). Natürlich wird auch bei dieser Gelegenheit gewettet, und das nicht zu knapp: Teils wechseln beträchtliche Summen den Besitzer.

Trekking

Südthailand zählt zwar nicht zu den klassischen Trekkingzielen, aber vor allem durch die faszinierenden Landschaften der Nationalparks führen Touren von nur wenigen Stunden bis zu mehreren Tagen. Einzigartige Eindrücke vermittelt z. B. eine Besteigung des Khao Phanom im Khao Phanom Bencha National Park nördlich von Krabi. Für die organisierte Zweitagestour (s. S. 229) benötigt man nur ein wenig Abenteuerlust und Kondition.

Ein anderes lohnenswertes Trekkingziel ist der Khao Sok National Park (s. S. 184). Hier werden organisierte Touren in verschiedenen Schwierigkeitsgraden und Längen angeboten. Zahlreiche Tages- und Halbtagestouren kann man aber auch ohne Führer bewältigen. Ebenfalls individuell kann man die zum Tarutao Marine National Park gehörige Insel Ko Tarutao (s. S. 272) in Längsrichtung durch primären Urwald durchqueren.

Wellness

Traditionell suchen die Thais Entspannung für Leib und Seele in Massagen und Meditation und setzen die heilende Wirkung von Kräutern, Ölen und Nahrungsmitteln in der Medizin ein. In allen Ferienzentren gibt es inzwischen Wellness- und Spa-Resorts, mehrere Dutzend zählt man allein auf Ko Samui. Das Angebot umfasst Kräuterdampfbäder, Massagen, Ayurveda, Fastenkurse, Meditationsübungen, Yoga, Reiki und Teezeremonien. Aber auch Schamanismus, Healing, Chi Gong, Channeling, Chiromantie, Numerologie und vieles andere mehr kann man auf dem breit gefächerten Entspannungssektor in Südthailand erlernen und erfahren.

Feste und Veranstaltungen

Während sich die staatlichen Feiertage (s. S. 36) nach dem westlichen Kalender richten, folgen die religiösen dem Mondkalender und finden daher von Jahr zu Jahr an unterschiedlichen Tagen statt.

Dreimal Neujahr

Zu den wichtigsten Festen landesweit gehören die Feiern zu Neujahr, das die Thais mindestens dreimal begehen: In der Silvesternacht wird in Bangkok und den Touristenzentren wie in den westlichen Ländern üblich gefeiert. Ab dem ersten Tag des ersten Mondes im Januar oder Februar feiern dann die Chinesen ihr dreitägiges Neujahrsfest. Und schließlich steht vom 13. bis 15. April mit Songkran das thailändische, traditionell buddhistische Neujahr an. Wurden früher nur auf dem Land Buddhastatuen mit Wasser besprengt, um symbolisch die Sünden des alten Jahres abzuwaschen, liefert man sich heute auch in den Städten wahre Wasserschlachten. Übrigens ist man in Thailand dem abendländischen Kalender um 543 Jahre voraus, da Buddha früher als Jesus lebte.

Das Lichterfest

Loy Kratong gilt im Allgemeinen als das schönste aller Feste im Jahresreigen. Zu Ehren von Mae Khongkha, der göttlichen Mutter des Wassers, werden in der Vollmondnacht des 12. Mondes gegen Ende November auf allen Flüssen, Kanälen, Teichen und Seen des Königreiches Millionen von kleinen, lotusförmigen Schiffchen ausgesetzt, die mit brennenden Kerzen, Räucherstäbchen und Blumen befrachtet sind. Traditionell aus Bananenblättern gefertigt, mischen sich heute mehr und mehr Styroporflößchen ins Gewimmel. Dennoch ist der Anblick der Lichterteppiche auf allen Wasserflächen und -wegen beeindruckend. Auch auf dem Meer werden diese kleinen illuminierten Gabenboote ausgesetzt. Sie sollen nicht nur die Göttin entzücken, sondern auch die Sünden fort- und die Wünsche hinaustragen.

Nachtleben

Das Nachtleben in Bangkok gilt als das heißeste von ganz Asien. Auf Ko Pha Ngan trifft sich die an Beachpartys interessierte Jugend der Welt, und die dort allmonatlich am Hat Rin Beach gefeierten Full Moon Parties stehen im Ruf, die weltweit größten Dance-and-Music-Strandevents zu sein.

An der Andamanenseeküste hat Ko Phi Phi den Ruf eines Partyzentrums für junge und jung gebliebene Reisende inne, während Phuket mit dem Patong Beach einen Namen für eher teures Nachtleben hat. Bei Krabi ist vor allem der Rai Leh Beach ›in‹, aber auch in allen anderen Ferienzentren des Südens wird der Nachtschwärmer kaum mit dem Problem der Langeweile kämpfen müssen.

Festtermine
Über die jeweils gültigen Festtermine informiert das Thailändische Fremdenverkehrsamt (www.thailandtourismus.de). Mit Abstand am ausführlichsten und aktuellsten ist www.tatnews.org (»Events« anklicken).

Festkalender

Januar

Full Moon Ocean to Ocean: bei Vollmond. Marathonlauf von Lang Suan an der Golfküste nach Ranong am Indischen Ozean über 112 km, www.runningthailand.net.

Februar

Chinesisches Neujahrsfest: erster Tag des ersten Mondes im Jan. oder Febr. im ganzen Land, s. S. 33.

Trang Under Water Wedding Ceremony: 3 Tage Mitte Febr., www.underwaterwedding.com. Unterwasserhappening mit viel Überwasserspaß nicht nur für Hochzeitspaare am Pak Meng Beach bei Trang.

Makha Bucha: Febr./März, bei Vollmond. Lichterprozessionen in allen Tempeln des Landes in Erinnerung an Buddhas erste Predigt vor Jüngern.

März

Best of Damnoen Saduak Fair: Ende März. Großes Spektakel auf dem Floating Market nahe Bangkok, mit Bootsprozessionen, Sportveranstaltungen, Schönheitswettbewerben, s. S. 101.

April

Krabi International Rock Climbing: Mitte April, www.railay.com. Kletterspektakel mit Wettbewerben und vielen Nebenveranstaltungen am Ton Sai und Rai Leh Beach, erstmalig 2009, nun als jährliches Event.

Phuket Bike Week: 3 Tage Mitte April, www.phuketbikeweek.com. Über 20 000 Besucher jährlich bewundern 4500 Biker mit ihren ›heißen Öfen‹, Livemusik, Partys am Patong Beach u. a.

Songkran: 13.–15. April. Buddhistisches Neujahrsfest, s. S. 33.

Mai

Royal Ploughing Ceremony: Mitte Mai, Sanam Luang, Bangkok. Mit der Königlichen Pflugzeremonie (mit Prozessionen) gibt der König den Bauern im Land das Startzeichen für die Aussaat.

Visakha Bucha: bei Vollmond. Lichterprozession landesweit zur Erinnerung an Buddhas Geburt, Erleuchtung und Eingehen ins Nirwana.

Ko Samui Regatta: 5 Tage Ende Mai/Anfang Juni, www.samuiregatta.com. Eine der größten Segelregatten Thailands mit Festen auf der ganzen Insel.

Juni

Phuket Film Festival: 7 Tage Anfang Juni, www.phuketfilmfestival.asia. Filmspektakel am Patong Beach mit jährlich wechselndem Motto.

Hua Hin Jazzfestival: 3 Tage Mitte Juni, www.jazzfestivalhuahin.com. Wichtigstes Fest für Jazzfans im Süden.

Juli/August

Hua Hin Regatta: 3 Tage Anfang Aug., www.yrat.or.th. Segelregatta.

September/Oktober

Phuket Vegetarian Festival: www.phuketvegetarian.com. Neuntägiges Fest mit Tranceläufern in Phuket Town.

November

Sunny Ocean to Ocean: Anfang Nov., tagsüber. Marathonlauf von Lang Suan an der Golfküste nach Ranong am Indischen Ozean; 112 km.

Loy Kratong: Ende Nov. Lichterfest überall im Land, s. S. 33.

Dezember

Silvester: 31. Dez., s. S. 33.

Reiseinfos von A bis Z

Apotheken

Apotheken finden sich in Thailand überall, auch auf dem Land, zumindest aber in den touristischen Orten. Sie sind mit der kompletten Pharmapalette bestückt, die man auch von zu Hause her kennt. Die Preise für Arzneien allerdings betragen oft nur einen Bruchteil von den in Deutschland üblichen. Die meisten Medikamente sind in Thailand ohne Rezept zu bekommen.

Ärztliche Versorgung

Das Gesundheitswesen in Thailand ist sehr hoch entwickelt. Selbst in ländlichen Regionen finden sich überall Erste-Hilfe-Stationen, in allen größeren Ortschaften gibt es außerdem Krankenhäuser. Zumeist spricht einer der Ärzte oder Pfleger Englisch. In den Städten herrscht kein Mangel an niedergelassenen Ärzten und Zahnärzten.

Ärztliche Konsultationen und Medikamente sind sehr günstig (Arztbesuch ca. 300 Bt). Dennoch empfiehlt sich der Abschluss einer privaten Auslandskrankenversicherung, die man schon ab etwa 15 € unter anderem über Reisebüros oder den eigenen Automobilclub abschließen kann.

Bei ernsteren Problemen empfiehlt es sich, die privaten Krankenhäuser in Thailand aufzusuchen. Ihre Kundschaft ist international, da es viele Patienten gibt, die wegen der kostengünstigen Behandlung eigens nach Thailand reisen. Die Adressen dieser Einrichtungen finden sich in den Reisekapiteln in der Infobox unter dem Stichwort Service (Bangkok S. 80, Phuket S. 193 und Ko Samui S. 127).

Diplomatische Vertretungen

... von Deutschland
Deutsche Botschaft
9 South Sathorn Road
Bangkok 10120
Tel. 022 87 90 00
Fax 022 87 17 76
www.bangkok.diplo.de
Mo–Fr 8.30–11.30 Uhr

Deutsches Honorarkonsulat
Dirk Naumann
100/425 Moo 3
Chalermprakiat R. 9 Road
Phuket Town 83000
Tel. 076 61 04 07
Fax 076 61 04 08
www.deutscheskonsulatphuket.com
Mo–Fr 9–13 Uhr

... von Österreich
Österreichische Botschaft
14 Soi Nandha
off Soi 1, Sathorn Tai Road
Bangkok 10120
Tel. 023 03 60 46
Fax 023 03 60 58
www.aussenministerium.at/bangkok
Mo–Fr 9–12 Uhr

Österreichisches Honorarkonsulat
2 Moo 4 Wirathongyok Road
Phuket Town 83000
Tel. 076 24 83 34
Fax 02 24 83 37
phummisa@phuket.ksc.co.th
Di, Mi, Fr 10–12 Uhr

... der Schweiz
Schweizer Botschaft
35 North Wireless Road
Bangkok 10330

Tel. 026 74 69 00
Fax 026 74 69 01
www.eda.admin.ch/bangkok
Mo–Fr 9–11.30 Uhr

... von Thailand
Thailändische Botschaft
in Deutschland
Lepsiusstr. 64/66
12163 Berlin
Tel. 030 79 48 10
Fax 030 79 48 15 11
www.thaiembassy.de
Mo–Fr 9–13 Uhr

Thailändisches Generalkonsulat
in Deutschland
Kennedyallee 109
60596 Frankfurt/Main
Tel. 069 69 86 82 10
Fax 069 69 86 82 28
www.thaigeneralkonsulat.de
Mo–Fr 9–13 Uhr

Thailändische Botschaft in Österreich
Cottaggasse 48
1180 Wien
Tel. 01 478 33 35
Fax 01 478 29 07
www.thaiembassy.at
Mo–Fr 9–12 (telefonisch nur 14–17 Uhr)

Thailändische Botschaft in der Schweiz
Kirchstr. 56
3097 Liebefeld-Bern
Tel. 031 970 30 30–34
Fax 031 970 30 35
www.thaiembassy.org/bern

Thailändisches Generalkonsulat
in der Schweiz
Löwenstr. 42
8001 Zürich
Tel. 043 344 70 00
Fax 043 344 70 01
www.thai-consulate.ch
Mo–Fr 9–11.30 Uhr

Drogen

Gerade in den Touristenzentren werden unterschiedliche Drogen angeboten, doch die thailändischen Antidrogengesetze sind drastisch. Selbst der Konsum von Cannabis kann mit bis zu einem Jahr Gefängnis bestraft werden.

Elektrizität

Die Stromspannung beträgt 220 Volt, 110 Volt nur vereinzelt in wenigen Bungalowanlagen, die mit Stromgenerator arbeiten. Adapter sind mitunter erforderlich.

Feiertage

1. Januar: Neujahr
6. April: Chakri-Tag (Inthronisation des ersten Chakri-Königs)
13.–15. April: Songkran (Thai-Neujahr)
1. Mai: Tag der Arbeit
5. Mai: Krönungstag
12. August: Geburtstag der Königin
23. Oktober: Chulalongkorn-Tag (Todestag von König Chulalongkorn Rama V.)
5. Dezember: Geburtstag des Königs
10. Dezember: Verfassungstag

Frauen unterwegs

Für allein reisende Frauen stellt sich Thailand als ein kleines Paradies dar. Die lästige Anmache durch einheimische Männer ist hier so gut wie unbekannt, da schon ein Hinterherpfeifen einem Tabubruch gleichkommt. Dennoch ist Vorsicht gerade auf und nach Partys – vor allem auf Ko Pha Ngan (s. S. 74) – geboten, da es hier in der Vergangenheit schon zu Vergewaltigungen gekommen ist.

Geld

Währung

In Thailand zahlt man mit Thailändischen Baht (Bt). Das kleinste gängige Geldstück ist 1 Bt, das größte 10 Bt (goldfarben). Lediglich auf den neueren Münzen ist der Wert auch in arabischen Zahlen eingeprägt. Noten gibt es im Wert von 10 (sehr selten), 20, 50, 100, 500 und 1000 Bt.
Wechselkurs (Stand Mai 2011):
1 € = ca. 43 Bt / 100 Bt = 2,31 €
1 CHF = ca. 34 Bt / 100 Bt = 2,92 CHF

Banken

Banken gibt es in jedem größeren Ort. Auch in den Wechselstuben in den Touristenzentren kann man Bargeld tauschen oder Reiseschecks einlösen. Selbst in kleineren Ortschaften finden sich Geldautomaten, die vor allem die gängigen Kreditkarten und EC-/Maestro-Karten akzeptieren. Kreditkarten nehmen die meisten besseren Hotels und Resorts an.

Gesundheitsvorsorge

Impfungen werden für die Einreise nach Thailand nicht verlangt. Sinnvoll sind jedoch eine Tetanus- und Polioimpfung sowie eventuell eine Hepatitis-Prophylaxe. Malaria kommt in Südthailand so gut wie nicht mehr vor. Da in Thailand über 800 000 Menschen mit HIV infiziert sind, ist entsprechender Schutz unabdingbar.

Kinder

Beim Flug erhalten Kinder bis 12 Jahre oft bis zu 50 % Rabatt. Die Unterkünfte sind in aller Regel auch für eine vierköpfige Familie groß genug und meist auch nicht teurer als für zwei Personen. Unter dem Klimawechsel leiden die Eltern oft mehr als ihre Sprösslinge, die eher mit der Zeitverschiebung Probleme haben. Bei der Routenplanung sollten die Bedürfnisse der Kinder unbedingt berücksichtigt werden! Topdestinationen für Familien sind Ko Samui und Ko Pha Ngan am Golf von Thailand sowie Phuket, Khao Lak, Ko Siboya, Ko Jum, Ko Lanta und Ko Bulon Lae in der Andamanensee.

Die medizinische Versorgung ist ausgezeichnet. Da thailändische Ärzte aber üblicherweise sofort zu Antibiotika greifen, ist die Mitnahme homöopathischer Medikamente zu empfehlen.

Notruf

Touristenpolizei: Tel. 11 55
Notruf: Tel. 191
Feuerwehr: Tel. 199

Öffnungszeiten

Banken: Mo–Fr 8.30/9–15.30 Uhr
Post: Mo–Fr 8.30–12 und 13–16, Sa meist 9–12 Uhr
Ämter und Behörden: Mo–Fr 8.30–12 und 13–16 Uhr
Warenhäuser: Mo–Fr 10–19/20 Uhr
Geschäfte: Mo–Fr meist 8/9–20/21 Uhr, die Mehrzahl der Läden ist auch an den Wochenenden geöffnet.

Post

Postämter gibt es in jeder Stadt. Die thailändische Post arbeitet sehr zuverlässig. Briefe und Postkarten nach/von Europa benötigen ca. 5–7 Tage. Eine Postkarte nach Deutschland kostet 12 Bt, Briefe 17 Bt (bis 10 g), danach 7 Bt Aufschlag für je 10 g mehr.

Reisen mit Handicap

Eine behindertengerechte Infrastruktur gibt es in Südthailand nur in wenigen Spitzenhotels und Resorts. Dennoch trifft man relativ viele Reisende mit Behinderung, da sich dank der sprichwörtlichen Hilfsbereitschaft der Thais viele Probleme lösen lassen.

Sicherheit

Die politische Lage in Thailand hat sich nach den schweren Demonstrationen im April/Mai 2010 (s. S. 47) auch in Bangkok beruhigt, in Südthailand war von den Unruhen ohnehin nichts zu spüren. Nur von Reisen in die südwestlichen Provinzen Songhkla, Yala, Pattani und Narathiwat rät das Auswärtige Amt dringend ab (www.auswaertigesamt.de, s. auch S. 64). Die Region wird deshalb in diesem Band nicht vorgestellt.

Thailand gilt mit Blick auf die Kriminalitätsrate als eines der sichersten Länder Asiens. Dennoch sind die üblichen Sicherheitsvorkehrungen zu treffen. In allen Touristenzentren finden sich Niederlassungen der Touristenpolizei, deren Beamte Englisch sprechen.

Reisekasse und Preise

Thailand ist für Europäer außerordentlich preiswert. Für ca. 35 € genießt man zu zweit bereits unteren Mittelklassestandard. Etwa 60 €/Tag benötigen zwei Komforttouristen.

Der billigste Bungalow kostet ca. 250 Bt für zwei Personen. Im Durchschnitt sollte man aber mit Preisen ab 300 Bt rechnen. Mittelklasse-Unterkünfte gibt es ab etwa 600 Bt, die Oberklasse beginnt bei ca. 2000 Bt. Ein Essen in einer Garküche kostet etwa 70 Bt, in Restaurants ab 100 Bt.

Souvenirs

Südthailand ist ein Paradies für Liebhaber von Kunsthandwerk, die Auswahl ist riesig. In den Touristenzentren und in Bangkok kann man für relativ wenig Geld erstehen, was das Herz begehrt. Extrem preiswert sind auch Imitate von Uhren und Designerwaren sowie Piraten-Software und Kopien von CDs bzw. DVDs. Die Einfuhr dieser Waren ist in Europa jedoch verboten.

Telefonieren

Festnetz

Thailands Telefonsystem ist modern. Telefonieren ist u. a. in der Unterkunft (teuer), in Internetcafés (auch via Skype: ca. 40 Bt/Std.) und vielen Reisebüros möglich. Das Angebot der öffentlichen Telefonzellen unterscheidet sich wie folgt: Rote Zellen erlauben nur Ortsgespräche mit 1-Baht-Münzen. Blaue Zellen sind mit Münzautomat, grüne mit Kartenautomat (in der Regel auch für internationale Gespräche) ausgestattet. Gelbe Zellen nehmen nur Telefonkarten der Firma Lenso an. Telefonkarten bekommt man in den Filialen von 7-Eleven und vielen Geschäften. Ortsgespräche kosten 1 Bt/Min., Telefonate im Land 5–20 Bt/Min. und 60 Bt/Min. nach Europa.

Internationale Vorwahlen

Von Thailand aus wählt man vor der Landeskennziffer die Vorwahlen 007, 008 oder 009
Deutschland: 0049
Österreich: 0043
Schweiz: 0041
Thailand: 0066

Die Ortsvorwahl ist fester Bestandteil der Telefonnummer und muss auch bei Ortsgesprächen mitgewählt werden.

Mobil
Mobiltelefone sind in Thailand weit verbreitet, die Netzabdeckung ist meist ausgezeichnet. Telefone mit den Systemen GSM 900 oder GSM 1800 kann man auch in Thailand benutzen. Preiswerter ist es in der Regel, vor Ort eine SIM-card zu kaufen, die ab 50 Bt kostet: Bei One2Call (www.12call.ais.co.th) z. B. kostet ein Anruf nach Europa 7 Bt/Min.

Trinkgeld

Die Rechnungen in gehobeneren Restaurants schließen in aller Regel 10–15 % Steuern und Bedienung ein. Wird die Rechnung verdeckt überreicht, ist es jedoch üblich, ein paar Scheine zusätzlich hineinzulegen. In einfachen Restaurants wird Trinkgeld zwar nicht erwartet, doch bedankt man sich üblicherweise mit wenigstens 10 Bt für den Service. Taxifahrer erhalten in der Regel kein Trinkgeld, ebenso wie Fahrer von gecharterten Booten und Minibussen. Doch auch hier sollte man bei längeren Touren etwa 100 Bt geben.

Umgangsformen

Verhaltenstipps: Gleichmut, Geduld und Rücksichtnahme sind die Eckpfeiler der Thaigesellschaft. Aggressives Auftreten ist mit einem Tabu behaftet, Kritik zu üben verpönt, geht es um das Königshaus, sogar strafbar, wie auch ungebührliches Verhalten gegenüber religiösen Objekten verboten ist. Dem gepflegten Erscheinungsbild (z. B. lange Röcke und Hosen) wird in Thailand größte Bedeutung beigemessen (s. auch S. 48).
Handeln: In Warenhäusern herrschen in der Regel Festpreise, doch überall sonst kann man einen Rabatt von 10–40 % aushandeln. In allen Unterkünften, selbst den teuersten, lohnt es sich vor allem außerhalb der Hochsaison, nach einem Discount zu fragen.

Tsunami-Warnung per SMS
Tsunami-Warnungen per SMS funktionieren nicht nur in der Theorie: Am 11. März 2011 entstand vor der Ostküste von Japan ein Tsunami. Nur wenige Minuten, nachdem das Seebeben von den seismischen Stationen geortet worden war, gingen entsprechende SMS an alle Abonnenten des Tsunami-Alarmsystems – auch in Thailand. Nachdem sich das von zwei Tübinger Professoren entwickelte System in der Praxis bewährt hat, haben viele Hotels in Thailand ein entsprechendes Abonnement erstanden. Auf der Website www.tsunami-alarm-system.com kann es für einen Monat (ca. 10 €) oder ein Jahr (ca. 30 €) aktiviert werden.

Zeit

Thailand ist der mitteleuropäischen Zeit im Sommer um fünf und im Winter um sechs Stunden voraus. Bei der Uhrzeitangabe steht a.m. für ›vor Mittag‹, p.m. für ›nach Mittag‹.

Zeitungen und Zeitschriften

Wichtigste englischsprachige Zeitungen Thailands sind »Bangkok Post« (liberal) und »The Nation« (konservativ). Hintergrundinformationen über das Zeitgeschehen liefern u. a. die Magazine »Newsweek« und »Time« auf Englisch. In Bangkok und in den Touristenzentren sind auch die üblichen deutschsprachigen überregionalen Zeitungen und Magazine erhältlich.

Panorama – Daten, Essays, Hintergründe

Unter der Sonne Thailands findet man auch schattige Plätzchen

Steckbrief Thailand – Der Süden

Daten und Fakten

Fläche: Südthailand ca. 85 000 km^2 (Gesamtthailand 513 115 km^2, Deutschland: 357 022 km^2)
Einwohner: Südthailand ca. 11 Mio. (Gesamtthailand ca. 68 Mio.)
Hauptstadt: Bangkok (ca. 9 Mio. bzw. gut 12–14 Mio. im Großraum)
Größte Städte in Südthailand neben Bangkok: Hat Yai (ca. 200 000 Einw.), Surat Thani (ca. 130 000 Einw.), Phuket Town (ca. 80 000 Einw.), Trang (ca. 78 000 Einw.)
Amtssprache: Thai
Zeitzone: MEZ + 5 Std. (Sommerzeit) bzw. + 6 Std. (Winterzeit)
Landesvorwahl: + 66

Geografie und Natur

Südthailand erstreckt sich auf einer Länge von fast 1000 km von Bangkok aus über die Malaiische Halbinsel bis an die Grenze zu Malaysia. Die Landesbreite variiert von 15 km bis 220 km. Knapp 20 % des Landes sind bewaldet. In mehr als 300 Schutzgebieten stehen rund 17 % der gesamten Landesfläche unter Naturschutz. Von den insgesamt rund 150 Nationalparks finden sich über 40 in Südthailand, darunter rund zwei Dutzend Meeresnationalparks. Etwa 3000 km der insgesamt 3219 Küstenkilometer nimmt Südthailand ein.

Südthailand lässt sich in vier pflanzengeografische Regionen einteilen. Die am tiefsten gelegene Vegetationseinheit ist die Gezeitenzone, die meist mit Mangrovenwald bedeckt ist. In relativ trockenen Abschnitten der Gezeitenzone und der sich anschließenden Küstenzone finden sich die sogenannten Strandwälder, in denen die Kokospalme dominiert. Es folgt landeinwärts der tropische, immergrüne Regenwald, der in den Lagen bis etwa 800 m Höhe als Tiefland-Regenwald bezeichnet wird und darüber als Nebelwald.

Geschichte

Erste Spuren menschlicher Besiedlung finden sich in Thailand ab ca. 36 000 v. Chr., schon um etwa 8000 v. Chr. wird Ackerbau in der Region betrieben. Ab dem 3. Jh. v. Chr. kommt es zu ersten hinduistischen und buddhistischen Missionierungen, doch erst im 1. Jt. n. Chr. wandern Thaistämme in den Norden des Landes ein. Sie gründen 1238 ihr erstes Königreich auf ›thailändischem‹ Boden, das zunächst von Sukhothai aus regiert wird. Ab dem 14. Jh. folgt Ayutthaya als Sitz. 1767 wird der Regierungssitz von den Burmesen zerstört. 1782 besteigt König Rama I. als erster Regent der noch heute herrschenden Chakri-Dynastie den Thron. Bangkok wird zur Königsresidenz ausgebaut.

Im Verlauf des folgenden Jahrhunderts wird der Grundstein zu einem modernen Staatswesen gelegt. Im Ersten Weltkrieg engagiert sich das Land, das zu dieser Zeit noch Siam heißt, aufseiten der Alliierten. Im Zweiten Weltkrieg dann paktiert es erst mit Japan, ab 1944 erneut mit den Alliierten, wodurch es seine volle Souveränität bewahren kann.

1946 besteigt König Bhumipol Adulyadej als Rama IX. den Thron, den er als dienstältester Monarch der Welt noch heute innehat.

Staat und Verwaltung

In Thailand besteht eine konstitutionelle Erbmonarchie mit parlamentarisch-demokratischer Regierung. Das Staatsoberhaupt ist seit dem 9. Juni 1946 König Bhumipol Adulyadej. Die Volksvertreter werden alle vier Jahre gewählt. Seit dem 15. Dezember 2008 regiert Premierminister Abhisit Vejjajiva (Volksallianz für Demokratie PAD).

Wirtschaft und Tourismus

Thailand hat die zweitgrößte Volkswirtschaft in Südostasien mit einem Bruttoinlandsprodukt (BIP) pro Kopf von rund 3940 US-$ (2010). Nach Schätzungen wird Thailands Wirtschaft 2011 im Vergleich zum Vorjahr insgesamt um gut 4–4,5 % anwachsen, und auch für 2012 werden ca. 4 % Wirtschaftswachstum prognostiziert. Die Landwirtschaft macht rund 9 % des BIP aus, die Industrie 39 %, der Dienstleistungssektor 34 %. Die Arbeitslosenquote lag nach offiziellen Angaben Ende 2010 bei 1,5 %, während die Inflationsrate 2010 rund 3,4 % betrug; für 2011 werden laut Schätzungen der Zentralbank ca. 3,5 bis 4 % erwartet.

Mit über 15 Mio. Touristen (2010), dabei allein über 4,2 Mio. aus Europa, bildet der Tourismus mit einem Anteil von fast 7 % am BIP die wichtigste Devisenquelle. Deutsche, für die Thailand auch 2010 das beliebteste Fernreiseziel war, nehmen mit ca. 600 000 Besuchern (fast 13 % mehr als im Vorjahr) den zweiten Platz nach den Briten ein. Damit konnte Thailand trotz der politischen Krise vom Frühling 2010 im Vergleich zum Vorjahr ein Besucherplus von sage und schreibe fast 14 % verbuchen.

Bevölkerung und Religion

Von den ca. 68 Mio. Einwohnern (Südthailand ca. 11 Mio.) sind etwa 80 % Thai. Größte ethnische Minderheit ist mit 15 % die chinesischstämmige Bevölkerung. Daneben gibt es etwa 4 % islamische Malaien (vor allem in Südthailand beheimatet) sowie Khmer, Vietnamesen, Inder, Burmesen und Nepali. Im Norden leben Angehörige verschiedener Ethnien. Im Jahr 2010 betrug das Bevölkerungswachstum in Thailand 0,65 %. Die Analphabetenrate liegt unter 6 %.

Die überwiegende Mehrheit der Bevölkerung Thailands bekennt sich zum Theravada-Buddhismus (95 %), der Anteil der Muslime beträgt 4 %.

Sprache

Thailändisch gehört, wie u.a. auch Laotisch, zur Familie der Tai-Kadai-Sprachen, die von etwa 80 Mio. Menschen in Südostasien und im Süden Chinas gesprochen werden. Sie ist tonal, d.h. die meist einsilbigen Wörter erlangen durch Aussprache in unterschiedlichen Tonhöhen und Tonverläufen gänzlich unterschiedliche Bedeutungen. Es gilt obendrein ein eigenes Alphabet, die Sprache bleibt daher für die meisten Besucher ein Buch mit sieben Siegeln.

Mit Englisch kommt man in Thailand gut durch, mittlerweile wird es oft auch auf dem Land gesprochen. Problemlos wird Englisch selbstverständlich in den Touristenzentren verstanden.

Geschichte im Überblick

Frühgeschichte und Bronzezeit

ca. 36 000–8000 v. Chr. Die ersten Spuren menschlicher Besiedlung finden sich in Thailand ab etwa 36 000 v. Chr. Ackerbau wird schon ab ca. 8000 v. Chr. betrieben.

ca. 7000 v. Chr. Erste Gruppen sino-tibetischer Thais dringen vermutlich aus dem Bereich des Altai-Gebirges in den südchinesischen Raum und von dort weiter gen Süden vor.

ca. 3600 v. Chr. In Nordthailand entwickelt sich die Baan-Chiang-Kultur (berühmte Keramikfunde), die ab ca. 3000 v. Chr. die wahrscheinlich älteste Bronzezeitkultur der Welt bildet.

3. Jh. v. Chr. Es kommt zu ersten hinduistischen und buddhistischen Missionierungen.

Frühe Reiche

600–1000 Das sino-tibetische Volk der Mon dringt aus dem burmesischen Raum nach Mittelthailand vor und bildet dort das buddhistische Dvaravati-Reich mit der Hauptstadt Lopburi.

700–1200 Südthailand fällt in den Herrschaftsbereich des hinduistischen Srivijaya-Reiches, das von Sumatra aus große Teile des heutigen Indonesien und Malaysia beherrscht.

800–1300 Nordthailand wird von den sino-tibetischen Khmer beherrscht, die von Angkor aus regieren.

Die Königreiche Sukhothai und Ayutthaya

ab 860 Zahlreiche Thaistämme aus dem südchinesischen Raum wandern in den Norden von Thailand ein, wo sie von den Mon und Khmer die buddhistische Religion und Kultur übernehmen.

1238 Die Thais gliedern das Gebiet um Sukhothai aus dem Staatengebiet der Khmer aus und gründen ihr eigenes erstes Königreich auf ›thailändischem‹ Boden.

1277–1317 Unter König Ram Khamhaeng (1239–1317) erobern die Thais die gesamte Zentralebene und Südthailand bis zur heutigen Stadt Nakhon Si Thammarat.

1283 Der König kreiert das aus den indischen Dewanagiri-Schriftzeichen abgeleitete Thai-Alphabet. Sukhothai entwickelt sich zur Wiege der Thaikultur.

1376–1767 Das Reich von Siam, wie Thailand damals heißt, entwickelt sich von der neuen Hauptstadt Ayutthaya aus zum mächtigsten Staat in ganz Südostasien. Nachdem die Burmesen im Laufe der Jahrhunderte Siam mehrmals angegriffen haben, starten sie 1767 zum großen vernichtenden Feldzug, in dessen Verlauf Ayutthaya eingenommen und völlig zerstört wird.

Der Aufstieg der Chakri-Dynastie

1768 Einem Unterbefehlshaber mit Namen General Taksin gelingt es, der Vernichtungsaktion zu entgehen. Er lässt sich in Thonburi, der heutigen Schwesterstadt von Bangkok am Westufer des Menam Chao Phraya, zum neuen König ausrufen.

1782–1809 General Phraya Chakri setzt Taksin als König ab und begründet die noch heute herrschende Chakri-Dynastie. Als Rama I. besteigt er den Thron und lässt den Regierungssitz nach Bangkok verlegen. Die neue Hauptstadt soll dem zerstörten Ayutthaya in Prunk nicht nachstehen.

ab 1809 Unter Rama II. und III. wird die seit etwa 1700 befolgte Isolationspolitik des Landes beendet, Handelsbeziehungen zu den westlichen Kolonialmächten folgen. In einem geschickten Balanceakt gelingt es so, die Briten und Franzosen daran zu hindern, sich, wie zuvor alle anderen Länder Südostasiens, auch Siam einzuverleiben.

1868 Rama V. besteigt den Thron und ergänzt den Balancekurs durch ein umfassendes innenpolitisches Reformprogramm (u. a. Abschaffung der Sklaverei, Ausbau des Schulsystems nach europäischen Maßstäben). Damit legt er den Grundstein zu einem modernen Staatswesen.

Der Weg zur Demokratie

ab 1910 Unter Rama VI. engagiert sich Siam im Ersten Weltkrieg aufseiten der Alliierten. Da der König die Reformpolitik seines Vorgängers nicht konsequent weiterverfolgt, wächst die Kritik am absolutistischen Regierungssystem.

1932 Am 10. Dezember kommt es zum unblutigen Staatsstreich. Die absolute Monarchie wird abgeschafft. Rama VII. selbst verkündet eine neue Verfassung, die eine konstitutionelle Monarchie festschreibt.

1938 Die regierende Demokratische Volkspartei (1930 gegründet) versucht, ein sozialistisches Programm durchzusetzen. Sie scheitert an den konservativen Kräften um General Pibul Songkhram, der sich selbst als Ministerpräsident einsetzt und eine Militärdiktatur errichtet.

1939 Der Despot träumt von einem Groß-Siam, das von China bis Indien reichen soll, und gibt dem Land den Namen Thailand (Land der Freien).

1941 Der Expansionsdrang Thailands führt im Verlauf des Zweiten Weltkriegs zu einem Pakt mit Japan.

1942 Thailand erklärt den Alliierten den Krieg und marschiert in Richtung Burma, Laos, Kambodscha und Malaysia.

1944 Die 1938 gestürzte Regierung verständigt sich mit den Alliierten, der Diktator Pibul Songkhram wird gestürzt. Thailand erklärt Japan den Krieg und bewahrt dadurch seine volle Souveränität gegenüber den Alliierten.

Nach dem Zweiten Weltkrieg

1946–1992 1946 besteigt König Bhumipol Adulyadej als Rama IX. den Thron, den er noch heute als dienstältester Monarch der Welt innehat. In den folgenden Jahren wechseln sich hohe Militärs in der Landesführung ab, und Thailand orientiert sich ganz an den USA. Der Widerstand gegen die Diktatur wächst und gipfelt 1973 sowie 1992 in Demonstrationen, gegen die das Militär mit Gewalt vorgeht. Doch beide Male stellt sich König Bhumipol persönlich auf die Seite der Demonstranten.

Die gerettete Demokratie

2001 Aus den Parlamentswahlen geht der Multimilliardär Thaksin Shinawatra mit seiner Partei Thai Rak Thai (Thais lieben Thais) als Sieger hervor. Sein Regierungsstil wird zunehmend autoritär-autokratisch, und da er zudem erklärter Islam-Gegner ist, spitzt sich die Lage in den vier vorwiegend von Muslimen bewohnten Provinzen an der malaiischen Grenze drastisch zu.

2004 Am 26. Dezember überrollt ein Tsunami mit mehreren bis zu 10 m hohen Wellen die Küste an der Andamanensee und fordert nach offiziellen Angaben in Thailand rund 5500 Tote sowie über 3000 Vermisste. Die materiellen Schäden belaufen sich auf mehrere Milliarden Euro.

2006–2008 Im Juni wird das 60. Thronjubiläum von König Bhumipol feierlich begangen, im September stürzt das thailändische Militär mit Unterstützung der Volksallianz für Demokratie (PAD) und im Einvernehmen mit dem König den u. a. mit Korruptionsvorwürfen belasteten Regierungschef Thaksin. Aus den Parlamentswahlen im Dezember 2007 geht die von Anhängern Thaksins gegründete populistische Volksmachtpartei (PPP) als Siegerin hervor, und als 2008 die neue Regierung versucht, die Verfassung zu ändern, um dem in Abwesenheit wegen Amtsmissbrauchs mittlerweile zu zwei Jahren Haft verurteilten Thaksin Straffreiheit zu ermöglichen, ruft die PAD zu Massenprotesten auf. Bald besetzen rund 35 000 Demonstranten den Regierungssitz und im November auch den internationalen Flughafen in Bangkok. Im Dezember ordnet das thailändische Verfassungsgericht die Auflösung der PPP wegen Wahlbetrugs an, und in der Folge wählt das Parlament Abhisit Vejjajiva von der PAD zum neuen Regierungschef.

2009 Zu Beginn des Jahres wendet sich Thaksin aus dem Asyl fast täglich mit Botschaften und Aufrufen zur Revolution an seine auch als ›Rothemden‹ bekannten Anhänger, die sich unter der neu gegründeten Partei Vereinigte Front für Demokratie und gegen Diktatur (UDD) sammeln und im April den Gipfel der Südostasiatischen Staatengemeinschaft (ASEAN) in Pattaya stürmen. Ihr Ziel ist es, Abhisit Vejjajiva zu stürzen. Die Unruhen greifen auf Bangkok über, es kommt zu Straßenkämpfen, der Notstand wird ausgerufen und die Anführer der gewaltsamen Ausschreitungen werden festgenommen.

2010 Dennoch legen die ›Rothemden‹ im April/Mai im Rahmen einer großen politischen Demonstration weite Teile Bangkoks lahm und fordern Premierminister Abhisit Veijajiva auf, das Parlament aufzulösen und Neuwahlen auszurufen. Die Regierung verhängt den Ausnahmezustand über Bangkok, den Norden sowie Nordosten des Landes und löst die Proteste am 19. Mai nach einer mehrtägigen militärischen Operation auf, doch kommen bei gewaltsamen Ausschreitungen insgesamt über 85 Menschen ums Leben und sind mehr als 2000 Verletzte zu beklagen. Aus Angst vor erneuter Gewalt verlängert die Regierung im Juli den Ausnahmezustand um drei weitere Monate, während sie gleichzeitig zu einer Versöhnung zwischen den zutiefst entzweiten politischen Gruppierungen aufruft. Ende Dezember 2010 wird der Ausnahmezustand aufgehoben und gleichzeitig der Internal Security Act für Teile der Hauptstadt in Kraft gesetzt, der der Polizei größere Befugnisse bei Inhaftierungen ohne Gerichtsbeschluss einräumt.

2011 Immer wieder kommt es in Bangkok zu großen, aber friedlichen Demonstrationen seitens der ›Rothemden‹, die damit an die Unruhen des vergangenen Jahres erinnern und den Rücktritt des Premierministers erreichen wollen, gegen den die Opposition Mitte März ein Misstrauensvotum im Parlament stellt. Zwar wird Abhisit Veijajiva bei den folgenden Abstimmungen im Amt bestätigt, kündigt aber unter dem Druck massiver Proteste vorgezogene Neuwahlen für Juni oder Juli des laufenden Jahres an, obwohl seine Amtszeit offiziell erst im Dezember endet.

Land des Lächelns und der Fettnäpfchen

Der gesamte zwischenmenschliche Bereich wird in Thailand dadurch geprägt, dass man Rücksicht auf die Gefühle anderer nimmt. Dabei gilt es, die unzähligen Fettnäpfchen zu vermeiden, in die man als farang, westlicher Ausländer, leicht stolpern kann.

In westlichen Klischeevorstellungen ist Thailand als Glanzbild eines romantischen Tropenparadieses beliebt, in dem stets lächelnde und somit glückliche Menschen leben. In der Tat ist den Thais das Lächeln ins Gesicht geschrieben, denn es dient als eine Art Schutzwall vor Konflikten, kaschiert Gefühlsregungen und hilft, Unsicherheit oder Verlegenheit zu überspielen. Man lächelt aus verschiedenen Gründen, doch im Gegensatz zu westeuropäischen Bräuchen wird nie über jemanden oder etwas gelächelt.

Gelassen und lebensfroh

Es ist fraglich, ob Thais tatsächlich glücklicher sind als andere Völker. Schließlich löst Lächeln allein keine Probleme. Dennoch ist die Lebensfreude der Thais, die sie dem *farang* (westlichen Ausländer) voraushaben, förmlich greifbar. Sie wurzelt im *mai pen rai* (Macht nichts!), das viel mehr bedeutet, als die Übersetzung hergeben kann. Dieses geflügelte Wort drückt vielmehr die Fähigkeit aus, sein Schicksal anzunehmen und sich nicht gegen etwas zu wehren, das nicht zu ändern ist. Der Buddhismus gibt den Rahmen für diese hohe Lebenskunst der Gelassenheit. Da die Thais verinnerlicht haben, dass man dem Schicksal und leidvollen Erfahrungen wie Krankheit, Alter und Tod ohnehin nicht entgehen kann, sind sie bemüht, das Leben so *sabai* (angenehm, behaglich) wie möglich zu gestalten.

Und so wird *sanuk* (reinste Lebensfreude) zu einer wichtigen Komponente im Leben der Thais, die ihren gesamten Alltag in *sanuk* und *mai sanuk* (keine Lebensfreude) einteilen: *Sanuk* ist essen gehen, Musik hören, Schwätzchen halten, ein Haus einweihen und vor allem feiern. Arbeit hingegen, insbesondere wenn sie langweilig ist, ist *mai sanuk*, das in der Steigerung zu *lambahk* (Ärger) wird. Wenn ein Thai davon spricht, muss schon etwas sehr Schlimmes vorgefallen sein.

Begrüßung à la Thai

Der *wai*, das Falten der Handflächen zwischen Brust- und Stirnhöhe, entspricht dem westeuropäischen, in Thailand eher unbekannten Brauch, sich die Hände zu geben. Mit dem Händeschütteln, das hervorgegangen ist aus dem ursprünglichen Reichen der Schwerthände, zeigte man früher an, dass man keine Waffen trug. Während dieser Gruß zwischen Gleichgestellten erfolgt, ist der *wai* jedoch stets Ausdruck von Ungleichheit: Der sozial tiefer Stehende grüßt zuerst – je höher die Hände gehoben werden, desto respektvoller der Gruß. Dabei wird der hoch angesetzte *wai* mit einem tieferen beantwortet.

Der *wai* wird zwar von Ausländern meist nicht erwartet, er kann aber helfen, erste Barrieren zu überwinden. Formloser Gruß ist *sawat-dee* (sprich: sawadie, d. h. »Hallo«).

Das Gesicht wahren

Lächelt ein Thai auf die Frage nach dem Weg, antwortet aber zunächst nicht, versteht er vermutlich kein Englisch. Um nicht das Gesicht zu verlieren, wird er jemanden herbeiholen, der die Frage vielleicht beantworten kann. Notfalls gibt er irgendeine, möglicherweise auch falsche Richtung an, nur um das Gesicht zu wahren. Jemanden das Gesicht wahren zu lassen, aber auch das eigene nicht zu verlieren, ist der wichtigste Leitgedanke bei allen Verhaltensregeln. Nichts ist schlimmer als ein Gesichtsverlust, was dem Verlust der Würde gleichkommt. Wer sie antastet, begeht eine schwere Beleidigung, die auch einem *farang* nicht so leicht verziehen wird.

Körperhaltung

Gerade der richtige Umgang mit den Händen will in Thailand gelernt sein, um die Gemüter nicht zu erhitzen. Im Gespräch lässt man sie am besten unbedrohlich herabbaumeln. Sie in den

Hosentaschen zu vergraben wird als schlechtes Benehmen gewertet: Man hat wohl etwas zu verbergen. Die Hände hingegen in die Hüften zu stemmen oder vor der Brust zu verschränken wird als Zeichen von Aggressivität verstanden, während derjenige, der mit den Händen gestikulierend herumwirbelt, bei den Thais den Eindruck starker Erregung erweckt. Einem anderen etwas zuzuwerfen ist schlicht verletzend: Nur Tieren wirft man etwas hin. Noch schlimmer ist es, jemanden durch das Krümmen des Fingers herbeizurufen oder gar mit dem Finger auf einen Menschen zu zeigen. Diese Empfindsamkeit rührt vermutlich daher, dass Despoten früher auf diese Weise zur Fronarbeit oder zum Tode Verurteilte kennzeichneten.

Da der Kopf als Sitz des Geistes den Thais als heilig gilt, ist es eine Beleidigung, ihn zu berühren. Auch reicht man nichts über den Kopf eines anderen hinweg. Und niemals sollte man so sitzen, dass die als unrein verstandenen Füße auf einen Menschen, seinen Kopf oder – weitaus schlimmer – auf religiöse Objekte zeigen. Es ist daher absolut verpönt, die Füße auf den Tisch zu legen, die Beine übereinanderzuschlagen oder mit ausgestreckten Beinen auf dem Boden zu sitzen.

Kritik üben

Kritik von Angesicht zu Angesicht, besonders im Beisein von Dritten, wird als eine mindere Form der Gewaltanwendung betrachtet. Einen Konflikt offen auszutragen, etwa die Beherrschung zu verlieren, jemanden anzuschreien oder ausfällig zu werden heißt nicht nur, das stärkste Tabu zu brechen, sondern sich auch in unkalkulierbare Gefahr zu begeben. Sehr leicht kann dann der kritische Punkt erreicht sein, bei dem das Lächeln des Gegenübers der schieren Gewalt weicht. Und wer gar den König oder das Königshaus kritisiert, macht sich der Majestätsbeleidigung schuldig, die in Thailand strafrechtlich verfolgt wird (s. S. 53).

Im Alltag

Zarte Gesten zwischen Partnern sind reine Privatsache. So schickt es sich nicht für Mann und Frau, Händchen haltend oder Arm in Arm herumzulaufen. Unverzeihlich ist es , sich in der Öffentlichkeit zu küssen oder zu streicheln. Hingegen ist unter Menschen gleichen Geschlechts Körperkontakt durchaus üblich.

Bei einer Einladung pünktlich zu sein ist zwar keine Beleidigung, zeugt aber von den barbarischen Sitten des Gastes – eine halbe Stunde sollte man schon zu spät kommen. Generell werden Zeitangaben in Thailand nicht als fixe Termine angesehen, sondern lediglich als grobe Anhaltspunkte. Vor Betreten eines Zimmers sind die Schuhe auszuziehen, sonst beleidigt man den Gastgeber aufs Gröbste. Und wer danach über die Türschwelle steigt, ohne den Fuß darauf zu setzen, gewinnt enorm an Achtung. Denn laut Thaiglauben haust hier ein Geist.

Dem äußeren Erscheinungsbild wird in Thailand größte Bedeutung beigemessen. Gerade in der Provinz gilt es als absolut unschicklich, wenn Frauen kurze Röcke, knappe T-Shirts, durchsichtige Blusen oder keinen BH tragen. Hautenge Hosen, ärmellose T-Shirts und knappe Shorts sind bei beiden Geschlechtern verpönt. Den allgemeinen Regeln entsprechende Kleidung ist die Voraussetzung, um bei Behörden überhaupt ernst genommen zu werden. Schwarze Kleidung ist allerdings ungünstig, wird diese doch mit dem Tod in Verbindung gebracht.

Heilige Symbole

Heilige Symbole, darunter fallen alle Buddhastatuen und -bildnisse, auch solche in Ruinenanlagen, müssen mit höchstem Respekt behandelt werden. Ungebührliches Verhalten im Tempel und gegenüber allen religiösen Objekten kann mit Gefängnis bestraft werden. Den Regeln entsprechende Kleidung versteht sich von selbst: kein T-Shirt oder kurze, enge Hosen bzw. Röcke. Vor dem Betreten des Tempelraumes oder der Moschee zieht man die Schuhe aus, lediglich in chinesischen Tempeln darf man sie anbehalten. Auch Frauen dürfen sich in buddhistischen Tempeln frei bewegen. Allerdings ist der Kontakt zu den als heilig geltenden Mönchen tabu. Sofern ein Mann von einem Mönch angesprochen wird, kann er zwanglos mit ihm plaudern und sollte zum Abschied mit einem *wai* grüßen. Doch selbst Männer sollten Berührungen mit Mönchen vermeiden und sich z. B. im Bus nicht neben sie setzen.

Ein tägliches Ritual – die Nationalhymne

Es ist punkt acht Uhr – irgendwo in Thailand in einer Provinzstadt. Plötzlich bringt laute, blechern tönende Lautsprechermusik fast jede Geschäftigkeit zum Stillstand: Passanten erstarren, Männer legen die Hände an die Hosennaht, die Brust – mit und ohne Orden – wölbt sich, Sitzende springen auf, selbst die Kinder stehen stramm und einige Thais richten sich sogar nach Bangkok. Solche Ehrerbietung wird zwar von Touristen nicht erwartet, sehr wohl aber, dass man aufsteht und jedwede Aktivität unterbricht. Denn es ist Flaggenparade – überall im Land. Die Fernseh- und Radiosender spielen für eine Minute die thailändische Nationalhymne Phleng Chat Thai, die von einem österreichischen Emigranten komponiert und in ihrer heutigen Form am 10. Dezember 1939 eingeführt wurde. Das gleiche Prozedere wiederholt sich allabendlich um 18 Uhr, wenn die Flagge wieder eingezogen wird.

ทรงพระเจริญ

König Bhumipol – die Seele Thailands

»Wir werden das Land mit Rechtschaffenheit zum Wohle und zum Glück seiner Menschen regieren« – so verkündet es jeder König von Thailand am Tage seiner Thronbesteigung. Und noch nie hat es in Thailand einen Regenten gegeben, der diesen traditionellen Satz so wörtlich genommen hat wie seine Majestät König Bhumipol Adulyadej (deutsch: ›Die Stärke des Landes‹).

Obwohl es in Thailand seit 1932 nur noch eine konstitutionelle Monarchie gibt, gilt König Bhumipol (geb. 1927) heute als unumstrittene Integrationsfigur. Er ist moralisch unfehlbarer Stabilitätsfaktor eines Landes, das seit Jahrzehnten mit Erfolg auf des Messers Schneide zwischen Tradition und Moderne balanciert, vereinzelt auch zwischen Demokratie und Diktatur. Denn mehrfach versuchte das Militär, die Macht im Land zu übernehmen und die demokratischen Grundrechte zu beschneiden.

Garant der Demokratie

Zuletzt ging das Militär in Bangkok am 17. Mai 1992 schießend auf Demonstranten gegen die damalige Regierung vor. König Bhumipol intervenierte, ließ die Tore zu seinem Palast öffnen und bot den Demonstranten Schutz. Anschließend lud er die Parteien zu einer Audienz, in deren Verlauf die Militärs zusichern mussten, auf jegliche Gewalt zu verzichten und die Probleme auf demokratischem Wege zu lösen.

Bis heute versteht sich der Regent auf geschicktes Taktieren, wie zuletzt die Geschehnisse am 19. September 2006 gezeigt haben. Nur mit seinem Einverständnis konnten Polizei und Militärkräfte die Amtszeit von Premierminister Thaksin Shinawatra für beendet erklären und die Macht übernehmen. Der König selbst hatte nie einen Hehl daraus gemacht, was er von dem mittlerweile des Amtsmissbrauchs überführten Thaksin hielt. Er forderte die Bevölkerung auf, Ruhe zu bewahren und den Anordnungen der neuen Machthaber zu folgen, bis ein neuer Premierminister durch seine Majestät selbst im Amt bestätigt werde. Im aktuellen Konflikt um die politische Macht im Land (s. S. 47) hat der König zwar nicht direkt erkennen lassen, auf wessen Seite er steht, doch hat die demokratische PAD eine bedeutende Unterstützerin im Königshaus: Königin Sirikit soll der Partei sehr zugetan sein. Es kommt nicht von ungefähr, dass deren Anhänger gelbe Hemden tragen – die Farbe der Königstreuen.

Majestätsbeleidigung

Das Königshaus Thailands genießt allerhöchsten Respekt im Land, und wer

Im Nationalstadion – Thai Chi mit König

es beschimpft, kritisiert oder auch nur mit flapsigen Bemerkungen verunglimpft, kann wegen Majestätsbeleidigung belangt werden. Wie Reporter ohne Grenzen (ROG) 2009 veröffentlichte, sollen in Thailand zurzeit mehr als 100 Menschen wegen Majestätsbeleidigung in Haft sein, seit Antritt der jetzigen Regierung im Dezember 2008 wurden rund 2300 Webseiten wegen »Monarchie beschädigender Inhalte« gesperrt. – Die offizielle Begründung: »Das Blockieren von Websites, in denen die Monarchie beleidigt wird, ist eine der Prioritäten der Regierung«.

Dabei wird der Vorwurf der Majestätsbeleidigung aber nicht vom König oder seinem Hof erhoben, sondern von den Politikern. Der König selbst meinte in seiner Geburtstagsrede im Jahr 2005: »... Wenn der König keine Fehler machen kann, ist es, als würde man auf ihn herabsehen und ihn nicht als ein menschliches Wesen behandeln. Aber der König kann Fehler machen.«

Aktuelle Web-Informationen
Informationen zur aktuellen politischen Entwicklung in Thailand finden sich in allen Online-Nachrichtenmagazinen und -zeitungen sowie auf der Seite des Auswärtigen Amtes (www.auswaertiges-amt.de). Die ausgewogenste Berichterstattung in Thailand bietet die Tageszeitung »Bangkok Post« (www.bangkokpost.com). Lesenswert sind auch die PAD-Seite www.antithaksin.com und www.antithaksin.wordpress.com. Die Geschehnisse seit 2006 aus einer Pro-Thaksin-Sicht präsentiert www.schoenes-thailand.de.

Für seine Untertanen

Der Monarch, der mehr Zeit seines Lebens auf Reisen durch das Land als in seinen Palästen verbrachte, engagiert sich auch anderweitig zum Wohl seiner Untertanen. Als einziger thailändischer König hat er alle 76 Provinzen seines Reichs besucht und sich mit den Menschen, ihren Sorgen und Nöten verbunden gezeigt. Über 1500 Entwicklungsprojekte, u.a. in der Landwirtschaft und Bewässerung, im Gesundheits- und Bildungswesen, hat er ins Leben gerufen und zum Teil aus der eigenen Schatulle finanziert. Dabei macht er keinen Unterschied, ob es sich um Projekte für seine buddhistischen Glaubensbrüder oder Thais mit islamischem Glaubensbekenntnis handelt. So sponserte er z. B. eine Übersetzung des Korans ins Thai. Auch für den Umweltschutz und für die Wiederaufforstung der Wälder setzt der König sich vehement ein.

Königsverehrung

Der Dank des Volkes könnte größer nicht sein. Selten gab es einen Monarchen auf Erden, dem solche Achtung, Zuneigung und Ehrerbietung, ja Liebe entgegengebracht wird. 1987 sprachen sich die Thais in einer Volksabstimmung dafür aus, ihrem Regenten den Beinamen ›Der Große‹ zu verleihen. Sein Konterfei schmückt Amtsstuben und fast jedes Büro und Haus. Am 5. Mai 1950 als neunter König der Chakri-Dynastie Rama IX. in Bangkok gekrönt, ist König Bhumipol der dienstälteste Monarch der Welt. Dass er vom Volk als die ›Seele des Landes‹ verehrt wird, spürt man besonders deutlich am 5. Dezember, dem Geburtstag seiner Majestät, wenn ganz Thailand feiert.

Die Nationalparks – Refugien der Tropennatur

In Südthailand zeigt sich die Tropennatur in ihren spektakulärsten Ausprägungen – hier gibt es die größten zusammenhängenden Regen- und ausgedehntesten Mangrovenwälder des Landes und einige der schönsten Korallenriffe Südostasiens. In über 40 Nationalparks präsentieren sich Flora und Fauna oft noch ganz ursprünglich.

Noch vor wenigen Jahrzehnten besaß Südthailand Landschaften von schier unvorstellbarer Vielfalt und Üppigkeit. Vom Bergland im Norden bis hinunter auf die Malaiische Halbinsel lagen unregelmäßig verstreut Mangrovensümpfe, Regen- und Nebelwälder sowie Steppen und Wiesen – Biotope, die in einer im Vergleich zu heute unglaublichen Mannigfaltigkeit von Lebewesen besiedelt wurden.

Raubbau an der Natur

Durch Jagd und Ausdehnung der landwirtschaftlichen Flächen rottete der Mensch innerhalb kürzester Zeit eine Art nach der anderen aus. So auch die Hälfte der größeren Säugetierarten, die vor allem in den drei dominierenden Vegetationseinheiten Mangroven-, Regen- und Nebelwald beheimatet sind.

Gelten im Bereich der Andamanenseeküste noch rund 80 % des Mangrovenwalds als intakt, so sind es an der Golfküste lediglich 20 %. Es folgt landeinwärts der tropische, immergrüne Regenwald, der in den Lagen bis etwa 800 m Höhe als Tiefland-Regenwald bezeichnet wird. Da gerade dieser Bereich in der Vergangenheit besonders stark unter den Eingriffen des Menschen zu leiden hatte, ist der Mammutanteil dieser noch vor wenigen Jahrzehnten absolut dominierenden Vegetationszone ausgedehnten Plantagen gewichen. Lediglich der Nebelwald blieb aufgrund seiner oft exponierten Lage weitgehend von Übergriffen durch den wirtschaftenden Menschen verschont. Während in den 1940er-Jahren Südthailand zu nahezu 90 % mit Wald bedeckt war, sind es heute weniger als 20 %. Der Raubbau an der Natur ist deutlich zu spüren.

Naturschutz zu Wasser und zu Land

Dieser Wert entspricht im weltweiten Vergleich durchaus der Norm, im Vergleich mit vielen anderen asiatischen Ländern nimmt Thailand in Hinblick auf den Waldbestand sogar eine Spitzenposition ein. Das ist dem Naturschutzgedanken zu verdanken, der in Thailand bereits in den 1960er-Jahren aufkam. 1974 wurde mit dem Tarutao Marine National Park einer der ersten Meeresnationalparks weltweit eingerichtet, in Europa war es erst im Jahre 1992 so weit. Heute stehen in Thailand in mehr als 300 Schutzgebieten 17 % der gesamten Landesfläche unter Naturschutz (in Mitteleuropa sind es nur etwa 1 %) und Jahr für Jahr wächst die geschützte Zone.

Von den insgesamt rund 150 Nationalparks finden sich über 40 im Süden des Landes. Darunter auch rund zwei

Nationalparkinfos
Ausführliches Prospektmaterial (auch zum Download) und umfassende Online-Informationen in Englisch hält das Wildlife and Plant Conservation Department bereit (61 Thanon Phaholyothin, Chatujak, Bangkok, Tel. 025 62 07 60, www.dnp.go.th). Da Unterkünfte in den Nationalparks begrenzt und sehr gefragt sind, ist eine rechtzeitige Reservierung unerlässlich (www.thaiforestbooking.com). Der Eintritt in alle Nationalparks kostet 200 Bt (vereinzelt 100 Bt) und ist bei den Besucherzentren oder Rangerstationen zu entrichten.

Dutzend Meeresnationalparks, die insbesondere im Bereich der Andamanensee das überaus empfindliche Ökosystem der Korallenriffe nachhaltig zu bewahren versuchen. Daher gilt Südthailand heute in Taucherkreisen als eine der erstklassigsten Adressen weltweit (s. S. 30). Aber auch auf dem Land ist es erklärtes Ziel, das Leben in freier Natur zu sichern und die biologische Vielfalt zu bewahren.

Leave nothing but footprints

Im Gegensatz zu vielen anderen Ländern wird heute in Thailand versucht, das Etikett ›Nationalpark‹ zu einem Gütesiegel für den uneingeschränkten Schutz der Landschaft zu machen. Dies ist freilich nicht immer von Erfolg gekrönt, da auch hier ökonomische Interessen oft schwerer wiegen als der Naturschutz.

Aufgrund des Naturschutzes ist die Zahl der touristischen Einrichtungen in den thailändischen Nationalparks vergleichsweise gering. Zwar gibt es häufig gute Wandermöglichkeiten und fast immer einfache Übernachtungsangebote in Hütten, aber generell wird eher ein Minimum an Infrastruktur zur Verfügung gestellt. Konsequenterweise ist es in den Nationalparks untersagt, Lärm zu machen, Tiere zu stören, zu jagen, zu fangen oder gar zu töten, die natürliche Beschaffenheit der Erdoberfläche zu zerstören, Steine zu entnehmen, Bäume und Pflanzen zu beschädigen, Blumen zu pflücken etc. Ungeachtet dieser Beschränkungen ist es gestattet, nach Anmeldung bei der Parkverwaltung im Schutzgebiet zu zelten und für den vorübergehenden Bedarf Zweige zum Feuermachen zu verwenden.

Die schönsten Nationalparks auf einen Blick

Meeresschutzgebiete: Unter den Naturwundern der Andamanensee ist besonders der von bizarren Kalksteinformationen geprägte Ao Phang Nga Marine National Park (s. S. 234) zu nennen. Natur pur bietet der Tarutao Marine National Park (s. S. 269). Für Taucher empfehlen sich vor allem der Ko Similan Marine National Park (s. S. 181) und der Ko Surin Marine National Park (s. S. 173). Im Golf von Thailand ist der Ang Thong Marine National Park (s. S. 143) hervorzuheben.

Wälder: Extreme Urwaldlandschaften bieten der Khao Phanom Bencha National Park (s. S. 229) und der Khao Sok National Park (s. S. 184), der den urigsten Urwald des Südens und den wohl schönsten See des Landes umfasst, sich zur Tierbeobachtung sowie für Wander-, Kanu- und Bootstouren eignet. Größter Transitplatz für Zugvögel in Thailand ist der von Mangrovenwald und Kalksteinklippen geprägte Khao Sam Roi Yot National Park (s. S. 118) am Golf von Thailand. Nahe Hua Hin liegt der Kaeng Krachan National Park (s. S. 107), der größte Nationalpark des Landes, Refugium für wilde Tiere und auch für ausgedehnte Trekkingtouren geeignet.

Erklärtes Ziel ist es, dass die Parkzone in Thailand weiterhin Wildnis bleibt. So lautet die Parole dementsprechend: »Leave nothing but footprints!« – »Bitte nur Fußabdrücke hinterlassen!«

Die Tierwelt in Bedrängnis

Schwungvoll durchs Revier – der Nashornvogel

Zwar gilt die Tierwelt Thailands als besonders arten- und bestandsreich, doch da gerade ihr natürlicher Lebensraum, insbesondere die tropischen Regenwälder des Südens, zusehends in Ackerland umgewandelt werden, hat sich die Tierpopulation in den vergangenen Jahren drastisch dezimiert.

Dutzende der insgesamt rund 280 in Thailand vorkommenden Säugetierarten sind vom Aussterben bedroht und stehen inzwischen unter Naturschutz – u. a. Tiger, deren Population auf etwa 300 Stück beziffert wird, Leoparden, Schwarzbären, Tapire und Ozelote. Selbst der Elefant, der von den Thais aufgrund seiner Kraft und Größe seit Jahrhunderten verehrt wird und Wappentier des Königreichs ist, gilt als gefährdet. Während Touristen in Südthailand die großen Vertreter der Fauna in freier Wildbahn selten zu Gesicht bekommen, sind verschiedene Affen- und Halbaffenarten sehr häufig zu finden. In ihrem natürlichen Lebensraum beobachtet man diese Tiere am besten im Kaeng Krachan National Park und im Khao Sok National Park, auf dessen See auch Wildlife Tours angeboten werden (s. S. 186).

Birdwatching

Rund 10 % aller auf Erden vorkommenden Vogelarten finden als Brut- oder Zugvögel in Südthailand eine Heimat. Ihr auffälligster Vertreter ist der prächtige schwarzgelbe Nashornvogel *(hornbill)* mit einer Flügelspannweite von bis zu 3 m. Ihm begegnet man in manchen Landesteilen noch recht häufig. Aber auch farbenreiche Eisvögel *(kingfisher)*, Spottdrosseln, Kraniche, Reiher und zahlreiche andere Vogelarten sind zu beobachten.

Herausragend für die Vogelbeobachtung sind der Kaeng Krachan National Park mit mehr als 400 verschiedenen Spezies und der Khao Sok National Park, der vor allem für seine großen Bestände an Nashornvögeln bekannt ist. Auch auf Ko Tarutao und auf Ko Yao Noi sind Nashornvögel zu sehen, wo ein fester Stamm von 50 Tieren dieser Art beheimatet ist. Gerade auch in den Mangroven lassen sich vortrefflich Vögel beobachten (s. S. 250). Und während der Khao Sam Roi Yot National Park als größter Transitplatz für Zugvögel in Thailand gilt, ist das Ko Libong Wildlife Sanctuary (s. S. 263) *der* Spot im Süden zur Beobachtung von Watvögeln, aber auch von verschiedenen Zugvögeln.

Was da kreucht und fleucht

Die Zahl der Reptilienarten, die offiziell auf ca. 300 beziffert wird, dürfte ständig schrumpfen. Zumindest auf Alligatoren und Krokodile kann man in Südthailand wohl längst einen Nachruf verfassen. Recht verbreitet sind dagegen die etwa 160 Schlangenarten, von denen die bis zu 9 m lange Python, eine Würgeschlange, die größte und die bis zu 6 m lange Königskobra die giftigste ist. Obwohl weitere 15 giftige Arten bekannt sind, darunter besonders Vipern, ist die Gefahr, auf einer Urlaubsreise gebissen zu werden, eher gering. Die Snake Farms auf den Inseln Phuket und Ko Samui bieten eine große Schlangenvielfalt. Wer Krokodile sehen will, dem gelingt das am besten in den Crocodile Parks auf Phuket und Ko Samui.

Durch Formenschönheit und Farbenpracht bestechen vor allem über 600 Schmetterlings- und Falterarten, als dessen größter Vertreter, mit über 25 cm Flügelspannweite, Atlas- und Herkulesspinner gelten. Möchte man sich Schmetterlinge anschauen, führt kein Weg vorbei am Phuket Butterfly Garden. Hier kann man sich zudem mit unglaublich vielen verschiedenen Insektenarten vertraut machen. Auch im Samui Butterfly Garden sind Hunderte von Schmetterlingen lebend und aufgespießt zu betrachten, ein Insekten- und Bienenhaus ist angeschlossen.

Am häufigsten begegnet man noch der gemeinen Stechmücke, weshalb kein Thai die kleinen, scheuen Geckos vertreiben würde, eine Echsenart, die in wohl jedem Haus zu finden ist und die sich mit Vorliebe von Mücken und anderen Insekten ernährt, von denen es in Thailand insgesamt rund 150 000 Arten geben soll. Neben der Mücke sind die winzigen Strandflöhe die wahrscheinlich meistverfluchten Tropenbewohner, gefolgt von den Ameisen, von denen die etwa 1 cm lange rote Baumameise die aggressivste und die Riesenameise mit bis zu 3 cm Länge die größte ist.

Beobachtungstouren
Einer der größten Veranstalter von Bobachtungstouren in Südthailand ist Thailand Bird Watching (www.thailandbirdwatching.com). Das Unternehmen bietet an zahlreichen Lokalitäten in Südthailand auch geführte Erlebnistouren an. Auf seiner Webseite und unter www.thailandbirding.com sind alle Vogelreviere und Listen des Artenvorkommens aufgeführt.

Geisterglaube, Buddhismus und Islam eine lebensfrohe Symbiose

Auch wenn der Geisterglaube exotische Blüten treibt, ist Thai-Sein für die meisten Thais gleichbedeutend mit Buddhist-Sein. Die sprichwörtliche Präsenz von Toleranz und Lebensfreude im Königreich ist als Ausdruck dieser Lehrtradition zu verstehen. Aber auch den Muslimen, die im Süden des Landes die Religionslandschaft mitprägen, sind thailändisches Savoir-vivre und Langmut ins Gesicht geschrieben.

Barfüßig, kahl geschoren und in safranfarbene Roben gehüllt schreiten buddhistische Mönche im fahlen Licht des frühen Morgens würdevoll in langer Reihe durch die erwachende Stadt. Sie sind, wie rund 300 000 weitere Mönche überall im Land, auf ihrem alltäglichen Almosengang. Kirchensteuer nämlich wird in Thailand nicht erhoben, und so sind die mehr als 25 000 Klöster des Königreichs ganz auf Spenden der Gläubigen angewiesen, die die Bettelschalen der Mönche kniend mit Gaben füllen.

Strom des Lebens

Damit haben die Gläubigen die Gelegenheit, sich Verdienste für ihr zukünftiges Leben zu erwerben. Denn der Lehre Buddhas zufolge, der um 560 v. Chr. im heutigen Nepal geboren wurde, ist das menschliche Dasein ein ständig sich erneuernder Strom von Faktoren, die dem Karma, dem Gesetz von Ursache und Wirkung, unterliegen. Dieser Strom wird auch vom Tod nicht unterbrochen, weshalb der Mensch ist, was er früher war, und sein wird, was er heute ist.

Der Weg zu einem besseren Dasein wird im Buddhismus durch den edlen achtfachen Pfad gewiesen. Er empfiehlt rechte Erkenntnis, rechte Gesinnung, rechtes Reden, rechtes Handeln, rechtes Leben, rechtes Streben, rechte Achtsamkeit, rechtes Sich-versenken. Dass die damit umrissenen Gebote des Buddhismus bei allem Glauben alltäglich übertreten werden, ist selbstredend, denn Widersprüche zwischen Ideal und Wirklichkeit bestehen in jeder Gesellschaft. Ebenso wenig wie die Christen wirklich nach den Zehn Geboten leben, kann man davon ausgehen, dass das Leben der Thais ausschließlich durch das Befolgen der buddhistischen Gebote bestimmt wird. Im Gegensatz zu vielen Christen aber bereitet es den Thais kaum Probleme, mit solchen Gegensätzen zu leben, denn gemäß der buddhistischen Philosophie werden keine Verbote aufgestellt, kein »Du darfst nicht ...«, sondern nur Empfehlungen, also Weghilfen, gegeben. So ist jeder Mensch für sein eigenes Schicksal verantwortlich. Und er kann dieses trotz aller Verfehlungen zum Besseren wenden.

Schlüssel zu Freude und Glück

Tam Bun, ein traditionelles Konzept zum Erwerb religiöser Verdienste im thailändischen Buddhismus, führt zu einem besseren Schicksal. Almosen an Mönche zu geben gehört ebenso dazu wie diesen Ehrerbietung und Hilfsbereitschaft zu erweisen, sich an den Verdiensten anderer zu erfreuen, gemeinsam zu beten und zu meditieren oder anlässlich von Familienereignissen im Tempel zu feiern oder zu trauern. Vor allem für männliche Thais trägt zum besseren Schicksal entscheidend bei, wenigstens ein Mal im Leben das Mönchsgewand für mindestens eine Woche anzulegen.

So ist *Tam Bun* in Thailand untrennbar mit dem täglichen Leben verwoben. Sein tieferer Sinn ist es, seine eigene Ich-Bezogenheit und Habgier – nach buddhistischer Philosophie die Grundlagen allen Übels auf Erden – zu überwinden und so in den Genuss von *Im Bun* zu gelangen. Übersetzt bedeutet dieser Ausdruck so viel wie ›voller Glück und Freude sein‹. Seinen sichtbarsten Ausdruck findet er in Thailand in der so sprichwörtlichen Präsenz von Harmonie und Friede nebst Gleichmut, Geduld und Lebensfreude.

Eine Heimat für die Erdgeister

Ein weiteres rein thailändisches Phänomen ist die innige Verquickung des Buddhismus mit dem Geisterglauben aus früheren, vorbuddhistischen Zeiten, der in der Vorstellung von der Beseeltheit der Natur wurzelt und sich u.a. in den kleinen, vogelhausähnlichen Gebilden zeigt, die auf etwa mannshohen Pfosten in den Städten, aber insbesondere auf dem Land vor beinahe jedem Haus zu finden sind.

Diese Miniaturen aus Holz oder Zementguss sind die Wohnstätten von Erdgeistern. An der rückwärtigen Innenwand der sogenannten *chao thi* findet sich meist ein Bild des Geistes, der traditionell mit einem Schwert in der rechten und einem Buch in der linken Hand dargestellt wird. Auf einer kleinen Plattform vor dem Bild werden dem Geist Opfergaben, etwa Blumen und Räucherstäbchen oder zu besonderen Anlässen auch Speisen, dargereicht.

Errichtet werden diese Geisterhäuschen grundsätzlich, bevor ein Grundstück bebaut wird, so will man den Geist, der das Gelände bewohnt hat, für den Verlust seiner Heimat entschädigen und sein Wohlwollen sicherstellen. Beim Bau des Chao Thi sind tradierte Regeln zu beachten: So muss beispielsweise das Datum seiner Errichtung von einem Astrologen berechnet werden. Sein Standort darf nur östlich oder südlich des Hauses liegen, aber niemals gegenüber dem Eingang. Auch darf es nicht im Schatten des Hauses stehen, wie umgekehrt sein Schatten nicht das Haus treffen darf. Denn die Welt der Geister und die Welt der Menschen unterscheiden sich stark voneinander und dürfen nicht vermischt werden.

Buddhismus im Web
Wer in die Tiefe gehen will, klicke u. a. folgende Seiten an:
www.hdamm.de/buddha/index.php: mit Hingabe und Wissen gestaltete Webseite, vielleicht die beste zum Thema in deutscher Sprache. Alle Fragen werden beantwortet, eine umfangreiche Linkliste rundet die Seite ab.
www.wfbhq.org: das Portal der World Fellowship of Buddhists in Bangkok.
www.thaibuddhist.com: Umfassendes über das Leben als Buddhist und Mönch in Thailand.
www.thaibuddhism.net: Wer wirklich am Buddhismus interessiert ist, kommt an dieser Seite nicht vorbei.

Gegen alle Geister gewappnet

Häufig sieht man solche Geisterhäuschen auch an unfallträchtigen Stellen an Straßen oder an den Orten einstiger Verbrechen, da dort nach dem Glauben der Thais bösartige Geister ihr Unwesen treiben. Gutartige und verehrungswürdige immaterielle Wesen bewohnen oft große, alte Bäume, was durch bunte Schleifen, Blumenkränze und andere Gaben angezeigt wird, während Amulette, die fast jeder Thailänder trägt, alle Bereiche der menschlichen Nöte und Hoffnungen im Alltag abdecken.

So gibt es Anhänger zur Förderung der Fruchtbarkeit und gegen Schlangenbisse und Unfälle. Auch mit Edelsteinen besetzten Ringen wird Glück bringende oder Unheil abwehrende Wirkung nachgesagt. Weiße Bänder, am Handgelenk getragen, bieten ebenfalls einen starken Schutz.

Wer auf Nummer sicher gehen will, der lässt sich vorzugsweise auf Rücken, Brust und/oder Oberarme Gebetsfor-

Meditation
Meditationsübungen sind in allen thailändischen Klöstern üblich, in einigen kann man auch als andersgläubiger Tourist an den Retreats teilnehmen (Infos über www.retreat-infos.de). Auf der Urlaubsinsel Ko Samui lädt das Dipabhavan Meditation Center (www.dipabhavan.com) ein, auf der Nachbarinsel Ko Pha Ngan erfreut sich das Wat Khao Tham International Meditation Center (s. S. 151) größter Beliebtheit. Die in Kreisen von Ausländern populärste Meditationsstätte im Land ist der Wat Suan Mokkh (Chaiya, Surat Thani 84110, www.suanmokkh-idh.org), wo zehntägige Meditationskurse angeboten werden (2000 Bt).

meln und Beschwörungen eintätowieren. Diese Methode wurde ursprünglich ausschließlich von Mönchen praktiziert und macht nur dann Sinn, wenn man sein Tattoo mit Respekt behandelt und es durch regelmäßigen Besuch im Tempel auffrischen lässt.

Von wegen orthodox

Aber nicht nur die Buddhisten tragen in Thailand Amulette, Ringe und Tattoos, sondern auch die Muslime, die insbesondere im tiefen Süden die Majorität bilden. Der Islam in Thailand kommt – außer in den Grenzregionen zu Malaysia (s. S. 64) – kaum je im Kleid des Fundamentalismus einher, weshalb sich auch die Stellung der islamischen Frau nur unwesentlich von der Stellung einer thailändischen Buddhistin zu unterscheiden scheint. Den Tschador oder die Burka, die in orthodoxen islamischen Ländern oft von Frauen getragen werden, sieht man in Thailand so gut wie nie. Sichtbares Zeichen der Angehörigkeit einer Frau zum Islam ist hier in aller Regel lediglich ein Kopftuch, das sie mehr oder weniger locker trägt und das meist bunt statt schwarz ist.

Auch die muslimischen Männer unterscheiden sich in Sachen Kleidung kaum von buddhistischen Thailändern. Überhaupt ist in Thailand insgesamt den Muslimen all das ins Gesicht geschrieben, was laut einem gängigen Klischee nur die Buddhisten auszeichnet: Gleichmut und Gelassenheit sowie ein freundliches Lächeln und Lebensfreude.

Aufruhr im tiefen Süden

Seit Anfang 2004 leidet der zum überwiegenden Teil von Muslimen bewohnte Süden Thailands vermehrt unter Anschlägen radikaler Angehöriger der muslimischen Bevölkerungsminderheit auf staatliche Einrichtungen. Nach Angaben von DeepSouth Watch wurden bislang über 4100 Menschen getötet und rund 6100 verletzt. Das Auswärtige Amt warnt vor Reisen in diese Region.

Erst Anfang des 20. Jh. wurden die drei Südwestprovinzen an der Grenze zu Malaysia – Yala, Pattani und Narathiwat – fest ins Königreich Thailand integriert, wobei man die Andersartigkeit der Menschen, größtenteils ethnische Malaien, ignorierte. Nur ihre dunklere Hautfarbe und ihren Glauben, den Islam, übersah man nicht. So wurden diese muslimischen Südthailänder zu Thailändern zweiter Klasse.

Thailänder zweiter Klasse

Mit passivem Widerstand gegen die Obrigkeit, aber auch mit bewaffneten Aufständen und einer immer stärker werdenden Annäherung an das Nachbarland Malaysia reagierten die Muslime auf die Diskriminierung. Erst in den späten 1980er-Jahren bemühte sich Bangkok um Verständigung, ließ der König beispielsweise auch im tiefsten Süden einen Sommerpalast errichten und finanzierte u. a. eine Koran-Übersetzung ins Thai. In der Folge

Mobil auf Thailands südlichen Gewässern – junge Muslime auf Fahrt

kehrte Ruhe ein, auch wenn die unterschwellige Geringschätzung der Nordthailänder für ihre südlichen ›Brüder‹ bestehen blieb. Hohe Verwaltungspositionen waren den Muslimen praktisch ebenso verwehrt wie gut bezahlte Jobs in der freien Wirtschaft. Die Mischehe mit Muslimen war in den Augen der sonst so toleranten Buddhisten nahezu tabu. Hinzu kam nicht zuletzt, dass der Süden auch in ökonomischer Hinsicht das Stiefkind des Landes blieb.

Krisengebiet-Informationen
Aktuelle Informationen unter www.amnesty.de (jährlicher Amnesty-Report Thailand), www.auswaertiges-amt.de (ständig aktualisierte Sicherheitshinweise), www.deepsouthwatch.org und www.hrw.org (aktuelle Artikel von Human Rights Watch).

Terror unter Thaksin

Dennoch blieb es ruhig, bis im Februar 2001 Thaksin Shinawatra Ministerpräsident von Thailand wurde. Es dauerte nicht lange, da lief die Situation in Yala, Pattani und Narathiwat völlig aus dem Ruder. Nach einer Anschlagserie in der Stadt Yala am 14. Juli 2005 wurde in diesen drei Grenzprovinzen der besondere Notstand ausgerufen. Bis zum Militärputsch im September 2006 und der Entmachtung von Thaksin Shinawatra wurden zahllose mutmaßliche Rebellen standrechtlich hingerichtet, und Berichten des malaiischen Geheimdienstes zufolge soll unter der Thaksin-Regierung sogar die völlige Isolierung und Aushungerung der rebellischen Provinzen zur Debatte gestanden haben. Der Premierminister von Malaysia Abdullah Ahmad Badawi habe unverblümt von einem geplanten Genozid gesprochen.

Neue Hoffnung

Nach der Absetzung Thaksins durch das Militär im Jahr 2006 standen die Zeichen erneut auf Verständigung und Aussöhnung. Die Übergangsregierung entschuldigte sich bei den Bewohnern der Region und gestand unumwunden die Verantwortung Bangkoks an den Missständen ein. In der Folge zeigte sich auch der Premierminister von Malaysia in einem Interview mit »Bangkok Post« optimistisch hinsichtlich Veränderungen der Südprovinz-Politik.

Eine Spirale der Gewalt

Doch allen Beteuerungen der Regierungen seit Ende 2006 zum Trotz sind noch immer mehr als 30 000 Soldaten und paramilitärische Sicherheitskräfte in der Region stationiert, gilt noch immer das Kriegsrecht und vergeht kaum ein Tag ohne Terror. Nach Angaben von DeepSouthWatch wurden in der Region allein 2010 monatlich durchschnittlich 86 bewaffnete Übergriffe von militanten Muslimen mit Toten und Verletzten verzeichnet. Schulen sind die bevorzugten Ziele der Terroristen, aber auch friedliebende muslimische Aktivisten, die die Versöhnung mit Bangkok suchen, werden zunehmend Opfer der Übergriffe. Nach Berichten von Amnesty International verstoßen in Thailand sowohl die staatlichen Sicherheitskräfte als auch die bewaffneten Rebellengruppen gegen die Menschenrechte und das humanitäre Völkerrecht.

Die Chao Lee – Nomaden der Meere

Chao Lee (bzw. Chao Lay) ist die thailändische Sammelbezeichnung für verschiedene Ethnien, die traditionell als Seenomaden vor allem im Bereich der Andamanensee zwischen Myanmar und Indonesien siedelten und heute noch in Myanmar und vor allem Thailand leben. Nur wenige Völker haben ein derart inniges Verhältnis zum Meer entwickelt wie diese ›Meermenschen‹, deren tradierte Kultur heute mehr denn je durch Assimilation bedroht ist.

Die Chao Lee sind Nachfahren der um 2500 v. Chr. aus der südchinesischen Region eingewanderten Proto-Malayen. Sie haben teils eine sehr dunkle Haut und krauses Haar, hängen einem animistischen Glauben an und sprechen eine austronesische, dem Thai nicht verwandte Sprache. In der Literatur werden die Chao Lee oft abschätzig Sea Gypsies (Seezigeuner) genannt. Denn in Thailand, wie überall sonst auf der Erde, begegnete die sesshafte Bevölkerung den umherziehenden Minderheiten, die sich in Aussehen, Sprache und Glauben von ihnen unterschieden, mit Verachtung und behandelte sie in der Vergangenheit als Menschen zweiter Klasse.

Volksgruppen der Chao Lee

Rund 9500 Chao Lee soll es heute noch geben, davon etwa 7000 in Thailand. Ethnologen unterscheiden die Volksgruppen der Moklen, Urak Lawoi und Moken. Erstere haben sich im Gebiet von Phuket und Phang Nga mehr oder weniger niedergelassen, sind als Sesshafte heute weitgehend in die thailändische Gesellschaft integriert und besitzen auch die thailändische Staatsbürgerschaft. Offiziell werden sie *Thai mai* genannt, also ›Neue Thais‹.

Die oft noch staatenlosen Moken befahren mit ihren Booten nach Art ihrer Vorfahren die gesamte Andamanensee von Myanmar bis nach Malaysia. Ihr Leben ist eine stete Reise, das Boot ihr Zuhause, das Meer ihre Heimat und ihr Erhalter, das sie mit Fischen, Muscheln und fast allem, was sie zum Leben benötigen, versorgt.

Die Urak Lawoi schließlich leben in schlichten Dörfern im Bereich der gesamten Küste zwischen Phuket im Norden und der Grenze zu Malaysia im Süden, wenn sie nicht als Halbnomaden zumindest zeitweise noch auf dem Meer unterwegs sind. Die meisten Urak Lawoi sind auf der zum Tarutao-Archipel gehörigen Insel Ko Lipe ansässig. Dorthin wurden sie von ihren Stamminseln, die in den Ko Tarutao Marine National Park integriert sind, in den 1970er-Jahren umgesiedelt.

Von Assimilation bedroht

Doch dem Untergang geweiht sind wahrscheinlich alle drei Gruppen, denn wenn staatliche Autoritäten versuchen, das traditionelle Leben von Minderheiten in ihr eigenes Schema zu pressen, geht die tradierte Lebensweise dieser Minderheiten verloren und damit auch ihre Kultur. Dann setzt eine Assimilation ein, die zumindest bei den Moklen schon sehr weit fortgeschritten ist – nicht zuletzt auch wegen der Schulpflicht, die auch für die Urak Lawoi gilt.

Auch die auf Phuket und Ko Lanta etwa als ›Sea Gipsy Tours‹ angebotenen Touristenfahrten, in deren Rahmen die Chao-Lee-Dörfer wie Zoos besichtigt werden, tragen zur Zerstörung der Kultur bei, während die Moken ohnmächtig zusehen müssen, wie ihre Meere von Trawlerflotten leergefischt, ihre angestammten Fischgründe in Nationalparks verwandelt werden und ihnen das Selbstbestimmungsrecht als indigenes Volk vorenthalten wird.

Hilfe im ungleichen Kampf könnte das 1997 ins Leben gerufene Andaman-Pilotprojekt der UNESCO bringen. Es will dazu beitragen, dass die Chao Lee trotz veränderter Rahmenbedingungen ihre traditionelle Lebensweise bewahren können. Auch der Tsunami vom Dezember 2004 hat den Namen der Chao Lee und die Kunde von ihrem Dasein in die Welt getragen. Die Moken kannten das Naturphänomen und wussten die Vorzeichen der Katastrophe zu deuten. Daher konnten sie sich selbst und mehrere Touristen in Sicherheit bringen.

Die Thaimassage – uralte heilsame Berührung

Die traditionelle Thaimassage ist auf Körper, Geist und Seele gleichermaßen ausgerichtet. Sie wurzelt in der ayurvedischen Medizin Indiens und gilt als eines der ältesten überlieferten Heilsysteme der Welt.

Vom Ambiente des Raumes her fühlt man sich in eine Turnhalle versetzt, und auch die etwa 20 Matten in Reih und Glied auf dem Boden fügen sich in dieses Bild ein. Doch hier wird nicht geturnt, sondern massiert. Greift da eine drahtige alte Thailänderin einem auf dem Rücken liegenden Touristen derb in die Waden, so wuchtet dort ein junges Mädchen ihren Ellenbogen mit erstaunlichem Kraftaufwand in die Leistengegend eines Kunden. Auf anderen Matten werden Beine gezerrt, Rücken mit Füßen malträtiert und Köpfe verdreht. Finger knacken, die Massierten stöhnen, während sich die Masseure und Masseurinnen angeregt unterhalten und mitunter köstlich über die meist ausländischen ›Delinquenten‹ zu amüsieren scheinen.

Ganzheitliches Heilsystem

Angesichts der Torturen, die hier – oberflächlich betrachtet – den Klienten zugefügt werden, drängt sich für einen außen stehenden Betrachter schnell die Frage auf, ob eine Massage wie hier in der Thai Traditional Medical School des Wat Po in Bangkok wirklich dem Wohlbefinden förderlich oder nicht vielmehr abträglich ist. Aber man muss nur in die Gesichter der erfolgreich Behandelten schauen und sich vor allen Dingen selbst auf das Erlebnis einer traditionellen Thaimassage einlassen, um zu verinnerlichen, dass das, was hier praktiziert wird, nicht Qual bereitet, sondern ganz im Gegenteil Wohlbefinden. Dieser Genuss wird aber nicht durch eher sanftes Streichen hervorgerufen, wie bei den klassischen westeuropäischen Massagetechniken üblich, sondern durch eine kraftvoll dynamische Bearbeitung ausgewählter Energielinien, bei der der Klient mit Daumen- und Handballendruck, mit den Ellenbogen, Unterarmen, Knien und Füßen bearbeitet wird.

Thaimassage fordert den ganzen Körper

Durch diese ausgefeilten Techniken werden die Atmung vertieft, der Lymphfluss angeregt, die Muskeln gedehnt und gestärkt, der Wirbelkörper entlastet, das Bewegungsspektrum der Gelenke erweitert – womit nur die Wirkung auf die Physis genannt sind. Darüber hinaus aber und vor allem anderen wird eine einzigartige Wirkung vor allem auf der feinstofflichen Ebene erzielt und in der Folge kommt es zu einer Harmonisierung des Energieflusses, der Auflösung von Blockaden und damit zu einem angenehmen, ganz ungewohnt klaren Lebensgefühl. Nichts anderes auch will die thailändi-

Unser Tipp

Massage-Oasen

Wat Po Thai Traditional Medical School: Wat Po (s. S. 85), Bangkok, tgl. 8–16 Uhr, www.watpomassage.com. Massage ab 360 Bt/Std., Einführungskurs in Thaimassage 8500 Bt/30 Std., Fortgeschrittenenkurs 12 000 Bt/60 Std., Kurse in Fußreflexzonenmassage 6500 Bt/30 Std.

The Sanctuary: Hat Thian, Tel. 081 271 36 14, www.thesanctuarythailand.com. Yogakurs 300 Bt/2 Std., Aromatherapiemassage 700 Bt/Std, Fußreflexzonenmassage 500 Bt/45 Min., spezielle Nacken- und Schultermassage 1000 Bt/Std. Schlafsaal 200 Bt, Bungalows 450–1600 Bt, Häuser 1700–5400 Bt. Alle Bungalows, Häuser, die Yogahalle und das Restaurant (vegetarische Gerichte und Seafood) sind in die Natur integriert.

sche Bezeichnung für Thaimassage sagen, denn *nuad phaen boran* bedeutet übersetzt ›uralte heilsame Berührung‹.

Thaimassage made in India

Aus Thailand kommt die Thaimassage allerdings nicht. Sie wurzelt in der jahrtausendealten ayurvedischen Medizin, weshalb sie heute im Ruf steht, eines der ältesten überlieferten Heilsysteme der Welt zu sein. Als ihr Urheber gilt der nordindische Arzt Jivakar Kumar Bhaccha, ein Zeitgenosse und Schüler Buddhas, der in Thailand noch heute als der ›Vater der Medizin‹ verehrt wird.

Mit der Verbreitung des Buddhismus gelangte das indische Heilsystem nach Thailand, wo es sich mit Einflüssen aus der chinesischen Heilkunde mischte und noch heute einen hohen Stellenwert als präventive Gesundheitsmaßnahme und als Behandlungsmethode vor allem bei Kopf- und Nackenbeschwerden, chronischen Rückenschmerzen, Schlafstörungen und innerer Unruhe in allen Bevölkerungsschichten hat.

Die traditionelle Thaimassage findet stets bekleidet (und daher auch ohne die Verwendung von Ölen) auf einer Bodenmatte statt, kann bis zu 2,5 Stunden dauern (in der Regel jedoch eine Stunde) und ist immer dann am besten, wenn sie von einem Absolventen der Thai Traditional Medical School des Wat Po ausgeübt wird, dem seit Mitte der 1950er-Jahre führenden Ausbildungszentrum für traditionelle Thaimassage.

In abgewandelter Form wird die Thaimassage meist in den zahllosen Wellnesszentren der Tourismusbranche angeboten, auch an den allermeisten Stränden. Wer auf Nummer sicher gehen will, sollte sich anhand eines Ausbildungszertifikats von der Qualifikation überzeugen, denn schon manch einer hat sich üble Verrenkungsschmerzen zugezogen. Die in den Rotlichtmeilen angebotenen ›Thaimassagen‹ haben nichts mit den echten medizinischen Thaimassagen zu tun!

Das Geschäft mit der ›Liebe‹

Der Tourismus hat Thailand nicht nur die erhofften Devisen beschert, sondern auch Heerscharen allein reisender Männer aus relativ wohlhabenden Teilen der Erde, die mit dem vorrangigen Ziel ins Land kommen, sexuelle Kontakte zu vergleichsweise billig käuflichen ›exotischen‹ Frauen bzw. Mädchen aufzunehmen.

Die erste Welle der Sextouristen schwappte in den 1960er-Jahren im Rahmen der Rest-and-Recreation-Programme für US-amerikanische Soldaten über das Land. In ständigem Pendelverkehr wurden vom Kampf in Vietnam erschöpfte GIs zur Erholung nach Bangkok geflogen, wo plötzlich eine schier unersättliche Nachfrage nach Frauen entstand.

Verlockungen der Stadt

Mit dem Versprechen auf eine gute Ausbildung oder einen Job wurden immer mehr, besonders auch junge Mädchen, aus ihren Dörfern nach Bangkok gelockt, wo sie mit Schulden, Drohungen und Gewalt in die Prostitution gezwungen wurden. Gleichzeitige Dürreperioden im Nordosten des König-

Tanz im dunklen Rotlicht – Nachtclub in Bangkok

Informationen im Web

www.child-hood.com: Unter den Stichworten ›Reisende/Reiseziele‹ werden Organisationen vor Ort genannt, die sich mit Kinderprostitution befassen.

www.depdc.org: DEPDC versteht sich als eine gemeinnützige Organisation, deren Ziel es ist, Prostitution, insbesondere Kinderprostitution, zu bekämpfen.

www.tdh.de: Seite von Terre des hommes mit Berichten zu Thailand.

www.thaicharities.org: Unter den Stichworten ›Organizations for children/women‹ finden sich umfassende Listen mit Links.

www.no-trafficking.org: UN-Projekt gegen Menschenhandel, gerade auch Kinderhandel, in Indochina.

www.unicef.org/thailand: umfassende Informationen über die Situation von Kindern in Thailand.

reiches, dem ärmsten Teil des Landes, ließen insgesamt mehr als 3 Mio. Menschen nach Bangkok migrieren. Da es kaum Arbeit für sie gab, stellte die Prostitution vielfach die einzige Erwerbsquelle für die jungen Frauen dar. Einem Polizeibericht zufolge arbeiteten 1974 bereits 400 000 Frauen und Mädchen aus den ländlichen Gebieten in den Bordellen Bangkoks. Noch 1950, dies zum Vergleich, gab es im ganzen Land etwa 20 000 Prostituierte.

Zunahme der Kinderprostitution

Als nach Beendigung des Vietnamkrieges die GIs in Bangkok ausblieben, gab es eine kurze Flaute im Sexgeschäft. Doch die Lücke in der Männerschar wurde bald schon durch japanische, amerikanische und westeuropäische Touristen mehr als gefüllt, und wie geschätzt wird, nehmen heute die Deutschen den dritten Platz im ›Länderranking‹ des Sextourismus in Thailand ein, der vor allem dem Ausbreiten der Immunkrankheit Aids großen Vorschub leistet. Wie geschätzt wird, sollen zurzeit zwischen 70 % und 90 % aller Prostituierten des Landes mit HIV infiziert sein.

Mit dem Tourismus nahm auch die Kinderprostitution zu, und immer häufiger wurden nun Fälle bekannt, in denen Bauernfamilien aus dem Norden Thailands ihre Töchter an Menschenhändler verkauften, die den Mädchen gute und gut bezahlte Jobs versprachen. Es war aber nicht Skrupellosigkeit, die die Eltern zu diesem Schritt veranlasste, sondern Unwissenheit und Not.

Heute gehen realistische Schätzungen der internationalen Hilfsorganisation Médecins sans frontières von über 200 000 in Thailand zur Prostitution gezwungenen Kindern und Jugendlichen aus, der Großteil davon sind Mädchen. Die hohe Nachfrage nach Kinderprostituierten macht den Menschenhandel zum lukrativen Geschäft. Mittlerweile werden aus den Nachbarländern, besonders aus Myanmar, Laos, Kambodscha und Südchina Kinder in thailändische Bordelle verschleppt.

Boom des Sextourismus trotz Verbots

Dabei suchte und sucht ein Großteil der Freier in Thailand nicht nur Kontakt für eine Nacht, sondern für die

Dauer des gesamten Aufenthaltes. Überall im Land begegnet man Touristen überwiegend älterer Jahrgänge in Begleitung von vorzugsweise jungen Thaifrauen oder eben Mädchen. Ernst zu nehmende Schätzungen gehen davon aus, dass es wahrscheinlich gut 1 Mio. Prostituierte in Thailand gibt, und das, obwohl Prostitution dort gesetzlich verboten ist.

Seit Jahren versucht die thailändische Regierung die Prostitution per Verordnung einzudämmen. Doch was nützen die rigidesten Gesetze in einer Branche, die laut Schätzung der International Labour Organisation der UNO jährlich bis zu 15 % des Bruttoinlandsprodukts erwirtschaftet, wenn zugleich die meisten Beamten und Polizisten in Relation zu möglichen Bestechungsgeldern hoffnungslos wenig verdienen.

Kampf gegen die Prostitution

Anfänge sind dennoch gemacht, und schon 1992 hat Thailand die UN-Konvention über die Rechte des Kindes ratifiziert und sich verpflichtet, Kinder vor allen Formen sexueller Ausbeutung und sexuellen Missbrauchs zu schützen. Seit Anfang der Neunzigerjahre laufen Regierungsprogramme, die Kinder durch die Schaffung neuer Erwerbsmöglichkeiten auf dem Land vor Prostitution schützen wollen. Landesweit ist u. a. die Touristenpolizei angehalten, den Gesetzen gegen die Prostitution Geltung zu verschaffen. Weltweit sollen die thailändischen Fremdenverkehrsämter die Aktivitäten der Reiseveranstalter kritisch beobachten und Unternehmen anzeigen, die für Sex in Thailand werben oder Sexreisen anbieten.

Vor allem gegen Kinderprostitution wird in Thailand rigoros vorgegangen: UNICEF und ECPAT (Arbeitsgemeinschaft zum Schutz der Kinder vor sexueller Ausbeutung) arbeiten eng mit den zuständigen Regierungsstellen zusammen. Auch das deutsche Bundeskriminalamt mischt vor Ort mit, um deutsche Staatsbürger, die sich des sexuellen Missbrauchs von Kindern und Jugendlichen in Thailand schuldig machen, der Justiz zuzuführen. Nach thailändischem wie nach deutschem Recht droht den Tätern eine bis zu zehnjährige Haftstrafe. In Thailand wird noch mit bis zu drei Jahren Gefängnis bestraft, wer sexuellen Kontakt zu Jugendlichen im Alter von 15–18 Jahren hat, während Zuhälter und Kuppler bis zu 20 Jahre Gefängnis riskieren.

Nicht wegschauen, helfen

Die Tourist Authority of Thailand (TAT) unterstützt die Regierung in ihrem Vorgehen gegen Kinderprostitution in vollem Umfang und fordert die Besucher Thailands auf, dabei mitzuhelfen, sich dem Übel Kinderprostitution entgegenzustellen. So bittet die Organisation darum, sie oder die Polizei zu informieren, wenn die Besucher davon erfahren, dass Reiseveranstalter, Organisationen oder auch Einzelpersonen Sexreisen nach Thailand anbieten oder dafür werben, insbesondere wenn dabei Kinder beteiligt sind.

Alle Touristen, so der eindringliche Hinweis, sind dazu aufgefordert, auch im Urlaub weder wegzuschauen noch wegzuhören, sondern beim Kampf gegen das Verbrechen des sexuellen Missbrauchs von Kindern Regierung und Hilfsorganisationen so gut es geht zu unterstützen.

Wenn der Vollmond scheint

Es heißt, dass die Full Moon Parties am Hat Rin Beach auf der Insel Ko Pha Ngan die größten und bekanntesten Dance & Music Beach-Happenings sind. In Spitzenzeiten werden 30 000 Besucher gezählt, die zu Drum 'n' Bass, House, Techno, Garage und Psytrance ausflippen, aber auch auf Reggae und Pop abfahren.

Goa ist out, Ko Pha Ngan ist in, und selbst in der Nebensaison finden sich inzwischen regelmäßig bis zu 8000 Partygäste zum Beat der Trommelfell zerreißenden wattstarken Soundsysteme ein, die den Strand vom frühen Abend bis zum späten Morgen mit all dem beschallen, was DJs aus Thailand und der ganzen Welt auflegen. Getanzt wird einmal im Monat die ganze Nacht lang, und wer jung ist oder sich jung fühlt und gerne feiert, darf sich diesen Mega-Event nicht entgehen lassen.

Freudenfest für Langfinger

Unfassbar scheint heute, dass dieses Festival Ende der 1980er-Jahre mit Klampfenklängen und etwa 50 Teilnehmern seinen Anfang nahm. Damals

Am Hat Rin Beach feiern die Mondsüchtigen ausgelassen in den Morgen

konnte man sich noch ganz ohne Sicherheitsvorkehrungen den Tanzfreuden hingeben. Wer das heute tut, darf froh sein, wenn er am nächsten Morgen noch genügend Kleingeld hat, um seine Botschaft zu kontaktieren. Denn auch für Langfinger sind die Mondfeten das Happening schlechthin. Deshalb wird empfohlen, die Besitztümer im Safe der Unterkunft zu deponieren, Wertsachen nicht im Bungalow liegen zu lassen und möglichst auf verschiedene Taschen verteilt nur das benötigte Kleingeld am Körper zu tragen.

Mit Freunden feiert es sich am besten

Wer sich von der Masse entfernt und sich allein in die nächtliche Einsamkeit oder zu den abseits gelegenen Bungalows zurückzieht, läuft sogar Gefahr, überfallen zu werden. Vor allem Frauen werden Opfer von Gewaltdelikten, nachdem sie zuvor mit in Speisen und Getränke gemischten Drogen gefügig gemacht wurden. Man sollte sich also nicht von Fremden zu einem Drink oder Imbiss einladen lassen.

Trotz Hundertschaften von Polizisten, die auch undercover unterwegs sind, steigt die Zahl der Verletzten und Toten jährlich. Schon Tage im Voraus wird von der Polizei gefilzt, wer zwischen Thong Sala und Hat Rin unterwegs ist. Wird man mit Drogen erwischt, und sei es nur ein Joint, droht Gefängnis, sofern man sich nicht an Ort und Stelle freikaufen kann.

Tipps und Tricks

Wer sich dennoch dopt oder übermäßig den Freuden des Bacchus hingibt, sollte tunlichst aufs Schwimmen verzichten. Und die Füße danken es, wenn man feste Schuhe trägt, denn je später der Abend, desto größer die Anzahl der Scherben im Sand.

Auch die Unterkunftspreise heben zu Vollmond ab, aber selbst für noch so viel Geld ist am Vollmondtag kein freies Zimmer mehr zu bekommen – weder am Hat Rin noch an den benachbarten Stränden. Am besten reist man ein paar Tage früher an oder bezieht andernorts Quartier, denn selbst zu den Stränden an der Nord- und Westküste sind bis zum frühen Morgen Songthaews unterwegs. Boote pendeln nach Bo Phut und Big Buddha Beach auf Ko Samui.

Luna sei Dank

Full Moon Warm Up Parties toben vor dem Vollmond am Hat Rin Beach in der Warm Up Bar, in der benachbarten Outback Bar, im berühmten Reggae House und in der Same Same Lodge mit Superbuffet und Rock pur.

Keine Vollmondparty ohne **Full Moon After Hour Party,** und zwar im Backyard Pub und im Baan Sabai am Ban Tai Beach.

An jedem Neumond lädt die **Black Moon Party** und an jedem Halbmond die **Half Moon Party** am Ban Kai Beach ein. Treffs sind dort vor allem das Clubland Resort und der Hin Kong Club, wo sich während der Mondfeste durchschnittlich 500 bis 700 Partyhungrige vergnügen.

Informationen zu allen Mondphasenpartys auf Ko Pha Ngan: www.fullmoonparty-thailand.com, www.fullmoonpartykohphangan.com, www.fullmoon.phangan.info.

Unterwegs in Südthailand

Malerische Strände wie an der Nordküste von Ko Samui sind das Kapital Südthailands

Das Beste auf einen Blick

Stopover in Bangkok

Highlight!

Bangkok: In nur 50 Jahren hat sich das ›Dorf im Pflaumenhain‹ zur Megametropole mit rund 12 Mio. Einwohnern gemausert. Über 400 Tempel und Paläste inmitten einer glitzernden Hochhauskulisse tragen zur einzigartigen Atmosphäre im Spannungsfeld zwischen Alt und Neu bei. Hochrangige Sehenswürdigkeiten, eine schillernde Shoppingwelt, edle Thairestaurants und ein pulsierendes Nachtleben locken Besucher aus aller Welt an. S. 80

Auf Entdeckungstour

Exotische Welten – Wat Phra Kaeo und Royal Grand Palace: Der Tempelkomplex des Wat Phra Kaeo und des Königspalastes ist als Glanzstück thailändischer Architektur weltberühmt und eine Schatzkammer der thailändischen Künste sowie Heimstätte des am meisten verehrten Buddhabildnisses des Königreichs. 3 4 S. 82

Erlebnis für die Sinne – durch Chinatown und Little India: Kein Aufenthalt in Bangkok, ohne einen Besuch im chinesischen und dem mitten darin gelegenen indischen Viertel. Die fahrzeugfreien Basargassen scheinen die Vergangenheit zu konservieren und finden heute in ganz Südostasien kein Gegenstück. 8–10 6 1 2 S. 90

Kultur & Sehenswertes

Wat Arun: Der 74 m hohe Turmbau des ›Tempels der Morgenröte‹ gilt als Wahrzeichen der Stadt. 6 S. 85

Nationalmuseum: Die größte und bedeutendste Kunstsammlung ihrer Art in ganz Asien ist immer einen Besuch wert. 7 S. 85

Baiyoke 2 Tower: Nicht einmal 60 Sekunden benötigt der Highspeed-Aufzug, um Passagiere zur Aussichtsplattform des mit 304 m Höhe höchsten Gebäudes Thailands zu befördern. 11 S. 88

Aktiv & Kreativ

Klongtour: Eine Klongtour mit einem Longtailboot entführt in die Welt des Schriftstellers Joseph Conrad, als Bangkok noch zu Recht als ›Venedig des Ostens‹ gerühmt wurde. 1 2 S. 92

Genießen & Atmosphäre

Rembrandt Hotel: Selten nur kann man derart komfortabel wohnen und muss dafür so wenig bezahlen wie in dieser Nobelherberge, einer der beliebtesten der Stadt. 2 S. 89

Baan Khanitha: Hier wird perfektionierte königliche Thaiküche in vollendeter Umgebung serviert. 1 S. 93

Abends & Nachts

Hard Rock Café: Rockmusik *at its best* in einem angenehmen Ambiente aus US-Tradition und thailändischem Stil. 3 S. 98

Saxophone: Thailands berühmtester und populärster Jazz- und Bluestempel. 6 S. 98

Vertigo: Die höchste Freiluftbar Asiens bietet wahrhaft spektakuläre Ausblicke. 7 S. 98

Die schillernde Metropole Thailands – Bangkok!

Selten ist Fliegen so schön wie in Erwartung jenes Augenblicks, wenn beim Anflug auf ein fernes Ziel tief unten der erste Streifen Land, die ersten Bauwerke auszumachen sind. Das also ist Bangkok! Palast- und Tempeldächer zeichnen sich ab, vereinzelte Grünflächen, vor allem aber die schimmernden Glastürme himmelstürmender Wolkenkratzer in einem horizontweiten Häusermeer, die andeuten, dass die gepflegte Geruhsamkeit vergange-

Infobox

Reisekarte: ▶ E 1 und Karte 3

Touristeninformation

Bangkok Tourist Division: 17/1 Thanon Phra Athit Road, Phra Nakhon, an der Phra-Pin-Klao-Brücke, Tel. 022 25 76 12–14, www.bangkoktourist.com, tgl. 9–19 Uhr. Hier liegen zahllose Broschüren und Infohefte zu Bangkok aus, das Personal ist sachkundig und motiviert. Auch die Website ist mit Abstand die beste und aktuellste Infoquelle. Sie informiert über die rund 20 Zweigniederlassungen des Touristenbüros, die über das ganze Stadtgebiet verteilt sind. Zwei weitere Infostellen befinden sich im **Suvarnabhumi Airport,** und zwar in den Ankunftshallen für Inlandsflüge (Domestic Arrivals, Tel. 021 32 18 88) und für Auslandsflüge (International Arrivals, Tel. 021 32 18 88); tgl. 8–22 Uhr geöffnet.

TAT Call Center: kostenlose Tourist Service Line, Tel. 16 72, tgl. 8–20 Uhr.

Internet: Außer der Seite des Fremdenverkehrsamts (s. o.) sind empfehlenswert www.bangkok.sawadee.com und www.bangkoksite.com (informiert insbesondere über die Sehenswürdigkeiten, teils mithilfe von Flash-Videos) sowie die privaten Kommerzseiten www.bangkok.com und www.1stopbangkok.com. Über Bangkoks Traveller-Meile rund um die Khaosan Road informiert www.khaosanroad.com.

Service

Tourist Police: Tel. 11 55, 023 56 06 50.

Immigration Office: 507 Soi Suanphlu, Sathorn Tai Road, Tel. 022 87 31 01–10, Mo–Fr 8.30–16.30 Uhr.

Bumrungrad International Hospital: 33 Sukhumvit Soi 3, Tel. 026 67 10 00, im Notfall Tel. 026 67 29 99, www.bumrungrad.com. Eines der besten Krankenhäuser ganz Asiens, für Touristen steht ein spezielles International Patients Services Center zur Verfügung (u. a. mit Dolmetscher).

Verkehr

Das öffentliche Verkehrsnetz von Bangkok ist außerordentlich gut ausgebaut, dabei sehr effektiv und billig. Günstig sind aber auch Fahrten mit dem Taxi, dem Motorradtaxi und dem Tuk-Tuk. Werktags ab ca. 17 Uhr sollte man sich Fahrten tunlichst verkneifen, denn dann herrscht Stau auf fast allen Straßen. Weitere Infos zum Stadtverkehr s. S. 99.

ner Tage längst der Hast des ökonomischen Wettlaufs gewichen ist.

Es war einmal vor 200 Jahren, da gab es anstelle von Bangkok mit seinen mehr als 12–14 Mio. Einwohnern nur Dörfer, Felder und Wasserwege. Es war einmal vor 50 Jahren, da betrug das innere Stadtgebiet noch 13 km² anstatt der heutigen 2000 km² bzw. mit dem äußeren Stadtgebiet 7700 km². Und da gab es außer den zahlreichen Klongs oder Kanälen, die der Stadt früher den Titel ›Venedig des Ostens‹ eintrugen, nur wenige Straßen und Trampelpfade für Lastenelefanten. Heute zählt man Tausende Straßenkilometer, die von Millionen von Fahrzeugen zu jeder Tages- und Nachtzeit unsicher gemacht werden und die die Stadt trotz ultramoderner Skytrains und einer U-Bahn zu einer der engsten des Fernen Ostens machen, die im wahrsten Sinne des Wortes atemberaubende Smogbelastung nicht zu vergessen.

Bangkok präsentiert sich als eine gigantische Boomtown, als ein New York des Ostens, ein monumentales Shoppingcenter mit mehr Nightlife als in irgendeiner anderen Stadt Asiens. Trotzdem ist Krung Thep, die ›Stadt der Engel‹, wie die Thais ihre Kapitale in der Kurzform bezeichnen (s. rechts), immer noch ein Hort des Alten und Schönen: Mehr als 400 golden blinkende Tempel und Paläste erheben sich als Refugien der Ruhe inmitten des hektischen Treibens. Hier öffnet sich ein farbenprächtiger Markt, dort eine autofreie Bilderbuchgasse. Und zumindest in manchen Stadtteilen stößt man immer wieder auf Wasserstraßen im Saum von Palmen und hölzernen Pfahlbauten. Dort fühlt man sich ins 18. Jh. zurückversetzt, als am 6. April 1782 Ban Makok, das ›Dorf im Pflaumenhain‹, aus dem Bangkok werden sollte, von König Rama I. zur Hauptstadt erhoben wurde.

Stadt der Engel

Krung Thep ist lediglich eine Kurzform von *Krung Thep Mahanakhon Amon Rattanakosin Mahinthara Ayuthaya Mahadilok Phop Noppharat Ratchathani Burirom Udomratchaniwet Mahasathan Amon Piman Awatan Sathit Sakkathattiya Witsanukam Prasit*, dem mit 168 Buchstaben längsten Ortsnamen der Welt, der übersetzt soviel bedeutet wie ›Stadt der Engel, große Stadt und Residenz des heiligen Juwels Indras, uneinnehmbare Stadt des Gottes, große Hauptstadt der Welt, geschmückt mit neun wertvollen Edelsteinen, reich an gewaltigen königlichen Palästen, die dem himmlischen Heim des wiedergeborenen Gottes gleichen, Stadt, die von Indra geschenkt und von Vishnukarm gebaut wurde‹.

Der historische Stadtkern

Jene Stelle in einer Schleife des mächtigen Flusses Menam Chao Phraya, wo sich König Rama I. einst seinen Palast bauen ließ, ist die Keimzelle der Stadt. Dort auch treibt die uns so exotisch erscheinende siamesische Architektur ihre schönsten Blüten. Einen Besuch der **Palast- und Tempelanlagen** 3 4 (s. Entdeckungstour S. 82) sollte man auf keinen Fall versäumen, gelten sie doch als die berühmtesten in Thailand. Mindestens einen Tag sollte man dafür reservieren.

Sanam Luang 1

Zentrum des historischen Stadtkerns ist der Sanam Luang. Wenn das große Rasenoval des Platzes nicht für königliche Zeremonien oder für Drachenflugwettkämpfe benutzt wird, ▷ S. 85

Auf Entdeckungstour

Exotische Welten – Wat Phra Kaeo und Royal Grand Palace

Der Komplex des Wat Phra Kaeo 3 und des heute nicht mehr als Residenz dienenden Königspalastes 4 ist Schatzkammer der thailändischen Künste und als Glanzstück thailändischer Architektur weltberühmt. Hier ist auch das am meisten verehrte Buddhabildnis des Königreichs beheimatet – der Smaragd-Buddha.

Öffnungszeiten: tgl. 8.30–16 Uhr (geschl. bei königlichen Zeremonien), Tel. 022 22 00 94 u. 022 22 22 08, www.palaces.thai.net, Eintritt 350 Bt

Dauer: ein halber Tag

Kleidung: Bei Bedarf ist an der Kasse adäquate Kleidung erhältlich.

Blickfang am Sanam Luang, dem historischen und kulturellen Zentrum Thailands, ist die weiße, zinnenbewehrte Mauer des Königspalastes und die dahinter aufsteigende Traumkulisse goldfarbener, grüner und roter Staffeldächer zwischen prunkvollen Giebelfeldern sowie den unzähligen Pagoden und filigranen Turmnadeln des Wat Phra Kaeo. Dieser Tempelkomplex, das religiöse Herz des Landes und bekannt auch als **Temple of the Emerald Buddha,** verschmilzt zu einem einzigen atemberaubenden Kunstwerk, das auch in architekturgeschichtlicher Hinsicht ein Highlight darstellt.

Archetyp der Architektur

Die Lage Thailands auf dem Boden jahrhundertealter buddhistisch geprägter Reiche trieb die Kunstentfaltung voran. Nur so ist es verständlich, dass die Kultur des Landes seit dem 7. Jh. eine derart auffällige Homogenität aufweist. Die Stile wandelten sich, die Ikonografie der religiös verstandenen Kunst und Kultur aber blieb im Wesentlichen gleich. Einheitlich wirkt das der Lehre Buddhas zugrunde liegende Streben nach Harmonie, Vergeistigung und Friede. Die Klosteranlage *(Wat)* verkörpert den Archetyp thailändischer Architektur.

Nach Passieren der Kasse und der Königlichen Münzsammlung betritt man den eigentlichen Tempelbezirk des **Wat Phra Kaeo** 3 unter den eindringlichen Blicken von gewaltigen Dämonen, die paarweise die insgesamt sechs Eingangstore bewachen und mit ihren grellen Farben eine abschreckende Wirkung auf böse Kräfte haben sollen.

Der angrenzende Wandelgang schließt den Komplex gegen die Außenwelt ab. Er illustriert vom Besuchereingang aus im Uhrzeigersinn das auf dem indischen Nationalepos Ramayana beruhende »Ramakien«, das den Sieg des Guten über das Böse symbolisiert. Es ist die bedeutendste Nationaldichtung des Landes, gilt als Meisterwerk der thailändischen Literatur und ist mit über 50 000 Versen auch ihr umfangreichstes Werk.

Das zentrale Heiligtum

Jenseits dieses farbenprächtigen Bilderzyklus erwartet den Besucher eine Fülle von Gebäuden, Monumenten, Statuen und Figuren. Angesichts dieser unglaublichen Vielfalt lässt man sich am besten von Bauwerk zu Bauwerk treiben, um schließlich den **Bot** zu erreichen, das rechteckige zentrale Heiligtum einer jeden Klosteranlage. Es zeigt stets gen Osten, wohin Buddha blickte, als er Erleuchtung erlangte, und weist ein mehrfach gestaffeltes Dach auf, das mit glasierten Keramikkacheln geschmückt ist. Im Wat Phra Kaeo ist es zusätzlich von einem prachtvollen Säulengang umgeben.

Im Innern des Bot, hier wie überall mit prachtvollen Wandmalereien ausgestattet, finden u. a. die Ordinationsfeierlichkeiten statt. Hoch über den Gläubigen thront auf einem goldenen Altar die unermesslich kostbare Statue des **Emerald Buddha** (Smaragd-Buddha), die ihrem Namen zum Trotz aus Jade gefertigt und nur 75 cm hoch ist. Die Thais sprechen dem vor über 500 Jahren im Norden des Landes entdeckten Abbild Buddhas göttliche Macht zu und verknüpfen mit ihm das Schicksal ihres Landes.

Wo die Könige begraben sind

Gegenüber vom Bot zieht eine lange, von Balustraden umgebene Terrasse den Blick an. Über eine von zwei goldenen *Chedis* (s. S. 84) flankierte Treppe steigt man hinauf zur Marmorplattform des mit farbigen Fayencen geschmückten Königlichen Pantheons. Es birgt die Urnen der verstorbenen Chakri-Könige und ist nur am Chakri-Tag (6. April) der Öffentlichkeit zugänglich. Sein kreuzförmiger Grundriss wird von einem Prang gekrönt. Dieser phallusförmige und ursprünglich hinduistischen Gottheiten (insbesondere Shiva) geweihte Tempelturm ist dem kosmischen Berg Meru nachempfunden und eine thailändische Adaption der Khmer-Tempelheiligtümer, deren berühmtester Bauzeuge der heute in Kambodscha gelegene Angkor Wat ist. Aber auch im Königreich Thailand, besonders im Nordosten des Landes, sind eindrucksvolle Zeugnisse jener Zeit erhalten. Das künstlerische Erbe der Khmer fand Eingang in nahezu alle neueren Stilentwicklungen Thailands.

Buddhistische Zahlenmystik

Westlich angrenzend und an seinem pyramidenförmig gestuften Dach erkennbar, erhebt sich mit der Bibliothek ein klassisches *Mondhop,* in dem die heiligen Schriften aufbewahrt werden. Es zeichnet sich durch außerordentlich geschmackvolle Dekorationen aus und blickt direkt auf das höchste Bauwerk einer jeden Klosteranlage, den Haupt-*Chedi*, der im Wat Phra Kaeo vollständig mit vergoldeten Ziegeln überzogen ist und daher auch als **Goldene Pagode** bezeichnet wird. Er wurde in seiner früher halbkugel-, seit der Sukhothai-Periode (13./14. Jh.) glockenförmig und seit der Ayutthaya-Periode (14.–18. Jh.) spitz zulaufenden Turmform vom indisch-buddhistischen Stupa abgeleitet, der in seiner Konzeption wahrscheinlich auf vorbuddhistische Hügelgräber für Fürsten zurückgeht. Entsprechend birgt der Chedi Reliquien, angeblich von Buddha selbst. Auch das Wort *chedi* geht auf die Zeit Buddhas zurück und bedeutet ›anordnen‹, ›aufhäufen‹ und im übertragenen Sinne ›geistig fixieren‹. So ist der Chedi Architektur und gleichzeitig Ermahnung im weitesten Sinne. Darauf weist die in den Abmessungen vieler Chedis erscheinende Zahlensymbolik hin, die das Bauwerk zum geometrischen Abbild der buddhistischen Kosmologie macht.

Die schmucke Pracht des Königs

Vom Zentralheiligtum gelangt man in den angrenzenden **Königspalast (Royal Grand Palace)** 4, der in seiner Pracht dem Wat Phra Kaeo um nichts nachsteht. Der innere Palastbereich wird vom König genutzt und ist nicht zugänglich. Kunstkenner richten ihr Augenmerk vor allem auf den 1789 als Audienzhalle errichteten **Dusit Maha Prasat,** der mit seinem neuneckigen Chedi auf vierfach gestaffeltem Dach als Beispiel unverfälschter klassischer Thaiarchitektur gilt.

Als eines der schönsten Gebäude im traditionellen Stil wird der östlich angrenzende **Amporn Phimok Prasat** in der Literatur zitiert. Die hölzerne Umkleidehalle des Königs wird als vollkommenster Pavillon des Landes gerühmt. Von zierlicher Statur, offenbart sie erst auf den zweiten Blick die Schönheit der minutiös gearbeiteten Schnitzereien und die Harmonie der Proportionen.

Die königliche Residenz **Chakri Maha Prasat,** 1872 im Zentrum des Palastkomplexes erbaut, vereinigt in einer eigenwilligen und höchst exotischen Mischung thailändische und europäische Stilformen. Sie wird der seit 1800 andauernden Bangkok-Periode zugerechnet, deren rokokoartiges Übermaß an dekorativem Beiwerk den bis heute andauernden Stillstand des Stilwandels anzeigt.

ist es eine beliebte Spiel- und Picknickwiese für das Stadtvolk.

Lak Muang 2

Einige Meter südöstlich des Platzes befindet sich ein kleines, tempelartiges Bauwerk, das den offiziellen Mittelpunkt Bangkoks, sogar des ganzen Königreichs beherbergt, von dem aus alle Entfernungen gemessen werden. Der phallusförmige Grundstein Lak Muang wurde von König Rama I. niedergelegt, um die Stadt vor Unheil zu bewahren. Auch der Schutzgeist von Bangkok hat hier seine Wohnstatt. Tag und Nacht strömen Gläubige herbei, um Hilfe zu erbitten und Opfergaben darzubringen. Wer erhört wird, spendet bunte Tücher oder engagiert eine Tanzgruppe, die klassische Tänze im Tempelhof aufführt.

Wat Po 5

Tel. 022 25 95 95, www.watpho.com, tgl. 8–17 Uhr, 50 Bt, auf respektvolle und angemessene Bekleidung achten (Shorts sind u. a. nicht erlaubt)

Nördlich des Palastes (s. Entdeckungstour S. 82) streben die 95 teils mit bunten Keramiken, teils mit Gold geschmückten Ziertürme des größten und auch ältesten Tempelbezirks der Stadt gen Himmel. Der 1789 errichtete Wat Po bildet ein fantastisches Gewirr von Einfriedungen, Wandelgängen, Lehrsälen und Gebetshallen. Er wird von mehreren hundert Mönchen bewohnt, ist Sitz der bedeutendsten Schule für traditionelle Thaimedizin und Thaimassage (s. S. 69) und beherbergt den größten und berühmtesten **liegenden Buddha** des Königreiches. Die vollständig vergoldete Statue mit den beeindruckenden Maßen von 45 m Länge und 15 m Höhe stellt Buddha beim Eingang ins Nirwana dar. Knapp 400 weitere, meist vergoldete Buddhafiguren aus verschiedenen Stil- und Kunstepochen können in den Galerien rings um das Heiligtum bestaunt werden.

Wat Arun 6

Tel. 024 66 31 67, www.watarun.org, tgl. 7–17.30 Uhr, 50 Bt, auf respektvolle und angemessene Bekleidung achten

Vom Thien Pier am Ende der Thanon Thai Wang kann man für ein paar Baht in einem Flussboot zum schräg gegenüberliegenden Wat Arun Pier übersetzen. Das Ufer des Menam Chao Phraya wird hier vom ›Tempel der Morgenröte‹ beherrscht, dessen 74 m hoher zentraler Turmbau *(prang)*, dekoriert mit zigtausend farbig lackierten chinesischen Porzellanstücken, als das Wahrzeichen Bangkoks gilt. Vor allem bei Sonnenaufgang und abends im Licht der farbigen Scheinwerfer bietet das schillernde Bauwerk einen majestätischen Anblick. Auf einer Außentreppe kann man bis in eine Höhe von 20 m emporsteigen. Von dort eröffnet sich ein faszinierendes Panorama auf die Tempelanlage, den träge dahinströmenden Fluss, den Wat Po und den Königspalast.

Nationalmuseum 7

Tel. 022 24 13 33, www.thailand museum.com, Mi–So 9–16 Uhr, 50 Bt, Führungen auf Deutsch Do um 9.30, auf Englisch Mi und Do 9.30 Uhr

Zurück am Thien Pier besteigt man ein Expressboot zum Chan Pier (via Phrannok Pier) oder man nimmt ein Taxi zum Nationalmuseum. Der verschachtelte Komplex, in dem einst der Vizekönig – ein Titel, der 1886 abgeschafft wurde – residierte, gibt der größten und bedeutendsten Kunstsammlung ihrer Art in ganz Asien ein würdiges Domizil. Sie umfasst Artefakte aus allen Epochen von der Prähistorie bis in die Neuzeit. Die Krönungsinsignien und die Regalien früherer Könige sind ausgestellt.

Bangkok

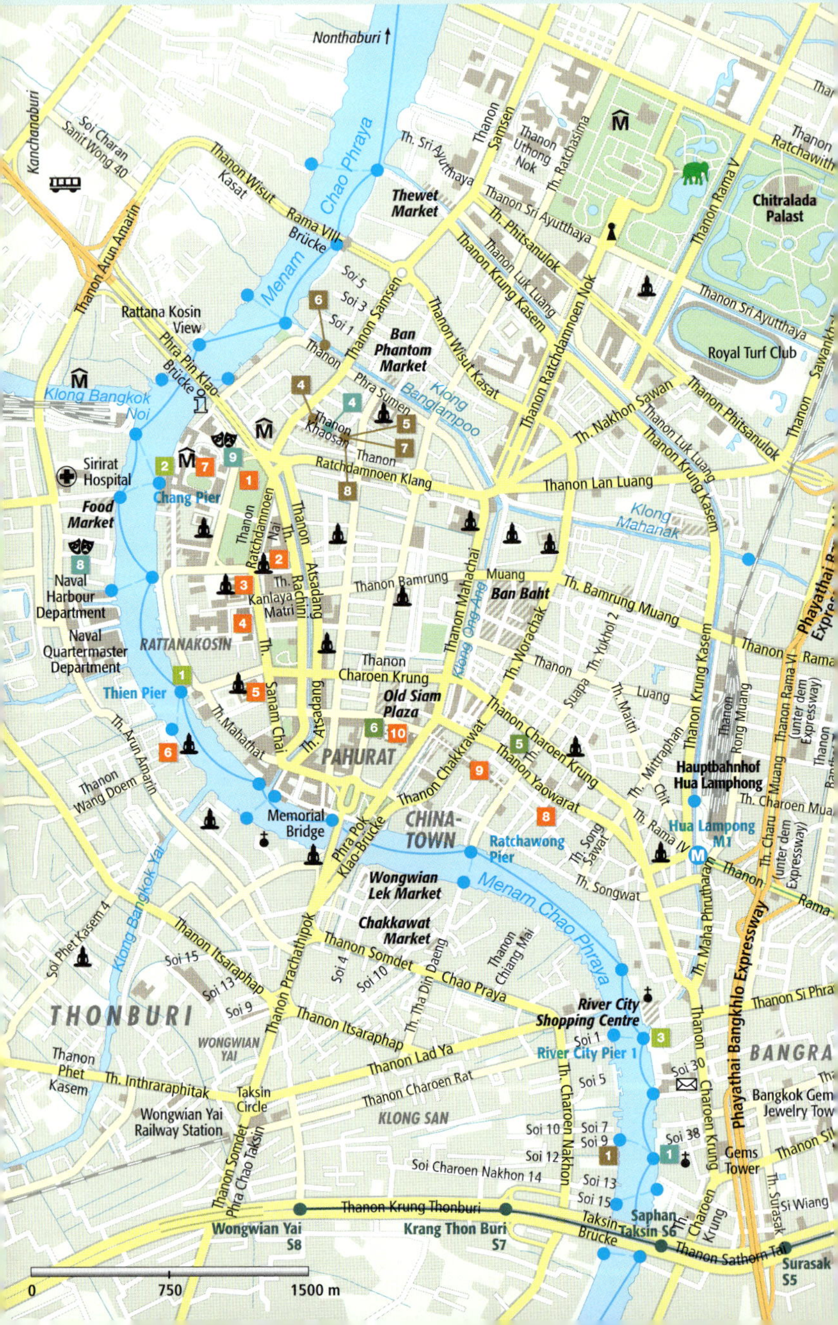

Nonthaburi
Kanchanaburi
Soi Charan Sanit Wong 40
Thanon Wisut Kasat
Rama VIII Brücke
Menam Chao Phraya
Th. Sri Ayutthaya
Thanon Samsen
Thanon Uthong Nok
Th. Ratchasima
Thanon Ratchawithi
Chitralada Palast
Thewet Market
Thanon Sri Ayutthaya
Th. Phitsanulok
Thanon Luk Luang
Thanon Krung Kasem
Thanon Rama V
Thanon Arun Amarin
Soi 5
Soi 3
Soi 1
Thanon Samsen
Rattana Kosin View
Phra Pin Klao Brücke
Ban Phantom Market
Thanon Wisut Kasat
Thanon Ratchdamnoen Nok
Thanon Sri Ayutthaya
Royal Turf Club
Klong Bangkok Noi
Thanon Phra Sumen
Klong Banglampoo
Thanon Khaosan
Th. Nakhon Sawan
Thanon Luk Luang
Thanon Krung Kasem
Thanon Phitsanulok
Sirirat Hospital
Thanon Ratchdamnoen Klang
Chang Pier
Thanon Lan Luang
Food Market
Thanon Ratchdamnoen Nai
Th. Atsadang
Klong Mahanak
Phayathai Expressway
Naval Harbour Department
Th. Rachini
Th. Kanlaya Matri
Thanon Bamrung Muang
Ban Baht
Th. Bamrung Muang
Thanon Rama
Naval Quartermaster Department
RATTANAKOSIN
Thanon Charoen Krung
Thanon Mahachai
Klong Ong Ang
Th. Worachak
Th. Yukhol 2
Thanon Luang
Th. Maitri
Thien Pier
Sanam Chai
Th. Atsadang
Old Siam Plaza
Suapa
Thanon Krung Kasem
Thanon Rong Muang
Thanon Rama VI (unter dem Expressway)
Th. Arun Amarin
Th. Mahathat
PAHURAT
Thanon Charoen Krung
Th. Mittraphan
Chit
Hauptbahnhof Hua Lamphong
Thanon Wang Doem
Thanon Chakkrawat
Thanon Yaowarat
Th. Charoen Muang
Memorial Bridge
Phra Pok Klao-Brücke
CHINA-TOWN
Ratchawong Pier
Th. Song Sawat
Th. Rama IV
Hua Lampong M1
Thanon Charu Muang (unter dem Expressway)
Wongwian Lek Market
Menam Chao Phraya
Th. Songwat
Th. Maha Phruthararam
Thanon Rama
Klong Bangkok Yai
Soi Phet Kasem 4
Chakkawat Market
Thanon Itsaraphap
Soi 15
Soi 13
Soi 9
Thanon Prachathipok
Thanon Somdet Chao Praya
Soi 4
Soi 10
Th. Tha Din Daeng
Thanon Chiang Mai
Phayathai Bangkhlo Expressway
THONBURI
Thanon Itsaraphap
River City Shopping Centre
Thanon Si Phraya
WONGWIAN YAI
Soi 1
River City Pier 1
BANGRAK
Thanon Phet Kasem
Th. Inthraphithak
Taksin Circle
Thanon Lad Ya
Thanon Charoen Rat
Th. Charoen Nakhon
Soi 30
Soi 5
Thanon Charoen Krung
Bangkok Gem Jewelry Tower
Wongwian Yai Railway Station
KLONG SAN
Soi 10
Soi 7
Soi 9
Soi 38
Thanon Silom
Soi 12
Gems Tower
Soi Charoen Nakhon 14
Soi 13
Thanon Somdet Phra Chao Taksin
Soi 15
Th. Surasak
Si Wiang
Thanon Krung Thonburi
Wongwian Yai S8
Krang Thon Buri S7
Taksin Brücke
Saphan Taksin S6
Thanon Sathorn Tai
Surasak S5
0
750
1500 m

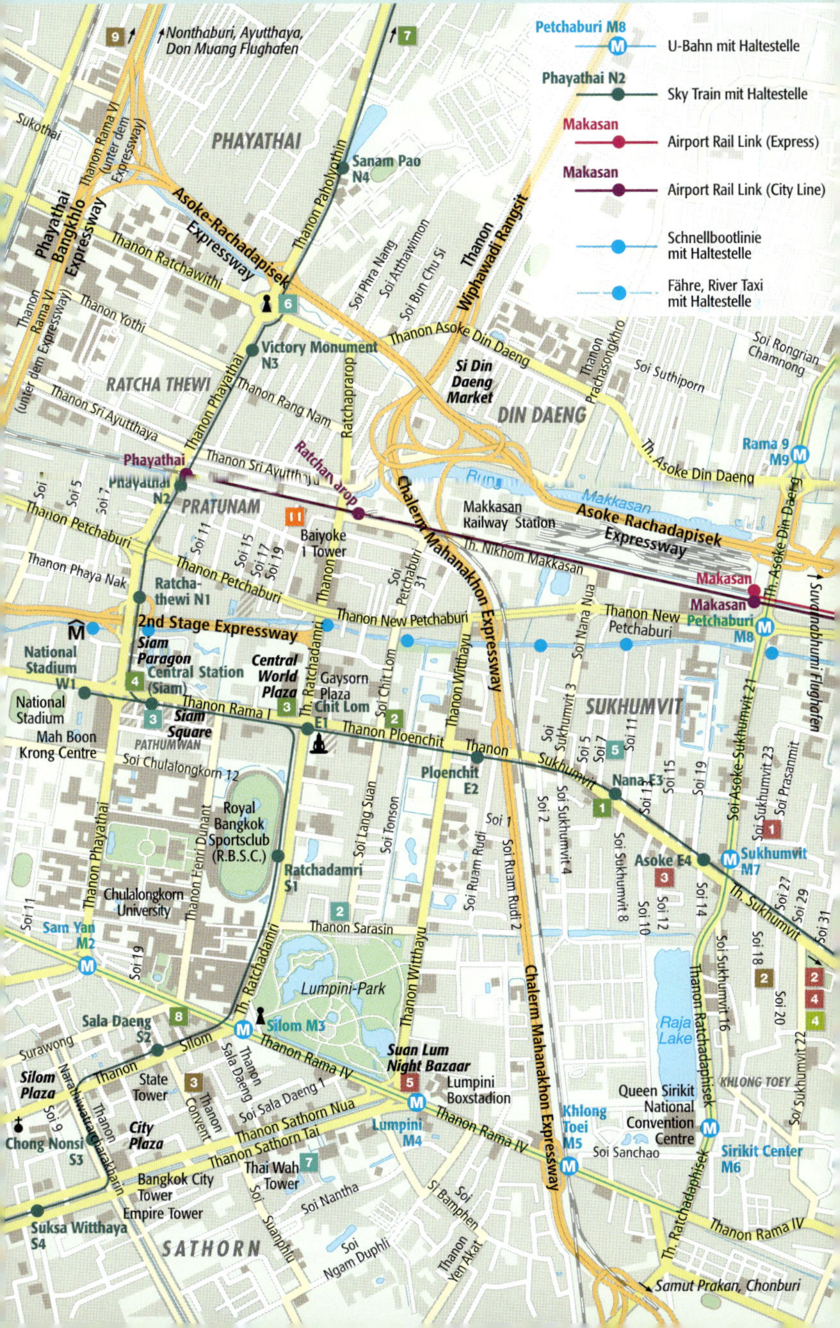
Petchaburi M8
U-Bahn mit Haltestelle
Phayathai N2
Sky Train mit Haltestelle
Makasan
Airport Rail Link (Express)
Makasan
Airport Rail Link (City Line)
Schnellbootlinie mit Haltestelle
Fähre, River Taxi mit Haltestelle
Nonthaburi, Ayutthaya, Don Muang Flughafen
PHAYATHAI
RATCHA THEWI
PRATUNAM
DIN DAENG
SUKHUMVIT
PATHUMWAN
KHLONG TOEY
SATHORN
Sukothai
Thanon Rama VI (unter dem Expressway)
Phayathai Bangkhlo Expressway
Asoke-Rachadapisek Expressway
Thanon Ratchawithi
Thanon Yothi
Thanon Paholyothin
Sanam Pao N4
Soi Phra Nang
Soi Atthawimon
Soi Bun Chu Si
Thanon Wiphawadi Rangsit
Thanon Asoke Din Daeng
Victory Monument N3
Si Din Daeng Market
Thanon Prachasongkhro
Soi Suthiporn
Soi Rongrian Chamnong
Thanon Sri Ayutthaya
Thanon Phayathai
Thanon Rang Nam
Ratchaprarop
Ratchaprarop
Rama 9 M9
Th. Asoke Din Daeng
Phayathai
Phayathai N2
Makkasan Railway Station
Makkasan
Asoke Rachadapisek Expressway
Thanon Petchaburi
Baiyoke 1 Tower
Th. Nikhom Makkasan
Chalerm Mahanakhon Expressway
Thanon Phaya Nak
Ratcha-thewi N1
Soi Petchaburi 31
Makasan
Makasan
Suvarnabhumi Flughafen
2nd Stage Expressway
Thanon New Petchaburi
Thanon New Petchaburi
Petchaburi M8
Soi Nana Nua
National Stadium W1
Siam Paragon
Central Station (Siam)
Central World Plaza
Gaysorn Plaza
Chit Lom E1
Soi Chit Lom
Thanon Witthayu
National Stadium
Thanon Rama I
Siam Square
Thanon Ploenchit
Thanon Sukhumvit
Mah Boon Krong Centre
Soi Chulalongkorn 12
Ploenchit E2
Nana E3
Soi Sukhumvit 3
Soi Sukhumvit 4
Soi Asoke-Sukhumvit 21
Soi Sukhumvit 23
Soi Prasanmit
Royal Bangkok Sportsclub (R.B.S.C.)
Thanon Henri Dunant
Soi Lang Suan
Soi Tonson
Soi Ruam Rudi
Soi Ruam Rudi 2
Asoke E4
Sukhumvit M7
Th. Sukhumvit
Ratchadamri S1
Chulalongkorn University
Thanon Sarasin
Sam Yan M2
Lumpini-Park
Raja Lake
Thanon Ratchadapisek
Soi Sukhumvit 16
Soi Sukhumvit 22
Th. Ratchadamri
Sala Daeng S2
Silom M3
Thanon Silom
Thanon Sala Daeng
Thanon Rama IV
Suan Lum Night Bazaar
Lumpini Boxstadion
Surawong
Silom Plaza
Thanon Narathiwat Ratchanakharin
State Tower
Thanon Convent
Soi Sala Daeng 1
Queen Sirikit National Convention Centre
Khlong Toei M5
Sirikit Center M6
Chong Nonsi S3
City Plaza
Thanon Sathorn Nua
Thanon Sathorn Tai
Lumpini M4
Soi Sanchao
Thai Wah Tower
Bangkok City Tower
Empire Tower
Suksa Witthaya S4
Soi Suanphlu
Soi Nantha
Soi Bamphen
Soi Ngam Duphli
Thanon Yen Akat
Th. Ratchadaphisek
Thanon Rama IV
Samut Prakan, Chonburi

Bangkok

Sehenswert
1 Sanam Luang
2 Lak Muang
3 Wat Phra Kaeo
4 Royal Grand Palace
5 Wat Po
6 Wat Arun
7 Nationalmuseum
8 Sampeng Lane
9 Itsaranuphap Lane
10 Sikhtempel Siri Guru Singh Sabha
11 Baiyoke 2 Tower

Übernachten
1 Peninsula Bangkok
2 Rembrandt Hotel
3 Swiss Lodge
4 Viengtai Hotel
5 Rikka Inn
6 Bhiman Inn
7 Shambara Boutique Hostel
8 Budget Guesthouses
9 Sananwan Palace

Essen & Trinken
1 Baan Khanitha
2 Lemongrass
3 Cabbages & Condoms
4 Face
5 Suan Lum Night Bazaar

Einkaufen
1 Thanon Sukhumvit
2 Thanon Ploenchit
3 Central World Plaza
4 Siam Paragon
5 Thanon Charoen Krung und Thanon Yaowarat
6 Pahurat Market
7 Chatuchak Weekend Market
8 Jim Thompson

Aktiv & Kreativ
1 Thien Pier
2 Chang Pier
3 River City Pier 1
4 Bangkok Bike Rides

Abends & Nachts
1 Bamboo Bar
2 Brown Sugar
3 Hard Rock Café
4 Lava Club
5 Q Bar
6 Saxophone
7 Vertigo
8 Patravadi Theatre
9 National Theater

Neben Skulpturen aller Stilrichtungen sind Musikinstrumente, Bücher und Masken, Wandmalereien und Holzschnitzereien, Porzellan und Keramik, Mode, Waffen und viele andere Kunstschätze zu sehen.

Chinatown und Little India

s. Entdeckungstour S. 90

Die modernen Stadtviertel

Mit dem Skytrain unterwegs

Als kontrastreiche Ergänzung im Sightseeingprogramm empfiehlt sich eine Fahrt mit dem Skytrain. Die Hightech-Hochbahn erschließt das moderne Bangkok mit seinen glitzernden Hochhäusern, in denen Banken und Einkaufspaläste, Komforthotels und Gourmetrestaurants residieren. Schwerpunkte bilden die Straßen Silom, Rama I., Ploenchit und Sukhumvit.

Den größten Kick verspricht eine Fahrt mit dem Highspeed-Aufzug des **Baiyoke 2 Tower 11**, der nicht einmal 60 Sekunden benötigt, um Passagiere zur Aussichtsplattform des mit 304 m Höhe höchsten Gebäudes Thailands zu befördern (10.30–22 Uhr, 250 Bt).

Übernachten

›Kommen, sehen, mieten‹ ist nur in den Gästehäusern der Budgetklasse zu empfehlen, denn in allen anderen Häusern, insbesondere denen der Spitzenklasse, kann man bei Onlinebuchung Schnäppchenpreise erzielen, die bis zu 50 % unter den regulären Zimmertarifen liegen. Die Buchung nimmt man entweder direkt auf der Website des jeweiligen Hotels vor oder wendet sich an die speziellen Hotelreservierungsdienste, die oft noch günstiger sind (z. B. www.thaisouth.com, www.hotelthailand.com und die auf S. 80 unter ›Internet‹ genannten Kommerzseiten).

Drei Zonen bieten sich für die Quartiersuche an. Vollendeter Luxus und größtmögliche Nähe zu den kulturellen Highlights der Stadt zeichnen die Hotels am **Ufer des Menam Chao Phraya** aus. Unzählige Häuser von der untersten Budgetklasse bis hin zum mittleren Segment liegen im Umfeld der ›Traveller-Meile‹ **Thanon Khaosan.** Sie liegen zentral in der Nähe der Sehenswürdigkeiten, des Flusses und des Southern Busterminal. Skytrain und U-Bahn erschließen die modernen Stadtviertel um die **Thanon Silom** und **Thanon Sukhumvit** mit zahlreichen Hotels von der gehobenen Budget- bis zur höchsten Luxusklasse. Hier wohnt man zwar weiter entfernt vom historischen Zentrum, genießt dafür aber die stadtgrößte Dichte an Restaurants, Geschäften und Nightlife-Adressen.

Das Feinste vom Feinen – **Peninsula Bangkok 1**: 333 Thanon Charoen Nakhon, Tel. 028 61 28 88, www.peninsula.com, DZ ab 10 000 Bt inkl. Frühstück, Suiten ab 17 000 Bt. Wenn das Beste gerade gut genug ist, wählt man dieses Fünf-Sterne-Haus in Toplage am Ufer des Menam Chao Phraya, das von internationalen Reise- und Lifestyle-Magazinen bereits mehrfach ausgezeichnet wurde.

Bezahlbarer Luxus – **Rembrandt Hotel 2**: s. Unser Tipp rechts

Edles Boutique-Hotel – **Swiss Lodge 3**: 3 Thanon Convent, Tel. 022 33 53 45, www.swisslodge.com, DZ ab 3400 Bt inkl. Frühstück, bei mindestens 3 Tagen Aufenthaltsdauer ab 2550 Bt. Das feine Boutique-Hotel ist schon seit über 20 Jahren eine der empfehlenswertesten Adressen bei der Silom Road und beeindruckt mit sehr individuellem Service, mit modernen, eleganten und dennoch gemütlichen Zimmern sowie einer Gartenterrasse für einen entspannenden Chill-out.

Mittelkasse beim Backpackerviertel – **Viengtai Hotel 4**: 42 Thanon Ram Buttri, Tel. 022 80 54 34, www.viengtaihotel.khaosanroad.com, EZ ab 1800 Bt, DZ ab 2000 Bt inkl. Frühstück. Die 215 Zimmer des siebengeschossigen Mittelklassehotels wurden komplett renoviert und in angenehmen Farben gestaltet. Vorteil des Hauses ist sein Standort in direkter Nähe zur Thanon Khaosan und der Hauptsehenswürdigkeiten von Bangkok.

Mitten im Szeneviertel – **Rikka Inn 5**: 259 Thanon Khaosan, Tel. 022 82 75 11, www.rikkainn.com, EZ/DZ ▷ S. 92

Unser Tipp

Bezahlbarer Luxus

Ob in der Marmorlobby, den 407 Panoramazimmern und Apartments oder in den vier Restaurants, darunter das beste für indische Küche in Bangkok, stets wartet das **Rembrandt Hotel 2** mit einem Superlativ auf. Dabei bleiben die Preise für die mit viel Holz und Pastelltönen zum Entspannen einladenden und doch reich mit Hightech ausgestatteten Standardzimmer erschwinglich. Zum Haus gehören mehrere Bars und Shoppingarkaden, ein Business Center und ein Swimmingpool auf dem Dach. Wer stressfrei vom oder zum Flughafen will, wird in einer Komfortlimouse für 1500 Bt befördert. In Sachen Preis-Leistungs-Verhältnis gibt es kein vergleichbares Hotel in der Stadt (19 Sukhumvit Soi 18, Tel. 022 61 71 00, www.rembrandtbkk.com, EZ ab 2600 Bt, DZ ab 2800 Bt).

Auf Entdeckungstour

Erlebnis für die Sinne – durch Chinatown und Little India

Kein Aufenthalt in Bangkok, ohne nicht auch das chinesische und das mitten darin gelegene indische Viertel besucht zu haben. Die fahrzeugfreien Basargassen scheinen die Vergangenheit zu konservieren und finden heute in ganz Südostasien kein Gegenstück.

Ausgangspunkt: per Flussboot zum Ratchawong Pier, wenige Gehminuten von der **Sampeng Lane** 8 entfernt. Ausgangspunkt für die Bootstour sind der **Thien Pier** 1 beim Wat Po und der **Chang Pier** 2 beim Nationalmuseum.

Dauer: ein halber Tag zu Fuß

Die am Ufer des Menam Chao Praya gelegene Bootsanlegestelle Ratchawong Pier entpuppt sich als Zeitmaschine, denn sie entführt den Stadtbummler nach Chinatown. Grob gesagt erstreckt sich dieses nicht genau abgegrenzte Viertel südlich der Thanon Charoen Krung und es ist eines der am dichtesten besiedelten Viertel der Stadt. Sein Herz wird durch die **Sampeng Lane** 8 und die kreuzende **Itsaranuphap Lane** 9 gebildet. Diese schmalsten und bei Weitem malerischsten Gassen von Bangkok beeindrucken mit einem einzigartigen Chaos aus unzähligen Geschäften, Handwerkerläden, kleinen Maschinenfabriken, Obst- und Gemüsemärkten sowie Essensständen unter farbenfrohen chinesischen Schriftzeichen und bunten Papierlaternen.

China in Thailand

Die Chinesen bilden mit rund 15 % der Gesamtbevölkerung die größte ethnische Minderheit des Landes, denn sie leben mit den Thai seit den Anfängen des Königreiches zusammen. Bis in die Neuzeit hinein förderten die Könige die Einwanderung von Chinesen, die wegen ihres unternehmerischen Talents geschätzt werden. Während die Chinesen traditionell Handel betreiben, widmen sich die Thai eher der Landwirtschaft und der Verwaltung

Mittlerweile kontrollieren die Chinesen zwar gut und gerne drei Viertel der gesamten thailändischen Wirtschaft, aber Probleme gab es dennoch nie. Als Meister der Assimilation haben sie von selbst eine gewisse ›Thaiisierung‹ vollzogen: Sie übernahmen weitgehend die Lebensweise, die Religion und die Namen der Thai und lebten trotz des homogenen Viertels zu keinem Zeitpunkt abgekapselt von ihrer nichtchinesischen Umwelt. Und so findet der Käufer in den Gassen alles, was im Land begehrt ist: z. B. Reispapier mit goldenen Schriftzeichen für den Tempelbesuch oder Räucherstäbchen und chinesische Glückwunschkarten. Und wer in Thailand Begräbnissen beiwohnt, ersteht hier die Modelle profaner Güter wie Autos oder Häuser, die dann während der Trauerzeremonie verbrannt werden.

Ihre Küche gaben die Chinesen im Laufe der Jahrhunderte nicht auf. Über die mit Läden für Devotionalien reich bestückte Thanon Chakrawat geht es zur Soi Wainit, wo man zwischen den zahlreichen Markt- und Essensständen vor dicht gedrängt stehenden und oft altmodischen Häusern in chinesischen Aromen schwelgen kann.

Indien in China

Sind Chinesen heute in jeder größeren Stadt von Thailand zu Hause, leben Inder vorwiegend in Bangkok. Ihre Zahl wird auf rund 100 000 geschätzt, und ihre Enklave liegt mitten im chinesischen Viertel in Bangkok, wo sie vor allem anderen in der Textilbranche tätig sind. Zentrum der meist aus dem Norden Indiens stammenden Sikhs und Hindus ist der labyrinthartige **Pahurat Market** 6, wo Berge von Samt- und Seiden-, Baumwoll- und Crêpestoffen ausliegen und von Schneidern zu Saris und Wickelröcken, Blusen und Anzügen verarbeitet werden.

In den Duft der edlen Stoffe mischen sich das Odeur von Kräutermischungen und Räucherstäbchen sowie der Wohlgeruch von Currys und gewürzten Tees. Überragt wird das exotische Ensemble von der goldenen Kuppel des **Siri Guru Singh Sabha** 10 (tgl. 7–22 Uhr), des größten Sikhtempels außerhalb Indiens – ein prachtvoll mit Marmor verkleidetes Heiligtum dieser im 15. Jh. entstandenen Religion.

Unser Tipp

Zeitreisen

Eine Klongtour mit einem Longtailboot durch den teilweise recht amphibisch anmutenden Stadtteil Thonburi entführt in die Welt des Schriftstellers Joseph Conrad, als Bangkok noch zu Recht als ›Venedig des Ostens‹ gerühmt wurde. Den Verkehrslärm noch im Ohr, schippert man durch eine fast schon dörfliche Idylle vorbei an hölzernen Pfahlbauten, wo badende Kinder und waschende Omas das Bild bestimmen. Idealer Ausgangspunkt für eine Fahrt auf dem Klong Mon, Klong Bangkok Yai und Klong Sanamchai ist der **Thien Pier** 1, während der Klong Bangkok Noi am besten vom **Chang Pier** 2 aus angesteuert wird. Neben organisierten Touren werden an den meisten Piers auch individuelle Fahrten angeboten (ab ca. 500 Bt/Std.). Wegen der Sprachprobleme sollte man in der Unterkunft Besuchs- und Zielorte in Thai aufschreiben lassen.

ab 950 Bt, Balkonzimmer 1450 Bt. Wenn man mitten in der Khaosan-Traveller-Szene gut und relativ günstig wohnen will, empfiehlt sich dieses gut geführte Hotel mit ansprechend im Thai-Vintage-Look der 1960er- bis 1980er-Jahre dekorierten Zimmern auf vier Etagen, alle mit AC, TV, Kühlschrank, Safe und WLAN. Die Bäder sind gepflegt (heißes Wasser), und auf dem Dach lädt ein schicker kleiner Pool zum Entspannen ein.

Klein, fein und günstig – **Bhiman Inn** 6: 55 Thanon Phra Sumen, Tel. 022 82 61 71–75, www.bhimaninn.com, EZ ab 600 Bt, DZ ab 700 Bt inkl. Frühstück. Nahe dem Menam Chao Phraya und der Thanon Khaosan gelegenes neues Boutique-Hotel mit 45 Zimmern und gutem Preis-Leistungs-Verhältnis. Ein kleiner Pool gehört ebenso zum Haus wie ein Restaurant.

Atmosphärisch und billig – **Shambara Boutique Hostel** 7: 138 Thanon Khaosan, Tel. 022 82 79 68, www.shambara bangkok.com, EZ 300 Bt (Fan), 420 Bt (AC), DZ 500 Bt und 700 Bt. Erst vor wenigen Jahren wurde das in einer Nebengasse der Khaosan und daher zentral, aber dennoch recht ruhig gelegene Hostel in einem alten Holzhaus eingerichtet. Die Atmosphäre ist angenehm familiär, wirkt aber nicht aufgesetzt. Auch ein gemütlicher Aufenthaltsraum mit TV ist vorhanden. Wenn man nicht unbedingt ein eigenes Bad/WC benötigt, bieten die 9 Zimmer alles, was man für wenig Geld verlangen kann.

Für den kleinsten Geldbeutel – **Budget Guesthouses** 8: Thanon Khaosan und Nebengassen. Schlafsaal etwa ab 150–200 Bt/Pers., EZ ab 250 Bt, DZ ab 300 Bt. Preiswerte und einfache Unterkünfte in kleinen Gästehäusern. Oftmals bestehen die Wände aus dünnen Spanplatten und die sanitären Einrichtungen sind zu beanstanden, deshalb genau ansehen.

Transithotel am Airport – **Sananwan Palace** 9: 18/11 Moo 11, Thanon Sukapibarn 5 , Bangpli Yai, Samutprakan, Tel. 027 52 16 58 oder 081 864 46 15, www.bangpli.com, DZ 250/300/400 Bt (Fan), 450 Bt (AC). Wer nahe dem Suvarnabhumi Airport übernachten will, hat es schwer, eine bezahlbare Bleibe zu finden. Ausnahme ist dieses Hotel im Vorort Bangpli. Die Zimmer sind einfach, aber sauber, mit eigenem Bad/WC und TV ausgestattet und auch ein einfaches Restaurant sowie ein Pool sind angeschlossen. Beim Pool kann man schön draußen sitzen und bekommt dort auf Wunsch auch das Essen serviert. Nur wenige Gehminuten entfernt lädt beim Kloster am Klong eine romantische Marktzeile ein, die sich am Kanal entlangzieht. Über die Website/telefonisch lässt sich ein Abholdienst bestellen (500 Bt), die Hälfte kostet es mit dem Taxi vom Flughafen. Da die Adresse den Fahrern oft unbekannt ist, kann man sich über die Website eine Adresskarte auf Thailändisch ausdrucken.

Essen & Trinken

Essen ist mit Abstand die liebste Freizeitbeschäftigung der Bangkoker. Wo immer man in dieser Stadt geht und steht, stets sind eine Garküche oder ein Essensmarkt, ein einfaches Lokal oder ein Restaurant nicht fern.

Preisgekrönte Thaiküche – **Baan Khanitha** **1**: 36/1 Thanon Sukhumvit Soi 23, Tel. 022 58 41 81, www.baan-khanitha.com, tgl. 11–14, 18–23 Uhr, Menü ca. 1000–1500 Bt für 2 Pers., Reservierung und gepflegte Garderobe obligatorisch. Das Ambiente des mehrfach als bestes Restaurant von Bangkok preisgekrönten Gourmettempels wird geprägt von edlem Teakmobiliar und ausgesuchten Antiquitäten. Die Gerichte der königlich thailändischen Küche sind Gaumenschmaus und Augenweide zugleich. Wer einmal hier gespeist hat, was auch draußen auf der Veranda im schattigen Grün möglich ist, kommt wieder, wann immer es der Geldbeutel erlaubt.

Nouvelle Thai Cuisine – **Lemongrass** **2**: 5/1 Thanon Sukhumvit Soi 24, Tel. 022 58 86 37, tgl. 11–14, 18–23 Uhr, Hauptgericht ab ca. 200 Bt, Menü ab 750 Bt für 2 Pers. Das sehr atmosphärisch mit Bambusmobiliar und Antiquitäten eingerichtete Spitzenrestaurant der Nouvelle Thai Cuisine ist eine Institution für die in Bangkok lebenden Europäer, denn der Küchenchef zaubert gelungene Kreationen der klassisch thailändischen Küche mit mediterranem Touch. Insbesondere die Currys (z. B. Duck Red Curry, 275 Bt) sind unnachahmlich gut. Wer mehr auf Rohkost steht, dem empfiehlt sich z. B. der scharfe Som-Tam-Salat (240 Bt).

Exotisch in jeder Hinsicht – **Cabbages & Condoms** **3**: 10 Thanon Sukhumvit Soi 12, Tel. 022 29 46 10, www.pda.or.th/restaurant, tgl. 11–22 Uhr, Vorspeisen um 100 Bt, Salate 90–180 Bt, Currys und sonstige Hauptgerichte um 200 Bt. Man sitzt im tropischen Garten oder in mit Holz, Erdfarben und indirekter Beleuchtung gemütlich eingerichteten Speiseräumen und genießt beste Thaigerichte zu fairen Preisen; auch zahlreiche vegetarische Gerichte (um 130 Bt). Der frivole Name erklärt sich dadurch, dass das Restaurant im Dienst einer Familienplanungs- und AIDS-Hilfe-Organisation steht. So bekommt man mit der Rechnung einige kostenlose Kondome. Auch der angeschlossene Shop, in dem prächtige Bouquets aus Kondomen als Blickfang dienen, lohnt einen Besuch.

Oase der Ruhe und Gastlichkeit – **Face** **4**: 29 Thanon Sukhumvit Soi 38, Tel. 027 13 60 48, www.facebars.com, tgl. 11–24 Uhr, Vorspeisen um 350 Bt, Hauptgerichte um 500 Bt. Stilvolles Ensemble traditioneller Thaihäuser mit mehreren Restaurants unter einem Dach. Im Innenhof lädt das mit Antiquitäten verzierte **La Na Thai** zu klassisch thailändischer Küche ein, im **Hazara** verwöhnt indische und japanische Küche, das **Visage** ist ein trendiger Pastryshop und die **Facebar** eine der gepflegtesten Cocktailadressen der Stadt.

Bangkoks Nachtmarkt – **Suan Lum Night Bazaar** **5**: Kreuzung Thanon Rama IV./Wireless/Sathorn, tgl. 18–24 Uhr, Gerichte ab 70 Bt. Zahllose Es-

Vom Vertigo den Blick auf Bangkok genießen …

sensstände, kleine Gartenrestaurants und Biergärten laden allabendlich auf diesem größten Nachtmarkt der Stadt ein, Topadresse auch für Kunsthandwerk-Shopping, s. rechts.

Einkaufen

Shoppingparadies – **Thanon Sukhumvit** 1: An dieser kilometerlangen Straße findet sich die größte Dichte an Shoppingadressen. Textilien, Gürtel, Schuhe, Uhren und Koffer, aber auch maßgeschneiderte Kleidung in hochwertiger Qualität gibt es zuhauf. Auch in Sachen Seide kann man hier in zahlreichen Fachgeschäften – und nur dort sollte man als Laie Seide kaufen in Bangkok! – fündig werden.
Einkaufszentren – **Thanon Ploenchit** 2: Elegante, klimatisierte Einkaufszentren reihen sich an der Thanon Ploenchit, der westlichen Verlängerung der Sukhumvit, und vor allem an der weiterführenden Thanon Rama I. aneinander.
Beliebtestes Kaufhaus – **Central World Plaza** 3: Rama I. Das größte Einkaufszentrum von Südostasien ist erste Adresse für Luxus-Shopping.
Designermode – **Siam Paragon** 4: Rama I. Hier gibt es mit Abstand die meisten Dependancen der teuersten Toplabels der Modebranche.
›Goldene Meilen‹ – **Thanon Charoen Krung** und **Thanon Yaowarat** 5: Gold, dessen Preis sich nach dem aktuellen Goldkurs richtet, ist ein beliebtes Mitbringsel und diese beiden Straßen in Chinatown sind reich mit Läden gesegnet. Von Antiquitäten und Edelsteinen sollte man als Laie allerdings unbedingt die Finger lassen.
Indischer Markt – **Pahurat Market** 6: s. Entdeckungstour S. 90

Im Labyrinth – **Chatuchak Weekend Market** 7: s. Lieblingsort S. 96
Seide – **Jim Thompson** 8: 9 Thanon Surawong, Tel. 02 26 32 18 00, www.jimthompson.com, tgl. 9–21 Uhr. Seide allerfeinster Qualität.
Alles aus China – **Sampeng Lane** 8: s. Entdeckungstour S. 90
Kunsthandwerk satt – **Suan Lum Night Bazaar** 5: s. S. 93. Über 3500 Souvenirstände mit einer großen Bandbreite an Kitsch und Kunsthandwerk.

Aktiv & Kreativ

Zeitreisen – **Klongtour** 1 2: s. Unser Tipp S. 92
Schippern mit Stil – **Flussfahrten:** Zahlreiche Boote verschiedener Komfortklassen laden zu abendlichen Sightseeing- und Dinnertouren auf dem Menam Chao Phraya: ab **River City Pier 1** 3 (Thanon Charoen Krung 30) z. B. mit den modernen Ausflugsschiffen ›Chao Phraya Princess‹ (Tel. 028 60 37 00, www.thaicruise.com, 1350 Bt inkl. üppigem Buffet).
Bangkok mit dem Rad – **Bangkok Bike Rides** 4: 14/1-B Soi Promsi 2, Sukhumvit 39, Tel. 227 12 53 05, www.bangkokbikerides.com. Geführte Tagestouren durch den Stadtdschungel auf fünf verschiedenen Routen (1000–2650 Bt).

Abends & Nachts

Bangkoks Nachtleben hat einen eindeutig körperbezogenen Ruf, wird es doch in der Regel mit den rund 300 000 Prostituierten in Verbindung gebracht, die u. a. an der Thanon Patpong ihrem Gewerbe nachgehen. Dass Prostitution offiziell verboten ist und die meisten Frauen, Mädchen und Männer, die sich anbieten, HIV-positiv sind, hat dem Geschäft bislang keinen Abbruch getan. Doch natürlich gibt es auch andere Aspekte des Nachtlebens in Bangkok. Ausführlich informieren die Onlinemagazine www.bk.asia-city.com und www.bangkokgigguide.com sowie die ›Nachtportale‹ www.lastnightinbangkok.com und bangkok2night.com. In der Samstagsausgabe der Tageszeitung »Bangkok Post« (www.bangkokpost.com) finden sich ebenfalls Hunderte von Hinweisen.

Lokale und Musikkneipen

Jazz-Venue mit Stil – **Bamboo Bar** 1: The Oriental Hotel, Bangrak, Tel. 026 59 90 00, tgl. 17.30-1, Fr/Sa bis 2 Uhr. *Die* Adresse für erlesenen Live-Jazz (ab 18 Uhr) in eleganter Atmo. Die Preise sind happig, doch der Besuch ist ein Erlebnis!
Bester Soundmix – **Brown Sugar** 2: 231/20 Thanon Sarasin Road, Tel. 022 50 18 26, tgl. 17–2 Uhr. Musiker bieten

Lieblingsort

Im Labyrinth des Chatuchak Weekend Market 7

Der Wochenendmarkt von Chatuchak ist mit seinen 8000 bis 15 000 Ständen – wer weiß das schon genau? – und ca. 200 000 Besuchern pro Tag einmalig in ganz Asien! In diesem über 18 ha großen Shoppinglabyrinth gibt es nichts, was es nicht aus erster, zweiter oder dritter Hand gibt, kein Preis ist hier fix. Und türmen sich dort auf mehreren hundert Meter langen Auslagen Berge von Kleidung, so sind die Stände auf der anderen Seite mit Souvenirs aus ganz Asien überladen. Exotische Pflanzen und Kräuter, Kosmetika und Gewürze, Musikinstrumente und Pythonschlangen, Bonsaibäume und Opiumpfeifen: ›You name it – you get it!‹ (www.chatuchak.org, Sa/So ca. 6–18 Uhr, am einfachsten zu erreichen mit dem Skytrain bis zur Endstation Mochit).

einen Soundmix von Rhythm 'n' Blues bis hin zu Reggae.

Eine Institution – **Hard Rock Café** 3: 424/2–6 Soi 11, Siam Square, Tel. 026 58 40 90, www.hardrockcafe.co.th, tgl. ab 11 Uhr. Eines der 131 Hard Rock Cafés auf Erden – Musik zu amerikanisch inspiriertem Essen in einem angenehmen Ambiente aus US-Tradition und thailändischem Stil. Ab 21.45 Uhr gibt es Livemusik und an den Wochenenden geht es richtig ab.

Backpacker-Disco – **Lava Club** 4: 249 Thanon Khaosan, im Baiyon Building, Tel. 022 81 65 65, tgl. ab 18 Uhr. Vor allem Backpacker tanzen hier zu ›House with an edge of Trance‹, aber die Preise sind hoch, um die 150 Bt für ein Bier muss man rechnen.

Top-Discotempel – **Q Bar** 5: 34 Thanon Sukhumvit Soi 11, Tel. 022 52 32 74, www.qbarbangkok.com, tgl. ab 20 Uhr, werktags 500 Bt Eintritt inkl. 2 Drinks (Do für 2 Pers.), Fr/Sa 700 Bt. Völlig neu gestalteter Discotempel im New-York-Lounge-Look mit ›world's top international touring DJ's‹, deren Sound u. a. House, Hip-Hop, Drum 'n' Bass und Soulful Jazz umfasst.

Jazz at its best – **Saxophone** 6: 3/8 Victory Monument, Thanon Phayathai, Tel. 022 46 54 72, www.saxophonepub.com, tgl. ab 18, Musik ab 21 Uhr. Thailands berühmtester und populärster Jazz- und Bluestempel, der schon mehrmals als ›Best Music Venue‹ preisgekrönt wurde. Abends wird vor allem Jazz in allen Varianten live gespielt.

Höhepunkt in Asien – **Vertigo** 7: Banyan Tree Hotel, 21/100 Thanon South Sathorn, Tel. 026 79 12 00, www.banyantree.com/en/bangkok. Der **Vertigo Grill** (tgl. 18.30–23 Uhr) mit der angeschlossenen **Moon Bar** (tgl. 17.30–1 Uhr), der höchsten Freiluftbar Asiens, bietet bei entsprechenden Preisen wahrhaft spektakuläre Ausblicke; um gepflegte Garderobe wird gebeten.

Kulturelles

Tanz und Drama – **Patravadi Theatre** 8: 266 Soi Wat Rakhang, Thanon Arun Amarin, Thonburi, Programmauskunft Tel. 024 12 72 87, www.patravaditheatre.com. Vorstellungen Fr, Sa, So (Tickets 400–1000 Bt), im Dining Theatre by the River Mo–So kostenlose Vorstellungen zum Dinner von 19.30–22, Sa/So bis 24 Uhr (Gerichte ca. 100–400 Bt). Seit 1992 steht der Name Patravadi für klassische, aber auch innovative und zeitgenössische Dramen.

Klassisch Thai – **National Theater** 9: Thanon Na Phratat, Sanam Luang, Programmauskunft über die Bangkok Tourist Division (s. S. 80) oder Mo–Fr 8–16.30 Uhr, Tel. 022 24 13 42. Maskentanz und klassisches Theater, aber auch zeitgenössische Aufführungen aus dem In- und Ausland. Vorführungen meist Mi, Fr, Sa, So um 14 und 17 Uhr.

Infos & Termine

Touristeninformation

s. Infobox S. 80

Flugzeug

Suvarnabhumi International Airport: ausgesprochen: Su-Wana Poom, 30 km östlich der Stadt, Callcenter Tel. 021 32 18 88, Flugplan Tel. 021 32 00 00, www.suvarnabhumiairport.com und www.bangkokairportonline.com. Zuständig für alle internationalen sowie auch nationalen Flüge (nach Südthailand). Duty free auch bei Arrival, Ankunft auf Level 2.

Weiterkommen: Taxifahrt ins Zentrum ca. 45–50 Min., ca. 450 Bt (regulärer Taxipreis plus 50 Bt Airport-Aufschlag), Ticket am Schalter des Taxi Service Counter auf Level 1. Limousinenservice (www.bangkokairportlimo.com, Coupon am Limousine Service Counter auf Level 2; auch online) ins Stadtzentrum

(1000 Bt) sowie auch nach Hua Hin (3700 Bt). Tgl. 5–24 Uhr mit dem klimatisierten Express-Bus Linie AE1 zur Thanon Silom, Linie AE2 zur Thanon Khaosan, Linie AE3 zur Thanon Sukhumvit, Linie AE4 zum Hauptbahnhof Hua Lamphong (je 150 Bt). Am billigsten (35 Bt) ist der vom Suvarnabhumi-Transport Center (kostenloser Express-Shuttle-Bus ab Level 2) verkehrende Stadtbus Linie 551 zum Victory Monument nahe Thanon Khaosan.

Seit August 2010 verkehrt die Suvarnabhumi Airport Express Line von 6–24 Uhr alle 15 Min. zum City Air Terminal Makkasan (15 Min., 150 Bt), wo man u. a. in die U-Bahn umsteigen kann. Die auf gleichen Gleisen verlaufende Suvarnabhumi Airport City Line endet nach 30 Min. (45 Bt) am Bahnhof Phaya Thai mit Umsteigemöglichkeit in den Skytrain.

Bahn

Hauptbahnhof Hua Lamphong: Thanon Rama IV, Tel. 022 23 70 10. Mit Southern Line 12 x tgl. nach Hua Hin (ca. 3 Std., 44–202 Bt für 3.–1. Klasse); 10 x tgl. nach Surat Thani, dort Fähre nach Ko Samui, Ko Pha Ngan oder Ko Tao (8–11 Std., 107–519 Bt); 4 x tgl. nach Hat Yai (14–17 Std., 149–734 Bt). Ticketvorverkauf beim Advance Booking Office, Tel. 022 23 37 62, Mo–Fr 8.30–18, Sa/So bis 12 Uhr.

Bus

Southern Bus Terminal: Thaling Chan, Stadtbezirk Thonburi, Tel. 024 11 49 78-9 und 024 34 55 57-8. Hin mit Bus Nr. 515 (16 Bt, ca. 40 Min.) ab Victory Monument (nahe Thanon Khaosan), mit dem Taxi ab Khaosan-Gegend um 80 Bt. Von Bangkoks Busterminal aus Tag- und Nachtverbindungen in verschiedenen Komfortklassen zu allen Orten in Südthailand, die in diesem Reiseführer vorgestellt werden. Nach Surat Thani bezahlt man im AC-Bus 380–840 Bt, Phuket kostet 487–974 Bt, Krabi 461–921 Bt (je nach Komfort). Tickets, meist inkl. Transfer von der Unterkunft zum Busbahnhof, gibt es auch in den Reisebüros der Thanon Khaosan und Sukhumvit. In den Reisebüros auch kombinierte Bus-/Bahn- und Fährtickets für die Reise auf die Inseln im Golf von Thailand und in der Andamanensee.

Innerstädtischer Verkehr

Skytrain: Hightech-Hochbahn mit zwei Linien und insgesamt ca. 23 km langer Strecke, tgl. 6–24 Uhr im Minutentakt, einfache Fahrt 15–40 Bt, Tagesticket 120 Bt; die Website www.bts.co.th informiert ausführlich (s. auch Plan 2 auf der Reisekarte).

U-Bahn: etwa 10 km lange Strecke vom Hauptbahnhof Richtung Norden, wo sie die Thanon Sukhumvit kreuzt. Fahrpreise 15–40 Bt, weitere Infos unter www.bangkokmetro.co.th.

Bus: Fahrzeuge ohne Klimaanlage verkehren im 5-Minuten-Takt auf den Hauptrouten. Sie sind meist hoffnungslos überfüllt, einfache Fahrt ab 7,5 Bt. Klimatisierte Busse, die nicht gar so überfüllt sind, fahren nur auf den wichtigsten Strecken, einfache Fahrt max. 24 Bt. Ein Busstreckenplan ist unerlässlich, erhältlich in vielen Kiosken und Supermärkten, aber am besten informiert die Website www.bmta.co.th, die auch einen Reiseplaner umfasst.

Flussboot: Am schnellsten und billigsten ist die Fortbewegung auf dem Menam Chao Phraya, insbesondere wenn man in der flussnahen Thanon Khaosan wohnt. Nummerierte Boote ca. 6–18 Uhr im 10- bis 30-Minuten-Takt, einfache Fahrt ca. 9–30 Bt. Die Website www.chaophrayaexpressboat.com informiert über alle Routen und listet auch die schönsten Strecken für Touristen auf.

Taxi: Wegen des enormen Smogs empfehlen sich klimatisierte Wagen. Taxis mit dem Schild ›Meter‹ auf dem Dach sind mit Taxameter ausgestattet, die in der Regel auch eingeschaltet werden. Wenn nicht, lautet der Zaubersatz »Please put the meter on!« Grundgebühr inkl. der ersten 2 km 35 Bt, danach rund 5 Bt/km, eine Stadtfahrt kostet etwa 50–100 Bt.

Motorradtaxi: Wer in Eile ist, setzt sich auf den Sozius eines Motorradtaxis. Die schnellen Maschinen kommen überall durch und selbst eine komplette Stadtdurchquerung ist kein Thema. Die Angst fährt bei 120 km/h mitten im dicken Stau freilich mit. Die Preise variieren je nach Strecke und Stauwahrscheinlichkeit, vor Antritt der Fahrt vereinbaren, in etwa identisch mit Taxifahrten.

Tuk-Tuk: Die dreirädrigen Mopedkutschen, die sich inmitten tiefblauer Abgaswolken mit ohrenbetäubendem Geknatter fortbewegen und dem Fahrgast eine Überdosis Kohlendioxid garantieren, werden auch als Wahnsinn auf drei Rädern bezeichnet. Preise unbedingt vor Antritt der Fahrt aushandeln, ca. 70 Bt zahlt man für eine kurze Strecke.

Termine

Alle landesweit gefeierten Feste werden auch in Bangkok begangen, aber meist viel prunkvoller als irgendwo sonst – eine Auswahl:

Chinese New Year: Bei Vollmond zwischen dem 21. Jan. und 19. Febr. Farbenprächtige Umzüge in ganz Chinatown.

Visakha Bucha: Vollmondnacht im Mai. Prozessionen von Gläubigen zu den Tempeln der Stadt.

Royal Ploughing Ceremony: Mitte Mai, Sanam Luang, Bangkok. Mit der Königlichen Pflugzeremonie gibt der König Millionen von Bauern im Land das Startzeichen für die Aussaat; mit Prozessionen.

Loy Krathong: Vollmondabend im Nov. Prozession von Gläubigen zum Tempel auf dem Goldenen Berg.

Königsgeburtstag: 5. Dez. Umzüge in der Stadt, vor allem im Bereich des Saman Luang, wo ein Volksfest einlädt, abends Feuerwerk.

Damnoen Saduak

► D 1

Der mit Abstand beliebteste Tagesausflug von Bangkok hat die schwimmenden Märkte von Damnoen Saduak zum Ziel, etwa 100 km westlich bei Samut Songkhram. Allmorgendlich ab etwa 7 Uhr bieten auf den verzweigten Kanälen des Provinzortes Hunderte von

Die Ruhe vor dem Touristensturm – der schwimmende Markt von Damnoen Saduak

Marktfrauen in kleinen Holzbooten ihre Waren an. Nur der Vermarktung durch den Tourismus ist es zu verdanken, dass dieser Letzte von früher mehreren hundert Floating Markets in Bangkoks Umgebung weiterhin existiert. Mit dem Ausbau der Straßen verloren die Kanäle an Bedeutung, der Handel auf dem Wasser wurde überflüssig. Eigens für die Besucher wurden Brücken und Fußwege angelegt, die nicht zuletzt den Hobbyfotografen optimale Perspektiven ermöglichen, denn malerisch sind die Märkte nach wie vor. Gegen 9 Uhr etwa, wenn die zahlreichen organisierten Touren eintreffen, bleibt dem Lokalkolorit aber nur noch wenig Raum. Es heißt also, sehr früh aufzustehen und den ersten Linienbus gegen 5 Uhr zu nehmen, um vor dem Touristenansturm in Ruhe entlang der Marktkanäle umherschlendern zu können.

Infos & Termine

Infos

Organisierte Tour: Buchung über alle Unterkünfte und Reisebüros, ca. 1300–2000 Bt/Pers. inkl. Führer, Mittagessen, Abholung am Hotel, Abfahrt ca. 6/7 Uhr.

Verkehr

Bus/Boot: ab Bangkok Southern Busterminal nach Klong Damoen Saduak, ab ca. 5 Uhr im 40-Minuten-Takt (ca. 2 Std., ca. 50–95 Bt), weiter mit dem Mietboot, ca. 500 Bt/Std. (Paddelboot) bzw. 800 Bt (Longtailboot).

Termine

Best of Damnoen Saduak Fair: März. Großes Spektakel auf dem Floating Market, u. a. mit Bootsprozessionen, Schönheitswettbewerben, Sportveranstaltungen.

Das Beste auf einen Blick

Am Golf von Thailand

Highlight!

Khao Sam Roi Yot National Park: Großartige Landschaften mit bis zu 600 m hohen Kalksteinfelsen, ausgedehnten Höhlensystemen, Sandstränden sowie Mangroven- und Marschgebieten machen neben einer reichen Vogelwelt den besonderen Reiz dieses Nationalparks der ›300 Gipfel‹ aus. Auch die Infrastruktur lässt nichts zu wünschen übrig. S. 118

Auf Entdeckungstour

Elefantenreiten – mit Dickhäutern auf Tour: Seit Jahrhunderten schon machen sich die Thailänder Kraft und Geschicklichkeit der ehemals zigtausend im Königreich lebenden Elefanten zunutze. Heute sind die Rüsseltiere vom Aussterben bedroht bzw. in der Tourismusbranche tätig, in der sie für Ausritte und Shows arbeiten. S. 114

Kultur & Sehenswertes

Khao Luang: Diese Tropfsteingrotte besteht aus untereinander verbundenen Höhlen, mittendrin wurden zahllose Buddhastatuen aufgestellt. S. 108

Phra Ratchaniwet Mrigadayavan: Der komplett restaurierte Teakholzpalast aus dem frühen 20. Jh. gilt als Meisterwerk klassisch thailändischer Palastarchitektur. S. 117

Aktiv & Kreativ

Kaeng Krachan National Park: Das größte Schutzgebiet Thailands beeindruckt mit einer artenreichen Fauna und einer atemberaubenden Urwaldlandschaft. S. 107

Hua Hin Water Sports Center: Hier gibt es das größte Wassersportangebot an der gesamten Golfküste. S. 116.

Wat Suan Mokkh: Unter Ausländern ist dieses Kloster die populärste Meditationsstätte in Thailand. S. 123

Genießen & Atmosphäre

Datofarm: ›Urlaub auf dem Land‹ genießen und Einblick in das Alltagsleben auf einer Palmenplantage gewinnen. S. 106

Sofitel Centara Grand Resort: Feinster Kolonialstil in einer Parkanlage am Meer machen dieses Haus in Hua Hin zu einem Schmuckstück. S. 112

Chao Lay: Der gemütlich-rustikal eingerichtete Pfahlholzbau am Meer ist eine der besten Seafood-Adressen von Hua Hin. S. 116

Abends & Nachts

Nightmarket: Der Nachtmarkt von Hua Hin ist landesweit bekannt und führt auf eine kulinarische und kulturelle Entdeckungsreise. Und auch sonst ist Hua Hin berühmt für sein munteres Nachtleben – die beliebtesten Flaniermeilen für Nachtschwärmer sind die Straßen Soi Selakam und Soi Bintabat. S. 116

Urbane Ferienzentren und großartige Landschaften

Wenn auch die thailändische Verwaltung den Großraum Südthailand erst am Isthmus von Kra (s. S. 123) beginnen lässt, so bildet die Mündung des Flusses Mae Klong bei Samut Songkhram, wenige Kilometer südlich von Bangkok, doch die geografische Grenze. Dort nämlich beginnt die Malaiische Halbinsel, deren Westküste bis hinunter an die Grenze zu Malaysia auf den Golf von Thailand blickt. Als ein Randmeer der Südchinasee gehört der Golf zum Pazifik, und er besteht aus einer weit ausladenden Ebene, die erst nach dem postglazialen Meeresspiegelanstieg überflutet wurde. Da hier einige der größten Flüsse Thailands münden, werden die Küsten von weiten Schwemmlandebenen im Saum oft kilometerlang gestreckter Strände gebildet. Mal sind sie umkränzt von Mangrovenwäldern oder bizarren Felsformationen, mal von sanft reliefierten Hügeln, während das Hinterland rasch bis zum über 1800 m hoch aufragenden Zentralgebirge hin ansteigt.

In touristischer Hinsicht geht es hier noch relativ ruhig zu, und lediglich im Umfeld von Hua Hin sind mehrere urbane Ferienzentren entstanden, die zunehmend auch von Fernreisenden besucht werden. Weiter südlich wären zahlreiche Küstenabschnitte konkurrenzfähig, doch hält sich die Infrastruktur in Grenzen, weil das Gros der Urlauber die Strandsensationen der Inseln Ko Samui, Ko Pha Ngan und Ko Tao aufsucht.

Infobox

Reisekarte: ► D 2–D 8

Internet
Es gibt keine Website, die sich exklusiv mit der Küste am Golf von Thailand befasst, doch die offizielle Website des Thailändischen Fremdenverkehrsamtes (www.thailandtourismus.de) bietet allgemeine Hinweise. Die ausführlichsten Informationen aber finden sich auf dem Thailandportal www.thailand.sawadee.com, auf dem die in Provinzen eingeteilte Region detailliert vorgestellt wird.

Verkehrsmittel
Da eine Eisenbahnlinie und ein teils als Autobahn ausgebauter Highway nahe der gesamten Küstenlinie verlaufen, lässt sich der gesamte Großraum perfekt per Bus und Bahn erkunden. Einen schnellen Überblick über die Fahrpläne ab Bangkok gibt die Website www.sawadee.com/transfer.

Phetchaburi ► D 2

Die ›Stadt der Diamanten‹ gehörte im 17. und 18. Jh. dank der im Flussbett gefundenen Edelsteine zu den wohlhabendsten des Königreiches. Zuvor war sie für über ein Jahrtausend eine der bedeutendsten Stationen auf dem langen Karawanenweg von der Malaiischen Halbinsel nach Indien gewesen. Aus jener glorreichen Zeit stammen auch die meisten der rund drei Dutzend Tempelanlagen. Ihre lackier-

Der Wat Mahatat überragt die Stadt mit seinen maiskolbenförmigen Türmen

ten Dächer und gold schimmernden Türme verleihen der rund 50 000 Einwohner zählenden Hauptstadt der gleichnamigen Provinz eine charmante, leicht altertümliche Note.

Die Tempelanlagen

Ein Stadtplan des Touristenbüros führt zu den nicht weniger als 20 Tempeln, die Besucher empfangen. Bemerkenswert sind insbesondere der **Wat Yai Suwannaram** mit Fresken aus dem 17. Jh., der **Wat Kamphaeng Laey** mit Stuckdekorationen und alten Mauerresten aus der Khmer-Epoche sowie der aus der Ayutthaya-Periode stammende **Wat Mahatat**, der den Turmheiligtümern der Khmer nachempfunden ist.

Khao Wang

Tgl. 8.30–16.30 Uhr, 20 Bt; ein angeschlossenes Museum ist Mi–So 9–16 Uhr geöffnet, 40 Bt; Tuk-Tuk ab Zentrum ca. 30–50 Bt

Von den Tempeln einmal abgesehen, zieht insbesondere der Khao Wang, der ›Palast auf dem Hügel‹ die Aufmerksamkeit auf sich. Der neoklassische Komplex liegt auf einer knapp 100 m hohen Erhebung etwa 2,5 km außerhalb des Stadtzentrums beim Highway 4. König Rama IV. ließ die gepflegte Anlage im Jahr 1860 als Sommerresidenz errichten, die von dem wahrhaft exotischen Phra Nakhon Khiri Historical Park umrahmt wird. Vom Fuß des Hügels ist er in etwa 15 Minuten auf einem steilen Fußweg oder bequem mit einer Seilbahn (20 Bt pro Weg) zu erreichen.

Khao Luang

Tgl. 9–15 Uhr, Anfahrt mit dem Motorradtaxi/Tuk-Tuk ca. 50–70 Bt

Rund 5 km vor der Stadt in Richtung Bangkok liegt die Tropfsteingrotte Khao Luang (s. Lieblingsort S. 108), die aus einem System untereinander ver-

Unser Tipp

Homestay auf dem Land

Land und Leute besser verstehen – das ist die Leitidee der unter deutsch-thailändischer Leitung stehenden **Datofarm.** Die Palmenplantage, der eine Rinder- und Fischzucht angeschlossen ist, liegt rund 8 km nördlich von Phetchaburi inmitten eines völlig untouristischen Gebietes an einem Nebenarm des Phetburi-Flusses. Mit der Teilnahme am Farmleben sowie an buddhistischen Zeremonien und Besuchen auf benachbarten Plantagen lernt man Thailand von innen kennen, ohne dabei auf seine Privatsphäre verzichten zu müssen: Das Gästehaus im Thaistil steht separat, bietet mehrere gemütlich eingerichtete Zimmer (alle mit Fan/Bad und Veranda) und am Flussufer lädt zudem ein Pavillon zum Entspannen ein. Auf Wunsch werden auch Kulturtrips organisiert und nahe gelegene Strände laden zum Baden ein. Man erhält hier ausführliche Informationen über Trekking im Kaeng Krachan National Park (s. S. 107) und es gibt einen günstigen Zubringerdienst (84 Moo 4, Ban Krog, Tel. 087 116 45 04, www.datofarm.com, EZ 400 Bt, DZ 700 Bt, nach Anmeldung Abholdienst am Busbahnhof oder Bahnhof, auf eigene Faust etwas schwer zu finden).

bundener Höhlen besteht. Inmitten der märchenhaften Unterwelt aus Stalagmiten und Stalaktiten wurden viele Buddhastatuen aufgestellt. Am eindrucksvollsten präsentiert sich die Hauptgrotte, in die zwischen 11 und 14 Uhr das Sonnenlicht durch ein Deckenloch fällt und die Figuren und Tropfsteine optisch verzerrt erscheinen lässt.

Übernachten

Top im Ort – **Royal Diamond Hotel:** 86/1 Thanon Petchkasem, Tel. 032 41 10 61, www.royaldiamondhotel.com, DZ 1000–1600 Bt. Einzige empfehlenswerte Adresse in der Stadt, gute Mittelklasse mit lichten, angenehmen Zimmern.
Auf dem Land – **Datofarm:** s. Unser Tipp links

Infos

Touristeninformation

Tourism Authority of Thailand: 500/51 Thanon Petchkasem (gegenüber Khao Wang), Tel. 032 47 10 05, tatphet@tat.or.th, tgl. 9–16 Uhr.
Internet: Empfehlenswerte Adressen sind www.south.sawadee.com/phetchaburi und www.datofarm.com.

Verkehr

Bahn: Bahnhof nördlich des Zentrums. Rund ein Dutzend Verbindungen tgl. von/nach Bangkok (34–153 Bt, ca. 2,5 Std.) und Hua Hin (10–49 Bt, ca. 30 Min.).
Bus: Busbahnhof nördlich des Khao Wang. Ab dem frühen Morgen alle 30 Min. Busse von/nach Bangkok Southern Busterminal (50–75 Bt; ca. 2 Std.) und Hua Hin (18–31 Bt, ca. 1 Std.).
Innerstädtisch: Tuk-Tuks und Motorradtaxen kosten regulär 20 Bt für eine Stadtfahrt, eine Fahrt im Sammeltaxi kostet 7 Bt/Pers.

Kaeng Krachan National Park ▸ C/D 2/3

Der 1981 eingerichtete Kaeng Krachan National Park ist mit einer Fläche von nahezu 3000 km^2 das größte Schutzgebiet des Königreiches. Er erstreckt sich im Westen der Provinz Phetchaburi entlang der Grenze zu Myanmar in einer durchschnittlichen Höhenlage von rund 500 m und gilt als eines der letzten Refugien für wild lebende Elefanten, Tiger, Leoparden und Bären, um nur einige der 57 Säugetierarten zu nennen, die in den ausgedehnten Regen- und Nebelwäldern ein Zuhause haben. Auch die Vielfalt an Vögeln – über 400 Arten sind bekannt – sucht ihresgleichen.

Im Urwald

Wer eine abenteuerliche Ader hat, kann im Nationalpark für viele Tage auf Trekkingtour gehen. Aber auch Tagestouren sind möglich. Guides, die jedoch nur sehr wenig Englisch sprechen, werden im Nationalparkamt vermittelt, und auch die Unterkünfte im Kaeng-Krachan-Dorf unterhalb der Staudamm-Mauer sind hilfreich.

Highlight eines Parkbesuches ist der etwa einen Tag in Anspruch nehmende Aufstieg zum **Panoen Thung,** dem mit 1207 m höchsten Gipfel der gesamten Region. Einfacher gestaltet sich ab dem Ende des ausgeschilderten Fahrwegs die etwa dreistündige Wanderung zum **Thorthip-Wasserfall,** der sich aus einer Höhe von knapp 100 m über neun Kaskaden in einen Urwaldkessel ergießt.

Für Entspannung pur stehen die kühlen Fluten des rund 46 km^2 großen **Kaeng-Krachan-Stausees,** der sich direkt beim Hauptquartier des National-

Lieblingsort

Khao Luang – märchenhafte Unterwelt ► D 2

Feuchtigkeit tropft von meterlangen Stalaktiten, Räucherwerkschleier wehen im Dämmerlicht, und scheint dann die Nachmittagssonne durch ein Deckenloch im Grottenhimmel herein, tanzen Kaskaden in Regenbogenfarben, werden zahlreiche Buddhafiguren zwischen weißen Tropfsteingebilden, unbehauenem Fels und kristallen funkelnden Wänden auf das Herrlichste illuminiert. Im goldenen Glanz erstrahlt ein etwa 5 m langer liegender Buddha (s. auch S. 106).

parkamtes öffnet und im Rahmen von Bootstouren (ein Charterboot mit Platz für 10 Pers. kostet 1000 Bt) entdeckt werden kann.

Begehenswert ist die **Dammstraße** des Stausees (ab dem Kaeng-Krachan-Dorf den Schildern zum Nationalparkhauptquartier folgen, dann rechts ab auf den Damm), von der aus man einen herrlichen Seeblick genießt; nach ca. 2 km führt die Straße wieder ins Dorf zurück.

Übernachten

An der Durchgangsstraße im Kaeng-Krachan-Dorf sind mehrere Bungalowanlagen ausgeschildert, die Preise liegen bei etwa 300 bis 800 Bt pro Nacht. Am schönsten sind jedoch die Anlagen zwischen Dorf und Nationalparkhauptquartier, die alle oberhalb vom Seeufer liegen.

Zum Wohlfühlen – **Petchvarin Resort:** 248 Moo 11 Kladluang Tha Yang, Tel. 081 76 34 8 62, 026 55 53 82, www.petchvarinresort.com, Bungalows ab 3600 Bt. Im Umland des Nationalparks finden sich zahlreiche edle Country-Resorts – das Petchvarin ist mit direkt am Phetchaburi-River in einer üppigen Parkanlage gelegenen stilvollen Holzbungalows im Thaistil eines der schönsten. Auch ein Pool und ein Spa-Zentrum sind angeschlossen, es werden Fahrräder vermietet und zahlreiche Aktivitäten angeboten.

Zweckmäßig – **Nationalparkamt:** Beim Parkzentrum (am Seeufer ausgeschildert) werden AC-Bungalows ab 1200 Bt für bis zu 4 Pers. vermietet.

Naturnah – **Camping:** Mehrere Zeltplätze sind eingerichtet, u. a. beim Nationalparkamt, Verleih von Zelten (150 Bt). Am schönsten ist der Buddycamp (ca. 3 km ab Kaeng-Krachan-Dorf Richtung Parkhauptquartier), der eine gepflegte Zeltwiese mit Sitzbänken direkt am Seeufer bietet; mit Restaurant und Verleih von Zelten (250 Bt).

Restaurants am Seeufer

Im Kaeng-Krachan-Dorf gibt es mehrere einfache Restaurants, auch im Restaurant der Parkverwaltung kann man günstig essen, aber die mit Abstand beste Thaiküche zu günstigen Preisen (um 60–100 Bt) bieten die kleinen Restaurants an der Zufahrtsstraße vom Dorf zum Parkhauptquartier: Dort sitzt man auch am schönsten, nämlich teils in kleinen Palmwedelpavillons direkt über dem Seeufer – besonders schön zur Zeit des Sonnenuntergangs.

Aktiv & Kreativ

Organisierte Tour – Die Fahrt in den Nationalpark inkl. Besuch des Stausees, einer Bootstour und einer Dschungelwanderung steht bei den meisten Veranstaltern in Hua Hin auf dem Programm (s. S. 116), dauert etwa 13 Std. und kostet alles inkl. um 3000 Bt/Pers. Wer auf spezielle Tierbeobachtungstouren gehen will, sollte www.thailandbirdwatching.com kontaktieren.

Infos

Touristeninformation

Kaeng Krachan National Park: Amphur Kaeng Krachan, Phetchaburi, Tel. 032 45 92 93, www.dnp.go.th, www.thaiforestbooking.com. Der Nationalpark ist das ganze Jahr über geöffnet (Eintritt 200 Bt), beste Besuchszeiten von Dezember bis März.

Geld: Im Kaeng-Krachan-Dorf findet sich ein ATM, der auch die gängigen Kreditkarten akzeptiert.

Verkehr
Songthaew: mehrmals tgl. von Tha Yang aus (rund 20 km südlich von Phetchaburi am Highway 4 gelegen) zum Kaeng-Krachan-Dorf am Rand des Nationalparks.
Taxi: Es gibt keinen öffentlichen Transport, man muss ein Fahrzeug chartern (ca. 1200–1500 Bt).

Hua Hin und Umgebung ▶ D 2/3

1926 ließ sich Seine Majestät König Rama VII. 185 km südlich von Bangkok einen Sommerpalast an den kilometerlangen Strand nahe einem unbedeutenden Fischerdorf setzen. Wahrscheinlich in Anlehnung an Schloss Sanssouci gab er seiner neuen Residenz den Namen Klai Kangwon (›Ohne Sorgen‹). Von jenem Jahr an ging es bergauf mit dem Dorf, das nach einem Felsen in Form eines Kopfes bald Hua Hin genannt wurde. Dieser Fels steht am Strand vor dem Sofitel Centara Grand Hotel, das bis in die 1980er-Jahre Hua Hin Railway Hotel hieß und im britischen Anti-Kriegsfilm »The Killing Fields – Schreiendes Land« von 1984 als Hotel Le Phnom zu Weltruhm kam. Durch den Kinohit entwickelte sich Hua Hin zu einem Ferienzentrum internationalen Zuschnitts mit mittlerweile über 50 000 Einwohnern und einer stetig wachsenden Skyline. In urbanem Ambiente finden sich luxuriöse Resorts, edle Restaurants, Nachtlokale und ein umfassendes Aktivitätsangebot.

Sehenswert

Da die Königsfamilie die Gebäude der Sommerresidenz **Klai Kangwon** 1 noch heute nutzt, sind sie nur zur Besichtigung freigegeben, wenn niemand vom Königshaus anwesend ist (ca. 3 km nördlich vom Stadtzentrum, tgl. 9–16 Uhr, 20 Bt).

Unverändert zeigt sich die **Hua Hin Railway Station** 2 aus den frühen 1920er-Jahren als Paradebeispiel für feinste klassische Thaiarchitektur.

Hua Hin aus der Vogelperspektive – das muss man sich einfach gönnen, zumal es vom Stadtzentrum aus gerade mal 3 km bis hinauf auf den Stadthügel **Khao Hin Lek Fai** 3 sind. Der Blick hinunter auf den Royal Hua Hin Golf Club und über die weit ausgedehnte Stadt hinaus aufs Meer lohnt in jedem Fall den Aufstieg – vor allem bei Sonnenuntergang.

Strände

Die Strände von Hua Hin und Umgebung erstrecken sich über Kilometer an einem Saum von Kasuarinen. Obwohl sie relativ feinsandig und von heller, wenn auch zumeist nicht weißer Farbe sind, können sie in Sachen Exotik nicht mit denjenigen der weiter südlich gelegenen Inseln konkurrieren. In seinem nördlichen Bereich ist der Golf von Thailand zu flach und das Wasser aufgrund der zahlreichen Zuflüsse zu stark von Sedimenten durchsetzt, als dass es jene berückend azurblaue oder türkisgrüne Klarheit aufweisen könnte, die man zumeist mit Thailand assoziiert.

Hua Hin Beach
Der eigentliche Hua Hin Beach beginnt südlich vom Pier jenseits der Thanon Naretdamri, wo er nahtlos von Shops und Restaurants gesäumt wird. Je weiter südlich man vordringt, desto ruhiger und auch badetauglicher wird es. Der schönste Strandabschnitt beginnt etwa in Höhe des Sofitel Centara

Grand Resort und zieht sich bis zu einem weithin sichtbaren Tempelhügel. Das sind gut und gerne 5 km und mit jedem Kilometer wird es ruhiger.

Khao Takeap Beach

Ein von Affenhorden belagerter Treppenweg führt auf den **Khao Takeap** 4. Von seiner mit einem Tempel gekrönten Höhe öffnet sich ein beeindruckendes Panorama über Land, Strand und Meer. Der Strand trägt nun den Namen **Khao Takeap Beach** und zeigt sich in großen Abschnitten als eine weite, breite Sandfläche, die sanft ins Meer ausläuft und daher gerade auch für Kinder ideal ist. Aber mit der Ruhe ist es hier inzwischen vorbei, denn der Tourismus hat Fuß gefasst und ein neues Ferienzentrum ist entstanden (grüne Songthaew ab Hua Hin 10 Bt, Motorradtaxi ca. 50 Bt).

Südlich von Hua Hin

Weiter südlich, nun schon 15 km von Hua Hin entfernt, lädt der von Touristen selten besuchte **Suan Son Beach** ein. Gesäumt von Kasuarinen erstreckt er sich weit und einsam am Ozean. Der nach 5 km anschließende **Khao Tao Beach** ist unter Thais auch für seine guten Seafood-Restaurants bekannt (mit dem Bus bis zur ausgeschilderten Abzweigung, wo Motorradtaxis warten).

Übernachten

Die Budgetklasse ist reich vertreten, dies auch strandnah, und bietet im Gegensatz zu der extrem breit gefächerten Spitzenklasse kein gutes Preis-Leistungs-Verhältnis.

Kolonialstil-Schmuckstück – **Sofitel Centara Grand Resort & Villas Hua Hin** 1: 1 Thanon Damnoen Kasem, Tel. 032 51 20 21, www.centralhotelsresorts.com, DZ ab 6300 Bt, Villen ab 10 500 Bt bei Internetbuchung. Das erste Resort des Königreiches, 1923 als Hua Hin Railway Hotel eröffnet und Ende der 1980er-Jahre zu einem Luxushaus der ersten Klasse umgebaut, präsentiert sich außen wie in seinen 207 Zimmern und Suiten größtenteils noch ganz im feinsten Kolonialstil. Die 13 ha große Parkanlage bietet reichlich Platz, etwa für vier luxuriöse Swimmingpools. Weit und breit gibt es kein Pendant zu diesem Haus.

Edel im alten Stil – **Baan Bayan** 2: 119 Thanon Petchkasem, Tel. 032 53 35 44, www.beachfronthotelhuahin.com, DZ ab 4800 Bt. ›Step back in time‹ ist das Motto des feinsten Boutique-Hotels der Stadt in einer schmucken Holzvilla aus dem frühen 20. Jh. Die 24 Zimmer strahlen Eleganz und Charme aus, sind so stilvoll wie modern eingerichtet und noch in ihrer kleinsten Version 50 m^2 groß. Direkt am Strand, mit Pool.

Günstig und strandnah – **New Beach Guest House** 3: 113/23 Thanon Petchkasem, Tel. 032 53 26 35, Information/Buchung in Deutschland unter Tel. 06122 98 00 79, www.newbeachguesthouse.com, DZ ab 650 Bt (Nebensaison) bzw. 950 Bt (Hochsaison). Rund zehn Gehminuten südlich vom Zentrum, aber nur zwei vom Strand entferntes Gästehaus unter deutscher Leitung, ruhige Lage in der Nachbarschaft vieler anderer ähnlicher Häuser. Die Zimmer sind groß und gepflegt, alle mit Bad/WC, Kühlschrank, Minibar, TV und Balkon. Ein naher Swimmingpool kann kostenlos genutzt werden.

Gute Budgetwahl – **Cha-ba Chalet** 4: 1/18 Thanon Srasong, Tel. 032 52 11 81, www.chabachalet.com, DZ 700 Bt. Der dreigeschossige Neubau macht nicht gar so viel her, aber die 33 Zimmer (alle mit Bad/WC, AC, TV), schlicht weiß und sauber, sind vergleichsweise günstig. Angeschlossen sind Restaurant und Coffee Shop.

Hua Hin

Sehenswert
1 Klai Kangwon
2 Hua Hin Railway Station
3 Kao Hin Lek Fai
4 Khao Takeap

Übernachten
1 Sofitel Centara Grand Resort & Villas Hua Hin
2 Baan Bayan
3 New Beach Guest House
4 Cha-ba Chalet
5 Jinning Beach Guest House

Essen & Trinken
1 Sasi Restaurant
2 Brasserie de Paris
3 Chao Lay
4 Chat Chai Market
5 Nightmarket

Einkaufen
1 Hua Hin Bazaar
2 Thanon Kamnoadvitee
3 Wochenendmarkt

Aktiv & Kreativ
1 Hua Hin Golf Center
2 Hua Hin Water Sports Center

Abends & Nachts
1 Nachtmeilen Soi Selakam und Soi Bintabat

Tipptopp – **Jinning Beach Guest House** 5: 113/25–26 Thanon Petchkasem, Tel. 032 53 25 97, www.jinningbeachguesthouse.com, DZ 700–1000 Bt (je nach Saison). Vieretagenhaus in direkter Nachbarschaft vom New Beach Guest House und anderen Budgethotels. Saubere, gepflegte AC-Zimmer (Bad/WC, TV, Kühlschrank und Minibar).

Essen & Trinken

Unzählige Restaurants laden in Hua Hin ein. Von den Spitzenlokalen der Luxusresorts abgesehen, befinden sich die besten Restaurants im Bereich der Thanon Naretdamri zwischen der Kreuzung Thanon Dechanuchit und dem Pier. Meist wird Seafood serviert.

Klassische Dinnershow – **Sasi Restaurant** 1: Sasi Garden Theatre, 83/159 Thanon Nong Kae, Tel. 032 51 24 88, www.sasirestaurant.com, tgl. 19–21 Uhr, Menü mit Show 750 Bt. Thailändische Tanzshow zu einem dreigängigen Menü mit Spezialitäten der thailändischen Küche. Unbedingt reservieren!

Französisches fein – **Brasserie de Paris** 2: 3 Thanon Naretdamri, ▷ S. 116

Auf Entdeckungstour

Elefantenreiten – mit Dickhäutern auf Tour

Seit Jahrhunderten nutzen die Thailänder Kraft und Geschicklichkeit der ehemals zigtausend im Königreich lebenden Elefanten. Heute sind die Rüsseltiere in der Tourismusbranche tätig – bei Ausritten und Shows.

Reisekarte: ▶ D 3

Touranbieter: Hua Hin Safari, Soi Hua Hin 57, Tel. 089 810 13 51, www.huahinsafari.com

Ausritte: tgl. 9–18 Uhr

Preis: 600 Bt/30 Min., 1000 Bt/Std. inkl. Transport vom/zum Hotel

Der Weg wird abschüssig und das Gejohle laut, als die Elefantendame Molly unter Anleitung des auf ihrem Nacken sitzenden *Mahout*, wie die Elefantentrainer genannt werden, Schritt für Schritt eine etwa 1,5 m hohe Felsstufe hinabsteigt und unbeirrt in den angrenzenden Fluss trottet, der ihr bis zum Bauch reicht. Weiter geht's ein Stück gegen die Strömung an, dann wieder die Böschung hoch, durch den Wald und zum Elefantencamp zurück, das nach insgesamt 30 Minuten erreicht wird. Die zurückgelegte Distanz von vielleicht 1 km ist nicht der Rede wert. Zudem fühlt man sich ein wenig wie auf einer Eselsafari auf Mallorca. Aber ein erregendes Erlebnis ist es schon, diesem etwa 4 t schweren Dickhäuter in 2,50 m Höhe in einem ›Sattelkäfig‹ auf dem Rücken zu sitzen und gemächlich und sicher durch das Umland von Hua Hin zu schaukeln.

Tourismus als Rettungsanker

Hier in Hua Hin ist Elefantenreiten, das meist als Elephant Trekking angeboten wird, wie überall in den großen Ferienzentren des Südens der Renner jeder Saison. Allein rund um Hua Hin gibt es vier Elefantencamps, die Ausritte und Elefantenshows anbieten. Rund 3000 Elefanten sind heute laut Schätzungen landesweit in der Tourismusbranche tätig. Damit hat sich der Fremdenverkehr als Lebensversicherung für die Dickhäuter entwickelt.

In den Wäldern nämlich, wo die Elefanten traditionell beim Transport von Stämmen eingesetzt wurden, haben sie seit dem Holzeinschlagverbot von 1989 keine Arbeit mehr, und in der Folge blieb vielen Mahouts nur das Betteln, denn ein Elefant benötigt nicht weniger als rund 200 kg Futter am Tag, entsprechend 250 000 kcal., die er in Form von Gräsern und Blättern, aber auch Früchten, Wurzeln und Zweigen zu sich nimmt.

Vom Aussterben bedroht

Um diesen Mordshunger zu stillen, bedarf es täglich etwa 17 Stunden, und kaum ist Molly von ihrem Touristenspaziergang wieder in das Camp zurückgekehrt, wird sie zum umzäunten Futterplatz geführt. Dort macht sie sich über einen wahren Bambusberg her, den sie sich büschelweise mit dem Rüssel ins Maul schiebt. Auch die Besucher können zum Füttern ins Grünzeug und zu Bananen greifen, die zum Verkauf stehen und die Molly mit vorsichtigem Rüsselgriff den Tourteilnehmern aus den Händen frisst.

Die wild lebenden Artgenossen haben es da schon wesentlich schwieriger, ihren Appetit auch nur annähernd zu stillen, denn durch die Zerstörung der Teakwälder des Nordens und der Regenwälder des Südens haben sie keinen natürlichen Lebensraum mehr, sind entsprechend vom Aussterben bedroht und fristen nur noch in einigen wenigen Nationalparks ihr obendrein von Wilderern gefährdetes Leben. So u.a. im Khao Sok National Park (s. S. 184) und vor allem im Kaeng Krachan National Park (s. S. 107) nahe Hua Hin, wo noch etwa 200 der landesweit vielleicht 700 Exemplare in kleinen Herden umherziehen. 1950 sollen es in ganz Thailand noch über 13 000 Tiere gewesen sein. Zum Vergleich: Anfang des 18. Jh. kämpften in Thailand allein über 20 000 Elefanten in der königlichen Armee, zwischen 120 000 und 150000 Dickhäuter tummelten sich dazu in freier Wildbahn.

Mit Zuckerrohr und Bananen gesättigt, geht's für Molly bald auf zur nächsten Runde im Geschäft, denn ihr Futter im Wert von 15 000 Bt monatlich will verdient sein.

Tel. 081 32 53 06 37, tgl. ab 17 Uhr, Hauptgerichte ab 180 Bt. Der schöne Meerblick von der zweiten Etage und die feine französische Küche mit Schwerpunkt Fisch und Meeresfrüchte sprechen für dieses moderne Restaurant, das zu den besten der Stadt zählt.

Tafeln mit Meerblick – **Chao Lay** 3: 15 Thanon Naretdamri, Tel. 032 51 34 36, tgl. ab 10 Uhr, Vorspeisen um 50–130 Bt, Hauptgerichte um 200 Bt. Zweigeschossiger Pfahlholzbau direkt über dem Wasser, gemütlich-rustikal eingerichtet und eine der besten Seafood-Adressen der Stadt. Man wählt à la carte oder am großen Buffet.

Lecker und billig – **Chat Chai Market** 4: Der große Markt von Hua Hin bietet vom frühen Morgen bis in die späten Abendstunden Thaispezialitäten für wenig Geld.

Größte Auswahl mit Atmo – **Nightmarket** 5: Thanon Dechanuchit, tgl. 18–24 Uhr. Wenn abends die Imbissstände öffnen, kann man preiswert auf kulinarische Entdeckungsreise gehen.

Einkaufen

Kunsthandwerk – **Hua Hin Bazaar** 1: Thanon Damnoen Kasem, tgl. 10–23/24 Uhr. Zahlreiche Geschäfte und Stände.

Mode – **Thanon Kamnoadvitee** 2: tgl. 10–22 Uhr. An der Shopping Mall sind vor allem Dependancen der Modebranche reich vertreten.

Von allem etwas – **Wochenendmarkt** 3 Thanon Petchkasem, beim Hua Hin Grand Hotel, Do–So ab 17 Uhr. Kitsch und Kunsthandwerk, Kleidung sowie Imitationen jeder Art.

Imitationen – **Nightmarket** 5: s. o. Der Nachtmarkt von Hua Hin hat sich insbesondere mit (in Europa verbotenen) Imitationen von Markenlabels einen Namen gemacht.

Aktiv & Kreativ

Die besten Informationen über alle Sportmöglichkeiten in Hua Hin gibt es unter **www.huahinsport.com.**

Golfen – **Hua Hin Golf Center** 1: Tel. 032 53 04 76–78, www.huahingolf.com. 18 Loch.

Wassersport aller Art – **Hua Hin Water Sports Center** 2: Tel. 081 857 43 28, www.huahinwatersports.com. Größter Anbieter in Sachen Wassersport, z. B. Parasailing (1000 Bt/10 Min.) oder Hochseeangeln (6000 Bt/4 Std.), auch Verleih von Jetski (1800 Bt/30 Min.). Renner ist das ganztägige Aktivprogramm, das u. a. Jetski, Bananenboot- und Kajakfahren sowie einen Highspeed-Trip umfasst (1800 Bt).

Für jeden etwas – **Touren:** Dutzende Veranstalter bieten sich an, einen umfassenden Überblick gibt die Website www.huahintours.net. Populär sind insbesondere Halbtagestouren ins Umland von Hua Hin (ab 1000 Bt), Tagestouren ins Umland von Cha-am (um 1800 Bt), zu den Tempeln von Phetchaburi (1700 Bt), zum Kaeng-Krachan-Nationalpark (ab 2200 Bt), zum Wasserfall Pa La U (2200 Bt), zum Floating Market von Damnoen Saduak (s. S. 100; 1900 Bt) und nach Bangkok (Tagestour ab 2800 Bt, 2 Tage 5400 Bt) sowie nach Kanchanaburi (ab 2600 Bt). Auch Segeltouren, u. a. auf einem 20 m langen Schoner, stehen auf dem Programm (Tagestour 3800 Bt); Übernachtungstouren zur privaten Resortinsel Ko Talu (ab 5400 Bt).

Abends & Nachts

Einige hundert Bier- und Go-go-Bars sind es sicherlich, die in Hua Hin mittlerweile um Kundschaft werben, viele stehen unter ausländischer Leitung.

Nachtmeile – **Soi Selakam/Soi Bintabat**

1: In dem durch diese beiden Straßen begrenzten Viertel findet sich die dichteste Konzentration an Lokalen.
Bars – **Hua Hin Bazaar** 1: s. S. 116. Abends Hotspot des Nachtlebens.

Infos & Termine

Touristeninformation

Tourist Information Center: 39/4 Thanon Petchkasem, Tel. 032 61 14 91 und 032 51 21 20, tgl. 8.30–20 Uhr.
Internet: www.huahin.sawadee.com, www.huahin-online.com, www.huahinafterdark.com, www.huahintoday.net (Sprachrohr der in Hua Hin lebenden Ausländer), www.khaotakiab.com (Website des neuen Ferienstandortes Khao Takeap).

Service

Tourist Police: am Ende der Thanon Damnoen Kasem vor dem Strand, Tel. 032 51 59 95 und 11 55.

Verkehr

Bahn: etwa stdl. von/nach Bangkok (3 Std., 44–202 Bt) und Surat Thani (5–8 Std., 63–449 Bt), 2 x tgl. von/nach Malaysia.
Bus: Busbahnhof an der Thanon Liap Thang Rot Fai. Von den frühen Morgen- bis in die späteren Abendstunden zwischen Hua Hin (Thanon Srasong) und Bangkok Southern Busterminal alle 30–45 Min. AC-Busse (3,5 Std., 120–160 Bt je nach Komfort). Außerdem Busse aller Komfortklassen zu allen Städten in Südthailand.
Kombitickets (Bahn/Bus und Schnellboot): Verkauf in den örtlichen Reisebüros, z. B. Ko Tao 850 Bt, Ko Samui 1300 Bt, Ko Pha Ngan 1150 Bt.
Minibus: Von den örtlichen Reisebüros mehrmals tgl. Minibusse nach Bangkok (690 Bt) und zum Suvarnabhumi International Airport (1200 Bt).
Taxi: Bangkok Zentrum oder Suvarnabhumi International Airport 2600 Bt. bzw. 3200 Bt (Minibus). Buchung über die örtlichen Reisebüros.
Mietfahrzeuge: Niederlassungen internationaler Verleihfirmen. Wesentlich günstiger sind die lokalen Firmen, Buchung über die örtlichen Reisebüros. Motorräder kosten ca. 150–200 Bt/Tag für 100-ccm-Maschinen bis hin zu 600–800 Bt für 750 ccm; auch Fahrräder kann man an zahlreichen Stellen ausleihen – etwa 50–100 Bt/Tag sind anzusetzen.

Termine

International Kite Festival: Mitte März. Drachenfestival.
Hua Hin Jazzfestival: Mitte Juni, www.jazzfestivalhuahin.com. 3 Tage mit internationalen Musikern aus aller Welt.
Hua Hin Regatta: 3 Tage Anfang Aug., www.yrat.or.th.
Hua Hin Food Festival: Anfang Dez. Vier Abende lang dreht sich in Hua Hin von 19.30 bis 1 Uhr alles ums Essen. Zahllose Essensstände laden ein, hunderte Spezialitäten sind zu kosten.
Vintage Rallye: Dez. Oldtimer-Rennen mit rund 60 Fahrzeugen auf der Strecke von Hua Hin nach Bangkok.

Rings um Hua Hin

Phra Ratchaniwet Mrigadayavan

► D 2
Ca. 15 km nördlich von Hua Hin, tgl. 9–16 Uhr, 30 Bt
Fantastisch mutet der auf 1000 Pfeilern ruhende zweigeschossige Phra Ratchaniwet Mrigadayavan an. Der komplett restaurierte Teakholzpalast wurde im Jahre 1924 von König Rama VI. direkt am Strand erbaut. Er gilt als ein Meisterwerk der klassisch thailändischen Palastarchitektur und wird im Rahmen aller Sightseeingtouren angefahren,

Sommerfrische im luftigen Teakholzpalast Phra Ratchaniwet Mrigadayavan

die die Region nördlich von Hua Hin zum Ziel haben. Besonders eindrucksvoll ist die Thronhalle mit ihren verspielten Balustraden und Erkern.

Cha-am ▶ D 2

Auch Cha-am, ein paar Kilometer weiter nördlich, steht auf dem Programm der Rundfahrten. Der Badeort ist vor allem bei thailändischen Touristen und Wochenendausflüglern aus Bangkok beliebt. Ausländische Besucher sieht man insbesondere vor den hohen Hotelkomplexen, die im Süden der Stadt den kilometerlangen Strand säumen.

Wasserfall Pa La U ▶ D 3

Der rund 60 km westlich von Hua Hin in Richtung der Grenze zu Myanmar gelegene Wasserfall Pa La U ist ebenfalls am einfachsten im Rahmen von organisierten Touren zu besuchen. Über nicht weniger als 16 Stufen stürzt er in die von Urwald ummantelte Tiefe und ist damit einer der mächtigsten Wasserfälle des Königreiches – vorausgesetzt, es hat ausreichend geregnet. Alle Stufen zu erklimmen ist ein mehrstündiges Unterfangen, aber man kann problemlos bis zur dritten Kaskade gelangen, wo ein Badepool ins erfrischende Nass einlädt. Dorthin werden alle organisierten Touren geführt. Auf dem Tagesprogramm steht in der Regel auch der Besuch eines Elefantencamps mit der Möglichkeit zum Ritt auf den Dickhäutern (s. Entdeckungstour S. 114).

Khao Sam Roi Yot National Park ! ▶ D 3

Rund 60 km südlich von Hua Hin erstreckt sich der rund 100 km^2 große Nationalpark der ›300 Gipfel‹. Großartige Landschaften und eine reiche Vogelwelt machen seinen besonderen Reiz aus. In dem Schutzgebiet wurden seinerzeit die meisten Außenaufnahmen für den preisgekrönten Film »The Killing Fields« gedreht. Das landschaftliche Spektrum umfasst menschenleere Sandstrände und urwüchsige, bis 600 m hohe Kalksteinfelsen ebenso wie ausgedehnte Höhlensysteme. In den Mangroven- und Marschgebieten des Parks überwintern zwischen November und März mehr als 200 Arten von Zugvögeln. Viele weitere Arten legen auf ihrer Reise in weiter südlich gelegene Winterquartiere zwischen September und November sowie auf der Rückreise zwischen März und April/Mai einen Zwischenstopp ein. Seit mehreren Jahren allerdings ist die Anzahl der Vögel rückläufig, da große Teile der Feuchtgebiete am Rand des eigentlichen Schutzgebietes trockengelegt wurden bzw. Shrimps-Farmen als Standort dienen.

Phraya Nakhon und Tham Sai

Das Highlight im Schutzgebiet ist die Höhle **Phraya Nakhon,** deren Schönheit König Rama V. bereits im Jahre 1890 begeisterte. Rund drei Stunden Zeit sind für die Besichtigung der Höhle, die auch ohne Führer gut zu finden ist, einzuplanen. Vom Laem-Sala-Parkamt führt der Weg auf einen Plateauberg mit guter Aussicht. Von dort geht es steil in die Grotte hinab und durch mehrere Felstore hindurch in eine große, nach oben hin offene Tropfsteinhöhle mit Sinterterrassen. In ihrer Mitte erinnert ein kleiner Tempel an den königlichen Gast.

Ein Erlebnis ist auch der Besuch der etwas weiter südlich gelegenen **Tham Sai.** Diese Höhle zeichnet sich durch ein monumentales kuppelartiges Gewölbe aus, von dem bis zu 15 m lange Stalaktiten herabhängen.

Khao Daeng Viewpoint

Kein Besucher sollte den Khao Daeng Viewpoint versäumen, denn der Blick von dem 157 m hohen Gipfel reicht weit übers Land. Vom Khao-Daeng-Parkamt führt ein etwa 30-minütiger Fußmarsch zu dem ausgeschilderten Aussichtspunkt. Am besten unternimmt man den Aufstieg kurz vor Sonnenaufgang, wenn das Licht am schönsten ist und die Tierwelt, insbesondere die zahlreichen Vögel, ringsum erwacht.

Mangroventour

Lohnenswert ist auch eine Bootstour über den etwa 1,5 km vom Parkamt entfernten **Klong Khao Daeng**, einen für seinen Vogelreichtum bekannten Mangrovenkanal von etwa 4 km Länge. Beste Zeit für dieses Erlebnis ist der späte Nachmittag (ab ca. 16.30 Uhr), und eindrucksvoller noch als die Bootsfahrt ist es, dem Kanal mit einem Kajak zu folgen, das man am Kanal nördlich vom Hauptquartier Khao Daeng für rund 500 Bt/Tag ausleihen kann.

Beim Hauptquartier des Parks (Khao Daeng) startet ein rund 1 km langer **Mangrove Nature Trail** zu einem lehrreichen Spaziergang durch die Mangroven.

Übernachten

Komfort am Strand – **Dolphin Bay Resort:** Phu Noi Beach, Tel 032 55 93 33, www.dolphinbayresort.com, Bungalow- und Balkonzimmer ab 1490 Bt. Transfer von Hua Hin 600 Bt, von Bang-

Vogelbeobachtung

In Thailand gibt es kaum einen besseren Platz zur Vogelbeobachtung als dieses Schutzgebiet. Im Nationalparkamt erhält man eine Broschüre über die Vogelwelt mitsamt Hinweisen zu den besten Aussichtsposten (Check List and Guide to Bird Finding). Bei Interesse werden ornithologische Führungen in den Bereich der Thung Sam Roi Yot angeboten, bei der es sich um eine der größten Marschlandschaften des Landes handelt.

kok 3000 Bt. Am nördlichen Parkrand an einem 5 km langen, oft menschenleeren Sandstrand gibt es eine Komfortanlage mit Zimmern, Apartments und Bungalows in verschiedenen Komfortstufen. Ein großer Pool ist angeschlossen, man kann Fahrräder und Kajaks ausleihen, es werden zahlreiche Touren organisiert.

Zweckmäßig – **Nationalparkämter:** Einfache Bungalows (mit Ventilator) mit Platz für 5 Personen werden landeinwärts beim Hauptquartier Khao Daeng und strandnah beim Parkzentrum Laem Sala vermietet. Ab 1200 Bt.

Am Puls der Natur – **Camping:** Beim Hauptquartier Khao Daeng und beim Parkzentrum Laem Sala werden auch Zelte vermietet (150 Bt), am schönsten ist Camping am Laem Sala Beach. Wer ein eigenes Zelt dabeihat, kann sich auch auf dem Campground am rund 1 km langen Sam Phraya Beach niederlassen, den man oft ganz für sich allein hat: Kasuarinen und Pavillons bieten Schatten, die sanitären Einrichtungen sind in Ordnung.

Essen & Trinken

Authentisch und günstig – **Nationalparkämter:** Den beiden Parkzentren und dem Campground am Sam Phraya Beach ist jeweils auch ein Open-Air-Restaurant angeschlossen, es wird eine einfache, aber authentisch thailändische Küche gepflegt, die Portionen sind üppig und die Preise niedrig: Die Gerichte liegen zwischen 60 und 100 Bt und gerade Meeresfrüchte sind hier außerordentlich günstig.

Infos

Touristeninformation

Khao Sam Roi Yot National Park: Tel. 032 82 15 68, www.dnp.go.th, www.thaiforestbooking.com. Beim Betreten

Ein kleiner Tempel erinnert in der Höhle Phraya Nakhon an königlichen Besuch

des Parks ist Eintritt zu zahlen (200 Bt), und man erhält eine Karte, auf der alle wichtigen Einrichtungen und Natur-Highlights verzeichnet sind. Zwei Parkzentren laden im Schutzgebiet ein und das Hauptquartier (mit einer kleinen naturkundlichen Ausstellung, tgl. 8.30–16.30 Uhr) befindet sich bei Khao Daeng. Dort wird auch Englisch gesprochen, man kann Unterkünfte buchen und Informationen abrufen sowie Führer mieten etc.

Verkehr

Bus/Songthaew: etwa stdl. Verbindung von Hua Hin nach Pran Buri (10 Bt), dort weiter per Songthaew nach Ban Bang Pu (50 Bt) und weiter zum Laem-Sala-Parkzentrum (30 Bt). Alternativ ab Pran Buri mit dem Motorradtaxi (ca. 200 Bt) oder Taxi (ca. 500 Bt).
Auto/Motorrad: Mit Abstand am empfehlenswertesten ist die Anreise mit einem eigenen Fahrzeug, da man dann auch innerhalb des ausgedehnten Parks mobil ist. Von Hua Hin nach Pran Buri (südl. von Hua Hin), dann der Beschilderung folgen, bis zum Hauptquartier noch 37 km.
Taxi/Organisierte Tour: etwa achtstündiger Tagesausflug ab Hua Hin ca. 2000 Bt (max. 4 Fahrgäste) oder ca. 1700–2600 Bt/Pers. mit organisierter Tour.

Prachuap Khiri Khan ►D 4

Die Geschichte dieses rund 40 km südlich von Khao Sam Roi Yot gelegenen Städtchens, Metropole der gleichnamigen Provinz und von den rund 30 000 Einwohnern kurz Prachuap oder Khiri Khan genannt, begann am 18. August 1868 mit der Ankunft von König Mongkut und seinen Gästen, die sich einfanden, um eine von seiner Hoheit selbst vorausgesagte Sonnenfinsternis zu beobachten. Die Finsternis kam, kurz darauf zog die illustre Schar wieder gen Bangkok und Prachuap, nur als Provisorium errichtet, verfiel. Dann zogen Banditen aus dem nahen Burma ein und hielten den Schlupfwinkel bis in die 1930er-Jahre. Erst zu diesem Zeitpunkt begann sich hier eine richtige Siedlung zu bilden, die heute, weil durch wuchtige Felsen geschützt an einer 8 km lang gestreckten Halbmondbucht gelegen, eines der wichtigsten Fischereizentren des Landes ist.

Sehenswert

Touristische Attraktion ist der **Khao Chong Krachok,** der ›Spiegelberg‹. Je nach Lichtverhältnis macht er seinem Namen alle Ehre, und auf seinem Gipfel, erreichbar über rund 400 Stufen, lädt ein kleiner Tempel ein, der wegen seiner zahllosen Buddhareliquien sehenswert ist. Schön ist das Panorama von der Höhe auf Bucht und Stadt, erlebenswert sind die Affenhorden, die den Stiegenweg belagern.

Sonstige Sehenswürdigkeiten gibt es nicht, aber wer auf dem Weg nach Süden einen Stoppover im touristischen Niemandsland machen möchte, ist in diesem durchaus charmanten und schön gelegenen Städtchen richtig. Vor allem wenn die Nacht anbricht, die Städter die Buchtpromenade bevölkern und die Essensstände auf dem **Nachtmarkt** nahe dem Busbahnhof öffnen, hat Prachuap eine charmante Atmosphäre.

Strände

Die Stadtstrände entlang der 8 km langen **Ao Prachuap** sind schlickig und wegen Verschmutzung nicht zum Baden geeignet. Rund 6 km nördlich der Stadt lohnt sich ein Besuch des von Kalksteinfelsen begrenzten **Ao Noi Beach** beim gleichnamigen Fischerdorf. Das Wasser ist klar und lädt zu Badefreuden ein. Ebenso am 5 km südlich von Stadt und Ao Prachuap gelegenen **Ao Manao Beach,** der einer der saubersten an der gesamten Golfküste ist, da er mehrmals monatlich von den Soldaten des nahe gelegenen Royal Thai Air Force Camps gereinigt wird. Hier kann man sogar Liegestühle und Sonnenschirme ausleihen. Schlichte Strandrestaurants bieten günstige Thaigerichte.

Hat Wanakon Marine National Park ► D 4

Rund 20 km südlich von Prachuap liegt dieser 1992 errichtete und etwa 38 km^2 große Nationalpark, der vor allem dem Schutz der Küstenwälder und der darin lebenden Vogelarten dient. Er umfasst kilometerlange Sandstrände im Kasuarinen- und Buschsaum, und am idyllischsten präsentiert sich der Strand an der im Norden gelegenen **Makha Bay,** von der aus man eine schöne Aussicht auf die zwei vorgelagerten und zum Park gehörigen Inseln **Ko Jan** und **Ko Tay Sri** genießt. Drei Nature Trails von 2 km, 3,5 km und 6 km Länge führen in die Natur. Diese Pfade bieten morgens zwischen 6 und 8 Uhr beste Gelegenheiten zur Vogelbeobachtung.

Übernachten

Im Ort und auch an der Strandpromenade Richtung Norden gibt es zahlreiche einfache Hotels (DZ 300–600 Bt), aber den besten Gegenwert bietet:

Am Strand im Zentrum – **Hadthong Hotel:** 21 Thanon Suseuk, Tel. 032 60 10 50–55, www.hadthong.com, DZ ab 950 Bt. Direkt hinter dem Strand im Stadtzentrum gelegenes achtgeschossiges Mittelklassehotel mit gepflegten Balkonzimmern, die dann am schönsten sind, wenn sie Meerblick bieten (1070 Bt); der Dachpool ist herrlich zum Schwimmen und das Restaurant bietet hervorragende Thaiküche (Menü 150–400 Bt).

Naturschön – **Hat Wanakon Marine National Park:** Beim Hauptquartier gibt es zahlreiche Bungalows, die simpel eingerichtet, aber sauber und teils mit Ventilator (ab 1200 Bt), teils mit AC (ab 1600 Bt) ausgestattet sind. Zelte kann man ausleihen (150 Bt), das Zeltareal liegt unter Bäumen direkt am Strand nahe dem Restaurant und den sanitären Anlagen.

Infos

Touristeninformation

Nationalparkamt: Hat Wanakon Marine National Park, Moo 7 Tum Bon Huai Yang, Tel. 032 61 90 30, www.dnp.go.th, www.thaiforestbooking.com. Beim Betreten des Parks ist Eintritt zu zahlen (100 Bt), und man erhält eine Broschüre, in der alle wichtigen Einrichtungen und Natur-Highlights verzeichnet sind. Das Parkzentrum liegt 3 km entfernt am Strand.

Service

Geld: In Prachuap Khiri Khan finden sich zahlreiche Banken mit Geldautomaten überall in der Stadt.

Verkehr

Bahn: etwa stdl. von/nach Bangkok (4 Std., 58–272 Bt), Hua Hin (1 Std., 15–70 Bt), Surat Thani (4–7 Std.), 2 x tgl. von/nach Malaysia. Der Bahnhof liegt beim Zentrum, rund 400 m von der Strandpromenade entfernt.

Bus: Es bestehen Verbindungen mit Bangkok (5 Std., 160–210 Bt), Hua Hin (1,5 Std., 40–75 Bt), Chumpon (3,5 Std., 120–160 Bt) und zu allen Städten in Südthailand. Die 3 Busbahnhöfe (AC-Busse, Fanbusse, AC-Busse von/nach Bangkok) liegen nahe beim Bahnhof an der Thanon Phitak Chat.

Die südliche Golfküste ►D 4–8

Die rund 170 km lange Strecke von Prachuap Khiri Khan bis hinunter nach Chumpon führt durch touristisches Niemandsland. Wer die Hauptstraße verlässt, kann sich noch ein wenig in dem Gefühl sonnen, Pionier zu sein. Zahlreiche (Strand-)Gründe gäbe es zum Abbiegen, aber das öffentliche Transportsystem ist schlecht, und so sind die zahlreichen Sandbuchten, die die Küste säumen, denen vorbehalten, die über ein eigenes Fahrzeug verfügen. Also den Thailändern, die es vor allem an den Wochenenden an die Strände lockt, die zumeist nur über Stichstraßen zu erreichen und kaum auf die Bedürfnisse westlicher Besucher eingerichtet sind. Auch die beiden populärsten Ferienorte der Region – **Ban Krut** und **Bang Saphan** – machen da keine Ausnahme.

Chumpon ►C 5

Je weiter man nach Süden kommt, desto üppiger wird die Landschaft, die nun zunehmend von großen Plantagen dominiert wird. Ölpalmen- und Kautschukpflanzungen herrschen vor und bestimmen das Bild bis hinunter nach Chumpon, der etwa 80 000 Einwohner zählenden Hauptstadt der gleichnamigen Provinz. Sehenswürdigkeiten gibt es keine und lediglich als Sprungbrett nach Ko Tao ist die geschäftige Metropole in touristischer Hinsicht von Bedeutung: Wer hier als Ausländer per Bus oder Bahn ankommt, wird entsprechend gleich weitergeleitet.

Surat Thani ►C 7

Bei Chumpon biegt der Highway 4 nach Westen ab, um den Isthmus von Kra, wo die Malaiische Halbinsel am schmalsten und Thailand nur 45 km breit ist, gen Westen Richtung Ranong am Indischen Ozean zu queren.

Der Highway 41 hingegen, als Autobahn ausgebaut, verläuft an Chumpon vorbei nach **Surat Thani** hinunter, Hauptstadt der gleichnamigen Provinz und ca. 130 000 Einwohner groß. Für Touristen ist es eine reine Durchgangsstation auf dem Weg nach Ko Samui, Ko Pha Ngan und Ko Tao. Ob man nun mit dem Bus oder der Bahn ankommt, stets wird man von Ticket-›Schleppern‹ angesprochen und zum Fährhafen weitergeleitet.

Wer eine meditative Ader hat, kann im **Wat Suan Mokkh** bei Chaiya nördlich von Surat Thani an Meditationskursen teilnehmen (s. S. 63).

Der tiefe Süden ►D 8

Gen Süden schließt sich die nach der gleichnamigen Stadt benannte Provinz **Nakhon Si Thammarat** an, die in touristischer Hinsicht noch ganz und gar in den Kinderschuhen steckt und zur Provinz von Songkhla überleitet. Sie wird bereits zum politisch instabilen tiefen Süden gerechnet und sollte von ausländischen Besuchern aufgrund der anhaltenden Unruhen bis auf Weiteres gemieden werden (s. S. 64).

Das Beste auf einen Blick

Ko Samui

Highlight!

Ko Samui: Trotz ständig wachsender Besucherzahlen konnte sich das einstige Paradies der Rucksackreisenden seinen ursprünglichen Tropenzauber bewahren. Urlauber aus aller Welt genießen auf der Palmeninsel exotische Traumstrände, Unterkünfte aller Komfortklassen nebst einem überschäumenden Nachtleben. Doch auch wer Ruhe und Entspannung sucht, kann voll auf seine Kosten kommen. S. 126

Auf Entdeckungstour

Der Baum des Lebens – im Hain der Kokospalmen: In der Vorstellung der Touristen prägt keine Baumart das Bild tropischer Küsten so sehr wie die Kokospalme, doch für die Thais ist sie weit mehr als nur ein Spender von Assoziationen und Schatten, gilt sie doch aufgrund ihrer vielseitigen Nutzbarkeit als ein wertvolles Geschenk der Natur. S. 134

Kultur & Sehenswertes

Samui Crocodile Farm: Einer der bestbestückten Reptilienparks des Landes – auch Schlangen sind hier zu bewundern, darunter die angeblich längste Königskobra des Südens. 3 S. 133

Strände: Ko Samui bietet die Strandsensationen im Golf von Thailand – als schönster gilt der rund 6 km lange Chaweng Beach, so weiß wie Schnee und so fein wie Puderzucker. Der in Sachen Optik exotischste Strand ist der Choeng Mon Beach, der zweitpopulärste der Lamai Beach. S. 133, 137, 140

Aktiv & Kreativ

Ang Thong Marine National Park: Der schönste Ausflug von Ko Samui führt in den Ang-Thong-Archipel mit über 40, teils dicht mit Urwald überwucherten Inseln, die Schauplatz des von Alex Garland verfassten Romans »The Beach« waren. S. 143

Genießen & Atmosphäre

Spice Island: Thaiküche der Spitzenklasse in exotischem Ambiente machen dieses Restaurant zu einem der besten der Insel. 2 S. 138

Jungle Club: Ruhiger und idyllischer und doch nahe am Geschehen kann man in Chaweng nicht wohnen – ein Platz für Genießer. 8 S. 138

Abends & Nachts

The Green Mango: Dieser Club genießt einen legendären Ruf beim jungen Partyvolk. 1 S. 140

Sounds Bar: Inselweit ist dies der einzige Club mit einem eigenen Pool, was allnächtlich zu wilden Wasserfeten führt. 4 S. 140

Fusion Nightclub: Musik- und Tanzoase und mit Abstand die beliebteste Nachtadresse am Lamai Beach. 8 S. 142

Highlight des Strandtourismus in Südostasien – Ko Samui!

Paradefotos von Ko Samui zieren die Farbumschläge unzähliger Thailandprospekte, denn diese Insel gilt als die Strandsensation Südostasiens. Rucksackreisende aus westlichen Landen waren es, die in den frühen 1970er-Jahren Ko Samui entdeckten – und damit das Paradies, das zu finden sie sich aufgemacht hatten. Wenige Jahre später aber schon war der ›Geheimtipp‹ in aller Munde, und heute sind es schon gut 1,5 Mio. Besucher jährlich, die den Weg auf dieses tropische Eiland finden. Und ob sie nun trunken sind von Singha-Bier und Traumstränden, einem überschäumenden Nachtleben, Unterkünften in allen Abstufungen zwischen Bambusbungalows und Teakholzvillen oder von Menschen, Landschaft und Tropenwärme – noch alle sind sich einig darin, dass Ko Samui ein einzigartiges Fleckchen Erde ist.

247 km² machen die durchschnittlich 14 km breite und 20 km lange Insel zur drittgrößten des Königreiches. Die mit den meisten Stränden ist sie ohne Frage, die mit den meisten Kokospalmen obendrein, denn mehrere Millionen Palmen sind, neben der Fischerei, die solide Lebensgrundlage der rund 50 000 *chao samui,* die auf dem rund 35 km entfernten Festland als eine besonders lockere und lustige Gattung Mensch bekannt sind. Nur ein Drittel der Fläche wird genutzt, denn das Inselinnere ist unwegsam und besteht aus einem bis über 630 m hoch aufragenden Gebirgszug mit Sekundärwald und kleinen Dschungelrefugien.

Mit kulturellen Highlights kann Ko Samui zwar nicht aufwarten, dafür aber mit mehr als zwei Dutzend erschlossenen Stränden von zusammen über 26 km Länge. Ab dem Fähranleger im Dorf Nathon führt die ungefähr 50 km lange Ringstraße (4169) einmal um die Insel und zu allen wichtigen Urlaubszentren.

Aktiv auf Ko Samui

In allen Unterkünften und Restaurants liegen Prospekte von Outdoor- und Tourenveranstaltern aus und die meisten Anbieter offerieren einen kostenlosen Abholdienst vom Feriendomizil. Das breite Angebot erlaubt es, an jedem Urlaubstag eine andere Sportart zu erproben.

Elefantenritte sind auch auf Ko Samui ein Renner. Eine halbstündige Tour kostet 500 bis 700 Bt. Größter Anbieter für **Jachtcharter** ist Samui Ocean Sports, Tel. 081 940 19 99, www.sailing-in-samui.com. Eine kleinere Jacht für bis zu vier Personen inkl. Skipper für einen halben Tag (7 Std.) kostet 8000 bis 12 000 Bt, vier Tage für einen Törn rund um Ko Samui, Ko Pha Ngan und Ko Tao kosten 28 000 bis 48 000 Bt. **Kajaks** werden an allen Stränden verliehen: Einer für ca. 150 Bt/Std. bzw. Zweier für 200 Bt/Std., geführte Halbtagestouren ca. 800 Bt, Exkursionen in den Ang Thong Marine National Park ca. 2000 Bt. Ebenfalls an den Stränden finden **Segler** Laserboote und kleine Cats für ca. 800 Bt/Std. (Segelkurs, 5 Std., 5000 Bt/Std.). **Windsurfer** bekommen Funboards für ca. 600 Bt/Std. (Anfängerkurs etwa 3500 Bt für 5 Std.). Kein Strand kommt ohne **Tauchschule** aus: Open-Water-Kurs in einer niedergelassenen Schule für 14 000 bis 22 000 Bt. Da die Korallenriffe von Ko Samui

Infobox

Reisekarte: ▶ D 7 und Karte 8

Infos

Tourist Office: Ban Nathon, Tel./Fax 077 42 05 04, tatsamui@tat.or.th.
Internet: www.kosamui.de, www.samui.org, www.on-samui.com, www.kosamui.com, www.samuiguide.com und www.news.samuiexpress.net (Onlinezeitung der Insel).

Service

Tourist Police: Nathon, Tel. 077 42 12 81, im Notfall Tel. 11 55.
Immigration Office: Nathon, Tel. 077 42 10 69, Mo–Fr 8.30–12, 13–16 Uhr.
Geldautomaten: an den populärsten Stränden und in Nathon.
Krankenhaus: Samui International Hospital, Chaweng Beach, North Beach Road, Tel. 077 23 07 81, 077 42 22 72, www.sih.co.th. Beste Einrichtung der Insel.

Anreise

Die Insel ist perfekt ans Festland angebunden, tgl. wird Ko Samui allein von Bangkok, Phuket und Krabi aus rund 20 x angeflogen. Wer mit Bus oder Bahn anreist, erreicht die Insel via Surat Thani, von wo aus mindestens stdl. Bootsanschluss besteht. Von allen Ferienzentren des Südens aus wird Ko Samui auch mit Minibussen angefahren; dann ist die Fährpassage inklusive. Ansonsten sind Bus-/Bahn- und Bootskombitickets überall erhältlich.
Flugzeug: Samui Airport (www.samuiairportonline.com) im Osten der Insel. Mit Bangkok Air 16 x tgl. von/nach Bangkok für 4300 Bt (ab 3160 Bt früh morgens/spät abends), 2 x tgl. von/nach Phuket ab 2475 Bt, außerdem Verbindungen mit Krabi (2425 Bt), Chiang Mai und Pattaya. Vom Flughafen zu den Stränden per Songthaew 100–180 Bt, Minibus ca. 70–600 Bt oder Taxi 400–1000 Bt. **Flughafen Surat Thani,** mit Thai Airways und Air Asia von/nach Bangkok ab 2400 Bt bzw. ab 1200 Bt. Ab dem Flughafen besteht ein Shuttle-Service zum Bootspier für Ko Samui, das Kombiticket kostet etwa 300 Bt.
Boot: Vom Bootspier bei Surat Thani 5–19 Uhr stdl. mit den Schnellbooten von Seatran (1,5 Std., 150 Bt) und anderen Gesellschaften. Infos über alle Verbindungen unter www.songserm-expressboat.com, www.lomprayah.com, www.seatrandiscovery.com, www.rajaferryport.com. Von/nach Ko Pha Ngan 12–20 x tgl. (ca. 250 Bt), ab Nathon und Thong Sala 45 Min., ab Big Buddha Beach und Hat Rin 50 Min., ab Mae Nam Beach und Thong Sala 20 Min. Von/nach Ko Tao 6–8 x tgl. (2–3 Std., ca. ab 600 Bt).
Kombitickets: Vom/zum Bahnhof wie auch Busbahnhof in Surat Thani besteht ein Zubringerdienst von/ab Bootspier, aber entspannter reist man mit einem Kombiticket, das Bus/Bahn, Transfer und das Boot umfasst. Verkauf in den meisten Reisebüros auf Ko Samui und in allen Touristenzentren auf dem Festland. Von/nach Bangkok zahlt man 550–1100 Bt (je nach Bus-/Zugtyp), Krabi 400 Bt, Phuket 300 Bt.

Inselverkehr

Songthaew: von Nathon zu allen Stränden (z. B. Maenam 40 Bt, Lamai 100 Bt).
Mietfahrzeug: zahlreiche Vermieter, Motorräder ab 150 Bt/Tag, Jeeps ab 800 Bt/Tag.

Ko Samui

Sehenswert
1 Big Buddha
2 Imperial Boat House
3 Samui Crocodile Farm
4 Overlap Stone
5 Samui Butterfly Garden
6 Samui Aquarium & Tiger Zoo
7 Chedi Laem Sor
8 Wasserfall Na Muang

Übernachten
1 Peace Resort
2 Coco Palm Resort
3 New Lapaz Villa
4 Secret Garden
5 Samui Honey Cottages
6 Le Paradis
7 First Bungalow Beach Resort
8 Jungle Club
9 Green Villa
10 Beer's House Beach Bungalows

Essen & Trinken
1 Full Moon Restaurant (Anantara Resort)
2 Spice Island
3 Poppies
4 Radiance Restaurant (Spa Resort & Health Center)

Einkaufen
1 Siri
2 Beautiful World
3 Benjavadee
4 Samui Chiang Mai Art and Deco
5 Golden House
6 Life's a beach
7 Mr. Samui's
8 Siddartha
9 Samui Hotclub

Aktiv & Kreativ
1 Samui Bungy
2 Samui Institute of Thai Culinary Arts/Kochkurse
3 Health Oasis Resort
4 Tamarind Retreat

Abends & Nachts
1 The Green Mango
2 Mint Bar
3 Reggae Pub
4 Sounds Bar
5 Sweet Soul Café
6 Solo Club
7 Chill Inn
8 Fusion Nightclub
9 Sub Club

unbedeutend sind, führen Tauchexkursionen meist nach Ko Tao (um 5500 Bt) oder zum Sails Rock (ab 4000 Bt). Reine Schnorcheltouren nach Ko Tao kosten um 2300 Bt. Verschiedene **Sightseeingtouren** führen zu den Highlights der Insel (800 Bt), in die Berge (1600 Bt), zum Ang Thong Marine National Park (ab 1500 Bt), nach Ko Pha Ngan (1600 Bt) oder auf einer Dschunke rund um Ko Samui (2500 Bt).

Die Nordküste

► Karte 8, B 3–G 2

Zum Bang Po Beach ► B 3–1

In **Nathon,** dem Hauptdorf der Insel im Westen, laden an zwei Straßen ein kleiner Essensmarkt und viele Restaurants zum Verweilen. Außerdem gibt es im Ort alle wichtigen Serviceadressen.

Die Ringstraße führt von hier durch lichte Kokospalmenhaine rund 6 km Richtung Norden zum **Bang Po Beach,** der zwar eine schöne Optik und viel Ruhe bietet, doch zum Baden nur bedingt geeignet ist. Damit ist er prädestiniert als ›New Age Spot‹, denn mehrere Healing- und Meditationsoasen haben sich hier etabliert.

Mae Nam Beach

► Karte 8, D/E 1/2

Etwa 5 km weiter wird **Ban Mae Nam** mit dem ca. 4 km langen **Mae Nam Beach** erreicht. Die Bungalowanlagen verteilen sich in Palmenhainen hinter dem goldgelben und grobkörnigen Strand, der zumeist mit spiegelglattem

Wasser aufwartet, während die Straße ungehört im Hinterland verläuft. Parallel zum Strand erstreckt sich im Meer die Korallenkette eines schützenden Riffs, sodass Schnorcheln und andere Wassersportarten hier angesagt sind. Allerdings läuft das Wasser bei Ebbe teils weit zurück, Baden ist dann nicht überall ideal. Wer Ruhe sucht und dabei relativ preisgünstig wohnen will, sollte hier ein Domizil suchen, auch wenn sich heute mehr und mehr Spitzenresorts zwischen die Budgetbungalows drängen.

Bo Phut Beach ▶ Karte 8, E/F 2

Östlich an den Mae Nam Beach schließt sich der rund 3 km lange **Bo Phut Beach** an, der ebenfalls recht grobkörnig ist und sich zu einem kleinen Wassersportzentrum, insbesondere für Windsurfer, entwickelt hat. Zum Baden eignet sich am besten der östlichste Strandabschnitt, denn in der zentralen Zone mit dem fein herausgeputzten Dorf **Ban Bo Phut** verderben Tang und Algen teilweise den Spaß. Im Dorf mit vielen gestylten Boutiquen und Res-

Lieblingsort

Dining im Anantara – Schlemmen wie im Paradies

Anantara bedeutet so viel wie ›Wasser ohne Grenzen‹ – und eine entsprechend große Bedeutung kommt dem Element in diesem Luxusresort zu. Schon der Eintritt auf einer Holzbrücke im Fackelschein über einen Lotusteich hinweg ist ein Erlebnis. Kommt man dann im **Full Moon Restaurant** 1 an einem der 30 Tische mit Blick auf Pools in Seegröße zur einen und dem Meer zur anderen Seite zu sitzen, ist man schlicht hingerissen, von den kulinarischen Kreationen des Maître de Cuisine ganz zu schweigen. Selbst die Preise dieses Spitzenrestaurants der italienischen Küche akzeptiert man dann lächelnd. (Anantara Resort, Bo Phut Beach, Tel. 077 42 83 00, www.samui.anantara.com, tgl. ab 18.30 Uhr, Reservierung ist ein Muss.)

taurants diverser Küchen geht es ruhig zu. Das Ambiente mutet ein wenig mediterran an – hier nehmen vorzugsweise Mittelklasseurlauber aus britischen Landen Quartier.

Hinter dem Dorf, an der Hauptstraße, ist das **Monkey Theatre** mit dem Slogan ›Monkey work coconut‹ ausgeschildert. Dort kann man den Affen beim Pflücken von Kokosnüssen und bei anderen Kunststücken zuschauen (s. auch Entdeckungstour S. 134, tgl. 10.30, 14 und 16 Uhr, 150 Bt).

Big Buddha Beach

▶ Karte 8, F/G 2

Auffallend viele Familien und Backpacker legen am benachbarten **Big Buddha Beach** Langzeitaufenthalte ein. Während des Sommerhalbjahres mag diese Wahl gut sein, auch wenn der etwa 2 km lange, feinsandige und weiße Strand bei Flut in manchen Abschnitten auf Handtuchbreite zusammenschrumpft. Im Winter aber, wenn der Ostwind dominiert und das Meer zurückdrängt, wird hier oft ein schlammiger Grund entblößt. Ein weiteres Manko ist die Lärmbelästigung durch die parallel zum Strand verlaufende Straße, die u. a. zum Samui Airport führt. Besucherattraktion ist der **Big Buddha 1**, eine 12 m hohe goldfarbene Statue auf einer Halbinsel am östlichen Strandende.

Übernachten

Refugium – **Peace Resort 1**: Bo Phut Beach, Tel. 077 42 53 57, www.peaceresort.com, Bungalows 5400–7800 Bt (je nach Komfortstufe). Seit mehr als 30 Jahren eine der bei Komfortreisenden und auch Familien beliebtesten Adressen am Strand; mit Spielplatz und Pool, Bibliothek/Leseraum. Die luftigen und hellen Bungalows in fünf Komfortstufen sind elegant im modernen Thaistil eingerichtet, natürlich steht auch ein Pool zur Verfügung.

Feiner Boutique-Resort – **Coco Palm Resort 2**: Mae Nam Beach, Tel. 077 24 72 88, www.cocopalmsamui.com, Bungalows (alle mit AC) von 1600–3200 Bt (je nach Komfortstufe). Zur Pinnacle-Resortgruppe gehörende Gartenanlage, in der rund 40 Bungalows und einige Luxusvillen den schicken Pool umrahmen; angeschlossen ist ein Hotelbau mit edel im Thaistil eingerichteten Zimmern.

Ausgezeichneter Gegenwert – **New Lapaz Villa 3**: Mae Nam Beach, Tel. 077 42 52 96, www.newlapaz.com, Bungalows und Zimmer 1150–2300 Bt bzw. 1500–3000 Bt (je nach Saison). Etwa 50 helle und luftige AC-Bungalows in einer gepflegten, aber etwas engen Anlage, teils direkt hinter dem Strand; auch Familienbungalows mit zwei Schlafzimmern. Mit kleinem Pool, Kanuverleih und Aktivitätsangebot.

Gut und günstig am Strand – **Secret Garden 4**: Big Buddha Beach, Tel. 077 24 52 55, www.secretgarden.co.th, Zimmer generell 1200 Bt, Bungalows 1800–2500 Bt (je nach Komfort) inkl. Frühstück. Direkt an den Strand angrenzendes Resort mit gepflegten hellen Bungalows und Zimmern, die entweder Garten- oder Meerblick haben; alle ausgestattet mit Kühlschrank, TV, DVD/CD-Spieler, Safe. Die Fußböden sind aus poliertem Teakholz, die Badezimmer haben europäischen Standard. Das angeschlossene Restaurant liegt direkt am Meer.

Einkaufen

Das besondere Souvenir – **Siri 1**: Ban Bo Phut, Tel. 077 42 75 40, tgl. 16–22

Uhr. Wer das besondere Souvenir sucht – z. B. Designerkleidung aus Hongkong, allerlei Buntes aus Indien, Schmuck aus Sri Lanka oder Amulette aus Thailand –, sollte bei Siri vorbeischauen, die mit künstlerischem Auge manches Feine aus Fernost bietet.

Schöner wohnen – **Beautiful World** 2: Ban Mae Nam, Tel. 077 33 23 79, tgl. 10.30–19 Uhr. Exotisches Mobiliar in größter Auswahl; auch das Problem der Verschiffung wird hier gelöst.

Exotisches Kunsthandwerk – **Benjavadee** 3: Ban Mae Nam, Tel. 077 44 71 98, tgl. 10–19 Uhr. Inselweit die wahrscheinlich größte Auswahl an Kunsthandwerk jeder Art. Ob man nun Keramiken, Schmuck, Edelsteine oder chinesische Teeservices sucht – hier wird man immer etwas Passendes finden.

Büffelkampf

Während großer Feste und an den meisten Feiertagen, also mindestens ein- bis zweimal im Monat, werden in einer der insgesamt sieben Büffelkampfarenen der Insel *bullfightings* ausgetragen. Die unblutigen Wettkämpfe sind ein Erlebnis, ebenso für die wettbegeisterten Dörfler wie für die Touristen und durchaus auch für Kinder. Oft werden Ritte auf den bis 600 kg schweren Wasserbüffeln angeboten. In jeder Unterkunft weiß man, wann der nächste Kampf ansteht, den auch unzählige Flugblätter ankündigen. Der Eintritt für männliche Besucher beläuft sich in der Regel auf etwa 150 Bt, Frauen bezahlen nichts.

Die Ostküste

▶ Karte 8, H 2–F 6

Choeng Mon Beach ▶ H 2

Vom Big Buddha führt eine Stichstraße zum **Choeng Mon Beach** an der Ostküste hinüber. Von Palmen und alten Kasuarinen gesäumt zieht sich der blütenweiße feinsandige Strand entlang einer perfekt geformten Halbmondbucht zu einem vorgelagerten Inselchen hin. Exotischer könnte die Landschaft nicht sein. Da dank eines schützenden Korallenriffs draußen vor der Bucht das Wasser zu jeder Jahreszeit ruhig und seicht ist, kann man ganzjährig Badefreuden genießen – ein Paradies gerade auch für Familien, zumal es äußerst ruhig zugeht. Allerdings sind viele Unterkünfte für Normalsterbliche nicht bezahlbar, so auch das **Imperial Boat House** 2, das vermutlich bekannteste Hotel der Insel. Sehenswert sind die zu luxuriösen Domizilen umgebauten Reisbarken rings um den Swimmingpool. Bei Preisen ab ca. 9000 Bt kann man sicherlich auch eine ausgefallene Optik verlangen.

Am Weg nach Chaweng kommt man an der **Samui Crocodile Farm** 3 vorüber, wo abgesehen von fünf verschiedenen Krokodilarten auch viele andere Reptilien zu betrachten sind, darunter zahlreiche Schlangen, u. a. auch die mit gut 4 m Länge angeblich längste Königskobra des Südens (www.samuicrocodilefarm.com, Krokoshows tgl. um 12, 14 und 16 Uhr, Schlangenshows um 13, 15 und 17 Uhr).

Übernachten

Das Preisniveau ist hoch – wer nicht pauschal anreist, besucht den Strand meist nur im Rahmen eines Ausflugs.

Für den kleineren Geldbeutel – **Samui Honey Cottages** 5: Choeng Mon Beach, Tel. 077 24 50 32, www.samuihoney.com, Bungalows ▷ S. 137

Auf Entdeckungstour

Der Baum des Lebens – im Hain der Kokospalmen

In der Vorstellung der Touristen prägt keine Baumart das Bild tropischer Küsten so sehr wie die Kokospalme. Doch für die Thais ist sie mehr als nur Spender von Assoziationen und Schatten, gilt sie doch aufgrund ihrer vielseitigen Nutzbarkeit als wertvolles Geschenk der Natur, was bei einer Tour durch einen Palmenhain und einer Inselrundfahrt deutlich wird.

Reisekarte: ► Karte 8

Ausgangspunkt: Monkey Theatre, hinter Bo Phut an der Hauptstraße

Öffnungszeiten: tgl. 9–18 Uhr, Zuschauen beim Pflücken tgl. um 10.30, 14 und 16 Uhr

Eintritt: 150 Bt

Nur wenige Sekunden benötigt Mr. Monkey, wie der Affenhüter im offenen Palmenhain des **Monkey Theatre** (s. S. 132) bei Bo Phut seinen dressierten Schweinsaffen nennt, um eine der etwa 20 m hohen Kokospalmen zu erklimmen. Kaum hat der putzige graue Primat den Schopf erreicht, ›regnet‹ es auch schon Kokosnüsse, denn das etwa 50 cm große Tier aus der Gattung der Makaken wurde in einer speziellen Affenschule darauf dressiert, im Dienste des Menschen auf Kokospalmen zu klettern und die reifen *maphrao* so lange zu drehen, bis sie zu Boden fallen.

Symbol für Tropen und Exotik

Die Kokospalme, Symbol für Tropen und Exotik, für Fernweh und Urlaubsglück, gehört zum Markenzeichen von Ko Samui wie Sonne, Strand und Meer. Nirgends sonst in Thailand findet sich eine vergleichbare Palmendichte wie hier, wo mehrere Millionen Exemplare die gesamte Insel dominieren. Für die Bewohner Ko Samuis aber ist ›der Baum des Lebens‹ aufgrund seiner Verwendbarkeit mehr als ein Symbol.

Kokospalmen gedeihen so problemlos wie Unkraut – in Feuchtgebieten genau so wie direkt am Strand im Einflussbereich des Salzwassers. Schon im Alter von etwa fünf Jahren tragen sie Früchte – bis zu 180 Stück jährlich – und sie können bis zu 100 Jahre alt werden. Hier im offenen Palmenhain, in dem das Monkey Theatre liegt, sind die Palmen ungefähr 30 Jahre alt.

Doch Kokosnüsse können auch töten: Jahr für Jahr werden etwa 150 Menschen Opfer des Fallobstes. Ein 4 kg schweres Exemplar erreicht beim Fall aus 25 m Höhe fast 80 km/h und übt beim Aufprall gut 1 t Druck aus. Gerade bei Wind sollte man deshalb größtmögliche Vorsicht walten lassen.

Was die Palme hergibt

Im Rahmen einer Inselrundfahrt entlang der direkt am Monkey Theatre vorbeiführenden Ringstraße kann man sich ein anschauliches Bild von der schier unerschöpflichen Pflanzenmenge und ihrer Nutzbarkeit machen. Nahezu die ganze Zeit geht es unter Palmen hindurch an Plantagen vorbei, die für Besucher offen stehen.

Kaum ein Teil dieser bis über 30 m hoch aufragenden holzigen Pflanze, der nicht verwendet werden könnte. Werden Häuser heute meist auch aus Stein oder Hartholz gebaut, so findet sich doch noch so manche Wohnstätte, die aus aufgesägten Stämmen von *Cocos nucifera* besteht. Auch im Bootsbau wird das Holz traditionell verwendet. Vor allem aber dienen die Palmblätter als Dacheindeckung, die selbst bei heftigen Monsunregen kein Wasser durchlassen. Ein Bungalow mit Palmwedeldach gehört daher zum Klischeebild einer tropischen Trauminsel wie die Kokospalme selbst.

Die Schalen der Kokosnüsse dienen als Brennmaterial: Wann immer es irgendwo auf der Insel schwelt und qualmt, ist es meist ein Feuer aus Kokosnussschalen, das zuverlässig Mücken und Sandflöhe vertreibt. Wo vor Häusern Orchideen wachsen, tun sie dies bevorzugt auf den Fasern der Kokosnüsse, die ein prächtiges Pflanzensubstrat und einen Torfersatz abgeben. Die Fasern können außerdem zu Seilen, Matten, Körben, Säcken, Teppichen und Hüten verarbeitet werden und sind als Wärmedämmung ebenso beliebt wie als Füllung in Matratzen.

Mehrwert der Nuss

Insbesondere auf dem Markt in Nathon, dem Hauptdorf der Insel, kann man sich einen Überblick über die Vielfalt möglicher Kokosnussschalen-Produkte verschaffen, und kaum eine Kokosnussplantage, in der nicht das Fruchtfleisch der Kokosnuss in Brennöfen (die mit Nussschalen befeuert werden) getrocknet wird.

Das Endprodukt aus dem Fruchtfleisch heißt Kopra, das zahlreiche Mineralien, Vitamine, Spurenelemente und ungesättigte Fettsäuren enthält. Aus ihm werden wiederum Kokosflocken, Kokosfett und vor allem Kokosöl gewonnen, das immerhin rund 8 % des Bedarfs an Pflanzenöl in der Welt abdeckt und sich zum Braten und Backen ebenso eignet wie als Basis für Sonnenschutzmittel, Cremes, Seifen, Shampoos und zunehmend auch für Biodiesel. Wie man Kopra herstellt, wird auf den Plantagen gezeigt, die man bei einer Inselumrundung ansteuert.

Für das leibliche Wohl

Doch auch die frische Kokosnuss ist ein Genuss. Das leicht mineralhaltige Kokoswasser ist ein ebenso wohlschmeckendes wie erfrischendes und nahrhaftes Getränk. Davon können sich die Besucher des Monkey Theatre selbst überzeugen, wenn die Kokosnüsse mit ein paar Machetenhieben geöffnet werden. Auf Inseln ohne Quellen dient das Kokoswasser sogar als Trinkwasserersatz, denn drei bis sechs Nüsse pro Tag (das sind nahezu drei bis sechs Liter Milch) decken den Flüssigkeitsbedarf vollständig.

Da das Kokoswasser in der geschlossenen Nuss steril bleibt, kann es im Notfall sogar als Blutserumersatz direkt in die Vene injiziert werden. Obendrein lässt man Kokosnusswasser auch zu Wein vergären, der Ausgangsstoff zum Destillieren von Arrak, einem starken Branntwein, ist.

Die im Monkey Theatre gepflückten Früchte werden nicht auf der Plantage verarbeitet, sondern zur Weiterverarbeitung abtransportiert. Und so kann es sein, dass sie sich schließlich nicht nur in der Piña Colada und vielen anderen Cocktails wiederfinden, sondern auch den Currys, die zu Thailand gehören wie die Kokospalmen, ihren Geschmack geben.

Lagerfeuer aus Kokosnussschalen halten Insekten fern

1800–7000 Bt (je nach Saison und Kategorie). Recht neue Gartenanlage direkt hinter dem Strand mit charmanten, großen Cottages in zwei Komfortstufen, die alle mit AC, TV, Minibar und Kühlschrank ausgestattet sind.

Einkaufen

Erlesene Mitbringsel – **Samui Chiang Mai Art and Deco 4: ** Chor Chang Villas Resort, Tel. 077 96 03 75, tgl. 11–22 Uhr. Antiquitäten, Kunst und traditionelle thailändische Möbel; man ist auch bei der Verschiffung behilflich.

Chaweng Beach

► Karte 8, G/H 3/4

Der Sand des **Chaweng Beach** ist so weiß wie Schnee und so fein wie Puderzucker. Die üppige Fülle seines Palmensaumes betont die makellose Halbmondform der Bucht, in der das Wasser in allen Farbschattierungen zwischen Zarttürkis und Kobaltblau schimmert. Außer im Winter, wenn der Wind an manchen Tagen die Wellen hochpeitscht, zeigt das Meer seine sanfte Seite. Nur ganz allmählich senkt sich der von scharfen Korallen freie Sandstrand in das ebenso klare wie warme Wasser. Baden ist bei jedem Gezeitenstand das reinste Vergnügen. Der rund 6 km lange und 20 bis 50 m breite Strand gliedert sich in drei Abschnitte. Auch wenn mancherorts ein Spalier aus Liegestühlen und Sonnenschirmen das Bild bestimmt, stellt sich kaum ein Gefühl der Enge ein.

Chaweng Yai Beach ► G/H 3
Extrem seicht und warm und damit ideal für Kinder ist der durch ein Korallenriff vom offenen Meer geschützt liegende Chaweng Yai Beach. Es geht ruhig zu; die Urlauber wohnen zumeist in edlen Resorts und reisen pauschal an.

Chaweng Central Beach ► G 4
Chaweng Central ist zweifellos eine Augenweide, wird aber extrem stark frequentiert und ist daher sehr laut. Tagsüber kann der Lärm der Motorboote, Wasserscooter und Jetskis als außerordentlich störend empfunden werden, abends dann das Nachtleben. Das Publikum ist gemischt: Backpacker treffen auf Promis, abends geben sich alle ein Stelldichein auf dem Strip, wie die hinter den Resorts parallel zum Strand verlaufende Straße genannt wird. Dort findet sich die größte Dichte an Restaurants und Boutiquen, Bars, Diskotheken und Nachtclubs der Insel, wo immer, auch spät in der Nacht, viel Betrieb herrscht.

Chaweng Noi Beach ► G 4
Durch ein kleines Kap vom Zentralstrand getrennt wird der Chaweng Noi Beach, der mit abgeschliffenen Felsen gespickt und daher malerisch anzusehen ist. Doch beim Baden ist Vorsicht geboten, zumindest im Winter herrschen gefährliche Strömungen. Weil der Strand nur wenige hundert Meter lang, aber von Resorts nahtlos gesäumt wird, ist es hier immer relativ eng.

Übernachten

Von einigen Bungalowanlagen abgesehen, reihen sich Resorts der Mittel- und Luxusklasse nahtlos aneinander, sodass sich die Übernachtungspreise am Chaweng Beach zwischen 1800 und 6000 Bt bewegen.
Nomen est omen – **Le Paradis 6:** Chaweng Central, Tel. 077 23 90 41–43, www.leparadisresort.com, Häuser zu

5700–6700 Bt (je nach Lage), aber bei Onlinebuchung immer wieder Angebote, bei denen man, auch in der Hochsaison, nur 50 % dieser Preise bezahlt. Der Name verspricht nicht zu viel, denn schwerlich findet man in Thailand ein Resort, in dem Tradition, Moderne und Natur harmonischer vereint sind. Edle Thaihäuser aus Teakholz, die ursprünglich in Ayutthaya nördlich von Bangkok standen, bieten allerhöchsten Komfort. Die Angaben ändern sich evtl., da die Anlage 2010/2011 komplett renoviert wurde.
Strandrenner seit fast 40 Jahren – **First Bungalow Beach Resort** 7: Chaweng Central, Tel. 077 23 04 14, www.firstbungalowsamui.com, Bungalows 3800–6800 Bt (je nach Lage/Saison), DZ ab

Unser Tipp

›First-class dining ...
... in a high-class setting‹, so lautet das Motto des Gourmetrestaurants **Spice Island** 2. Man diniert direkt am Strand unter dem offenen Sternenhimmel oder in klimatisierten Pavillons mit Blick auf Lotusteiche. Der Service ist professionell. Nirgendwo sonst auf der Insel umfasst die Speisekarte derartig viele traditionelle Thaigerichte, nämlich über 100. Wem die Auswahl Probleme bereitet, der bestellt am besten ein Menü. Das Chaweng Beach z. B. umfasst sechs erlesene Köstlichkeiten. Dazu trinkt man eine Flasche Wein des Château de Loei Chenin Blanc, der all diejenigen Lügen straft, die meinen, dass es in Thailand keine exquisiten Weinlagen gibt (Centara Grand Beach Resort, Chaweng Central, Tel. 077 23 05 00, tgl. 18.30–23 Uhr, Menü ab ca. 1200 Bt).

2300–5100 Bt, bei Onlinebuchung oft 30 % Rabatt. Die ›Urgroßmutter‹ aller Bungalowanlagen in Chaweng aus den frühen 1970er-Jahren spielt nach mehreren Faceliftings nun in der Mittelklasse. Über 30 m² große Komfortbungalows direkt am Strand oder mit Strandblick und 80 Zimmer, natürlich auch Pool, Bar und Restaurant.
Out of time – **Jungle Club** 8: Chaweng Noi, Tel. 08 18 94 23 27, www.jungleclubsamui.com, Bungalows 600 Bt (Fan), 1200 Bt (AC), 1600–3500 Bt (Luxus). Die 1,5 km zum Strand nimmt man gerne in Kauf (Shuttle-Service), bietet doch das unter französisch-thailändischer Leitung stehende Resort auf einem mit Palmen bestandenen Wiesenhügel hoch über Chaweng Noi die mit Abstand schönste Aussicht auf die Bucht – ob von den Bungalows, dem luftigen Strohdach-Restaurant oder dem schicken Pool. Die Atmosphäre ist angenehm locker, regelmäßig werden Barbecues und relaxte Partys organisiert. Ruhiger, idyllischer und doch nahe am Geschehen kann man in Cha-

So türkisblau das Meer, so schneeweiß der Strand – am Chaweng Beach

weng nicht wohnen – ein Platz für Genießer. Bungalows in mehreren Komfortklassen von urig-rustikal über gepflegt-komfortabel bis hin zu exotisch-luxuriös.

Essen & Trinken

Auf Ko Samui zählt man mehr Restaurants als in einer mittleren deutschen Stadt. Am größten ist die Auswahl am Chaweng Beach. Aber auch das Preisniveau ist superlativisch. Sucht man das Besondere, kann man schnell 1000–2000 Bt und mehr für ein Dinner zu zweit ausgeben.

First-class dining – **Spice Island 2**: s. Unser Tipp links

Ambitionierte Küche – **Poppies 3**: Chaweng Central, Tel. 077 42 24 19, www.poppiessamui.com, tgl. ab 11.30 Uhr, Vorspeisen internationale Küche 325–400 Bt, Vorspeisen Thaiküche um 275 Bt, Hauptgerichte 325–1100 Bt bzw. 350–500 Bt. Am südlichen Strandende, an einen tropischen Garten angrenzend, mit exotischem Flair. Die Speisekarte listet erlesene Gourmetköstlichkeiten der thailändischen und internationalen Küche auf. Highlight ist der Samstag, wenn die ›Thai Night‹ mit traditionellen Tänzen und Klängen einlädt.

Gesundes vom Allerfeinsten – **Radiance Restaurant 4**: im Spa Resort & Health Center, zwischen Chaweng und Lamai, Tel. 077 23 08 55, tgl. ab 7 Uhr, Salate 50–220 Bt, vegetarische Gerichte 60–220 Bt, Rohkostteller 90–250 Bt. Weniger fancy und gestylt als vielmehr locker und erdnah. Unlängst vom englischen Prestigemagazin »Restaurant« zu den 50 besten Restaurants auf Erden gerechnet! Die Speisekarte dieses zweigeschossigen Strandrestaurants listet mehr als hundert Köstlichkeiten auf, allerdings ausschließlich Seafood, etwa 20 vegetarische Gerichte und rund zwei Dutzend Salate, sodass Fleischgenießer nicht auf ihre Kosten kommen. Auch für ein gesundes Frühstück ist dies die angesagte Inseladresse.

Einkaufen

Echte und imitierte Markenware, Kitsch und Kunsthandwerk, Fashion und Fummel, Echt- und Raubdrucke – am Strip von Chaweng gibt es in zahllosen Läden alles. Günstigster kauft man in Nathon und Lamai, wo freilich das Angebot nicht so üppig ist.

Schmuckelig – **Golden House 5**: Chaweng Lake Road, Tel. 077 41 35 31 (kostenloser Abholdienst), tgl. 10–20 Uhr. Große Auswahl an Schmuck jeder Art, man kann auch nach eigenen Vorlagen anfertigen lassen und den Goldschmieden auf die Finger schauen.

Go Bikini – **Life's a beach 6**: Central Chaweng Beach Road, Tel. 077 42 26 30, tgl. 11–22 Uhr. Original australische Strandbekleidung – fein und teuer.

Aktiv & Kreativ

Bungee-Jumping – **Samui Bungy 1**: Chaweng, Soi Reggae, Tel. 077 41 42 52. Direkt über dem kleinen See beim Reggae Pub. 50-m-Sprünge, Tandem-Sprünge und ›Submersion Jumps‹, bei denen man kurz in den See eintaucht. Freier Transfer von/zur Unterkunft.

Thailändisch kochen – **Samui Institute of Thai Culinary Arts – SITCA 2**: Chaweng, gegenüber dem Central Samui Beach Resort, Tel./Fax 077 41 31 72, www.sitca.net. Kochkurse sind die Renner jeder Saison und das Institut ist *die* Adresse schlechthin (tgl. zwei Klassen, 1950 Bt/Tag und Person). Man kann auch die hohe Kunst des Schneidens und dekorativen Arrangierens von Früchten erlernen (Tageskurs 2000 Bt).

Abends & Nachts

Chaweng und Lamai sind die Zentren der Nachtlust. Am Strip von Chaweng geben gepflegte Pubs, coole Cafés und funky Clubs den Ton an. In diesem Epizentrum des allabendlichen Nachtbebens wiederum tut sich insbesondere die Straße **Soi Green Mango** mit zahlreichen Lokalen hervor:

Funky House – **The Green Mango 1**: Soi Green Mango, Tel. 077 42 26 61, tgl. 22–3 Uhr. Fast schon legendär ist der Ruf des Clubs, wo das Partyvolk in großer Zahl hinströmt, um zu ›funky, uplifting‹ House auszuflippen.

Mainstream – **Mint Bar 2**: Soi Green Mango, Tel. 087 089 87 26. Regelmäßig sind hier die international berühmtesten DJs unter Vertrag, vor 22 Uhr ist nichts los.

Eurohouse und Techno – **Reggae Pub 3**: Soi Reggae, Chaweng Lake. Legendärer Club, wo heute allerdings weniger Bob Marley gehuldigt wird als vielmehr Eurohouse und Techno. Stimmung nicht vor 23/24 Uhr.

Wilde Poolpartys – **Sounds Bar 4**: Soi Green Mango, tgl. 23–5 Uhr. Inselweit einziger Club mit einem eigenen Pool, was zahlreiche Tänzer zu Hip-Hop und R 'n' B immer wieder zu fast schon exhibitionistischen Show-offs hinreißt.

Hip-Hop, House und Drum 'n' Bass – **Sweet Soul Café 5**: Soi Green Mango, tgl. 18–2 Uhr. Bei überwiegend Hip-Hop, House und Drum 'n' Bass geht es hier mit Abstand am wildesten zu.

Chill-out-Venue – **Solo Club 6**: Soi Green Mango, tgl. 0–6 Uhr. Samuis populärster After-Party-Venue und *der* Tipp, wenn man vor dem Zubettgehen noch bei Drinks und Tanz entspannen will; etwas versteckt hinter dem Starbucks gelegen.

Lamai Beach ▶ Karte 8, G/F 5/6

Südlich von Chaweng steigt die Insel steil aus dem Meer auf. Von zwei ausgeschilderten Aussichtpunkten an der

Straße kann man das herrliche Panorama genießen. Dazwischen liegt, umrahmt von Granitfelsen, die kleine Bucht **Coral Cove.** Zum Baden gibt es bessere Plätze, doch zum Schnorcheln ist das vorgelagerte Riff ideal. In idyllischer Lage am Hang stehen einige Bungalows.

Das Einzige, was abends und nachts die Stille stören kann, sind Jubel und Trubel vom benachbarten **Lamai Beach.** Der etwa 5 km lange, fein- bis grobsandige Strand schrumpft bei Flut teils arg zusammen, ein Felskap trennt ihn in zwei Abschnitte. Am Saum des Strandes stehen zwischen Palmen auffallend viele Bungalowanlagen der Budgetklasse. Dahinter verläuft die Dorfstraße, die sich mit Restaurants, Nachtclubs, Bier- und Go-go-Bars als ein weiterer Strip vorstellt. Das Publikum dieses nach Chaweng zweitpopulärsten Strandes ist im Durchschnitt eher jung, nachtaktiv und liebt Wassersport.

Unser Tipp

Für Leib und Seele

Auf Ko Samui haben sich mittlerweile zahlreiche Resorts auf Wellness und Spa spezialisiert, die auch Nicht-Hotelgästen offen stehen: u. a. das **Health Oasis Resort** 3 am Mae Nam Beach (Ao Bang Po, Tel. 077 42 01 24, www.healthoasisresort.com), das **Tamarind Retreat** 4 (Tel. 077 42 42 21, www.tamarindretreat.com) und **The Spa Resort & Health Center** 4 (Tel. 077 23 08 55, www.thesparesorts.net), beide zwischen Chaweng und Lamai gelegen. Die Preise sind recht günstig, u. a. Massagen ab 380 Bt/Std., Yoga 650 Bt/90 Min., Yogakurse 7800 Bt/5 Tage, Meditationskurse 5500 Bt/3 Tage, Reiki 6000 Bt/3 Tage, Thaimassagekurs 6600 Bt/5 Tage, Fastenkurs 12 000 Bt/5 Tage.

Übernachten

Zum Wohlfühlen – **Green Villa** 9: Tel. 077 42 42 96, www.samui-greenvilla.com, Fan-Bungalows 300–350 Bt, AC-Bungalows 1300–1600 Bt (je nach Saison). Am Südrand von Lamai gelegene Anlage in einem lichten Palmenhain. Zum Strand sind es nur 500 m, es ist ruhig und familiär, die günstigen Bungalows bestehen aus Holz und sind bescheiden, aber ausreichend eingerichtet, während die Komforthäuser Mittelklassestandard haben; auch ein kleiner Pool und ein nettes Restaurant laden ein.

Globetrotter-Treff – **Beer's House Beach Bungalows** 10: Tel. 077 23 04 67, www.beerhousebungalow.com, Bungalow 500–700 Bt (je nach Saison), DZ 300 Bt. Hier wohnt die Szene der Langzeitreisenden günstig und zünftig. Außer den Bungalows am Strand, die alle mit Fan und Bad/WC ausgestattet sind, sich allerdings etwas dicht im Palmenschatten drängeln, werden im Haupthaus Low-Budget-Zimmer (mit Gemeinschaftsbad) angeboten. Der Strand eignet sich ideal zum Baden und es ist ruhig. Die Trubeltreffs liegen ca. 10 Gehminuten entfernt.

Einkaufen

Schmuck-Wunderland – **Mr. Samui's** 7: South Lamai Beach Road, tgl. 9–22 Uhr. Ob Ketten oder Armbänder, Ringe oder Ohrringe, Edel- oder Halbedelsteine – hier wird man immer fündig und kann auch eigene Ideen umsetzen lassen.

Funky – **Siddartha** 8: Lamai/Hua Thanon, (meist) tgl. ab 10/11 Uhr. Hippie-Kleidung aus Indien, Bali-Bikinis u. a.
Sarongs und mehr – **Samui Hotclub** 9: Lamai Beach Road, Tel. 077 23 22 76, tgl. 10–22 Uhr. Thailändische Fischerhosen und Kaftans, auch schön bedruckte Sarongs, eine Auswahl von edlen handgebatikten Textilien u. a.

Abends & Nachts

Chill-out am Beach – **Chill In** 7: Lamai Beach, tgl. 8–2 Uhr. Man sitzt direkt hinter dem Strand in komfortablen Rattan-Sesseln, schwingt in einer Hängematte oder bettet sich auf weiche Polster am Beach und erfreut sich an *chilled-out* Musik, einer üppigen Auswahl an Drinks sowie relativ günstigen Gerichten.
Musikoase – **Fusion Nightclub** 8: Main Road, tgl. 18–2 Uhr. Größter Danceclub am Ort, alle Soundarten zwischen Acid-Jazz und Funky-House; vor 22 Uhr ist aber kaum was los.
Technotempel – **Sub Club** 9: Main Road, tgl. ab 21/22 Uhr. Trommelfellzerreißender Techno-Sound ist das Markenzeichen dieses Discotempels.

Der Inselsüden

▶ Karte 8, B–F 7/8

Auf Ko Samui ist es kein Problem, Alternativen zu den großen Hauptstränden zu finden, denn Dutzende kleine Buchten säumen die abseits liegende Südküste. Selbst während der Hochsaison garantiert sie einen Urlaub in absoluter Ruhe. Allerdings sind die Badefreuden eingeschränkt, da die Strände oft schlickig, mit scharfen Muschelbzw. Korallenfragmenten durchsetzt und sehr gezeitenabhängig sind.

Sehenswert

Einen Überblick über die Region kann man sich vom **Overlap Stone** 4 aus verschaffen. Den Aussichtspunkt, der direkt südlich von Lamai an der Straße ausgeschildert ist, erreicht man im Rahmen einer etwa 15-minütigen Wanderung.

Weiter südlich folgt der nur bei höchstem Wasserstand badetaugliche **Hua Thanon Beach.** Daran schließt der Schnorchelspot **Laem Set** an, wo Urlauber in wunderschönen, aber auch sehr teuren Bungalows am Hang ein Quartier finden.

In der Nähe lädt der **Samui Butterfly Garden** 5 ein, in dem Hunderte Schmetterlinge fliegend und aufgespießt zu betrachten sind; auch ein Insekten- und ein Bienenhaus sind angeschlossen (tgl. 9–17.30 Uhr, 170 Bt).

Von dort ist es nur ein kurzes Stück zum ausgeschilderten **Samui Aquarium & Tiger Zoo** 6, beliebt vor allem wegen der Tiger- und Vogelshow (tgl. 13 Uhr) und weil man sich hier für 200 Bt mitsamt Tiger fotografieren lassen kann (tgl. 9–18 Uhr, 750 Bt).

Vorbei an Ban Thale und an dem kilometerlangen Schlickstrand der **Bang Kao Bay** erreicht man auf teils unbefestigten Wegen durch endlose Kokoshaine schließlich das **Südkap.** Die weithin sichtbare, in der Sonne golden leuchtende Pagode **Chedi Laem Sor** 7 gibt hier ein schönes Fotomotiv ab.

Nach Nathon

▶ Karte 8, B–D 3–7

Die größtenteils von flach auslaufenden und zum Baden untauglichen Stränden gesäumte Westküste von Ko Samui ist touristisch weniger erschlossen. Es gibt nur einige Luxusresorts. Al-

Kokospalmen satt – auf der Insel Ko Wua Talab im Ang Thong Marine National Park

lerdings kann man hier – fast allabendlich – großartige Sonnenuntergänge genießen. Auf dem Rückweg nach Nathon über die Ringstraße (4169) lädt bei Ban Thurian der **Wasserfall Na Muang** 8 zu einem erfrischenden Bad im Dschungel ein.

Ang Thong Marine National Park ▶ D 6

Der schönste Ausflug von Ko Samui führt in den etwa 20 km westlich gelegenen **Archipel Ang Thong** mit über 40, teils dicht mit Urwald überwucherten Inseln, der seit 1980 unter Naturschutz steht. Weltberühmt wurden die bis über 400 m hoch aus dem Meer ragenden Kalksteineilande als Schauplatz des von Alex Garland verfassten Romans »The Beach«. Der gleichnamige Kinohit wurde allerdings auf Ko Phi Phi (s. S. 243) gedreht. Dennoch enttäuscht die intakte Inselnatur die durch den Roman geweckten Vorstellungen nicht.

Sehenswert

Die organisierten Bootstouren steuern die Hauptinsel **Ko Wua Talab** mit dem Nationalparkzentrum an, wo ein Strand zum Baden und der Aussichtsberg **Utthayan Hill** zu einer etwa 30-minütigen Wanderung (feste Schuhe sind ein Muss!) einladen. Bei den Korallenriffen von **Ko Thai Plao** und **Ko Sam Sao** kann man, ausgerüstet mit Schnorchel und Taucherbrille, die tropische Unterwasserwelt erkunden. Ein Höhepunkt der Tour ist das Bad im türkisfarbenen und kristallklaren Salzwasser-›Kratersee‹ **Thale Noi** auf **Ko Mae Ko.**

Aktiv & Kreativ

Bootstouren – Fahrten in den Nationalpark werden von Ko Samui aus ganzjährig tgl. von zahlreichen Anbietern angeboten, Ganztagestour (Soft Drinks und ein einfacher Lunch sind in der Regel im Preis enthalten) von ca. 1500 Bt (Ausflugsboot) bis 2500 Bt/ Pers. (Highspeed-Motorboot).

Das Beste auf einen Blick

Ko Pha Ngan und Ko Tao

Highlight!

Ko Pha Ngan: Die Insel erinnert mit Bambushütten an Bilderbuchstränden noch stark an vergangene Globetrottertage. Das Publikum ist überwiegend jung und die Vollmondfeste sind mittlerweile weltberühmt. Längst aber laden auch Neumond- und Halbmondfeste ein, irgendwo auf der übersichtlichen Insel steigt stets eine Party. Nirgendwo sonst in Südthailand findet sich auf so kleinem Raum eine derartige Vielzahl an Musikpubs, Bars und locker flockigen Nachtlokalen. S. 146

Auf Entdeckungstour

Am Sails Rock – filigrane Unterwasserwelten: Will man im Golf von Thailand abtauchen, ist Ko Tao mit Abstand die beste Adresse, denn das Meer ist sauber und klar und die zahlreichen Korallenriffe entführen in eine märchenhafte maritime Welt mit einer ungemein artenreichen Flora und Fauna. Über 30 Tauchreviere der Weltklasse laden ein, doch keines kann sich mit dem Sails Rock messen, dem abwechslungsreichsten und spektakulärsten Divespot der Region. S. 162

Kultur & Sehenswertes

Thong Nai Paan Noi Beach: Dieser Strand schmiegt sich als perfekt geformte, etwa 1 km lange Bucht zwischen Felsnasen, von deren Saum der Wald zum Inselinnern ansteigt. S. 153

Ko Nang Yuan: Der Anblick der durch drei weiße Sandstrände miteinander verbundenen Inselchen mutet paradiesisch an. S. 159

Aktiv & Kreativ

Ko Pha Ngan: Das Angebot an Aktivitäten auf der Insel ist in Thailand nahezu einzigartig. S. 146, 151

Horizon Muay Thai Boxing Camp: Das Camp am Hat Thian Beach ist eine der wenigen professionellen Boxschulen in Thailand, die auch Ausländer aufnimmt. S. 152

Genießen & Atmosphäre

Royal Nature Resort: In traumhafter Lage am Hin Lor Beach ist man in diesem Resort nahe an der Action und doch ›Lichtjahre‹ davon entfernt. Wer Yoga machen möchte, kann die angeschlossene, renommierte Yogaschule besuchen. S. 149

Papa's Tapas: Spitzenrestaurant der spanischen Küche am Sai Ri Beach, das als das beste auf Ko Tao gilt. S. 160

Abends & Nachts

Full Moon Parties: Die allmonatlichen Full Moon Parties am Hat Rin Beach stehen im Ruf, die weltweit größten und bekanntesten Dance-and-Music-Beach-Happenings zu sein. Aber auch die Neumond- und Halbmondpartys haben es in sich. S. 151

In Touch: Großzügiger Beach-Venue am Sai Ri Beach auf Ko Tao mit mehreren Zonen zum Entspannen in einem kunstreichen Ambiente. S. 161

Trauminsel in der Südchinasee – Ko Pha Ngan!

Nostalgiker verspüren einen Hauch vergangener Globetrotteratmosphäre auf dem ca. 12 km von Ko Samui entfernten und ca. 170 km² großen Ko Pha Ngan. Die stark gebirgige und bewaldete Insel mutet wild an und auch ihre zahlreichen Strände umweht der Zauber ursprünglicher Schönheit. Da die Reisekonzerne bislang Zurückhaltung gezeigt haben, wird es wohl noch eine Weile dauern, bevor der sehr stark ausgeprägte Individualtourismus vom Pauschaltourismus verdrängt wird.

Bis dahin wird die Bambushütten-Romantik der ›guten alten Zeit‹ wenigstens teilweise fortbestehen. Und auch die berühmt-berüchtigten Full Moon Parties am Hauptstrand der Insel werden weiterhin ausschweifend gefeiert und bleiben so abgefahren, wie es in der heimischen Boulevardpresse immer wieder mal nachzulesen ist. Nirgendwo sonst in Südthailand findet sich auf so kleinem Raum eine derartige Vielzahl an Musikpubs, Bars und locker flockigen Nachtlokalen.

Auch wer eine aktive Ader hat, kann auf diesem Eiland sein Paradies finden: Die meisten Aktivitäten werden im Inselsüden mit dem Schwerpunkt Hat Rin Beach angeboten.

Aktiv auf Ko Pha Ngan

Dutzenderlei Aktivitäten werden auf der Insel angeboten, nicht alles findet man überall, aber dank zentraler Buchungsstellen und deren Abholdienst kann auch, wer im Inselabseits wohnt, an allem teilnehmen. Information über alle Aktivitäten und Buchung – auch online – beim **Backpackers Information Center** am Hat Rin Beach (s. S. 151). Das vielfältige Angebot umfasst u. a. Elefantenritte (800 Bt/Std.), Kochkurse (900 Bt/Tag), Bootsfahrten in den Ang Thong Marine National Park (ab 1500 Bt) und um Ko Pha Ngan (700 Bt), Schnorchelausflüge nach Ko Tao (1500 Bt), Angeltouren (800 Bt), Kajakverleih (250 Bt/Std.), Vermietung von Segelbooten und Katamaranen (750 Bt/Std.), Windsurfing (500 Bt/Std.), Kite-Surfing-Kurse (15 000 Bt/4 Tage) und natürlich auch Tauchkurse (Open Water ab 9800 Bt/3 Tage) sowie Yoga und Reiki, Healing und Ayurveda, Massage und Meditationen diverser Richtungen.

Die Südküste

▶ Karte 6, B 4–E 6

Die Strände an der Südküste östlich des Hauptortes **Thong Sala** sind unschön grau und stark gezeitenabhängig. Zum Baden ist das Meer nur bedingt geeignet, da das Wasser sehr flach, oft trübe und von Muschelbänken durchsetzt ist.

Zwischen Ban Tai und Hat Rin Nai ▶ Karte 6, C 5–E 6

Erst ab dem **Ban Tai Beach** wird der Strand ansehnlicher. Doch aufgrund der geringen Wassertiefe kann man nur jenseits eines der etwa 200 bis 400 m weit vorgelagerten Korallenriffe schwimmen. Dennoch sind hier und am benachbarten **Ban Kai Beach** zahlreiche Bungalowanlagen in allen Preisklassen zwischen etwa 200 und mehreren 1000 Bt zu finden, denn es herrscht Ruhe, abgesehen von den allmonatlichen Neumond- und Halbmondfesten, die vor allem zwischen November und Juni gefeiert werden (s. S. 151). Die Schnorchelmöglichkeiten längs des Riffs sind attraktiv und die Sonnenuntergänge fantastisch.

Zwischen Ban Kai und Hat Rin ► Karte 6, D/E 5/6

Östlich von Ban Kai steigt die Küste steil über Granitklippen an. Bis zum Südostkap der Insel liegen zwischen Felsen und Wald zahlreiche kleine Sandbuch-

Infobox

Reisekarte: ► D 6 und Karte 6

Internet

Tourismus: www.phangan.info, www.phanganislandguide.com, www.phanganexplorer.com.
Aktuelle Neuigkeiten über die Insel: www.kohphangannews.org.

Service

Geld: Banken mit Geldautomaten in Ban Thong Sala, Automaten am Hat Rin Beach und in Ban Chalok Lam.
Polizei: Thong Sala, Tel. 077 37 71 14.
Ko Pha Ngan Hospital: 3 km nördlich von Thong Sala, Tel. 077 37 70 34. Bei ernsteren Problemen empfiehlt sich das Samui International Hospital (s. S. 127).

Anreise

Die Inseln sind perfekt ans Festland angebunden und am schnellsten mit dem Flugzeug via Ko Samui erreichbar. Wer mit dem Bus oder Zug anreist, erreicht Ko Pha Ngan am günstigsten und schnellsten via Surat Thani, ab Ko Samui gibt es über zwei Dutzend Bootsverbindungen täglich, zwischen Ko Pha Ngan und Ko Tao 6–9 x tgl.
Boot: vom Bootspier bei Surat Thani 9–12 x tgl. via Ko Samui mit den Schnellbooten von Seatran (2,5 Std., 250 Bt) und anderen Gesellschaften. Infos über alle Verbindungen unter www.songserm-expressboat.com, www.lomprayah.com, www.seatrandiscovery.com, www.rajaferryport.com. Von/nach Ko Samui 9–12 x tgl. (ca. 250–500 Bt/Pers.), ab Nathon 45 Min., ab Mae Nam Beach 20 Min., ab Big Buddha Beach 50 Min. Von/nach Ko Tao 6–7 x tgl. (1–3 Std., 400–600 Bt/Pers.).
Kombitickets: kombinierte Bus-/Zug- und Schnellboot-Tickets, von/nach Bangkok 850–1100 Bt (je nach Bus-/Zugtyp), Krabi 400 Bt, Phuket 300 Bt. Onlinebuchung der wichtigsten Verbindungen unter www.phangantickets.com; stets aktuelle Fahrpläne unter www.backpackersthailand.com.

Ankunft auf Kho Pha Ngan

Im Hauptort der Insel, Ban Thong Sala, legen die Fähren an. Einige Strände an der Ostküste und der Bottle Beach im Norden sind nur per Boot oder zu Fuß zu erreichen.

Inselverkehr

Songthaew: von Thong Sala zu allen Stränden außer der Ostküste und der Bottle Beach (50–200 Bt je nach Distanz).
Longtailboot: von Thong Sala nach Hat Rin ca.150 Bt/Pers.
Mietfahrzeuge: zahlreiche Leihfirmen. Motorräder ab 150 Bt/Tag, Jeeps ab 900–1000 Bt/Tag.

Ko Pha Ngan

Sehenswert
1 Paradise Waterfall
2 Wat Khao Noi

Übernachten
1 Rainbow Bungalow
2 Royal Nature Resort
3 Drop In Club Resort & Spa
4 Suncliff Resort
5 Sarikantang Resort
6 The Sanctuary
7 Plaa's Than Sadet
8 Panviman Resort
9 Baan Panburi Village
10 Smile Bungalows
11 Long Bay Resort
12 Haad Son Bungalows

Essen & Trinken
1 Om Ganesh
2 Somtum Inter
3 Chantara Restaurant
4 The Village Green

Aktiv & Kreativ
1 Backpackers Information Center
2 Wat Khao Tham
3 Wat Po
4 Horizon Muay Thai Boxing Camp
5 Green Dot Trail
6 Khao Ra Trail

Abends & Nachts
1 Clubland Resort
2 Hin Kong Club
3 Warm Up Bar
4 Outback Bar
5 Reggae House
6 Same Same Lodge
7 Backyard Pub
8 Baan Sabai
9 Big Boom Bar
10 Apple Bar Party
11 Moon Set Party

ten, die unter den Namen **Hin Lor Beach** und **Bangson Beach** zusammengefasst werden. Die Idylle wird nur bei Ebbe getrübt, wenn das Meer einen mehr oder weniger breiten Schlick- und Korallengürtel freilegt. Unterkünfte der unteren bis mittleren Preisklasse sind reichlich vorhanden, darunter wildromantisch gelegene Bungalows für den Einsamkeits- und Naturfreak.

Hat Rin Nai Beach und Leela Beach ► Karte 6, E 6

Am benachbarten **Hat Rin Nai Beach,** wo ein Fähranleger die Überfahrt zum Big Buddha Beach auf Ko Samui ermöglicht, geht es zwar schon wesentlich lauter zu, aber immer noch vergleichsweise relaxt. Der puderzuckerfarbene Strand erfreut sich großer Beliebtheit, obwohl er bei Flut nur handtuchbreit ist und keine idealen Schwimmbedingungen bietet.

Das Gleiche gilt auch für den etwa 15 Gehminuten entfernten **Leela Beach,** der sich als schmales, teils mit Mangrovenbäumen gespicktes Sandband präsentiert. Früher unterhielten hier die Anhänger von Bhagwan ein kleines Zentrum und am Strand sieht man einige Ehemalige manchmal meditieren.

Hat Rin Beach ► Karte 6, E 6

An der Ostseite des Kaps spannt sich der **Hat Rin Nok Beach,** meist kurz Hat Rin Beach genannt, als weißer Feinsandstreifen auf etwa 500 m Länge am Saum eines Palmenhains zwischen Felsen. Vielen gilt der auch als ›Sunrise Beach‹ bekannte Strand als der schönste der Insel. In jedem Fall ist er der mit Abstand beliebteste Strand und er kann das ausgeprägteste Nachtleben vorweisen. Kein Wunder also, dass es im Durchschnitt teurer ist als andernorts auf Ko Pha Ngan.

Jeden Monat sind an diesem Strand die **Full Moon Parties** das begehrte Ziel Tausender junger Reisender (s. Panorama S. 74 und S. 151).

Übernachten

300 Bungalowanlagen und Resorts gibt es sicherlich allein am Hat Rin

Beach. Wenn auch das Komfort- und damit das Preisniveau in den letzten Jahren drastisch gestiegen ist, so findet man doch immer noch gemütliche Hütten ab etwa 400 Bt bzw. ab 600 Bt mit AC. Während der Hochsaison aber steigen die Preise mit der Nachfrage; über den Jahreswechsel und kurz vor Vollmond ist es oft ein Ding der Unmöglichkeit, eine Bleibe zu finden.

Der Preisschlager – **Rainbow Bungalow 1**: Ban Kai Beach, Tel. 077 23 82 36, www.rainbowbungalows.com, 80–120 Bt (Gemeinschaftsbad), 200–600 Bt (Bad/WC, Fan), 1200–1600 Bt (Bad/WC, AC). Hübsche und sehr gepflegte Anlage unter Palmen am Strand, Bungalows in drei Komfortklassen.

Refugium – **Royal Nature Resort 2**: Hin Lor Beach, www.royal-nature-resort-phangan.com, 1200–3500 Bt bzw. 4000–9000 Bt (Hochsaison). In traumhafter Panoramalage über dem Strand errichteter Komplex mit Zimmern und Suiten, die durchaus Mittelklassestandard bieten. Mit Pool und Spa, angeschlossen ist eine renommierte Yogaschule.

Für Genusstraveller – **Drop In Club Resort & Spa 3**: Hat Rin Nok Beach, Tel. 077 37 54 44, www.dropinclubresortandspa.com, DZ inkl. Frühstück

Weiß, schmal und sehr beliebt – der Hat Rin Nai Beach

1715–3185 Bt (Nebensaison) bzw. 2205–4095 Bt (Hochsaison). Die um einen Pool gruppierten zweigeschossigen Häuser im Thaistil bieten alles, was der verwöhnte Reisende begehrt (u. a. AC, TV, Safe, Minibar). Sie sind geschmackvoll dekoriert und mit Teakmobiliar ausgestattet. Etwa 300 m abseits vom Strand, fünf Komfortklassen.

One Million Dollar View – **Suncliff Resort 4**: Hat Rin Nai Beach, Tel. 077 37 51 34, 500–700 Bt (Fan), 700–1200 Bt (AC). Die Hügellage über dem Strand mit Panoramablick ist Gold wert. Zum Hat Rin Nok Beach sind es nur ein paar Gehminuten. Man wohnt zentral und dennoch in völliger Ruhe in gepflegten, teils zweigeschossigen Bungalows. Besonders in der höheren Preisklasse gutes Preis-Leistungs-Verhältnis.

Ganz billig mit Pool – **Sarikantang Resort 5**: Leela Beach, Tel. 077 37 50 55, www.sarikantang.com, 1275–3750 Bt bzw. 2600–6200 Bt (Hochsaison). Komfortanlage mit Pool oberhalb des zentralen Strandabschnitts mit teils recht schicken und aussichtsreichen Steinbungalows.

Essen & Trinken

Das Preisniveau ist generell niedriger als auf Ko Samui. Für 80–100 Bt kann man in einem der zahlreichen Restaurants recht gut essen. Ausgefallenes bieten die beiden folgenden Adressen:

Günstig indisch essen – **Om Ganesh 1**: Hat Rin Nai Beach, beim Bootsanleger in der Himalaya Art Gallery, tgl. 14–2 Uhr, Menü 80–160 Bt. Indisches Restaurant mit authentischen Gerichten wie Currys, Tandoris, Biriyanis und Thalis, einer rein vegetarischen Reisplatte. Dazu frische Chapatis und Naan.

Authentische Thaiküche – **Somtum Inter 2**: Ban Tai, im Dorf an der Durchgangsstraße, tgl. ab 8 Uhr, Hauptgerichte ab ca. 80 Bt. Großes und gemütliches Palmwedelrestaurant, nicht nur bei Touristen, sondern auch bei Thais beliebt. Serviert werden Spezialitäten der in Nordost-Thailand gepflegten Isanküche. Immer zu empfehlen sind *somtum*, ein Papayasalat, und *larb*, ein extrem scharfer Salat aus Gehacktem.

Aktiv & Kreativ

Vielfältiges Angebot – **Backpackers Information Center** 1: Hat Rin Beach, Tel./Fax 077 37 55 35, www.backpackersthailand.com, s. S. 146.
Meditation – **Wat Khao Tham** 2: Ban Tai, www.watkowtahm.org. Jeden Monat ab dem 13. zehntägige Vipassana-Kurse.
Sauna – **Wat Po** 3: Ban Nok. Das kleine Kloster ist wegen seiner Kräutersauna sehr beliebt, tgl. 15–18 Uhr.

Abends & Nachts

Black Moon und Half Moon Party – **Clubland Resort** 1, **Hin Kong Club** 2: s. S. 75
Full Moon Warm Up Parties – **Warm Up Bar** 3, **Outback Bar** 4, **Reggae House** 5, **Same Same Lodge** 6: s. S. 75
Full Moon After Hour Party – **Backyard Pub** 7, **Baan Sabai** 8: s. S. 75
Sonstige Partys – **Big Boom Bar** 9: Hat Rin Beach. Und dann gibt es natürlich all die anderen Partys, wie z. B. die Green Cross Party (3 Tage vor Vollmond) in der Big Boom Bar.

Infos

Touristeninformation

Backpackers Information Center : s. o. *Die* Infoquelle schlechthin für Ko Pha Ngan.

Verkehr

Boot: tgl. mehrmals von Ko Samui/Big Buddha Beach–Hat Rin Nai (ca. 25 Min.–1 Std., ca. 720 Bt bzw. 150 Bt). Mehrmals tgl. Ko Samui/Mae Nam–Hat Rin Nok (ca. 40 Min., ab 200 Bt/Pers.), weiter nach Hat Thian Beach, Ban Sadet und Thong Nai Paan.
Songthaew: Alle Strände zwischen Thong Sala und Hat Rin werden angefahren.
Minibustaxi: nach Thong Sala 150 Bt, nach Thong Nai Paan 250 Bt, nach Chalok Lam 200 Bt, nach Hat Yao 200 Bt.

Die Ostküste

► Karte 6, E–F 2–6

Zwischen Hat Rin und Thong Nai Paan reicht der Urwald bis an die hier äußerst klippenreiche und größtenteils unzugängliche Ostküste heran. Nur vereinzelt öffnen sich kleine verschwiegene Sandbuchten in dieser touristisch noch eher unterentwickelten Inselregion. Da sie nur per Boot oder auf einem Waldpfad ab Hat Rin Nok (s. Unser Tipp S. 154) erreichbar sind, sind sie während der Regenzeit häufig von der Außenwelt abgeschnitten.

Zwischen Hat Rin und Hat Sadet ► Karte 6, E–F 3–6

Wer nach der ›guten alten Zeit‹ sucht, sollte dem **Hat Yuan Beach** einen Besuch abstatten. Er liegt rund 5 km nördlich von Hat Rin Nok und bildet zusammen mit dem benachbarten **Hat Thian Beach,** wo sich inzwischen ein alternatives Yoga- und Wellnesszentrum sowie eine professionelle Schule für Thaiboxen (s. Unser Tipp S. 152) etabliert haben, ein wahres Refugium, das allerdings von Jahr zu Jahr bekannter wird. Rund 3 km weiter Richtung Norden erstreckt sich die weiße Sandbucht von **Hat Yao.**

Unser Tipp

Thaiboxen

Das **Horizon Muay Thai Boxing Camp** 4 zählt zu den wenigen professionellen Boxschulen in Thailand, die auch Ausländer aufnehmen. Täglich zweimal zwei Stunden unterrichten ausgebildete Fachlehrer, die fließend Englisch sprechen, im Thaiboxen. Wer Energie übrig hat, kann außerdem traditionellen Schwertkampf oder Thaimassage (5000 Bt/5 Tage) erlernen, einen Survival-Kurs (3800 Bt/2 Tage) oder auch Thaikochkurse (1500 Bt/Tag) belegen sowie viele weitere Angebote wahrnehmen. Zum Camp gehört eine Ferienanlage mit zwar schlichten, aber romantischen und panoramareichen Bungalows aus Naturmaterialien und einem Restaurant. Ein kompletter Trainingstag kostet 600 Bt, eine Woche 3000 Bt bzw. 5500 Bt inkl. Unterkunft und Frühstücksbuffet, ein Monat 10 000 Bt bzw. 18 000 Bt (Hat Thian Beach, Tel. 077 23 83 74 und 089 588 12 41, www.horizonmuaythai.com).

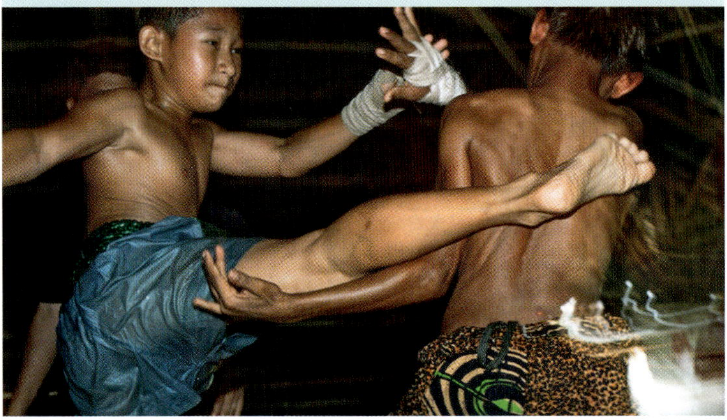

Hat Sadet Beach

▶ Karte 6, E/F 3

Motorisiert ist erst der **Hat Sadet Beach** wieder zu erreichen, der vom Than Sadet durchflossen wird. Nicht weniger als 14-mal nahm König Rama V. ein Bad in den angeblich heilsamen Fluten des Flusses. König Rama VII. machte es ihm nach und auch der jetzige König kam zu Besuch. Unlängst wurden der Fluss sowie der größte Teil des Nordwestens der Insel zum rund 66 km^2 umfassenden **Nationalpark Than Sadet–Ko Pha Ngan** erklärt. Während der Strandabschnitt südlich des Flusses einsam und noch weitgehend naturbelassen ist, liegt am nördlichen Flussufer das kleine Fischerdorf **Ban Sadet,** in das mehrere Bungalowanlagen integriert sind.

Thong Nai Paan Beaches

► Karte 6, E 2

Die beiden Feinsandstrände der kesselförmigen Doppelbucht von **Thong Nai Paan** sind von Klippen und Dschungelhügeln umkränzt und bieten ideale Bedingungen zum Schwimmen und Schnorcheln. Wegen der miserablen Straßenanbindung lag der Ort lange im Dornröschenschlaf. Inzwischen aber wurde die Straße ausgebaut und öffnete hier das erste Luxusresort der Insel, sodass nun auch die anderen Bungalowanlagen auf zahlungskräftigere Kundschaft hoffen dürfen.

Die Bucht wird durch einen Hügel in zwei Teile getrennt. Im südlichen ca. 1,5 km langen Abschnitt **Thong Nai Paan Yai** mit dem kleinen Fischerdorf **Ban Thong Nai Paan** laden unter Palmen ein rundes Dutzend Ferienanlagen der Budget- und Mittelklasse ein. Der nördlich anschließende schönere **Thong Nai Paan Noi** schmiegt sich als perfekt geformte, etwa 1 km lange Bucht zwischen Felsnasen, von deren Saum zum Inselinnern der Wald ansteigt. Zum Baden ist sie absolut ideal und in der Nähe der Felsbegrenzungen kann man recht gut schnorcheln.

Übernachten

Die Seele baumeln lassen – **The Sanctuary 6**: s. Panorama S. 70
Wegen der Aussicht – **Plaa's Than Sadet 7**: Ban Sadet, Tel. 077 44 51 91, www.plaa-thansadetresort.com, Bungalows 400 Bt und 600 Bt. 15 Holzbungalows mit dem Dschungel im Rücken sowie Strand und Meer zu Füßen. Schlicht, aber liebevoll ausgestattet (alle mit Bad/WC, Fan), mit wunderschönen Aussichten von den sehr großen Veranden. Vor allem die Thaigerichte im Restaurant sind eine Wucht. Es herrscht eine familiäre Atmosphäre. Die fünf Gehminuten den Hang hinab zum Strand nimmt man gerne in Kauf.
Spitzenklasse – **Panviman Resort 8**: Thong Nai Paan Noi, Tel. 077 44 51 01–09, www.panviman.com, DZ ab 8500 Bt, Bungalows ab 9500 Bt. Die Panoramalage am Hang über dem Strand ist unvergleichlich schön, ebenso wie die Ausstattung der rund 45 Cottages und 30 Zimmer, alle mit großen Glasfronten und Glastüren, die den Komfort eines Vier-Sterne-Hauses bieten. Das Restaurant hoch oben auf dem Hügel ist ebenfalls vom Feinsten, ein weiteres Restaurant lädt am Strand ein. Außerdem gibt es einen Pool.
Unter dem Palmwedeldach – **Baan Panburi Village 9**: Thong Nai Paan Noi, Tel. 077 23 85 93, www.baanpanburivillage.com, 600–2600 Bt (Nebensaison) bzw. 600–3300 Bt (Hochsaison). Direkt an den Strand angrenzende Anlage mit Palmwedeldachbungalows in fünf Komfortstufen von den schlichten Garden Huts mit Fan bis hin zu den aufs Meer blickenden Ocean Huts mit AC. Gemütlich-romantisches Restaurant, am Abend sitzt man zum Candlelight Dinner direkt auf dem Strand.

Essen & Trinken

An Strandrestaurants herrscht kein Mangel, und wenn es sich lohnt, stellen die meisten auch Tische auf den Sand, wo man dann zu Kerzenlicht und Wellenschlag günstig dinieren kann.
Tafeln mit Blick – **Chantara Restaurant 3**: Santhiya Resort, Thong Nai Paan Noi, tgl. ab 11 Uhr. Die Panoramalage des zu drei Seiten hin offenen Restaurants ist vollendet, das Ambiente stilvoll. Die Speisen diverser Küchen, Schwerpunkt Thai, sind geschmacklich und optisch formvollendet zubereitet.

Trekkingtouren für Dschungel-Einsteiger

Der **Green Dot Trail** 5 führt parallel zur ansonsten weglosen Ostküste vom Hat Rin Beach (Laluna Bungalow) zum etwa 5 km entfernten Hat Yuan Beach und zum Hat Thian Beach. Bis zum Ziel ist der Pfad mit grünen Farbklecksen markiert. Die reine Gehzeit pro Weg beträgt etwa 1,5 Std.

Der **Khao Ra Trail** 6 hat den mit 627 m höchsten Berg der Insel zum Ziel. Ausgangspunkt der etwa zweistündigen Wanderung mit teils sehr steilen Aufstiegen ist das Dorf Ban Madue Wan an der Straße zwischen Thong Sala und Ban Chalok Lam. Da der Trail teils schlecht zu finden ist, empfiehlt sich die Mitnahme eines Führers, der im nahe gelegenen Hauptquartier des Than Sadet – Ko Pha Ngan National Park beim Phaeng Waterfall angeheuert werden kann (800 Bt/Tag).

Infos

Boot: 2 x tgl. Ko Samui/Mae Nam via Hat Rin Nok, Hat Thian und Ban Sadet bis Thong Nai Paan (300 Bt). Zu den Stränden Hat Yuan, Hat Thian und Hat Yao Taxiboot ab Hat Rin Nok.
Minibus/Taxi: Thong Nai Paan wird von Thong Sala und Hat Rin aus angefahren, pro Weg 150 Bt.

Im Norden

► Karte 6, C/D 1/2

Bottle Beach ► D 1

Der auch als **Hat Khuat** bekannte Strand liegt isoliert im Norden der Insel und erfreut sich wegen der Ruhe und optimaler Badebedingungen im sanften Meer allergrößter Beliebtheit. So kann es während der Hochsaison schwer sein, ein vakantes Quartier zu finden. Er ist etwa 500 m lang, feinsandig, von goldener Farbe, in Palmenhaine gefasst und blickt auf bewaldete Berge.

Die Anreise erfolgt von Thong Nai Paan oder aber von **Ban Chalok Lam,** dem größten Fischerdorf der Insel, das von Thong Sala aus per Songthaew erreichbar ist. Die Atmosphäre am Strand ist geruhsam, es werden Bootstouren angeboten, diverse Restaurants und Internetcafés laden zum Verweilen ein, auch Motorräder können ausgeliehen werden. Einen Abstecher wert ist der **Paradise Waterfall** 1. Er ist an der Straße von Chalok Lam nach Thong Sala ausgeschildert und bietet sich mit seinen zwei Naturbecken zum Abkühlen an.

Übernachten

Treff der Rucksackreisenden – **Smile Bungalows** 10: Bottle Beach, Tel. 081 956 31 33, Standardbungalow 350 Bt, Komfort 500 Bt. Die 27 Bungalows (alle mit Fan, Bad/WC) sind mit großem Abstand zueinander locker in einer Gartenanlage verteilt. Die Atmosphäre ist entspannt und angenehm.

Abends & Nachts

Party – **Paradise Waterfall** 1: Etwa zweimal im Monat tanzen hier über 1000 Gäste zu Trance und Techno.

Infos

Boot: 2 x tgl. von/nach Ban Chalok Lam (100 Bt).
Fußweg: Von Thong Nai Paan oder Ban

Chalok Lam geht man jeweils ca. 5 km (mind. 2 Std.) auf teils recht beschwerlichen Pfaden.

Die Westküste

► Karte 6, A/B 1–4

Entlang der felsigen Westküste finden sich insgesamt zehn Buchten mit touristischer Infrastruktur. Da die Badebedingungen aufgrund geringer Wassertiefe und vorgelagerter Muschel- und Korallenbänke nicht optimal sind, können sie dem Vergleich mit anderen Inselstränden allerdings nicht standhalten. Der nördlich von Thong Sala auf einem Hügel gelegene **Wat Khao Noi** 2 (auch: Wat Khao Phu Noi) ist der älteste Tempel der Insel und gefällt vor allem wegen der Aussicht.

Hat Yao Beach und Chao Phao Beach ► Karte 6, A 2

Eine Ausnahme bildet der etwa 1 km lange und teils extrem breite **Hat Yao Beach** (nicht zu verwechseln mit seinem Namensvetter an der Ostküste), der neben genügend Tiefe zum Baden und Schnorchelfreuden auch malerische Sonnenuntergänge bietet. Zudem verfügt er über eine gute Infrastruktur mitsamt einem entspannten Nachtleben. Budget- und Luxusreisende finden hier gleichermaßen ihr Urlaubsglück. Empfehlenswert ist auch der zwei Buchten weiter südlich gelegene, etwa 500 m lange **Chao Phao Beach** mit gelbweißem feinem Sand.

Übernachten

Für jeden etwas – **Long Bay Resort** 11: Hat Yao Beach, Tel. 077 34 90 57, www.long-bay.com, Bungalows in sieben Preisstufen von 1500 bis 4200 Bt (je nach Lage und Ausstattung). Die Gartenanlage ebenso wie die Bungalows von gehobenem Standard (alle u. a. mit AC, TV, Minibar) sind gepflegt. Das Restaurant direkt am Strand erfreut mit authentischer Thaiküche. Zum Freizeitangebot gehören ein nierenförmiger Pool nebst Kinderpool, eine Tauchschule und der Verleih von Fahrrädern und Kanus.

Markante Lage – **Haad Son Bungalows** 12: Son Beach/Chao Phao Beach, Tel. 077 34 91 03, www.haadson.net, 1450–5500 Bt (Nebensaison), 1950–7000 Bt (Hochsaison). Die rund vier Dutzend Bungalows liegen entweder am Strand oder haben Strandblick. Insbesondere die komfortableren sind aus Stein erbaut und sehr geschmackvoll eingerichtet.

Essen & Trinken

Klassisch Thai mit World Cuisine – **The Village Green** 4: Chao Phao Beach, hinter den Sea Flower Bungalows, Thaigerichte durchschnittlich 50–80 Bt. Zweigeschossiges Holzrestaurant im Thaistil, Speisebalkon mit schönem Blick auf den Sonnenuntergang. Gerichte aus aller Welt, teils ausgefallen kreiert, darunter viel Vegetarisches. Ein Renner ist u. a. die große Enchilada-Platte mit Sauerrahm und Guacamole (120 Bt).

Abends & Nachts

Partys – Die **Apple Bar Party** 10 findet jeden Sonntag am Hat Yao Beach statt, die **Moon Set Party** 11 (3 Tage vor Vollmond) in der **Pirate's Bar** am Chao Phao Beach. Ansonsten geht es hier eher ruhig zu.

Lieblingsort

Auf Spurensuche nach der ›guten alten Zeit‹ – Hat Khom

▶ Karte 6, C 1

Wer nostalgisch die Spuren vergangener Globetrottertage sucht, kann auf Ko Pha Ngan selbst heute noch fündig werden. ›Hat Khom‹ lautet das Stichwort, und hin zur kleinen Sandbucht im Felssaum kommt man nur zu Fuß, mit dem Crossbike oder am besten mit einem Boot von Ban Chalok Lam aus. Die Optik ist vor allem während des Sonnenuntergangs faszinierend, die vier kleinen Bungalowanlagen fügen sich ins romantische Bild, und das vorgelagerte Korallenriff ist das einzige der Insel, das den Namen verdient. Schnell geschieht es hier, dass man die Zeit vergisst und hängen bleibt.

Insel der Taucher – Ko Tao

Fischerboote treiben auf dem gescheckten Malachit des flachen Küstenwassers, Sandstreifen leuchten zwischen Korallenfelsen, grüne Hänge säumen palmenbestandene Strände im Süden und Westen des wegen seiner Form ›Schildkröteninsel‹ genannten Eilandes. Nicht mehr als 7 km ist es lang, nur 3 km breit, trägt aber dennoch fast 400 m hohe Berge. An den insgesamt mehr als 7 km langen feinen Stränden nächtigen in mittlerweile mehr als 100 Bungalowanlagen jährlich über 100 000 Besucher. Für die etwa 800 permanenten Inselbewohner stellt der Tourismus, der hier seit den frühen 1990er-Jahren boomt, natürlich die Haupteinnahmequelle dar.

Ausnahmsweise werden die Urlauber nicht in erster Linie von den Inselstränden angelockt, sondern vielmehr von nahe liegenden Tauchrevieren (s. Entdeckungstour S. 162). Sie versprechen, die mit Abstand schönsten im gesamten Golf von Thailand zu sein. So ist der Andrang groß und während der

Infobox

Reisekarte: ▶ D 6 und Karte 7

Touristeninformation

Gedruckte Informationen im kostenlosen »Koh Tao Info Booklet«.
Internet: www.koh-tao.de, www.kohtao.com, www.on-koh-tao.com, www.kohtaoonline.com.

Service

Geld: Banken mit Geldautomaten in Ban Mae Hat.
Polizeistation: Mae Hat, Tel. 077 45 66 31.
Gesundheit: Kliniken in Mae Hat.

Anreise

Ko Tao kann wie Ko Pha Ngan auch ab Surat Thani (und Ko Samui) erreicht werden, aber schneller geht es via Chumpon (s. auch S. 123).
Boot: von/nach Surat Thani 1 x tgl. mit dem Schnellboot (6 Std., 550 Bt), Nachtboot 9 Std. (500 Bt), von/nach Chumpon 4–6 x tgl. (1,5–3 Std., 550–800 Bt), Nachtboot 5 Std. Von/nach Ko Pha Ngan 6–7 x tgl. (1–3 Std., 350–500 Bt), von/nach Ko Samui 6–7 x tgl. (2–3 Std., 500–800 Bt.).
Kombitickets: kombinierte Bus-/Zug- und Schnellboot-Tickets, Bangkok um 1000 Bt, Hua Hin um 950 Bt, Krabi 700 Bt, Phuket 650 Bt. Onlinebuchung und Information unter www.kohtaotickets.com.

Inselverkehr

Songthaew/Motorradtaxi: von Ban Mae Hat zu allen Stränden 60–300 Bt (je nach Distanz).
Longtailboot-Taxi: 150–800 Bt.
Mietfahrzeuge: Vermietung an allen Stränden. Motorrad um 180–250 Bt, ATV ab 1000 Bt.

Übernachten

Unterkünfte können über die o. g. Websites und auf der Seite der Vereinigung der Inselresorts www.kohtaobungalows.com online gebucht werden. Wer das Besondere sucht, schaut unter www.kohtaohotels.net.

Hochsaison (Dez.–März, Juli–Sept.) werden Nicht-Taucher in den meisten Bungalowanlagen dann oft auch nicht akzeptiert.

Aktiv auf Ko Tao

Kajaks werden an den meisten Stränden verliehen (100 Bt/Std.). **Schnorchler** können sich an allen Stränden Masken und Flossen ausleihen (jeweils 50 Bt), dort dann auch Organisation von Schnorcheltrips, u. a. einmal rund um die Insel (600 Bt). **Wasserskifahrer** leihen sich Monoski oder Wakeboard (1200 Bt/15 Min.) z. B. beim Blacktip Water Sport Center (s. S. 162,165). Ko Tao hat auch für **Kletterfans** einiges zu bieten, bis hin zu anspruchsvollen Spots der Kategorie Five-Star Boulder. *Die* Kletteradresse der Insel ist **Good Time Adventures,** die sowohl Schulung als auch geführte Touren anbietet (Halbtageskurs 2000 Bt, Tageskurs 3000 Bt; Tel. 087 275 36 04, www.gtadventures.com).

Die Toptauchspots von Ko Tao

Vom Sails Rock einmal abgesehen (s. Entdeckungstour S. 162) tragen die ca. 5 km nordwestlich von Ko Tao gelegenen **Chumpon Pinnacles** einen herausragenden Namen. Sie bilden bis über 16 m hohe Korallensäulen und sind oft Tummelplatz diverser Großfische. Die vier Reviere rings um **Ko Nang Yuan** (s. u.) bieten eine enorme Vielfalt in Sachen Flora und Fauna in relativ geringer Tiefe (etwa 6–12 m). Gerade Anfänger wissen das zu schätzen. Versierte Höhlentaucher hingegen können sich beim **Green Rock** ihren Adrenalinstoß holen. Für nächtliche Tauchgänge ist dieser Ort ebenfalls ideal, obwohl der **White Rock** als der populärste Nachttauchspot gilt. **Shark Island,** direkt vor dem Südzipfel von Ko Tao gelegen, ist ein farbenprächtiger Anemonengarten-Spielplatz zahlreicher Arten von Korallenfischen sowie auch Leopard- und Riffhaien.

Die Westküste

▶ Karte 7, A 1–3

Alle Besucher erreichen Ko Tao am **Mae Hat Beach** mit dem Hauptdorf Mae Hat. Vom Meer aus zeigt sich der Strand wunderschön, doch beim Baden und Wassersport stört der rege Bootsverkehr.

Wesentlich angenehmer wohnt man an der nördlich anschließenden Bucht, etwa zehn Gehminuten entfernt, mit dem weißsandigen **Sai Ri Beach.** Mit rund 1,7 km Länge ist er der längste sowie mit mehreren dutzend Bungalowanlagen und Resorts in allen Preis- und Komfortstufen auch der touristischste aller Inselstrände.

Nördlich vorgelagert liegt das in Privatbesitz eines Tauchresorts stehende **Ko Nang Yuan,** das im Hausprospekt als »the only place with three joined beaches in the world« gepriesen wird. Ob das nun stimmt, sei dahingestellt. Der Anblick der durch weiße Sandstrände miteinander verbundenen Inselchen mutet jedenfalls paradiesisch an. Unter Wasser lädt eine reiche Korallenwelt zum Staunen ein. Will man an Land gehen, sind 100 Bt zu entrichten, der Aufenthalt selbst ist kostenlos.

Übernachten

Panorama und Komfort satt – **Tipwimarn Resort:** Tel. 077 45 64 09, www.thipwimarnresort.com, 2350–8750 Bt (Nebensaison), 2850–11 600 Bt (Hochsaison). Die mit Abstand panoramareichste Adresse des Strandes beeindruckt mit stilvollen Bungalows in acht Komfortklassen aus Naturmaterialien, die geschickt in den Hang integriert sind. Ihr Interieur ist ebenso exotisch und geschmackvoll wie das Exterieur. Auch ein Pool lädt ein. Das Restaurant ist wegen seiner Konstruktion und Aussicht einzigartig. Auf einer überdachten Veranda sitzt man klassisch an niedrigen Tischen auf dem Boden und genießt ausgezeichnete Thaiküche.

Exklusive Taucherinsel – **Nang Yuan Island Dive Resort:** Ko Nang Yuan, Tel./Fax 077 45 60 88, www.nangyuan.com, 1500 Bt (Fan) bis 14 000 Bt (AC). Die drei Inselchen sind im Besitz des PADI-Tauchresorts, was für exklusive Privatsphäre und – zumindest ab dem Nachmittag – für absolute Ruhe spricht. Seit über 20 Jahren schon ist es *die* Adresse auf Ko Tao und daher extrem stark nachgefragt. Einige der Bungalows schmiegen sich wildromantisch an die Küstenfelsen.

Ganz billig am Beach – **Sai Ree Cottage:** Tel. 077 45 63 74, Bungalows 350–2500 Bt (je nach Komfort). Große Auswahl an Bungalows in vier Komfortklassen vom schlichten Holzhäuschen (mit Fan) im Stil der ›guten alten Zeit‹ bis hin zum rosafarbenen Ziegelbungalow mit AC.

Essen & Trinken

Ambitionierte spanische Küche – **Papa's Tapas:** Sai Ri Beach, Tel. 077 45 70 20, www.papas-tapas.net, tgl. ab 18 Uhr, Tapas ab 90 Bt, Hauptgerichte 240–350 Bt. In Erdfarben gehaltenes Spitzenrestaurant, das man vom ganzen Ambiente her eher in Andalusien vermuten würde. Alles typisch spanisch, gerade auch die Küche, auch wenn sie von einem schwedischen Küchenchef zubereitet wird. Empfehlung sind die reichhaltigen Tapateller, die siebenerlei Leckereien bieten. Auch Vegetarier kommen hier auf ihre Kosten, schon gar Schleckermäuler (Dessertplatte zu 120 Bt), und auch die Käseplatte ist ihr Geld wert (140 Bt). Dazu dann eine gute Flasche Wein (700 Bt), und selbstverständlich wird auch Sangria serviert (150 Bt/Glas). Tischreservierung wird empfohlen.

Authentisch indisch – **Noori-India:** in Hügellage am Weg von Mae Hat nach Sai Ri, Tel. 087 89 22 99 70, tgl. ab 11 Uhr. Authentisch indische Küche, ein Paradies gerade auch für Vegetarier.

Italienische Eisdiele – **N'Joy Café:** Mae Hat, am Hauptplatz, tgl. 8–23 Uhr. Lust auf italienisches Eis? Dann führt kein Weg am Café vorbei. Es gibt 20 verschiedene Sorten, außerdem Crêpes und italienischer Kaffee.

Der kleine Archipel von Ko Nang Yuan ist Ko Tao direkt vorgelagert

Abends & Nachts

An den Hauptstränden Sai Ri, Chalok Ban Kao und in Mae Hat ist erstaunlich viel los. Zumindest in der Hochsaison findet jede Nacht irgendwo eine Party statt, worüber Flugblätter informieren.

Im Baum – **Fizz Beach Bar:** Sai Ri, tgl. 16–2 Uhr. Treffpunkt zum Sonnenuntergang-Gucken. Dank der relaxten Atmosphäre und *groovy sounds* bleiben die meisten gleich hängen an dieser ausgefallen, weil im Innern eines Baumes eingerichteten Bar. Fr lockt die Beach Party.

Kunst, Musik und Cocktails – **In Touch:** Sai Ri, tgl. ab 17 Uhr. Großzügiger Strandtreff mit mehreren Zonen zum Relaxen in kunstreichem Ambiente. Die Cocktails sind berühmt und Mi und Sa lassen DJs in den Energy Party Nights progressiven Sound ertönen.

Longdrinks und Buckets – **The Whitening:** Mae Hat, tgl. ab 17 Uhr. Allabendlich kann man in diesem Open-Air-Pub die exotischsten Longdrinks zu erfrischender House-Musik schlürfen, aber Fr, wenn die Beach Party Night lockt, schlürfen alle nur eines: ›Bucket‹, einen Eiskübel voller Mekong-Cola-Gemisch.

Im Inselabseits

▶ Karte 7, B 1–3

Die ganz im Norden gelegene **Mango Bay** ist ebenso exklusiv wie Ko Nang Yuan, denn nur per Boot ist dieses Schwimm- und Schnorchelparadies erreichbar. Ein einziges Resort schmiegt sich an den malerischen Urwaldhang.

Intakte Korallenriffe, aber so gut wie keinen Strand findet man ▷ S. 165

Auf Entdeckungstour

Filigrane Unterwasserwelten – am Sails Rock

Will man im Golf von Thailand abtauchen, ist Ko Tao mit Abstand die beste Adresse. Im sauberen und klaren Wasser entführen zahlreiche Korallenriffe in eine märchenhafte marine Welt mit einer artenreichen Flora und Fauna. Von den mehr als 30 Tauchrevieren von Weltklasse ist das am Sails Rock der abwechslungsreichste und spektakulärste Divespot der Region.

Reisekarte: ► D 6

Touranbieter: PADI Gold Palm IDC-Blacktip Dive Resort & Water Sport Center, Strand der Tanot Bay, Tel. 077 45 64 88, www.black-tip.com

Tourdauer: 7–16 Uhr

Preis: 3000 Bt. inkl. zweier Tauchgänge

Über bizarren Strukturen in Hirn- und Pilz-, Geweih- und Fächerform, über purpurroten Kalkalgen und gelben Schwämmen, glitzernden Röhrengeflechten und blau leuchtenden Ästen, über Grünalgen und Blumentieren, Tentakelspiralen oder den filigran schwebenden Fangarmen der Seeanemonen schießen Heerscharen schillernder Meeresgeschöpfe umher, während Kaiserfische und Blaupunktrochen, Ammenhaie und Schildkröten, mächtige Mantas und drollige Kugelfische als elegante Schwimmer vorüberziehen. Am Sails Rock können Anfänger ebenso wie versierte Taucher schöne Tauchgänge erleben. Zudem ist es das beste Revier im Golf, um Großfische und den seltenen Walhai zu beobachten.

Einzigartige Tiefblicke

Die eindrucksvollsten Tauchreviere im gesamten Bereich des Golfs von Thailand finden sich rings um die Insel Ko Tao, die in Kreisen deutscher Unterwasserfreaks nicht umsonst den Übernamen ›Ko Tauch‹ trägt. Etwa 30 Divespots der Weltklasse laden hier ein, was nicht zuletzt auch der Entfernung zum Festland zu verdanken ist (immerhin sind es 74 km bis Chumpon) bzw. der damit einhergehenden Sauberkeit des Meeres, das Tiefblicke von 20–30 m ermöglicht. Beim Sails Rock (Hin Bai) beträgt die Sicht mit etwas Glück sogar spektakuläre 40 m und gerne nimmt man daher die etwa einstündige Anfahrt zu diesem exponiert weit draußen Richtung Ko Pha Ngan liegenden Tauchrevier in Kauf. Die beste Zeit für Tauchgänge am Golf ist Dezember bis März, gute Bedingungen herrschen aber auch bis August/September.

Mit voller Kraft stampft die MV Geziena, das etwa 15 m lange Tauchboot des Blacktip Dive Resort, von Ko Tao aus in Richtung auf das offene Meer, und beim Frühstücksbuffet und dem anschließenden Briefing vergeht die Zeit wie im Flug. Danach werden die einzelnen Gruppen eingeteilt – auf je drei Taucher kommt ein Guide, und schon zeichnet sich voraus in der bis zum Horizont offenen Wasserweite der Sails Rock ab: ein einsam aus dem Meer ragender Felsklotz von etwa 15 m Höhe.

Ein Fünfsterne-Tauchrevier

Nachdem das Schiff vor Anker gegangen ist, springen die Teilnehmer gruppenweise ins glasklare Meer. Fertigmachen zum Abtauchen – und los geht's: an den über und über mit gelben und grünen Blumenkorallen und mit verschiedenen Anemonenarten bewachsenen Steilwänden entlang senkrecht in die bis zu 40 m messende Tiefe. Hier zeichnen sich bald große, buschige Schwarzkorallen ab. Makrelen und Fledermausfische stehen in der sanften Strömung, Barakudaschwärme ziehen vorüber und vereinzelt schauen aus Öffnungen in der vertikalen Korallenwand Skorpionfische und Muränen hervor. Bei etwa 18 m Tiefe geht es vom Sink- in den parallel zum Grund verlaufenden ›Gleitflug‹ über und mit sanften Flossenschlägen steuern die Taucher die Nordwestwand der Insel an. Dort nämlich öffnet sich The Chimney, ein senkrecht nach oben führender Kamin mit einem Licht spendenden ›Fenster‹ auf 12 m Tiefe und einem Ausgang auf 6 m Tiefe inmitten eines von bunten Anemonenfischen umschwärmten Seeanemonenfeldes.

Nach 50 Minuten geht es wieder an Bord. Das zeitlupenlangsame Hinaufgleiten durch diese mit Korallen gespickte marine Märchenhöhle ist auch für versierte Unterwasserfreaks ein unvergessliches Erlebnis. Immerhin handelt es sich beim Korallenriff um das weltweit komplexeste Ökosystem nach dem tropischen Regenwald.

Das Leben am Riff

Die einzigartigen Korallenriffs werden von mehr als 100 000 Arten belebt. Dabei fängt alles ganz winzig und unscheinbar mit den mikroskopisch kleinen Larven der Korallenpolypen an, die auf geschlechtlichem Weg gezeugt werden. Sie treiben so lange im Meer dahin, bis sie sich an einen passenden Ort in maximal 50 m Tiefe und 20–30 °C warmem Wasser anheften können. Langsam entwickeln sie Tentakeln und wachsen zu 2,5–10 mm großen Korallenpolypen heran, während sich gleichzeitig ihr Kalksteingehäuse, ihr Skelett, bildet. Die Fortpflanzung kann aber auch durch Teilung erfolgen, indem die Korallen Äste oder Knospen hervorbringen, die zu Tochterpolypen werden und selbst Knospen treiben.

Der Vorgang wiederholt sich in ständig wachsendem Tempo, sodass schnell eine Kolonie von Tausenden, eng miteinander verbundenen Korallenpolypen entsteht. Alte Polypen sterben ab und hinterlassen die abgesonderten Kalkskelette, auf denen neue Polypen weiterbauen. Auf diese Weise wächst ein Korallenriff jährlich um durchschnittlich 1 cm in die Höhe.

Von Zerstörung bedroht

Jahr für Jahr schreitet die Zerstörung dieses einzigartigen Ökosystems auf Ko Tao, in Thailand und auch überall sonst in den Tropen fort. So trifft manchmal leider auch unter Wasser der Ausspruch des Tourismusexperten Professor Torsten Kirstges zu, dass der Tourist oft zerstört, wenn er gefunden hat, was er sucht. Einige Touristen sind sich des sensiblen Ökosystems nicht bewusst und zerstören leichtfertig mit ihren Flossen oder den aufs Riff geworfenen Ankern die feinen Korallenstrukturen und damit das, was Jahrzehnte des Wachstums bedarf. Daher sollte man als Taucher ganz vorsichtig sein und sich achtsam durch die Unterwasserwelt bewegen.

Recht häufig lassen sich am Riff Muränen beobachten

auch an der **Hin Wong Bay.** Als einer der besten Schnorchelspots überhaupt gilt die **Tanot Bay,** wo man direkt vom Strand aus abtauchen kann. Die erforderliche Ausrüstung erhält man im **Blacktip Dive Resort & Water Sport Center** (s. S.162), das außerdem Kajaks verleiht und Wasserski organisiert.

Auch die einsame **Leuk Bay** fasziniert mit ihrer marinen Vielfalt im kristallklaren Wasser und dem Strand, der in eine Palmenplantage übergeht. Preiswerte Unterkünfte ziehen vor allem Budgetreisende an.

Übernachten

In die Natur integriert – **Mango Bay Grand Resort:** Mango Bay, Tel. 077 45 69 48–49, www.mangobaykohtao.com, 1400–2800 Bt bei Internetbuchung. Ganz allein im Inselnorden gelegene Ferienanlage. Wunderbar, wie die 15 Bungalows zwischen und auf die Granitfelsen gesetzt sind, die den Waldhang hinter dem Strand überziehen. Und wieder gibt es ein herrliches Panorama. Dazu ist es relativ erschwinglich.
Für Ruhebedürftige – **Ao Leuk Bungalows:** Leuk Bay, Tel. 077 45 67 79, www.aowleuk2.com, 450–2500 Bt. Möchte man direkt am Strand und günstig wohnen, so bieten diese elf Bungalows – vor allem die neueren – ein gutes Preis-Leistungs-Verhältnis.

Der Süden

► Karte 7, A/B 3/4

An der Südspitze lädt die **Thian Ok Bay** ein, die im Privatbesitz eines Resorts ist. Landschaftlich ist es vielleicht die reizvollste Bucht der Insel. Gegen ein geringes Entgelt erhalten auch Nichtgäste Zutritt.

Kaum zu glauben, dass nur eine Hügelkette zwischen diesem kleinen, weltentrückten Paradies und der **Chalok Ban Kao Bay** liegt. Am zweitpopulärsten Inselstrand drängt sich alles eng an eng und die Zufahrtsstraße hat sich zu einer Traveller-Meile gemausert. Zum Schwimmen ist es hier und in den angrenzenden Buchten, die über einen Fußweg erschlossen sind, zumindest bei Ebbe nicht optimal.

Übernachten

Gut und günstig – **Koh Tao Tropicana Resort:** Chalok Ban Kao Bay, Tel. 077 45 61 67, www.koh-tao-tropicana-resort.com, DZ ab 600 Bt, Bungalows 600–1700 Bt. Zahlreiche Steinbungalows, teils direkt am Strand, und gepflegte Zimmer im Haupthaus, teils schön mit Holz verkleidet. Eine der vergleichsweise besten Adressen.
Erste Wahl für Taucher – **Blacktip Dive Resort:** Tanot Bay (s. Entdeckungstour S. 162). Bungalow je nach Komfort 400–1500 Bt (Taucher) bzw. 800–3000 Bt.

Essen & Trinken

Spitzenpanorama – **New Heaven:** über der westlichen Thian Ok Bay, tgl. ab 9 Uhr, Gerichte ab 80 Bt. Lokal mit der schönsten Aussicht auf Ko Tao, zu genießen bei guter und relativ günstiger Thaiküche.

Abends & Nachts

Beach Hang Out – **Buddha on the Beach:** Chalok Ban Kao, tgl. ab 16.30 Uhr. Strandtreff mit entspannter Atmosphäre und Cocktails, dazu Indie- und Funkklänge. Mehrmals pro Woche auch Livemusik und DJ-Nächte.

Das Beste auf einen Blick

Andamanenseeküste und zentrales Bergland

Highlights!

Ko Similan Marine National Park: Neun Inseln bilden den unbewohnten Archipel und diese oft wie Skulpturen geformten Granitbuckel mit ihren weißen Strandsäumen geben ein exotisches Bild ab. Atemberaubend vielfältig aber zeigt sich vor allem die Unterwasserwelt. S. 181

Khao Sok National Park: Wie in einem Märchenland ragen in diesem meistbesuchten Schutzgebiet Thailands fantastisch geformte und von Urwald überwucherte Kalksteinformationen auf. Wer noch nie in einem Baumhaus gewohnt oder in Urwaldflüssen gebadet hat, weiß gar nicht, was er verpasst hat. S. 184

Auf Entdeckungstour

Dschungeltour durch den Regenwald: Der Regenwald, König aller Wälder, wächst langsam und stirbt schnell, denn unaufhaltsam fressen sich die Kettensägen durch das grüne Universum, um Platz für immer mehr Plantagen und Menschen zu schaffen. Nur in den Nationalparks noch ist er als Relikt vorhanden und nirgends sonst in Thailand kann man das ›Abenteuer Urwald‹ entspannter genießen als vom Stausee Chiew Lan aus. S. 186

Kultur & Sehenswertes

Ko Phayam: Diese 30 km² große Insel ist zwar kein Geheimtipp mehr für Globetrotter, aber noch immer überwiegen die romantischen Palmwedelhütten. S. 171

Khao Lak Beach: Vereinzelte Felsbänder setzen Akzente im 3 km langen goldgelben Meeressaum, von dem die mit Urwald bedeckten Hänge des Khao Lak Lamru National Park steil ansteigen. S. 176

Aktiv & Kreativ

Unterwasser-Naturlehrpfad: In Taucherkreisen genießt der Ko Surin Marine National Park sogar noch einen besseren Ruf als die Similan-Inseln. Außerdem gibt es hier den ersten Unterwasser-Naturlehrpfad Thailands. S. 174

Dschungel und Tiere: In Sachen Tierbeobachtung und Dschungeltrekking gibt es zum Khao Sok National Park kein Pendant in Thailand. S. 184, 189

Genießen & Atmosphäre

Nang Thong Bay Resort: Die anmutige Gartenanlage mit exklusiven Strandbungalows und einem gepflegten Restaurant direkt am Nang Thong Beach ist sehr beliebt bei Reisenden aus Deutschland. S. 179

Our Jungle House: Entlang einer monumentalen Kalksteinwand im Khao Sok National Park fließt ein Urwaldfluss. An ihm liegen, locker verteilt, urig-anmutige Bungalows und Baumhäuser. S. 185

Abends & Nachts

Hippie und Rasta Baby Bar: Hier feiert man auf Ko Phayam relaxte Strandabende mit musikalischer Untermalung, an der Rasta Baby Bar sporadisch auch Beach Parties. S. 172

Die Kneipendichte auf **Khao Lak** ist hoch, aber von einem Nachtleben im eigentlichen Sinn kann keine Rede sein. S. 179

Traumstrände, Korallenriffe und Urwälder

Strände gibt es an der Andamanenseeküste wie Sand am Meer, doch zwischen der Grenze zu Myanmar (Burma) bei Ranong im Norden und Phuket im Süden erstrecken sich die längsten des Königreiches. Insbesondere bei Khao Lak ziehen sie sich kilometerlang, d. h. fast 40 km lang im Saum von Kasuarinen, Laubbäumen, Palmen, Bananenhainen und Lagunen am blauen Band des Ozeans hin, was vor allem ältere Urlauber und Familien mit Kindern zu schätzen wissen. Je nördlicher man reist, desto gebirgiger wird das größtenteils noch mit primärem Regenwald bewachsene Hinterland und desto einsamer sind die Strände und ausgedehnter die Mangrovenwälder, die die stark zerlappte Küste säumen.

Die farbenprächtigen Korallenriffe der vorgelagerten Surin- und Similan-Inseln zählen mit zu den hochkarätigsten Tauchrevieren Thailands, und im hohen Norden direkt an der Grenze zu Myanmar vor Ranong lockt die alternative Ferieninsel Ko Phayam all diejenigen an, denen Ruhe und Erholung in schöner Natur über alles geht.

Doch nicht nur an der Küste und unter Wasser gibt es in dieser Region Vielfältiges zu entdecken, sondern gerade auch im bis zu 1400 m hoch aufragenden Binnenland, das hier größtenteils noch mit primärem Regenwald bewachsen ist und in weiten Abschnitten unter Naturschutz steht. So auch in der Gegend des Khao-Sok-Nationalparks, der als der spektakulärste von Südthailand gilt und mit bizarren, urwelthaften Landschaften überrascht. Auch die Infrastruktur ist einzigartig – man kann sogar in Baumhäusern wohnen –, und wer eine aktive Ader hat, kann hier zu zahlreichen Abenteuern aufbrechen. Nicht zuletzt zum in dichten Urwald eingebetteten Stausee Chiew Lan, der im Ruf steht, einer der landschaftlich eindrucksvollsten Seen von ganz Südostasien zu sein.

Infobox

Reisekarte: ► A–C 5–8

Internet

Es gibt keine Website, die sich exklusiv mit dem Großraum befasst, aber zahlreiche Informationen finden sich im Portal **www.thailand.sawadee.com,** das die in Provinzen eingeteilte Region detailliert vorstellt: Von Interesse sind die Provinzen Phang Nga, Ranong und – für Khao Sok – Surat Thani.

www.andaman-island-hopping.com: Diese Website informiert auf Englisch ausführlich über die Inseln der Andamanensee, mitsamt Bootsfahrplänen und Karten.

Verkehrsmittel

Da der gut ausgebaute Highway 4 von Phuket im Süden bis hinauf nach Ranong nahe der Küstenlinie verläuft, lässt sich der gesamte Großraum perfekt per Bus erkunden, obwohl es ein Maximum an Freiheit bietet, ein eigenes Fahrzeug zu haben. Khao Sok liegt im Schnittkreuz zwischen den Strandzentren der Andamanenseeküste und des Golfs von Thailand und ist ebenfalls perfekt angebunden. Obendrein verkehren Minibusse zwischen allen Ferienzentren.

Üppiges Grün säumt einen Strand im Ko Surin Marine National Park

Zum Indischen Ozean ► B/C 5/6

Vor **Chumpon** (s. S. 123) erreicht der Highway 4 eine bedeutende Kreuzung: Hier biegt der Highway 41 nach Süden Richtung **Surat Thani** (s. S. 123) ab, während die eigentliche Hauptstraße jetzt die Golfküste verlässt, um den **Isthmus von Kra,** wie die Malaiische Halbinsel in ihrem mittleren, schmalsten Abschnitt genannt wird, gen Westen Richtung Ranong zu queren.

Schon bald hinter der Abzweigung führt die Straße im Zickzack in das zunehmend gebirgiger und wilder werdende, nur noch spärlich besiedelte Grenzland zu Myanmar hinein, und bald geht es mitten durch den Dschungel hindurch, der hier, wo die höchsten Niederschläge von ganz Thailand verzeichnet werden, eine kleine ›grüne Hölle‹ bildet. Insbesondere nach Regenfällen und im Morgengrauen tropft der Wald vor Feuchtigkeit; Wasserschleier wehen, steigen auf wie Dampf aus heißer Vegetation, und scheint dann die Sonne hinein, tanzen die Kaskaden in allen Regenbogenfarben.

Ranong ► C 6

Nach rund 115 km wird **Ranong** erreicht, die rund 28 000 Einwohner große Hauptstadt der nördlichsten der Provinzen, die zum Indischen Ozean hin liegen. Die vor 250 Jahren von Chinesen gegründete Stadt treibt über den direkt angrenzenden **Victoria Point,** den südlichsten Punkt des Nachbarlandes, einen blühenden Handel mit Myanmar, doch Touristen dürfen nur auf einen Tagesbesuch hinüber (so sie ein ›Re-Entry‹-Visum für Thailand haben), was sich aber in keiner Weise lohnt. Sollte sich Myanmar eines Tages auch in dieser Region öffnen, wird Ranong, das seinen Wohlstand bislang vor allem der Fischerei verdankt, ein bedeutendes Ziel für Urlauber sein.

Zurzeit liegt es noch im Abseits bzw. wird von den meisten Besuchern nur als Transitstation auf dem Weg von/nach Ko Phayam besucht.

Sehenswürdigkeiten, insbesondere Wasserfälle, gibt es reichlich im Umland (Infos/Touren über die u. g. Unterkünfte), aber Highlight der Stadt sind die **Raksawarin-Thermalquellen** an der Thanon Kamlangsap im Süden, etwas außerhalb der Stadt im **Raksawarin Park Arboretum.**

Übernachten

Beste Wahl – **Tinidee Hotel:** Thanon Tamuang, Tel. 077 83 52 40, www.tinidee-ranong.com, DZ ab 2900 Bt bei Onlinebuchung. Großzügiges Mittelklassehotel mit 138 Komfortzimmern, einem großen Pool und einer Spa-Abteilung mit Jacuzzibecken, die von Thermalwasser gespeist werden.
Travellers' Treff – **Kiwi Orchid Guesthouse:** 1 Thanon Phetchkasem, Tel. 077 83 28 12, www.kiwiorchidplranong.com, DZ 250 Bt. Direkt beim Busbahnhof gelegener Treff der Rucksackreisenden und *die* Infostelle, wenn man zwecks ›Visa Run‹ nach Myanmar hinüber oder das Umland von Ranong näher kennenlernen möchte. Es werden auch Touren angeboten, Motorräder und Fahrräder vermietet. Die Zimmer sind spartanisch, aber für eine Nacht in Ordnung. Ein Restaurant ist angeschlossen.
Relaxen im Grünen – **Thansila Resort:** 129/2 Soi Thara, Thanon Petchkasem, Tel. 077 82 34 05, www.thanbsilaresort.thport.com, Zimmer von 450–1100 Bt. Wunderschön und ruhig im satten Grün am Fluss nahe der Thermalquelle gelegene Anlage, mit Liebe gestaltet. Den besten Gegenwert bieten die komfortablen River-View-Zimmer, teils mit urigen Badewannen.

Infos & Termine

Touristeninformation

Kiwi Orchid Guesthouse: s. links. Gute Infoquelle über die Stadt und ihre Umgebung.
Internet: www.thailand.sawadee.com/ranong, www.kiwiorchid.com, www.ponplace-ranong.com.
Myanmar: Über das Prozedere zum ›Visa Run‹ nach Myanmar informieren die beiden letztgenannten Webseiten und das Kiwi Orchid Guesthouse (s. links).

Verkehr

Bus: Busbahnhof am Highway 4, 6 x tgl. Verbindungen mit Krabi (180 Bt) und Phuket (180 Bt) via Khao Lak (um 100 Bt), außerdem 6–8 x tgl. mit Chumpon; auch Surat Thani und Bangkok werden angefahren.
Minibus: Auf der Strecke nach Surat Thani (um 350 Bt) via Chumpon sind auch Minibusse im Einsatz; zu buchen über die Unterkünfte in Ranong und auf www.ponplace-ranong.com.
Boot: Die Boote nach Phayam (rund 2 Std., 150 Bt) fahren tgl. um 9.30 und 14 Uhr von Saphan Plaa, rund 5 km außerhalb vom Stadtzentrum; Anfahrt mit dem Songthaew für 20 Bt, aber auch die Unterkünfte in Ranong organisieren den Transport. Wer mit dem eigenen Fahrzeug anreist, folgt ab dem südlichen Ortseingang von Ranong den Schildern; Parken am besten bei einer der Unterkünfte in Ranong (s. links). Während der Hochsaion (ca. Dez.–April) verkehren auch Schnellboote tgl. um 10, 13 und 14 Uhr (ca. 35 Min., 400 Bt).

Termine

Full Moon Ocean to Ocean: Vollmond im Jan., www.runningthailand.net. Marathonlauf von Lang Suan an der Golfküste nach Ranong am Indischen Ozean; rund 112 km, 12 Std.

Sunny Ocean to Ocean: Anfang Nov., www.runningthailand.net. Die gleiche Strecke wie oben.

Ko Phayam ► B 6

»Welcome to Ko Phayam« – grüßt ein Schild direkt am Anleger der Fährboote in **Ko Phayam Village.** Dass es sich bei diesem Willkommensgruß nicht um einen inhaltsleeren Slogan handelt, wird man sehr schnell spüren – und dann will man gar nicht mehr weg. So geht es vielen der meist mit dem Rucksack anreisenden Besucher, denn wenn auch mittlerweile fast alle der rund 500 Einwohner am Tourismus partizipieren, so haben sie doch noch nichts von ihrer sprichwörlichen Freundlichkeit verloren. Auch die rund 30 km^2 große Insel selbst präsentiert sich heute nicht viel anders als vor wenigen Jahren, als sie noch als ›Geheimtipp‹ gehandelt wurde. Ihr Inneres ist dicht mit Cashewnussbäumen bewachsen und wird von Fuß- bzw. Mopedwegen und nicht von Straßen erschlossen. Lediglich an den Bilderbuchstränden hat sich viel getan, aber noch immer überwiegen die romantischen Palmwedelhütten, auch wenn sich mittlerweile die ersten Resorts breitmachen.

Strände

Vorzeigestrand der Insel ist der rund 3 km lange und je nach Gezeitenstand bis über 100 m breite **Ao Yai,** der fast den gesamten Südwesten der Insel einnimmt, in grün bewachsene Felsen gefasst und von Kokospalmen gesäumt ist. Das Meer ist hier oft etwas rau und baut Wellen auf, ideal für Bodysurfer, aber auch zum Baden. Hier findet sich die größte Dichte an Beachbars und Bungalowanlagen in allen Komfortabstufungen, aber viele Besucher bevorzugen die wesentlich ruhigeren Strandbuchten im Inselnorden und besuchen den Strand lediglich im Rahmen von Ausflügen.

Insbesondere die Strände an der weiten Halbmondbucht **Ao Khao Kwai** im Norden erfreuen sich größter Beliebtheit, doch sind hier die Badefreuden teils eingeschränkt, da das Meer bei Ebbe weit zurückläuft und ein mit Muschelbänken durchsetztes Watt freilegt. Aber die Optik des durch ein Felskap zweigeteilten, im Süden von Mangroven, im Norden von Primärwald gesäumten Strandes ist schlicht traumhaft. Und nirgends sonst wohnt man romantischer und günstiger als hier.

Vom nördlichen Strandende aus verlaufen zudem Fußwege zu verschwiegenen Buchten am Nordzipfel der Insel, wo insbesondere der in Urwald gefasste **Ao Kwang Peeb** gefallen kann: Hier lässt es sich prächtig schnorcheln.

Übernachten

Komfortalternative – **Buffalo Bay Vacation Club:** Ao Khao Kwai, Tel. 085 107 94 73, www.buffalobayclub.com, Fan-Bungalows 400–1200 Bt, mit AC 3500–4200 Bt. 22 Bungalows, teils einfach, teils sehr komfortabel mit TV, DVD-Spieler und Minibar ausgestattet. Das Aktivitätsangebot ist umfassend (auch Tauchtzentrum), und es werden Touren organisiert. Sehr populär bei Familien mit Kindern.

Urig und gemütlich – **Mr. Gao:** Ao Khao Kwai, Nordstrand, Tel. 077 87 02 22, www.mr-gao-phayam.com, Bungalows 300–850 Bt, Saison 500–1600 Bt. Bungalows aus Naturstoffen, teils mit Palmwedeldach, am sanft ansteigenden Hang hinter dem Strand, dazu ein gutes Restaurant und nette Besitzer. Auch Angeltouren.

Markante Lage – **Kao Kwai Hill Bungalows:** Ao Khao Kwai, Tel. 081 847 62 85, Bungalows 250 Bt. In panoramareicher Lage auf dem Felskap über dem Doppelstrand gelegene Anlage mit kleinen, grün gestrichenen Holzbungalows (alle mit Bad/WC), die denkbar schlicht, aber eben romantisch sind; viele Stammgäste, man fühlt sich wohl, erreicht den Strand über einen steil abfallenden Pfad.

Gerne für lange – **Phayam Coconut Beach Resort:** Ao Yai, Tel. 089 920 81 45, www.koh-phayam.com, Bungalows 300–1000 Bt. Großzügige Bungalows aus Holz und Stein direkt hinter dem Strand in vier Komfortklassen (alle mit Bad/WC), und wer länger bleiben möchte, kann die großen Komfortbungalows (mit Kitchenette) für 10 000 Bt/Monat mieten; auch Fahrradverleih.

Abends & Nachts

Wer Nachtleben sucht, ist falsch auf Ko Phayam, wo ab 22 Uhr fast überall der Strom abgeschaltet wird.

Relaxte Strandabende mit musikalischer Untermalung – bieten u. a. die **Hippie Bar** am Nordrand vom Ao-Khao-Kwai-Strand und die **Rasta Baby Bar** am Nordrand von Ao Yai. Dort auch sporadisch Beach Parties.

Unser Tipp

Schlemmen im Multikulti

Der Apfelkuchen aus der German Bakery ist eine Sünde wert, der Kaffee ist der beste auf der Insel, die Pizzen aus dem Pizzaofen sind unschlagbar gut, die thailändischen und vegetarischen Gerichte spitze. Die Preise sind gehoben (etwa 180–240 Bt für eine Pizza), aber angemessen. Ko Phayam Village, tgl. 8–22 Uhr.

Infos

Über das dem Multikulti-Restaurant angeschlossene Reisebüro kann man alle Tickets buchen.

www.phayam.com: Die Insel im Web.

Boote: Die Boote (2 Std.) nach Ranong verkehren morgens gegen 9 und 14 Uhr (150 Bt), während die Speedboote (nur in der Saison) tgl. um 9, 13 und 14 Uhr ablegen und 400 Bt kosten. Die Boote und Schnellboote legen am Pier beim Dorf an.

Inselverkehr: Hinter dem Pier warten die Motorradtaxis, mit denen man sich zum Strand/zur Bungalowanlage nach Wahl bringen lassen kann: Zum Ao

Ein Genuss – Kajakfahren an der Andamanenseeküste

Khao Kwai muss man rund 50–70 Bt ansetzen, zum Ao Yai 150 Bt.
Mietmotorrad: Fast jede Anlage vermietet oder vermittelt Motorräder, die hier ab 150 Bt/Tag kosten. Auch im Ko Phayam Village gibt es Mietmotorräder, u. a. über das Multikulti-Restaurant.

Von Ranong nach Khao Lak ▸ C 6–A/B 8

Die Distanz von Ranong nach Khao Lak entlang dem gut ausgebauten Highway 4 beträgt rund 180 km, doch kann man die Strecke nicht an ihrer Länge, sondern nur an der Vielzahl herrlicher Ausblicke auf das mit Regenwald bestandene Hinterland und die in Mangrovenwälder gefasste Küstenzone ermessen. Immer wieder auch laden Hinweisschilder zum Besichtigen von Wasserfällen ein, und wer mit dem eigenen Fahrzeug unterwegs ist, sollte sich wenigstens einen Tag lang Zeit nehmen, um die Natursehenswürdigkeiten am Weg zu erkunden. Highlight der Region aber ist der **Ko Surin Marine National Park.**

Ko Surin Marine National Park ▸ A/B 7

Das rund 55 km weit draußen vor der Küste im Grenzgebiet zu Myanmar liegende und nicht gar so einfach zu erreichende Meeresschutzgebiet, das schon 1981 eingerichtet wurde, wird vergleichsweise selten besucht. Es gilt als Refugium für eine überaus artenreiche Unterwasserflora und -fauna und seine Korallenriffe wurden durch den Tsunami vom 26. Dezember 2004 vergleichsweise schwach in Mitleidenschaft gezogen. Ganz im Gegensatz zu der kleinen Siedlung der Chao Lee (s. S. 66) an der Westseite der Hauptinsel **Ko Surin Neua.** Ihre Häuser wurden nahezu vollständig zerstört. Erst Monate später kehrten die Menschen auf ihre Stamminsel zurück, wo sie noch fast nach Art ihrer Vorväter überwiegend vom Fischfang leben.

Unterwasserparadies

In Taucherkreisen genießen die fünf Inseln einen noch wesentlich besseren Ruf als etwa die Similan-Gruppe. Hier wurde der erste **Unterwasser-Naturlehrpfad** Thailands eingerichtet. Er umfasst zehn Stopps und alles in allem muss man einen kompletten Tauchgang für das Erlebnis ansetzen.

Selbst Schnorchler entdecken hier farbenprächtige Korallenriffe. Nur mit Maske und Schnorchel ausgerüstet erhält man nirgendwo sonst in Asien bessere Einblicke in die Unterwasserwelt. Insbesondere der nur etwa 200 m breite Kanal zwischen den beiden Hauptinseln bietet reinste Augenverführung. In dem bei Flut nur etwa 2 m tiefen Wasser zu treiben und zu staunen, ist ein unvergessliches Erlebnis.

Eine noch weitaus größere Vielfalt an Unterwasserflora und -fauna erleben Taucher in den beiden weiter im Süden gelegenen Revieren in Wassertiefen zwischen etwa 8 und 25 m.

Übernachten

Einzige Übernachtungsmöglichkeit – **Nationalparkverwaltung:** Die 16 Bungalows der Nationalparkverwaltung auf Ko Surin Neua liegen direkt am Kanal zur Nachbarinsel (alle mit Fan 2000 Bt, Zeltplatz 100 Bt, Zeltmiete 300 Bt). Unbedingt frühzeitig unter www.thaiforestbooking.com reservieren.

Aktiv & Kreativ

Tauchen und Schnorcheln – ab Khao Lak Tagesausflug ca. 3000 Bt inkl. Transfer, Lunch, Schnorchelausrüstung. Drei- bis viertägige Tauchtouren ab 20 000 Bt.

Infos

Touristeninformation

Mu Ko Surin National Park: Tel. 076 47 21 45 und 076 47 21 46, www.dnp.go.th und www.thaiforestbooking.com. Der Eintritt in den Park kostet 200 Bt/Pers.
Internet: Die Website www.surin-islands.com stellt den Archipel ausführlich vor, www.ko-surindiving.com gibt erschöpfend Auskunft zum Tauchen, schöne Fotos bietet www.surinbeachthailand.com.

Verkehr

Die meisten Besucher des Nationalparks reisen von Khao Lak aus an.
Taxi/Boot: Der Taxitransfer ab Khao Lak zum Pier des Tourist Service Center des Nationalparks bei Kura Buri kostet etwa 2300 Bt. Ab dort tgl. um 9 Uhr Boot nach Surin (ca. 4 Std., 1500 Bt), das man über www.thaiforestbooking.com auch online reservieren kann.
Bus/Boot: Wer mit dem Bus anreist, nimmt ab Ranong oder Takua Pa (bei Khao Lak) den Bus Nr. 435 bis Kura Buri; weiter dann mit dem Motorradtaxi (50 Bt) oder Taxi (ca. 200 Bt) zum Pier des Tourist Service Center des Nationalparks. Die ersten Busse starten gegen 8 Uhr, für das Boot kommen sie zu spät an, sodass man dann in Kura Buri übernachten muss (mehrere einfache Unterkünfte im Ort, z. B. direkt nördlich neben der Brücke, wo ein Bungalow 300 Bt kostet).
Mietfahrzeug: ab Khao Lak auf dem Highway 4 Richtung Ranong bis Kilo-

meter 721 bei Kura Buri, links weiter bis zum Bootsanleger (2 km), wo man sein Fahrzeug über Nacht parken kann.

Ko Kho Khao ► B 7

Wer Ruhe sucht und einmal ganz und gar abschalten will, findet auf der küstennahen und relativ unbekannten Insel, nur wenige Kilometer vom Städtchen Takua Pa (s. S. 177) entfernt, sein Urlaubsparadies. Dörfer gibt es auf dem rund 17 km langen und bis zu 5 km breiten fast durchweg flachen Grasbuckel zwar keine, aber umso mehr Strände mit einer Handvoll Resorts. Die von Kasuarinen gesäumten weißgelben Sandbänder erstrecken sich entlang der zum Meer hin offenen Westküste der Insel.

Übernachten

Vollendeter Strandgenuss – **Amandara Island Resort:** Tel 076 34 01 95–96, www.amandararesort.com, 2100–3550 Bt (Nebensaison) und 3450–5550 Bt (Hochsaison). Sehr ansprechendes und komfortables Drei-Sterne-Resort. 25 geräumige Bungalows mit großen Glasfronten und edlen Hölzern, teils direkt auf dem Strand. Näher kann man dem Meer nicht kommen.

Klassisch schön und günstig – **Ko Kho Khao Resort:** Tel. 076 41 70 73, www.kkkresort.com, 1000–2900 Bt (Nebensaison) und 1800–5100 Bt (Hochsaison). Gepflegtes Drei-Sterne-Resort mit drei Pools und zwei Restaurants in einer hübschen Parkanlage mit Palmen. Bungalows im klassischen Thaistil mit recht aufwendiger Einrichtung. Doppelzimmer mit AC, TV, Minibar und anderen Extras. Fürs Gebotene vergleichsweise sehr günstig.

Infos

Transfer: zu allen Inselresorts, ab Phuket Airport ca. 2000 Bt, ab Khao Lak 500 Bt.

Mietfahrzeug: auf dem Highway 4, wenige Kilometer südlich von Takua Pa, nach Ban Bangmuang abbiegen und bis zum Bootspier in Ban Nam Khem (3 km) fahren. Überfahrt wenige Minuten (50 Bt).

Khao Lak ► B 8 und

Karte 4, A 1/2

Am 26. Dezember 2004 erlangte das Ferienzentrum Khao Lak traurige Berühmtheit. An jenem schwarzen Tag überrollten drei über 10 m hohe Tsunamiwellen die Küste. Nirgendwo sonst im Land waren so viele Tote zu beklagen wie hier und nirgendwo sonst hinterließen die Wellen eine derartige Verwüstung. Khao Lak existierte de facto nicht mehr.

Doch bereits zehn Monate später verkündeten die Medien, dass Khao Lak dank aufopfernder Hilfe vieler Freiwilliger aus aller Welt wieder zu neuem Leben erwache, ja, auf dem Weg sei, zu einem neuen Ferienzentrum zu erblühen. Schon zur Saison 2005/2006 herrschte in vielen Strandabschnitten wieder reger Fremdenverkehr, seitdem sind die rund 3000 Zimmer in über 70 Resorts und Bungalowanlagen wieder zu jeder Saison komplett ausgebucht. Von der Naturkatastrophe ist heute so gut wie nichts mehr zu sehen.

Strände

Auch der rund 12 km lange, nur von Lagunenmündungen unterbrochene

Strand, für den Khao Lak seit nunmehr über 20 Jahren berühmt ist, strahlt in alter Schönheit. Und nach Norden hin, wo sich das Sandband bis hinauf zum rund 35 km entfernten Städtchen Takua Pa erstreckt, werden von der Tourismusbranche ständig neue Strände ›entdeckt‹.

Khao Lak Beach

Von den fünf Strandabschnitten weist der zentrale **Khao Lak Beach** die beste Infrastruktur auf und überzeugt durch seine tropische Schönheit. Vereinzelte Felsbänder setzen Akzente im 3 km langen goldgelben Meeressaum, von dem die mit Urwald bedeckten Hänge des **Khao Lak Lamru National Park** (s. S. 178) steil ansteigen. Der südliche Abschnitt, etwa 500 m lang, wird unter dem werbewirksamen Namen **Sunset Beach** vermarktet. Außer bei tiefer Ebbe bietet er gute Bademöglichkeiten. Doch der Highway 4 ist nahe und der Verkehrslärm kann als störend empfunden werden.

Der nördliche Abschnitt hingegen, auch **Nang Thong Beach** genannt, ist makellos. Zu allen Gezeiten ist er zum Baden ideal, was Reisende mit Kindern und ältere Urlauber zu schätzen wissen. So ist der Anteil an Überwinterern im Rentneralter aus deutschen Landen und aus Schweden überproportional hoch. Obwohl der Tsunami hier alle strandnahen Anlagen zerstört hat, laden mittlerweile wieder mehr als zwei Dutzend Unterkünfte der mittleren bis gehobenen Preisklasse zum Aufenthalt und zeugt nichts mehr von der Katastrophe.

Richtung Norden

Im Norden geht der Nang Thong Beach jenseits einer Lagunenmündung bald in den etwa ebenso langen **Bang Niang Beach** über, mit dem er auch alle Vorteile gemeinsam hat. Der Urwald des Hinterlandes allerdings ist weniger ausgeprägt und das Meer wegen Sedimenten oftmals nicht so klar. Zwischen gut zwei Dutzend Resorts können die Urlauber wählen.

Nördlich einer Lagune schließt sich der **Khuk Khak Beach** an, der sich bis zum etwa 3,5 km entfernten Korallenkap **Laem Pakarang** hinzieht, von wo aus man in beide Richtungen einen weiten Blick über den Meeressaum genießen kann. Der Strand läuft flach ins hier sehr seichte Meer, sodass das Baden nur suboptimal ist. Zum Ausgleich genießt man teils vollkommene Einsamkeit.

Auf Khao Lak ist von den Verwüstungen durch den Tsunami nichts mehr zu sehen

Jenseits des Korallenkaps zieht sich über viele Kilometer der äußerst flache **Bang Sak Beach.** Er ist vor allem bei Luxusreisenden sehr beliebt. Sie können sich in zwei der teuersten Unterkünfte der gesamten Region, darunter auch ein Fünf-Sterne-Resort, verwöhnen lassen.

Südlich des Khao Lak Lamru National Park und etwa 6 km vom Khao Lak Beach entfernt, erstreckt sich der **Khao Lak South Beach.** Dem ruhigen, etwa 800 m langen Strandabschnitt fehlt die Weite der nördlichen Strände, sodass auch preiswertere Unterkünfte ihre Dienste anbieten.

Ausflüge ins Umland

Nach Takua Pa ▶ B 7/8 und Karte 4, A/B 1/2

Abgesehen von Ausflügen nach Phuket und zur Phang-Nga-Bucht sowie in die Nationalparks der Region bietet sich u. a. eine Busfahrt ins etwa 40 Minuten entfernt liegende beschauliche Städtchen **Takua Pa** mit dem morgendlichen Markt an. Auf dem Weg dorthin sind zwei kleinere **Wasserfälle** ausgeschildert. Einen Abstecher lohnt am ehesten der **Chong Fah Waterfall** mit Badepool am Waldsaum, der am besten mit Motorrad oder Fahrrad zu erreichen ist.

Südlich von Khao Lak ► B 8 und Karte 4, A 2/3
Weitere Wasserfälle laden zum Besuch des nahen **Khao Lak Lamru National Park** ein, dessen Hauptquartier sich direkt nördlich vom Sunset Beach am Highway 4 findet. Auf einem rund 3 km langen Naturpfad, der durch Regenwald zu einer einsamen Sandbucht in den Klippen führt, lässt sich der Park erkunden. Fahrten im Longtailboot führen durch die Mangrovenlandschaft im südlich an den Nationalpark anschließenden **Khlong Thap Liang Estuary.**

Rundfahrten ► B 7/8 und Karte 4, A/B 1–4
Wer ein Motorrad mietet, kann zu mancher Tagestour durch das abwechslungsreiche Umland von Khao Lak aufbrechen. Gen Süden empfiehlt sich ein Ausflug von etwa 200 km entlang der Küste bis **Khok Kloi.** Auf dem Rückweg wählt man in Thai Muang die Nebenstrecke nach **Thung Maphrao.** Richtung Norden führt eine rund 110 km lange Rundstrecke über Takua Pa, Kapong und Thung Maphrao. Lohnenswert ist auch ein Abstecher zur vor Takua Pa gelegenen Insel **Ko Kho Khao** (s. S. 175).

Tauchspots ► A/B 7/8, B/C 7
Auch Freunde der Unterwasserwelt kommen in Khao Lak auf ihre Kosten. Anfang 2006 wurde vom World Wildlife Fund (WWF) in den küstennahen Gewässern ein in 6 bis 8 m Tiefe gelegenes **Korallenriff** entdeckt, das bis dahin gänzlich unbekannt war. Des Weiteren ziehen zwei Wracks in naher Umgebung die Sporttaucher an, doch die berühmtesten Spots überhaupt sind die **Similan-Inseln,** die **Surin-Inseln** und der südlich der Surin-Gruppe gelegene **Richelieu Rock.**

Zu all diesen Destinationen werden von November bis April/Mai Tauchfahrten organisiert, und wer das ganz ausgefallene Taucherlebnis sucht, der sollte an einer (meist zweitägigen) Exkursion zum **Stausee Chiew Lan** des Khao Sok National Park teilnehmen, der für eine wahrhaft urwelthafte Über- wie Unterwasserlandschaft steht und extrem fischreich ist (u. a. Riesenwelse, s. Lieblingsort S. 182).

Übernachten

Vier-Sterne-Komfort – **Mukdara Beach Villa and Spa:** Bang Niang Beach, Tel. 076 42 99 99, www.mukdarabeach.com, 5000–9500 Bt (Nebensaison) bzw. 9500–17 500 Bt (Hochsaison). Hauptsächlich von Pauschaltouristen frequentiertes Luxusresort, das mit seinen drei Pools sowie Restaurants, Tennisplatz, Fitnesszentrum und vor allem den edlen Villen im klassischen Thaistil gut und gerne vier Sterne verdient. Von April bis Okt. locken spezielle Internetrabatte, sodass man 2011 lediglich 3100–6500 Bt bezahlen muss – ein echtes Schnäppchen.
Für Genussurlauber – **Khaolak Orchid Beach Resort:** Khuk Khak Beach, Tel. 076 48 61 41, www.khaolakorchid.com, 1600–3600 Bt (Nebensaison) bzw. 4500–8000 Bt (Hochsaison). Ganz allein am weiten Strand erstreckt sich das dreigeschossige Komforthotel in Form eines Halbmondes, das einen überdimensionalen Pool sowie alle Annehmlichkeiten eines Spitzenhauses bietet. Die Zimmer sind elegant und stilvoll eingerichtet, dabei über 40 m^2 groß, die Familienzimmer sogar 80 m^2.
Naturnaher Preisschlager – **Poseidon Bungalows:** Khao Lak South Beach, Tel. 076 44 32 58, www.similantour.nu, 900–1300 Bt für 2 Pers., 1400 Bt für 3 Pers., 1500 Bt für 4 Pers. Die aus der Gründerzeit von Khao Lak stammende Anlage steht unter schwedischer Lei-

tung. Mit ihren 15 neuen sehr lichten und luftigen Bungalows, die teilweise wildromantisch am Hang über Privatbuchten stehen, die vielleicht empfehlenswerteste Anlage der Budgetklasse in Khao Lak. Einige Bungalows können von vier Personen bewohnt werden, sind also perfekt für Familien geeignet.

Ganz billig am Beach – **Green Beach Resort:** Nang Thong Beach, Tel. 076 42 00 46 und 076 48 58 45, www.greenbeach.de, 750–1150 Bt (Nebensaison) bzw. 1400–1800 Bt (Hochsaison). In die Natur mit bis zu 500 Jahre altem Baumbestand integrierte Anlage mit 40 Bungalows aus Naturmaterialien, die alle mit AC und Bad/WC ausgestattet sind; einige wenige haben Fan anstatt AC. Preiswerter kann man hier nicht am Strand wohnen.

Essen & Trinken

Für Curry-Freunde – **Ruen Mai Restaurant:** Nang Thong Beach, am Highway, tgl. ab 11 Uhr, Hauptgerichte ab 80 Bt. Authentische, scharfe Thaigerichte. Auch von Thailändern frequentiert, was für die Küche spricht.

Thailändische Köstlichkeiten aus dem Meer – **Khao Lak Seafood:** Nang Thong Beach, am Highway, tgl. ab 9 Uhr, Hauptgerichte ca. 60–250 Bt. Nicht nur Meeresfrüchte, sondern auch sehr geschmackvolle Currys (ab 80 Bt). Lecker das Barracudafilet im Bananenblatt für 150 Bt.

Der Atmosphäre wegen – **Amanusa:** Bang Niang Beach, am nördlichen Stranddrittel, Hauptgerichte ab 80 Bt. Unter den zahlreichen Strandrestaurants erfreut sich das Amanusa wegen seiner Lage, der Thaigerichte sowie der gemütlich-romantischen Palmwedelatmosphäre größter Beliebtheit.

Frischer Fisch – **Coconut Grove:** Bang Niang Beach, am nördlichen Stranddrittel. In diesem Strandrestaurant sitzt man in kleinen Palmwedelpavillons oder – klassisch thailändisch – auf Holzpodesten unter Sonnenschirmen direkt an der Flutgrenze. Die Auswahl an Frischfisch ist enorm, man zahlt nach Gewicht und muss um die 250 Bt für ein üppiges Mahl ansetzen.

Authentische Thaiküche – **Takieng:** Bang Niang Beach, am Highway, Hauptgerichte um 150 Bt. Das vielleicht beste Restaurant für Thaiküche. Die Preise sind etwas überhöht. Sehr gelobt wird das Hähnchen in Limettensauce.

Unser Tipp

Beliebt bei deutschen Gästen

Nach der Zerstörung durch den Tsunami stieg das **Nang Thong Bay Resort** bereits zur Saison 2005/2006 wie Phönix aus der Asche und präsentierte sich schöner und komfortabler als zuvor. Seit seiner Gründung ist es vor allem bei Reisenden aus Deutschland beliebt. In eine anmutige Gartenanlage fügen sich dezent 25 exklusive Strandbungalows und ein Pool. Auch die 30 Zimmer im Seaview-Haus nebst den 24 Zimmern im Apartmenthaus genügen hohen Ansprüchen. Der Küchenchef des Spitzenklasse-Restaurants kreiert mit seinen thailändischen Geschmacksbomben wahre Meisterwerke, die in Sachen Schärfe aber dem Gaumen der Touristen angepasst sind. Das Management des Resorts arbeitet professionell, ein eigenes Wachsystem sorgt für Sicherheit (Tel. 076 42 00 88–89, www.nangthongbayresort.de, 1000–2500 Bt je nach Saison im DZ und 1200–3000 Bt im Bungalow).

Für Kaffeetanten – **Juli's Bistro/Stempfer Café:** beide beim Nang Thong Beach am Highway. Für den süßen Kuchenzahn empfehlen sich diese zwei Cafés, wo es mit Abstand die besten Torten (etwa 100 Bt das Stück) und auch Brötchen gibt.

Aktiv & Kreativ

Tauchen – **Tauchzentrum Wetzone:** Khao Lak, Tel. 076 48 58 06, www.wetzonedivers.com. Zu den versiertesten Unterwasserspezialisten der Region zählt der Schwabe Michael Reinhardt, der auf über 2000 Tauchgänge zurückblicken kann. Er und sein Team leiten Tauchkurse (Open Water 14 800 Bt) und organisieren Fahrten zu allen Tauchspots rund um Khao Lak. Zwischen November und April/Mai bieten auch viele andere Tauchzentren tgl. Tauch- und Schnorchelgänge zu den Spots an.
Bootstouren – **Similantour:** Tel. 076 44 32 58, www.similantour.com. Topempfehlung sind die dreitägigen Boots-/Schnorcheltouren zu den Similan-Inseln, die inkl. Transport, Unterkunft, Verpflegung und Schnorchelausrüstung nur 8100 Bt kosten.
Ausflüge rings um Khao Lak – **Khao Lak Guide:** Tel. 076 48 51 77, 081 728 27 23, www.khaolakguide.de. Der Anbieter unter deutscher Leitung organisiert Ausflüge z. B. nach Phuket (1600 Bt), in die Phang-Nga-Bucht (2500 Bt), nach Khao Sok (ab 2500 Bt), in die Mangroven (2100 Bt) und Elefantenritte (1300 Bt). Ausflüge ins Umland organisieren auch die Resorts, s. dort.

Infos

Touristeninformation

Internet: www.khaolak.de und www.mykhaolak.de, umfassende deutschsprachige Informationen sowie Onlinebuchung für Bungalowanlagen und Resorts. Interessante Websites sind außerdem www.khaolak.net und www.khaolakonline.com.

Service

Geld: Bank und Geldautomaten am Highway 4, hinter dem Nang Thong Beach.
Gesundheit: Die Unterkünfte vermitteln einen Arzt. Bei ernsthafteren Problemen empfehlen sich die Krankenhäuser im nahen Phuket.

Verkehr

Flugzeug: Phuket International Airport, ca. 80 km südlich. Festpreis fürs Taxi 1500 Bt oder für etwa 1200 Bt Pkw, für 1800 Bt Minibustransfer auf Vorbestellung über die Resorts und den Internet Booking Service Khao Lak (www.khaolak.de). Alternativ per Motorradtaxi oder Tuk-Tuk vom Flughafen zur Hauptstraße (um 100 Bt), dort weiter per Bus links Richtung Takua Pa/Ranong/Surat Thani (60/100 Bt ohne/mit AC).
Bus: vom Highway 4 Tag- und Nachtbusse in verschiedenen Komfortklassen nach Bangkok (ab 600 Bt, Abfahrt ab 16 Uhr, ca. 11 Std.) sowie Verbindungen mit allen Städten in Südthailand. Außerdem private VIP-Busse nach Bangkok (ca. 1050 Bt). Nach Ko Samui und Ko Pha Ngan gibt es Kombitickets für Bus und Fähre.
Minibus: mehrmals tgl. Minibus von/nach Phuket (800 Bt), nach Ko Lanta (600 Bt), nach Krabi (350 Bt) und Ban Pakbara (750 Bt; von Ban Pakbara weiter nach Tarutao und Ko Lipe), Buchung in den Reisebüros vor Ort.
Mietfahrzeuge: Motorräder (100 ccm) ab ca. 150 Bt, Leihwagen ab ca. 1000 Bt (Suzuki-Jeep), Kleinwagen mit Klimaanlage 1200–1400 Bt.

Ko Similan Marine National Park ! ►A 8

Similan, abgeleitet vom malaiischen *sembilan,* bedeutet ›neun‹, denn so viele Insel bilden den unbewohnten Archipel. Zusammen mit mehreren anderen Inselsplittern umfasst er ein insgesamt 140 km^2 großes Areal, das seit 1982 unter Naturschutz steht. Die oft wie Skulpturen geformten Granitbuckel mit ihrem weißen Strandsaum im weiten Blau des Meeres geben ein exotisches Bild ab.

Atemberaubend vielfältig zeigt sich vor allem die Unterwasserwelt, deren Korallenriffe zu den farbenprächtigsten und belebtesten von Thailand zählen. Laut dem amerikanischen Tauchmagazin »Skin Diving« gebührt den Similan-Inseln sogar ein Platz unter den Top-Ten-Tauchspots auf Erden. Die Korallenstöcke wachsen bereits in etwa 2 bis 3 m Tiefe. Da zudem im glasklaren Wasser die Sicht über 30 m weit reicht, kommen nicht nur Gerätetaucher, sondern auch Schnorchler voll auf ihre Kosten. Wer landfest bleiben möchte, wird die berückend schönen Strände der einzelnen Inseln genießen. Zwischen den Inseln, die offiziell sowohl Namen wie auch Nummern tragen, verkehren Zubringerboote des Nationalparkamtes.

Von Insel zu Insel ►A 8

Alle Boote legen vor **Ko 4** (Ko Miang) an, der zweitgrößten Insel der Gruppe und Sitz des Nationalparkamtes mit Unterkunftsmöglichkeiten. Die beiden Inselstrände sind weiß und weich wie Puderzucker und werden von vorgelagerten Korallenriffen geschützt. Beide Strände verbindet ein etwa 20-minütiger Fußweg, in dessen Verlauf man mit Glück einige der insgesamt 39 Vogelarten beobachten kann, die im Archipel ihre Heimat haben.

Vorgelagert ragt das winzige Eiland **Ko 5** (Ko Ha bzw. Ko Suan Pla Lai) aus den Fluten, das mit seinen reichen Korallenstöcken und einer großen Aalpopulation vor allem Taucher begeistert. Auch das vollkommen strandlose **Ko 6** (Ko Payu) weiter nördlich zieht mit seinem extrem reichen Bestand an Korallen und Korallenfischen – insbesondere an der West- und Ostseite – in erster Linie Unterwassersportler an.

Das nur rund 30 m im Durchmesser große Eiland **Ko 7** (Ko Hin Pousar) ist wegen seiner eindrucksvollen Felsformation unter dem Namen Elefantenkopf bekannt. Taucher schätzen vor allem die zahlreichen Höhlen und bizarren Felsformationen unter Wasser sowie den enormen Fischreichtum, auch an großen Fischen.

Ko 8 (Ko Similan) ist mit gut 2,5 km Länge und bis zu 1 km Breite die größte Insel der Gruppe. Wegen ihrer gewaltigen Granitformationen wird sie am häufigsten abgelichtet und ist dadurch am bekanntesten. Die Boote legen in einer kleinen Sandbucht im Inselwesten an, der sogenannten **Donald Duck Bay.** Wer die Granitblöcke besteigt, wird mit herrlichen Fotomotiven belohnt. Von der Donald Duck Bay abgesehen, die besonders für Tauchgänge in der Nacht zu empfehlen ist, laden drei weitere hervorragende Spots zum Tauchen und Schnorcheln ein.

Nur ein kurzes Stück entfernt liegt die nördlichste Insel **Ko 9** (Ko Bangu), die ausschließlich von Tauchern aufgesucht wird. Mantas und Barracudas sind hier u. a. häufige Besucher. **Ko 3** (Ko Payan) südlich von Ko 4 ist ebenfalls nur für Taucher von Bedeutung, denn das **Shark Fin Reef** trägt seinen Namen nicht ohne Grund.

Lieblingsort

Stausee Chiew Lan – herrlich wie am ersten Tag ► B/C 7

Mit Fug und Recht kann man die Behauptung aufstellen, dass die vielfältigen Formen, in denen sich in Südthailand die Tropennatur darbietet, jeder Reise einen ganz besonderen Zauber verleihen. Am zauberhaftesten und spektakulärsten präsentiert sich die Landschaftsmajestät vielleicht im zentralen Bergland der Malaiischen Halbinsel, wo sich mit dem 165 km^2 großen und über 100 Inseln umfassenden Chiew Lan (s. S. 185) einer der womöglich schönsten Seen von Südostasien erstreckt. Die fjordartig verzweigte Wasserfläche liegt zu Füßen eines ursprünglichen Urwalds, aus dem bis über 1000 m hohe Kalksteingiganten wie Skulpturen aufragen.

Ko 2 (Ko Payang) bietet mit seinen bizarren Felsformationen schöne Fotomotive, wohingegen **Ko 1** (Ko Huyong) mit dem längsten Sandstrand der Similan-Gruppe und einer reichen Korallenwelt in relativ flachem Wasser aufwartet – ideal für Schnorchler.

Übernachten

Bungalows – **Nationalparkverwaltung:** Ko 4, Reservierung online unter www.thaiforestbooking.com. Es gibt über 20 AC-Bungalows (2000 Bt) und 15 Fan-Bungalows (1000 Bt).
Camping – **Campingareale auf Ko 4 und Ko 8:** Mietzelt mit Platz für 3 Pers. 450 Bt, eigenes Zelt 150 Bt.

Essen & Trinken

Auf Ko 4 – **Restaurant der Nationalparkverwaltung:** s. u. Gerichte der thailändischen Küche ab ca. 50 Bt.

Aktiv & Kreativ

Tauchen/Schnorcheln – Alle Tauchzentren von Phuket und Khao Lak haben die Similan-Inseln im Programm, u. a. Similantour, Tel. 076 44 32 58, www.similantour.com. Tagesausflüge während der Saison tgl. ab Phuket ca. 3000 Bt und Khao Lak ca. 2500 Bt, inkl. Transfer, Lunch, Schnorchelausrüstung.

Infos

Touristeninformation

Mu Ko Similan National Park: Thap Lamu (etwa 500 m vor dem Bootspier), Tel. 076 45 32 72; auf Ko 4 befindet sich ebenfalls ein Parkhauptquartier, Tel. 076 42 13 65, www.dnp.go.th und www.thaiforestbooking.com, Eintritt in den Park 200 Bt/Pers.; geöffnet nur 1.11.–15.5.
www.similans.net: Die Insel im Web.
Für Taucher: Eine Übersicht bietet die o. g. Website, die auch ausführliche Informationen über die einzelnen Divespots gibt, teils mit genauen Lageplänen der Korallenriffe. Anklickenswert ist auch www.similanguide.com.

Verkehr

Boot: Nov.–April tgl. um 8/9 Uhr ab Thap Lamu (nahe Khao Lak South Beach), Rückfahrt gegen 14 Uhr (pro Weg ca. 3–4 Std., 1000–2300 Bt), Reservierung des Bootstickets unter www.thaiforestbooking.com. Bootstransfer zwischen den Inseln Ko 4 und Ko 6 (150 Bt), Ko 4 und Ko 8 (200 Bt), Ko 4 und Ko 9 (300 Bt), Umrundung von Ko 8 und Ko 9 (300 Bt/Pers.).

Khao Sok National Park ! ► B/C 7

Bizarr geformte Berge gelten im Allgemeinen als schöne Berge, und diejenigen, die man in diesem rund 750 km² großen Nationalpark zu sehen bekommt, sind bizarrer, als man es sich vorstellen kann. Wie in einem Märchenland ragen fantastisch anmutende Kalksteinformationen als Pyramiden, Pilze oder spitze Nadeln bis zu 1000 m hoch aus den grünblauen Fluten eines fjordartig verzweigten Sees. Andere wiederum haben die Form von Keulen, Kegeln oder Tafelbergen, die meisten sind durchzogen von teils noch unerforschten Höhlensystemen. Dank eines durchschnittlichen Niederschlags von etwa 3500 mm sind sie allesamt von tropischem Regenwald bewachsen.

Die Infrastruktur in diesem meistbesuchten Schutzgebiet von Südthailand ist perfekt, und wer noch nie in einem Baumhaus gewohnt, in Urwaldflüssen gebadet oder das Geschrei von Affen im Morgengrauen vernommen hat, der weiß gar nicht, was er verpasst hat. Es locken Dutzende Touren und Aktivitäten sowie Unterkünfte aller Kategorien. Und all das im Schnittkreuz zwischen den Strandzentren des Südens – nur 80 km von Khao Lak, 150 km von Phuket und Krabi sowie 120 km von Surat Thani entfernt.

Durch den Wald und über den See

Vom **Parkzentrum** in **Khao Sok** führen rund ein Dutzend Wanderwege, darunter auch Tagestouren, in die tropische Bilderbuchlandschaft – entlang von Urwaldflüssen, zu Wasserfällen und Höhlen.

Der atemberaubend schöne Stausee **Chiew Lan** (s. Lieblingsort S. 182, s. Entdeckungstour S. 186) liegt rund 65 km vom Parkzentrum entfernt und ist nicht mit öffentlichen Verkehrsmitteln erreichbar. Am besten schließt man sich einer der zahlreichen organisierten Touren ab Khao Sok an (s. S. 189). Den See erkundet man im Rahmen einer Bootsfahrt oder idealerweise mit dem Kanu, das vor Ort u. a. bei den Rangerstationen Nang Prai, Tone Teuy und Krai Sorn ausgeliehen werden kann. Die urwelthafte Unterwasserlandschaft des Sees und sein extremer Fischreichtum, u. a. Giant Mekong Catfish (Riesenwels), garantieren auch Tauchern ganz und gar ausgefallene Erlebnisse.

Artenreiche Flora und Fauna

Hier gibt es Regionen, die seit 160 Mio. Jahren unangetastet geblieben sind, und wie Untersuchungen ergeben haben, zählt jeder Hektar Land gut und gerne 200 verschiedene Pflanzenarten, darunter solche Raritäten wie die Rafflesia, die mit einem Durchmesser von bis zu 80 cm die größten Blüten der Welt bildet. Auch die Fauna steht dieser Vielfalt in nichts nach – 188 Vogelarten und etwa 50 Säugetiere kommen vor, u. a. Tiger und Leoparden, Bären und Elefanten, von Lemuren und Makaken, Gibbons und Languren ganz zu schweigen. Kaum irgendwo sonst lassen sich Tiere so gut beobachten wie in diesem Schutzgebiet und auch organisiert kann man den Vögeln und Säugern nahe kommen.

Übernachten

Zwischen dem Highway 401 und dem Besucherzentrum des Nationalparks hat sich eine Bungalowsiedlung mit zahlreichen Anlagen der Budgetklasse gebildet. Die meisten liegen romantisch am Flussufer, darunter viele, die auch Übernachtung in Baumhäusern *(tree tops)* anbieten.

Guter Gegenwert – **Art's Riverview Lodge:** Tel. 086 470 32 34, www.krabidir.com/artsriverviewlodge, buchen über artsriverviewlodge@yahoo.co.uk, Holzbungalows ab 800 Bt, Baumhäuser ab ca. 1100 Bt. Für Khao-Sok-Verhältnisse sind die Holzbungalows im Wald oder in Baumhäusern am Flussufer gut ausgestattet.

Erste Baumhaus-Wahl – **Our Jungle House:** Tel. 081 417 05 46, www.khaosokaccommodation.com, 800–3000 Bt (je nach Ausstattung). Eine der gepflegtesten Adressen, teils urige Bungalows (z. B. das Mango-Haus), teils Baumhäuser in spektakulärer Flusslage.

Schwimmende Bungalows – **Chiew Lan:** Buchung über www.thaiforestbooking.com oder im Be- ▷ S. 189

Auf Entdeckungstour

Dschungeltour durch den Regenwald

Der König aller Wälder wächst langsam und stirbt schnell. Unaufhaltsam fressen sich die Kettensägen durch das grüne Universum, um Platz für Plantagen und Menschen zu schaffen. Nur in den Nationalparks ist der Regenwald noch als Relikt vorhanden. Am entspanntesten genießt man ihn vom Stausee Chiew Lan aus.

Reisekarte: ▶ B/C 7

Ausgangspunkt: Rangerstation Krai Sorn; organisierte Tour ab Khao Sok National Park oder Charter-Longtailboot ab Besucherzentrum am Ufer

Dauer: 30 Min. Fahrt in den Urwald

Kanutour: Sea Canoe (geführte Touren), www.seacanoe.net. Touren (2–4 Tage) ab 9500 Bt. Kanuverleih für individuelle Touren vor Ort 500 Bt/Tag

Kein Windhauch geht, es herrscht vollkommene Stille, die nur unterbrochen wird durch das rhythmische Eintauchen der Paddel. Das Kanu gleitet langsam von der offenen Seefläche des Chiew Lan aus dem leuchtenden Tag in die blaugrün schimmernde Dämmerwelt eines schmalen Wasserarms, der sich wie ein Tunnel in den primären Regenwald des **Khao Sok National Park** hineinschlängelt. Dann nimmt der Urwald das Kanu auf.

Im Dschungel

Von einem Paddelschlag zum anderen ist die Luft auf dem See von zäher Feuchtigkeit erfüllt. Es riecht nach Moder und einem in Jahrmillionen gewachsenen Kompostboden aus toten Blättern und faulendem Holz. Aus umgestürzten Stämmen wuchern weiße und rosafarbene Giftpilze und an den Rinden der oft meterdicken Baumriesen sprießen büscheldicke Parasitengewächse mit aufreizend gelben und violetten Blüten. Dunkelgrüne, armdicke Lianen ranken wie eine zweite Rinde zum 50 m entfernten Licht empor und verwickeln sich zu monströsen Strängen, die in der Höhe diese grünen Kathedralen zu tragen scheinen.

Ein grünes Universum

Während die Eiszeiten auf der nördlichen Erdhalbkugel weitreichende Veränderungen der Vegetation hervorriefen, blieb die äquatornahe Malaiische Halbinsel, auf der Südthailand liegt, über einen Zeitraum von rund 130 Mio. Jahren von Klimawechseln unberührt. So konnte sich die Natur seit dem frühen Tertiär ungestört entwickeln. Diese Stabilität hat in Verbindung mit einer über das ganze Jahr verteilten Regenmenge von mindestens 1500–2000 mm, einer relativen Luftfeuchtigkeit von 75–80 % und nur geringfügig schwankenden Temperaturen von über 24 °C die Formation des tropischen Regenwaldes hervorgebracht.

Außer in Südostasien findet sich das Ökosystem Regenwald auch in Süd- und Mittelamerika, in Afrika und im Norden von Australien. Der Regenwald weist mit Abstand die höchste Artendichte – sowohl hinsichtlich der Fauna als auch der Flora – aller Vegetationsformen der Erde auf. Rund die Hälfte der insgesamt etwa 10 Mio. bekannten Gattungen des Pflanzenreiches wachsen hier, darunter über 3500 verschiedene Baumarten, von denen manche wiederum bis zu 1700 Insekten als Lebensraum dienen.

Wald mit Stockwerken

Je weiter das Kanu von der Rangerstation Krai Sorn aus in den nach Norden weisenden Kanal vordringt, desto deutlicher wird im vorübergleitenden Regenwald dessen charakteristisches Kennzeichen: sein stockwerkartiger Aufbau aus sechs Etagen. Vom Boden geht es über die Kraut- und Strauchschicht zu den Kronen der niedrigen Bäume und weiter hinauf zum dichten Hauptkronendach in 40 m Höhe, das von vereinzelten, bis 60 m hohen Baumgiganten überragt wird. Zwischen den Etagen siedeln parasitäre Schmarotzerpflanzen und Epiphyten, die zwar ebenfalls auf anderen Pflanzen wachsen, aber ihre eigene Nahrung produzieren. Vor allem Letztere, zu denen Tausende von Orchideenarten, Lianen, Farne und Rhododendren zählen, tragen enorm zum äußerst vielfältigen Erscheinungsbild des Regenwaldes bei.

Riesen aus Holz

Ins Auge fallen natürlich gerade auch die Riesenbäume, die zu über 50 % als

Hartholzgewächse zur Familie der Flügelfruchtgewächse *(Dipterocarpaceae)* gehören, nicht selten Stämme von mehr als 5 m Durchmesser haben und sich erst ab etwa 30 m über dem Boden verzweigen. Ihr auffälligstes Merkmal sind ihre am Boden tellerförmig extrem weit auslaufenden Wurzeln. Die Bäume schlagen keine tiefen Wurzeln, da die Erde aufgrund der Witterungsverhältnisse ausgelaugt ist und keine Nährstoffe liefert. Der Regenwald, der ein in sich geschlossenes Ökosystem bildet, nutzt nahezu ausschließlich seine eigene verwesende organische Substanz als Nahrungsquelle.

Tabula rasa im Regenwald

Diese üppigste und älteste Pflanzenformation der Erde, die gleichzeitig ihr größtes genetisches Reservoir ist, schrumpft täglich um ca. 340 km^2. Das entspricht einem jährlichen Verlust von etwa einem Drittel der Fläche Deutschlands. Alles in allem wurden in den letzten Jahrzehnten rund vier Fünftel des Regenwalds zerstört, in Plantagen umgewandelt, durch Straßen, Siedlungen, Industrie zersplittert.

Und die Zerstörung schreitet unaufhaltsam weiter fort. Thailand, wo allein zwischen 1961 und 1985 rund 45 % der Regenwälder abgeholzt wurden, macht da keinen Unterschied. Deutlich wird das schon, sobald man nur den Bereich des Khao Sok National Park verlässt und auf dem Highway 401 fährt. Egal welche Richtung man wählt: Die Folgen der Rodungen sind überall zu sehen.

Besonders gen Takua Pa wird nach Überquerung der Wasserscheide das Ausmaß der Zerstörung offenbar, denn in vielen Abschnitten, wo einst üppiger Wald wucherte, stehen nur noch niedrige, artenarme Sekundärwälder zwischen kaum je wieder zu kultivierenden Grasflächen. Ohne schützenden Pflanzenbewuchs reißen Monsunregen die ohnehin relativ nährstoffarme Erdkrume fort. In der Folge kommt es bald schon zu irreparabler Erosion und Verkarstung.

Der Welt größtes Ökozid

Laut Prognose der Europäischen Weltraumagentur ESA, die u. a. die globale Veränderung des Waldes und der Erdoberfläche untersucht, wird der Regenwald in etwa 20 Jahren von unserem Planeten verschwunden bzw. nur noch als Relikt in Nationalparks vorhanden sein. Eine Ursache für die Dezimierung der Regenwälder liegt sicherlich in der Bevölkerungsexplosion, die die Erschließung neuer landwirtschaftlicher Anbauflächen erfordert. Lebten im Bereich des heutigen Staates Thailand noch vor 40 Jahren etwa 20 Mio. Menschen, sind es heute mehr als dreimal so viele.

Aber vor allem sind die holzverarbeitenden Industrienationen für diesen gigantischen Ökozid verantwortlich. Für die Menschen ist der Organismus Regenwald lediglich ein Rohstoff unter vielen, den es kostengünstig und gewinnbringend auszubeuten gilt. Doch sind erst die Regenwälder verschwunden, beschleunigt sich die Erwärmung der Erdatmosphäre in noch viel schnellerem Maße als bisher. Die Folge, von der die Welt schon jetzt einen Vorgeschmack zu spüren bekommt, wird eine Klimakatastrophe von nicht abzuschätzendem Ausmaß sein. »Nur eine atomare Katastrophe könnte die globalen Auswirkungen des Abholzens der tropischen Wälder übertreffen«, urteilte die UNO-Entwicklungshilfe-Organisation UNDP schon vor fast zwei Jahrzehnten und fasste damit die verheerende Entwicklung zusammen.

sucherzentrum in Khao Sok (s. Infos unten), 400 Bt/Pers. Auf dem See nächtigt man unvergleichlich romantisch, wenn auch nicht unbedingt sehr komfortabel in Floating Bungalows oder in Rafthouses, die nur mit Matratze und Moskitonetz ausgestattet sind. Üblicherweise bucht man die Unterkunft inklusive Verpflegung. Auf dem Speiseplan steht immer gebratener Fisch aus dem See und die Thaigerichte sind stets überaus lecker zubereitet. Insgesamt unterhält die Verwaltung des Nationalparkamtes vier dieser schwimmenden Anlagen.

Essen & Trinken

Dutzende Restaurants laden ein. In den **Floating-Bungalow-Anlagen** am Chiew-Lan-See bucht man üblicherweise die Unterkunft inkl. der köstlichen Mahlzeiten. Beim gebratenen Fisch handelt es sich in der Regel um Giant Mekong Catfish, der hier im See besser gedeiht als in seiner Flussheimat.

Aktiv & Kreativ

Outdoor-Aktivitäten – Es gibt zahlreiche Anbieter im Park mit vielfältigem Programm, u. a. River Tubing (auf einem Riesenschwimmring sitzend einen Fluss hinuntertreiben, 350 Bt), Kayaking (900 Bt), Caving (1000 Bt, Höhlenexkursionen), Canoeing (1200 Bt, meist auf dem Stausee), Trekking (1000 Bt/Tag), Tauchexkursionen im Stausee (6400 Bt/2 Tage inkl. Transfer, Übernachtung, 2 Tauchgänge), Elefantenreiten (1100 Bt/2 Std.), botanische Wanderungen auf der Spur der Rafflesia (300 Bt), Nachtsafaris (500 Bt/2 Std.) und Dschungelcamps (2000 Bt).
Touren – Tagesexkursion von Khao Sok zum Chiew-Lan-Stausee (ca. 1500 Bt inkl. Transfer, Bootsfahrten, Lunch etc.), 2 Tage mit Übernachtung um 3000 Bt (jeder weitere Tag 1000 Bt extra), Tagesausflug in den Nationalpark ab Phuket und Khao Lak (ab 3000 Bt alles inkl.), 2 Tage mit Besuch des Stausees ca. 7000 Bt. Auch Wildlife-Touren sind im Angebot (ab 4000 Bt/Pers.). Angebote im Internet findet man unter www.khaosok.com, www.khaosokaccomodation.com und www.krabidir.com/artsriverviewlodge.
Wandern – Im Besucherzentrum des Nationalparkamtes und in den meisten Unterkünften erhält man eine Karte, auf der grob die Highlights des Parks und Wanderwege eingezeichnet sind.

Infos

Touristeninformation

Khao Sok National Park: Besucherzentrum Khao Sok, Tel. 077 39 51 39 und 077 59 51 39 54, www.dnp.go.th, www.thaiforestbooking.com. Der Eintritt in den Nationalpark kostet 400 Bt.
Internet: Sehr informativ ist die Website www.khaosok.com (auf Englisch).

Verkehr

Bus: 4 x tgl. verkehrt ein Bus von Krabi via Khao Lak und Takua Pa zum Khao Sok National Park (4 Std. bzw. 1,5 Std. ab Khao Lak), von Phuket (ca. 3 Std.) und Surat Thani aus (ca. 1 Std.) ist der Park per Bus stdl. erreichbar (140 bzw. 180 Bt).
Minibus/Taxi: ab Phuket, Krabi und Surat Thani um 350 Bt/Pers., Buchung in den Reisebüros der Ferienzentren (auch auf Ko Samui, Ko Pha Ngan etc.). Ab Khao Lak in der Regel nur Taxis, ca. 1800 Bt/Fahrzeug. One-Way-Transfer von den anderen Ferienzentren ca. 2000–2500 Bt/Fahrzeug.

Das Beste auf einen Blick

Phuket

Auf Entdeckungstour

Kautschuk – der Stoff, aus dem die Kondome sind: Ob Sie Fußball spielen oder joggen, Auto fahren, sich zum Schlafen niederlegen oder ein Kondom benutzen: Ein Stückchen Thailand ist immer dabei, denn Thailand ist der größte Kautschukproduzent auf Erden. Der Siegeszug des weißen, klebrigen Saftes, der nicht nur für die Produktion von Autoreifen unentbehrlich ist, nahm vor etwa 100 Jahren von Phuket aus seinen Anfang. S. 208

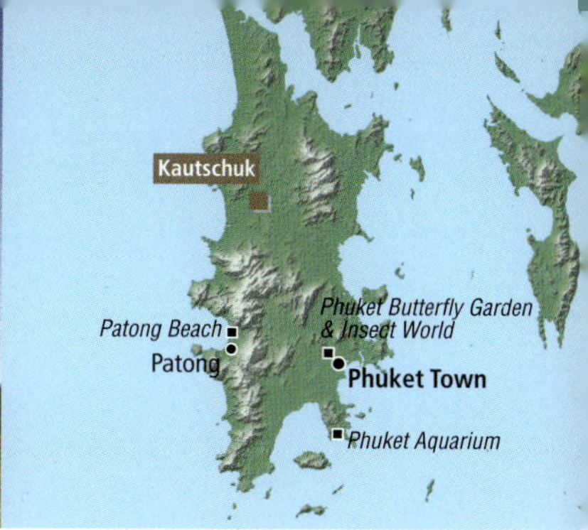

Kultur & Sehenswertes

Phuket Butterfly Garden & Insect World: Die Anlage ist eine Institution auf Phuket und mittlerweile einer der renommiertesten Schmetterlingsparks weltweit. Angeschlossen ist eine in Thailand einzigartige Insektenausstellung. S. 197

Phuket Aquarium: Das Aquarium in Phuket Town gilt als eines der bedeutendsten und meistbesuchten von ganz Südostasien. S. 197

Aktiv & Kreativ

Paddeltouren: Die Vielzahl der Anbieter macht Phuket zur idealen Basis für kurze wie lange Individualtrips sowie organisierte Touren per Kajak. S. 195

Segeln: Phuket ist *das* Zentrum für organisierte Segeltörns und Jachtcharter in Südostasien. S. 195

Genießen & Atmosphäre

The Taste: Wer das Besondere sucht, kommt einfach nicht vorbei an diesem Boutique-Hotel in Phuket Town. S. 198

Baan Rim Pa: Im mehrfach preisgekrönten Restaurant am Patong Beach mit königlich-thailändischer Küche genießt man das romantische Panorama. S. 206

Abends & Nachts

Watermark Bar & Restaurant: Das Nonplusultra in Phuket für gepflegtes Nightlife. S. 200

Patong: Neben Bangkok und Pattaya hat Patong das größte Nightlife-Angebot in Südostasien. Besonders auf der Soi Bangla pulsiert das Leben und die unzähligen Bars füllen sich mit Animierdamen und Transvestiten. S. 206

Simon Cabaret: Eine der größten und renommiertesten Transvestiten-Shows Asiens am Patong Beach. S. 206

Thailands populärste Badeinsel

Sonne, Strand und Spaß – von diesem Dreiklang träumen alle, die Phuket, größte Insel des thailändischen Königreiches, zu ihrem Urlaubsziel erkoren haben. Das sind Jahr für Jahr nicht weniger als über fünf Millionen kältegeschädigter Besucher aus aller Welt. Sie machen Phuket mit seinen rund 40 000 Hotelzimmern zur beliebtesten Badeinsel von Asien schlechthin, aber auch zum reichsten und zugleich teuersten Ort in Thailand. Wer nicht, wie die allermeisten Feriengäste, pauschal anreist, dem kann die sogenannte ›Perle des Südens‹ beachtliche Löcher in die Reisekasse fressen. Phuket ist selbst nach europäischen Maßstäben längst kein Billigziel mehr. Mit seinen zwar fraglos schönen, aber teils auch arg zugebauten Stränden verkörpert es für viele mittlerweile nicht mehr das Tropenparadies, das die Prospekte versprechen. Andere hingegen, z. B. die rund 200 000 Leser des international renommierten amerikanischen Reisemagazins »Leisure & Travel« wählten Phuket zu einer der schönsten und beliebtesten Inseldestinationen der Welt.

Zumindest beim Landeanflug präsentiert sich das rund 50 x 20 km messende Eiland ganz und gar exotisch. Der Blick schweift über die märchenhafte, mit Dschungelinseln gesprenkelte Phang-Nga-Bucht, umfasst Mangrovengürtel, üppig grüne Plantagen und bewaldete Bergzüge (*phuket* bedeutet ›Hügel‹) und saugt sich schließlich fest an von weißen Wogen umspülten kilometerlangen Sandstränden und dem malachitgrünen Meer.

Dort an der Westküste sind die Copacabanas von Südostasien zu finden. Wassersportlern ebenso wie Nachtschwärmern sind hier keine Grenzen gesetzt. Dazu garantiert eine perfekte Infrastruktur einen komfortablen und abwechslungsreichen Aufenthalt. Ruhe und Entspannung findet man jedoch, abgesehen von wenigen Ausnahmen, nur in Highclass-Resorts, die das Erlesenste bieten, das man sich in Asien an Luxus für Geld gönnen kann.

Aktiv auf Phuket

Dutzenderlei Aktivitäten werden auf der Insel angeboten, in allen Unterkünften und Restaurants liegen Prospekte von Outdoor- und Tourenveranstaltern aus. Die meisten Anbieter offerieren einen kostenlosen Abholdienst vom Feriendomizil. Das breite Angebot erlaubt es, an jedem Urlaubs-

Phuket im Internet

www.phuket-online.de und www.phuket-thailand.de: die beiden größten deutschsprachigen Inselportale

www.phuket.net: das umfassendste englischsprachige Inselportal; auch Tagesnachrichten, Bildergalerie und vieles mehr.

www.phuket.com: Onlinereiseführer im Web, außerdem Hotelbuchungsmaschine; viel Werbung

www.phuketdir.com: alphabetisch aufgebaute Suchmaschine

www.phuketgazette.com: Onlinetageszeitung

www.phukettourism.org: nichtkommerzielle Infoseite

Infobox

Reisekarte: ► B 8–9, Karte 4 und Karte 5

Touristeninformation

Tourist Office: Phuket Town, 191 Thanon Thalang, Tel. 076 21 10 36, tat tatphket@tat.or.th, tgl. 8.30–16.30 Uhr.
Phuket Tourist Association: 100/429 Thanon Chalermprakiat Ror 9 (7 km nördl. von Phuket am Weg nach Patong) Tel. 076 61 03 65, www.phuket tourist.com.

Service

Tourist Police: Tel. 076 22 38 91, Hotline 11 55, www.phukettouristpolice.go.th.
Krankenhäuser: Die zwei besten Krankenhäuser ganz Südthailands sind das Bangkok Phuket Hospital (2/1 Thanon Hongyok Utis, Tel. 076 25 44 25, www.phukethospital.com) und das Phuket International Hospital (44 Thanon Chalermprakiat Ror, Tel. 076 24 94 00, www.phuket-inter-hospital.co.th).
Phuket Immigration Office: Thanon Phuket, Tel. 076 21 21 08, Mo–Fr 8.30–12, 13–16.30 Uhr; Zweigniederlassung am Patong Beach, Tel. 076 34 04 77.

Anreise

Flugzeug: tgl. zahlreiche Flüge ab Bangkok (ca. 1 Std.) sowie ab Ko Samui, Hat Yai, Singapore, Penang, Kuala Lumpur und den meisten Großstädten Südostasiens; Flugverbindungen ab Europa, im Winterhalbjahr Charterflüge (11–12 Std.), s. S. 20. Phuket International Airport (www.phu ketairportonline.com) im Norden der Insel, rund 31 km nördlich von Phuket Town. Airport Information Counter, Tel. 076 32 72 30–37. Inlandlinienflüge u. a. von/nach Bangkok mit Thai Airways (ab ca. 3015 Bt), Bangkok Air (ab 1775 Bt), Air Asia (ab 1500 Bt), Nok Air (ab 1200 Bt), Orient Thai (ab 1450 Bt), von/nach Ko Samui mit Bangkok Air (2475 Bt). **Weiterfahrt:** am Taxistand Festpreis-Coupons nach Phuket Town (400 Bt), Kata/Karong (650 Bt), Patong (550 Bt). 7–18 Uhr stdl. Minibus des Phuket Airport Limousine Service nach Phuket Town (100 Bt), Kata/Karong (180 Bt), Patong (150 Bt).
Bus/Minibus: Von allen Städten des Südens verkehren Busse nach Phuket, von allen Ferienzentren fahren Minibusse.
Boot: Schnellboote ab Krabi, Ko Phi Phi und Ko Lanta.

Inselverkehr

Boot: Fähren nach Ko Phi Phi (580 Bt) und Ao Nang (Krabi, 1100 Bt) sowie Rai Leh (Krabi, 1100 Bt), teils mit Anschluss nach Ko Lanta, mit PhiPhiFerry (www.phiphiferry.com) ab Rassada Pier östlich von Phuket Town, s. S. 200.
Bus: Busbahnhof in Phuket Town s. S. 200
Kombitickets (Bus und Schnellboot): Buchung in den örtlichen Reisebüros, nach Ko Samui oder Ko Pha Ngan um 300 Bt.
Minibus: von/nach Krabi (350 Bt), Khao Lak (300 Bt), Khao Sok National Park (350 Bt), Ban Pakbara (600 Bt). Tickets in den örtlichen Reisebüros, wo auch die Minibusse abfahren bzw. ankommen.
Mietfahrzeug: zahlreiche nationale und internationale Firmen in Phuket Town, am Flughafen und in den Strandorten. Buchung über alle Reisebüros und die meisten Unterkünfte. Pkw ab 1200 Bt/Tag, Motorrad ab ca. 150 Bt/Tag.

tag eine andere Sportart zu erproben. Den besten Überblick bietet die Website www.phuket-travel.com, über die man auch alle Aktivitäten online buchen kann. Das Angebot ist schier überwältigend: **Elefantenritte** kosten 1390 Bt/Std., **Radtouren** 2900 Bt/Tag, **Schnorcheltouren** nach Ko Racha Yai (s. S. 213) ab 1200 Bt, nach Coral Island (s. S. 213) ab 900 Bt, **Speedboot-Touren** nach Ko Phi Phi (3100 Bt), nach Krabi (3300 Bt) und zu den Similan-Inseln (3900 Bt), **Ökotouren** in die Mangroven (2350 Bt), **Raftingtouren** (3000 Bt), **Ausritte** (1 Std. 800 Bt), **Surfkurse** (4 Std. 2500 Bt), **Speed & Fun** (Kombitour mit Wasserski, Bungee Jumping, Go Carting 3200 Bt), aber auch **Kochkurse** (5 Std. 3750 Bt) sowie **Yoga** und **Reiki, Healing** und **Ayurveda, Massage** und **Meditation** diverser Richtungen.

Segeln

Phuket ist *das* Zentrum für Jachtcharter in Südostasien schlechthin. Die Auswahl an Schiffen – mit oder ohne Skipper – ist vielfältig. Prospekte in allen Unterkünften; umfassende Information über Törns, Reviere, Infrastruktur etc. unter www.phuket.com/sailing und die Website von Asia Marine (s. u.). *Größte Charterbootadresse* – **Asia Marine:** Tel. 076 23 91 11, www.asia-marine.net. Bavaria 33 ab 1400 €/Woche, Bavaria 46 ab 2100 €/Woche, Katamarane ab 2500 €/Woche; mit Skipper mind. 380 €/Tag. Auch an organisierten Segeltörns von wenigen Stunden bis zu mehreren Tagen Dauer herrscht kein Mangel (Viertagestour in die Phang-Nga-Bucht ab 24 000 Bt/Pers. alles inkl.).

Tauchen

Im nahen Umfeld von Phuket finden sich neun bemerkenswerte Tauchspots, von denen der **Shark Point** und das **Anemone Reef** die bekanntesten sind. Aber auch die Inseln der nördlichen und südlichen Andamanensee sind relativ schnell erreicht. Zwischen November und April herrschen die besten Sichtverhältnisse. Auf Phuket gibt es mittlerweile rund 100 Tauchzentren und -schulen, sodass aufgrund der großen Konkurrenz die Preise teils denkbar günstig sind (4-tägiger Open-Water-Tauchkurs ab ca. 12 500 Bt, Bootsfahrt mit zwei/drei Tauchgängen ca. 3000–3500 Bt). Umfassende Informationen unter www.diving.phuket.com und www.phuket-thailand.de, die alle deutschen Tauchzentren der Insel vorstellt.

Zum Sonnenuntergang am Meer passt ein kühler Drink auf der Veranda

Paddeltouren

Mit seinen zahlreichen Kajakzentren bietet sich Phuket als Ausgangspunkt für kurze wie lange Individualtrips und organisierte Touren an. Das Angebot umfasst Dutzende Routen, von nur wenigen Stunden Dauer bis hin zu mehrwöchigen Paddelexpeditionen. Zu den wichtigsten Kajakzentren zählen John Gray Sea (Tel. 076 25 45 05, www.johngray-seacanoe.com), Sea Cave Canoe (Tel. 076 21 04 34, www.seacavecanoe.com) und Sea Canoe Thailand (Tel. 076 21 21 72, www.seacanoe.net).

Phuket Town

▶ Karte 5, E 10/11

Die Hauptstadt der Insel und gleichnamigen Provinz bildet das wirtschaftliche Zentrum des gesamten Südwestens von Thailand. Rund 85 000 der ca. 340 000 Einwohner Phukets leben in der lebhaften Provinzstadt. Schon lange bevor der Tourismus für Wohl-

Phuket Town

Sehenswert
1 On On Hotel
2 Standard Chartered Bank
3 Anwesen eines Minenbesitzers
4 Put Jaw
5 Mae Yanang
6 Sanjao Sam San
7 Phuket Butterfly Garden & Insect World
8 Phuket Aquarium

Übernachten
1 Metropole Hotel
2 The Taste
3 Phuket Backpacker
4 Wasana Guesthouse

Essen & Trinken
1 China Inn Café
2 Tamachart Restaurant
3 Café Tung-Ka
4 Essensmarkt

Einkaufen
1 Obst- und Gemüsemarkt

Abends & Nachts
1 Watermark Bar & Restaurant

stand sorgte, war Phuket Town dank der inseleigenen Zinnminen, der Kautschukplantagen und der Perlenzucht eine der reichsten Städte des gesamten Landes.

Bauten im Kolonialstil

Im Stadtbild ist der Einfluss der chinesischstämmigen Bevölkerung deutlich spürbar. An mehreren Straßen reihen sich die alten zweistöckigen Geschäftshäuser in sino-portugiesischem Stil aneinander und verleihen dem Zentrum einen an die Kolonialzeit erinnernden Reiz. Die schönsten Fassaden säumen die Thanon Deebuk und die Thanon Thalang. Viele wurden prachtvoll restauriert und beherbergen kleine Läden oder schön eingerichtete Restaurants. Das **China Inn Café** 1 (s. S. 199) gilt als eines der am besten instand gesetzten Gebäude aus dieser Epoche auf der gesamten Insel und auch das Boutique-Hotel **The Taste** 2 (s. S. 198) ist einen längeren Blick wert.

Auch das **On On Hotel** 1 aus dem Jahr 1927 an der Thanon Phang Nga ist unübersehbar chinesisch geprägt. Das älteste Hotel der Insel empfiehlt sich heute allerdings nicht mehr zum Übernachten.

Gegen Ende des 19. Jh. ließen sich Phukets Zinnbarone stuckverbrämte Paläste im Kolonialstil erbauen. Ein Zeugnis dieser Epoche ist das Gebäude der ehemaligen **Standard Chartered Bank** 2 an der Thanon Phuket, Ecke Thanon Phang Nga.

Etwas weiter an der Thanon Ranong lockt der große, offene **Obst- und Gemüsemarkt** 1 mit einer ungeheuren Vielfalt an tropischen Früchten und fernöstlichen Lebensmitteln. Am Markt, gleich neben dem Büro von Thai Airways, blieb ein weiteres **prächtiges Anwesen** 3 reicher Minenbesitzer erhalten.

Sonstige Sehenswürdigkeiten

Einen Besuch lohnen auch die chinesischen **Tempel Put Jaw** 4, **Mae Yanang** 5 und insbesondere **Sanjao Sam San** 6, die mit tanzenden Drachenfiguren auf geschwungenen Dächern und mit farbenfrohen Götterbildern einen wahrhaft exotischen Anblick bieten.

Die Thanon Padiphat führt vom Tempel Sanjao Sam San hinauf zum etwa 3 km entfernten **Khao Rang,** dem 139 m hoch aufragenden Hausberg der Stadt. Stilvollendet kann man von

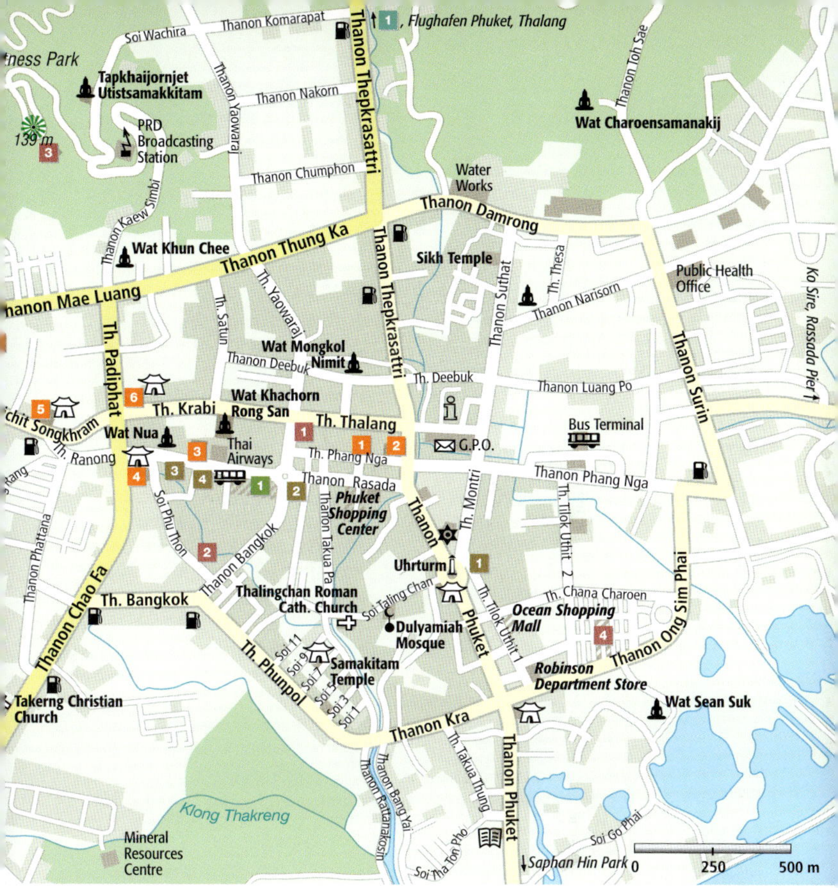

der Gartenterrasse des **Cafés Tung-Ka** 3 die Aussicht genießen (tgl. 11–13 Uhr).

Phuket Butterfly Garden & Insect World 7

71/6 Soi Paneung, Thanon Rassada (außerhalb Richtung Patong Beach), Tel. 076 21 08 61, www.phuketbutterfly.com, tgl. 9–17 Uhr, 300 Bt, inkl. Abholung in Phuket Town 350 Bt, von den Stränden 400 Bt

Die Anlage ist eine Institution auf Phuket und einer der renommiertesten Schmetterlingsparks weltweit. Monat für Monat werden hier über 6000 Schmetterlinge mehr als 40 verschiedener Spezies gezüchtet und Tausende der prächtig bunten Falter flattern im rund 1300 m² großen tropischen Garten der Anlage frei umher. Angeschlossen ist zudem ein Seidenmuseum sowie eine Insektenausstellung, die auch in didaktischer Hinsicht beeindruckt und in ihrer Art einzigartig ist in Thailand.

Phuket Aquarium 8

Cape Panwa, 51 Sakdidech Rd. (rund 8 km südl. Phuket Town), Tel. 076 39

11 26, www.phuketaquarium.org, Anfahrt mit Songthaew 20 Bt, Tuk-Tuk 50 Bt, Taxi 300 Bt, tgl. 8.30–16.30 Uhr, 100 Bt
Das Phuket Aquarium ist Teil des Phuket Marine Biological Center und gilt als eines der bedeutendsten und meistbesuchten von ganz Südostasien. Insgesamt sind hier über 150 verschiedene Arten von Süß- und Salzwasserbewohnern zu sehen. Highlight des Besuchs ist ein Gang unter Wasser durch die Glastunnel, bei dem man Rochen, Haie, Riesenzackenbarsche und Dutzende anderer Spezies aus nächster Nähe betrachten kann. Interaktive Displays entführen auf eine Reise durch Flüsse und Seen, Mangroven und zu Korallenriffen. Draußen im Freien lädt der **Science & Nature Trail** zu einer Wanderung durch die typischen Lebensräume der Küste ein.

Unser Tipp

Geschmackvoll – The Taste 2
Wer das Besondere sucht, kommt einfach nicht an diesem Boutique-Hotel vorbei, das von einer Gruppe talentierter thailändischer Designer in einem liebevoll restaurierten alten Geschäftshaus im sino-portugiesischen Baustil eingerichtet wurde. Die zwölf Zimmer (alle mit AC, Bad/WC, TV und vielen Details) sind dem Hotelnamen ganz und gar verpflichtet. Sie sind »5 star in style but not luxurious«. In der angeschlossenen Cocktailbar gibt es Freitagnacht »live piano and trio jam sessions« – ein Erlebnis und erschwinglich obendrein! Zur Zeit der Recherchen war das Hotel wegen Renovierung geschlossen (16–18 Thanon Rassada, Tel. 076 22 28 12, www.thetastephuket.com, DZ ca. 2500–4000 Bt inkl. Frühstück je nach Komfortstufe und Saison).

Übernachten

Reisende aus westlichen Ländern nächtigen zum allergrößten Teil an den Stränden, wohingegen asiatische Besucher Stadtquartiere bevorzugen. Generell bieten die Unterkünfte von Phuket Town das beste Preis-Leistungs-Verhältnis auf der ganzen Insel.

Bezahlbarer Luxus – **Metropole Hotel 1**: 1 Soi Surin, Thanon Montri, Tel. 076 21 50 50, www.metropolephuket.com, DZ 1514 Bt, Deluxe 1628 Bt bei Onlinebuchung, sonst doppelt so teuer. Das 18-stöckige Luxushotel gilt als eines der besten der Insel. Die 242 Zimmer messen selbst in der günstigsten Kategorie noch 35 m². Die Bars und Restaurants zählen zu den stadtbeliebten Treffs. Am Pool mit Poolbar in der 4. Etage lässt es sich herrlich relaxen. Der Service ist aufmerksam. Dafür sind die Preise fast geschenkt.

Geschmackvoll – **The Taste 2**: s. Unser Tipp links

Nicht nur für Rucksackreisende – **Phuket Backpacker 3**: 167 Thanon Ranong, Tel. 076 25 66 80, www.phuketbackpacker.com, DZ 700 Bt (Fan), 800 Bt (AC), Mehrbettzimmer (gemischt oder nach Geschlechtern getrennt) 200 Bt/Pers. (Fan), 350 Bt (AC). Phukets populärstes Gästehaus, sehr sauber und gepflegt, komfortabler Aufenthaltsraum mit moderner Kunst an den Wänden.

Für Budgetbewusste – **Wasana Guesthouse 4**: 159 Thanon Ranong, Tel. 076 21 17 54, DZ 250/350 Bt. Direkt beim Markt, wo auch die Busse zu den Stränden abfahren. 28 sehr einfach eingerichtete, aber leidlich saubere Zimmer mit Fan oder AC.

Essen & Trinken

Schlemmen im China-Stil – **China Inn Café 1**: 20 Thanon Thalang, Tel. 076 35 62 39, Mo–Mi 11–18, Do–Sa 11–15, 18–23 Uhr. Hauptgericht ca. 100–370 Bt. Das Café-Restaurant in einem vorbildlich restaurierten Geschäftshaus im sino-portugiesischen Baustil beeindruckt mit schmuckem Ambiente und begrüntem Innenhof, mit einer erlesenen Weinkarte (Frankreich, Australien, Südafrika) und ausgezeichneten authentisch thailändischen oder auch internationalen Gerichten. Die Currys, insbesondere das *massaman*, sind eine Wucht. Wer Schärfe ertragen kann, sollte *laab pla tuna* kosten, eine Spezialität aus dem Nordosten von Thailand.

Ambitionierte Thaiküche – **Tamachart Restaurant 2**: 62/5: Soi Phu Ton, Tel. 076 22 42 87, tgl. 10.30–23.30 Uhr, Hauptgerichte 60–180 Bt. Eine der besten Adressen der Stadt für Thaiküche, in einem ebenso geschmackvoll wie ausgefallen mit Trödel dekorierten Holzhaus. Die Speisekarte listet rund 200 Gerichte auf, darunter viele leckere Salate, etwa *Sour mango and crispy prawn salad.*

Vegetarian Festival

Zu Ehren ihrer Schutzgeister zelebrieren die chinesischen Bewohner von Phuket Town alljährlich im September/Oktober ein neuntägiges Fest. Die Teilnehmer tragen Weiß und essen nur vegetarische Speisen. Bizarr muten manche Rituale an. So etwa, wenn sich junge Männer in Trance Speere durch die Wangen stecken oder über glühende Kohlen laufen. Die Feierlichkeiten enden mit einer lärmenden Mitternachtsprozession durch die Stadt bis ans Meer (www.phuketvegetarian.com).

Auf dem Hausberg – **Café Tung-Ka 3:** Khao Rang, tgl. 10.30–22.30 Uhr, Hauptgerichte 100–180 Bt. Das Café ist bekannt für gute Thaiküche, göttliche Ice Cream Sundaes und die Aussicht.
Die Welt der Garküchen – **Essensmarkt 4:** Ab dem späten Nachmittag bieten die Garküchen eine große Auswahl an stets frisch zubereiteten Gerichten. Gut und günstig (um 50–60 Bt).

Einkaufen

Zahlreiche Geschäfte und Boutiquen mit thailändischem Kunsthandwerk, Antiquitäten und Textilien gibt es in Downtown Phuket, insbesondere entlang den Straßen Yaowaraj, Deebuk, Phang Nga, Rassada und Thanon.
Tropische Vielfalt – **Obst- und Gemüsemarkt 1:** Thanon Ranong, s. S. 196.

Abends & Nachts

Nightlife ist in den Strandorten, allen voran Patong, zu finden. In Phuket Town bieten u. a. die Bars und Discos der Hotels nächtliche Unterhaltung.
Feine Nächte – **Watermark Bar & Restaurant 1:** Phuket Boat Lagoon Marina, Thepkasattri Rd Koh Kaew (ca. 10 Min. von Phuket Town), Tel. 076 23 97 30, www.watermarkphuket.com, tgl. ab 11 Uhr. ›Contemporary Waterfront Brasserie‹, das Nonplusultra in Phuket für gepflegtes Nightlife. 2 x wöchentlich Jamsessions (meist Mi und Do 18.30–23.30 Uhr), Partys immer freitags, allabendlich Happy Hour von 17–19 Uhr (Bier dann 60 Bt).

Infos

Touristeninformation

s. Infobox S. 193

Verkehr

Bus: Busbahnhof östlich des Zentrums von Phuket Town an der Thanon Phang Nga, Info Tel. 076 21 14 80. Tag- und Nachtbusse verschiedener Komfortklassen nach Bangkok, Abfahrt ab 15 Uhr (ca. 12 Std.) und zu allen Städten in Südthailand. Private VIP-Busse von/nach Bangkok (974 Bt).
Boot: Fährboote ab Rassada Pier östlich von Phuket Town. Ganzjährig 2–9 x tgl. nach Ko Phi Phi (45–90 Min., ab 650 Bt), mind. 2 x tgl. nach Ao Nang und Rai Leh (2 Std., 650 Bt) sowie Ko Lanta (4 Std., 850 Bt).
Songthaew/Tuk-Tuk: von der Thanon Ranong (beim Markt) 7–17 Uhr regelmäßig zu den Inselstränden (15–50 Bt, je nach Entfernung). Zu anderen Zeiten kann man die Fahrzeuge chartern (ca. 200–600 Bt).
Motorradtaxi: ca. 20 Bt innerhalb der Stadt.

Phukets Strände

Nai Yang Beach

▶ Karte 5, B 4

Wenn man Erholung pur sucht, ist man am **Mai Khao Beach** und dem südlich angrenzenden Nai Yang Beach gut aufgehoben. Sie ziehen sich von der Brücke **Sarasin Bridge,** die Phuket mit dem Festland verbindet, über rund 15 km nach Süden. Abgesehen von den Bungalowanlagen und Resorts im südlichen Abschnitt gibt es keine touristische Infrastruktur, denn die Strandzone nördlich des Phuket International Airport wurde als **Sirinath Marine National Park** unter Schutz gestellt. Grund dafür sind die Lederschildkröten, die dort alljährlich zwischen November und Februar zur Eiablage an Land gehen. Der teilweise bis zu 80 m breite Strand wird von Kasuarinen gesäumt. Er ist für Kinder ideal und bietet Schnorchelfreuden an einem vorgelagerten Korallenriff. Schnorcheln, Baden, kilometerlange Strandspaziergänge und ab und an ein Ausflug in das rund 30 km entfernte Phuket Town erfüllen die Urlaubstage.

Übernachten

Tradition postmodern verbrämt – **Indigo Pearl Hotel Phuket 1**: Nai Yang Beach, Tel. 076 32 70 06, www.indigo-pearl.com, DZ ab 5900 Bt. Luxuriöses Vier-Sterne-Resort in einer weitläufigen Parkanlage hinter dem Strand. Die Architektur ist traditionell, die Inneneinrichtung ein Designtraum aus alt und postmodern. Mehr als 200 aufwendig und geschmackvoll dekorierte Zimmer und Bungalows in unterschiedlichen Komfortstufen.
Schick am Strand – **Nai Yang Beach Resort 2**: Nai Yang Beach, Tel. 076 32 83 00, www.naiyangbeachresort.com. Komfortresort mit Garten am Südrand des Strandes. Große Auswahl an Bungalows, Preise von 2500–6000 (Nebensaison) bzw. 4300–15 000 Bt (Hochsaison).

Bang Tao Beach

▶ Karte 5, B 7

Der Bang Tao Beach – ein 7 km weißer Sandsaum vor der Kulisse von Kasuarinen und Palmen – gilt als einer der schönsten und längsten Strände Phukets und verspricht ungetrübte Badefreuden. Aufgrund seines Tropenzaubers kann er die größte Ansammlung erstklassiger Resort-Hotels in ganz Asien vorweisen. Sie befinden sich im Bereich des Touristenzentrums **Laguna Phuket Resort 1**, einer ca. 150 ha großen Parkfläche mit exotischer Seenlandschaft, die mit unglaublichem Aufwand in einer ehemaligen Zinnmine angelegt wurde. Das Angebot an Luxus ist umwerfend, ebenso sind es die Preise.

Übernachten

Billig am Beach – **Andaman Bangtao Bay Resort 3**: Tel. 076 27 02 46, www.andamanbangtaobayresort.com, 2900–4900 Bt (Nebensaison) bzw. 4900–7900 Bt (Hochsaison), im Sommer stets Discountpreise. Gepflegte kleine Anlage direkt hinter dem Strand, der hier gut zum Baden geeignet ist. Mehrere im Thaistil eingerichtete Bungalows (mit AC, Kühlschrank, TV, Minibar) und attraktiver, aber kleiner Pool.

Essen & Trinken

Das Feinste der Feinen – **Laguna Phuket Resort 1**: Menüs ab ca. 795 Bt. Die Restaurants des Laguna Phuket Resort Complex gehören mit zu den besten, aber auch zu den teuersten der Insel. Topempfehlungen sind u. a. das Lagunenrestaurant **Ruen Thai** im Dusit Laguna Hotel mit authentischer Thaiküche, das **Saffron** im Banyan Tree Resort, das die Küche des Mittleren Ostens pflegt, und das **Chao Lay** im Sheraton Grande Laguna Phuket, wo zu regionalen Gerichten klassische thailändische Musik gespielt wird und die Gäste nach Sitte des Landes an niedrigen Tischen auf dem Boden sitzen.

Surin Beach ▶ Karte 5, B 7/8

Südlich der Landspitze, die den Bang Tao Beach begrenzt, wird eine An-

Phuket

Sehenswert
1 Laguna Phuket Resort
2 Phuket FantaSea
3 Laem Phrom Thep

Übernachten
1 Indigo Pearl Hotel Phuket
2 Nai Yang Beach Resort
3 Andaman Bangtao Bay Resort
4 Surin Beach Resort
5 Kamala Dreams
6 Benjamin Resort
7 Impiana Phuket Cabana Resort & Spa
8 Patong Bay Garden Resort
9 Expat Hotel
10 Karon Beach Resort
11 Kata Beach Resort
12 Phuket Orchid Resort
13 Friend's House
14 Little Mermaid
15 Nai Harn Garden Resort

Essen & Trinken
1 Rockfish
2 Silk Restaurant
3 Baan Rim Pa
4 Lim's
5 On the Rocks
6 Ratri Jazztaurant
7 Mom Tri's Boathouse

Abends & Nachts
1 Simon Cabaret
2 Banana Disco
3 Crocodile Disco
4 Safari Pub & Disco
5 Tiger Disco & Bar

sammlung kleiner Badebuchten unter dem Namen Surin Beach zusammengefasst. Der nördliche Küstenabschnitt, wo u. a. schon Mick Jagger residierte und die Übernachtungspreise in Euro bis in vierstellige Sphären klettern, ist allerdings den erklärten Promis vorbehalten.

Der weitläufigere Sandsaum im Süden wird hingegen in erster Linie von Tagesausflüglern besucht und am Wochenende finden sich thailändische Familien zum Picknick ein. Da der Strand nur zum Sonnenbaden ideal ist, geht es am Wasser und auf der Strandpromenade im Schatten von Kasuarinen geruhsam und ruhig zu.

Übernachten

Für Normalbetuchte – **Surin Beach Resort 4**: Tel. 076 27 00 71, www.surintra.com, DZ 2100 Bt (Nebensaison) bzw. 3300 Bt (Hochsaison). Obwohl etwa 10 Gehminuten vom Strand entfernt, erfreut sich dieses rings um einen enorm großen Pool errichtete Hotel mit gehobenem Mittelklassekomfort allergrößter Beliebtheit. Nicht nur Familien finden hier alles ganz nach ihrem Geschmack, u. a. die inselweit größte Wasserrutschbahn für Kinder. Die rund 250 ansprechend im Thaistil dekorierten Zimmer sind elegant, hell, luftig und alle mit Balkon ausgestattet.

Essen & Trinken

Die südliche Hälfte des Surin Beach ist von einfachen Strandrestaurants gesäumt. Dort sitzt man nicht nur gemütlich, sondern isst auch durchweg gut und günstig.

Kamala Beach ▶ Karte 5, B 8

Die etwa 3 km lange, halbmondförmige Bucht erscheint am gefälligsten in ihrem nördlichen Abschnitt, wo Kasuarinen Schatten werfen. Von dort ist es nur ein kurzes Wegstück hinüber zum zwar kleinen, aber unbebauten und malerischen **Laem Sing Beach,** den viele für den schönsten der Insel halten. Kamala selbst bietet Badefreuden auch für Kinder. Familien machen sich dennoch immer rarer, seit hier stark in Hotelbauten investiert wurde, die nach und nach die kleinen Bungalowanlagen ersetzen. Zur Saison herrscht teils schon drangvolle Enge.

Sarasin Brücke
Thepkasatree Brücke
Tha Chat Chai
Dan Yit
Ko Raet
Thong Lang
Klong Sai
Ko Phrao
Laem Maphraw Pier
Tha Khuan
Klong Khian
Phang Nga Bay
Ao Phang Nga Marine National Park
Ba Kan
Yan Saba
Suan Maphrao
Mai Khao Beach
Ao Tu Khun
Chao Khrua
Ko Klang
Sirinath Marine National Park
Khao Ban Bang Duk 267 m
Khlong Tha Nun
Bang Chan
Ao Rang Hin
Ao Som
Andaman Sea
Mai Khao
Laem Sam
Ko Lawa Yai
Mak Prok
Laem Sai
Ko Ngam
National Park Headquarters
Yun
Tha Maphrao
Laem Khat
Ko Thanan
Nai Yang Beach
Nai Yang
Sakhu
Muang Mai
Phara
Chang Taeng
Ban Trong Muang
Ao Kung
Ao Po
Nai Thon
Khao Phara 450 m
Thum Phlo
Ko Naka Yai
Nai Thon Beach
Khao Muang 307 m
Bang Rong
Khao Phra Thaeo Wildlife Park
Gibbon Rehabilitation Project
Ko Waeo
Layan
Bang Pae
Naka Perlenfarm
Thalang
Pak Lok
Layan Beach
Ko Naka Noi
Ko Yao Noi
Ban Don
Wat Sophon Wanaram
Liphon
Ya
Phasak
Bang Tao Beach
Phak Chit
Yamu
Choeng Thale
Laem Yamu
Pansea Beach
Bang Tao
Ma Nik
Thalang National Museum
Phuket Sea
Surin Beach
Tha Rua
Laem Sing Beach
Kamala Beach
Kamala
Bang Khu I
Ko Rang Yai
Kok Yang
Sapam
Ko Maphrao
Laem Thai Phao
Khuan Wa 527 m
By Pass Road
Laem Hin
Laem Hin Pier
Laem Yom Ding
Kathu
Nacha Beach
Laem Nga
Ao Patong
Bang Thong
Sam Kong
Patong Beach
Tung Toong
Kuku
Ko Sire
Emerald Bay
Patong
Phuket Town
Wat Ko Sire
136 m
Ra-Ngeng
247 m
Bang Wad Dam
Rassada Pier
Ao Sire
Freedom Beach
Tin Khao
Tha Khlaeng
Laem Phap Pha
Wat Chalong
Bo Raea
Ao Tukkae
Ko Mai Thon, Ko Phi Phi
Karon Beach
Karon
Wat Mai
Suan
Hua Non
Khok Sai
Makham Bay
Ao Makham
Ko Taphao Yai
Ko Pu
Kata
Chalong
Chalong Bay
Kata Yai Beach
Laem Phan Wa
Bang Khothi
Kata Noi Beach
Sai Yuan
Laem Mum Nai
Ko Lone
Aquarium & Marine Biological Research Center
127 m
Ban Nai Harn
Rawai
Laem Mum Nok
Nai Harn Beach
Rawai Beach
Yanui Beach
Ko Aeo
Ko Bon
Ko Hae
Ko Racha Yai
0
5
10 km

Übernachten

Seeblick-Studios – **Kamala Dreams** 5: Tel. 076 27 91 31, www.kamaladreams.net, 1950–4600 Bt (je nach Saison). Nach der Zerstörung durch den Tsunami wurde die zweigeschossige Hotelanlage direkt am Strand schöner als zuvor wieder errichtet. 18 mit Teakmobiliar komfortabel eingerichtete Studios von 35–40 m² Größe, die alle Seeblick genießen und mit Kitchenette, Kühlschrank, TV, Telefon, Internetanschluss und AC ausgestattet sind, umschließen U-förmig einen kleinen Pool.
Für den kleinen Geldbeutel – **Benjamin Resort** 6: Tel. 076 38 51 45, www.phuketdir.com/benjaminresort, DZ 300–1000 Bt (je nach Saison) bzw. 700–1500 Bt mit Seeblick. Manche der 34 Zimmer des dreigeschossigen Strandhotels hätten zwar langsam eine Renovierung verdient, aber die meisten bieten einen weiten Seeblick und sind durchaus korrekt möbliert (u. a. AC, TV, Kühlschrank, Minibar). Das Frühstück wird auf der Dachterrasse serviert.

Essen & Trinken

An der parallel zum Strand verlaufenden Straße laden zahlreiche Restaurants zu Gaumenfreuden ein.
Innovative Thaiküche – **Rockfish** 1: 33/6 Kamala Beach Rd., Tel. 076 27 97 32, www.rockfishrestaurant.com, tgl. ab 8 Uhr, Vorspeisen 200–350 Bt, Hauptgerichte 450–1000 Bt. Die mit Abstand beste Adresse am Strand, die für ihre innovative Küche in »Thailand's Best Restaurant Guide 2005« einen Platz unter den sieben besten Restaurants des Landes erhielt!
Spitzengastronomie – **Silk Restaurant** 2: Andara Resort, 15 Moo 6, Kamala, Tel. 076 33 87 77, www.silkphuket.com, tgl. ab 12 Uhr, Vorspeisen ca. 200–400 Bt, Hauptgerichte 300–800 Bt. Das ›Seiden‹-Restaurant gilt als eines der besten Feinschmeckerrestaurants der Insel, ja sogar Südthailands, das mit thailändischer Küche aufwartet. Serviert werden klassische Gerichte und unglaublich köstliche Drinks (!) in einem Ambiente, das Ultramodernes und Traditionelles zu einem elegant-gemütlichen Ganzen vereint. Die Speisekarte ist ein Gedicht, die aufmerksame Bedienung steht beratend zur Seite.

Patong Beach ▶ Karte 5, B 10

Der knapp 3 km lange Strand bildet das Epizentrum eines ganz und gar auf Entertainment eingestellten Pauschaltourismus – mit allem, was nun einmal dazugehört, von den Bierkneipen à la

Phuket ist nicht ohne Grund eines der schönsten Urlaubsziele weltweit

Ballermann bis zu den Go-go-Bars. Auch die Prostitution treibt Blüten. Die Urlauber brauchen auf nichts zu verzichten, was sie von zu Hause gewohnt sind, sei es die heimische Tageszeitung oder europäische Kost. Obendrein sorgt das überaus vielfältige Wassersportangebot dafür, dass auch tagsüber keine Langeweile aufkommt.

Übernachten

Renommiert – **Impiana Phuket Cabana Resort & Spa 7**: 41 Thanon Thaweewong, Tel. 076 34 01 38, www.impiana.com, DZ ab 5000–12 500 Bt. Bt. Zu dem Ende 2005 am schönsten Küstenabschnitt unmittelbar am Strand wieder neu eröffneten Boutique-Hotel der Spitzenklasse gibt es keine Alternative am Patong Beach! In der ebenso weitläufigen wie exotischen Gartenanlage stehen locker verteilt Bungalows und ein toller Pool direkt hinter dem Strand. Die Zimmer mit allerfeinstem thailändischen Dekor sind wunderschön.

On the beach – **Patong Bay Garden Resort 8**: 33/1 Thanon Thaweewong, Tel. 076 34 02 97, www.patongbaygarden.com, DZ 2750–13 500 Bt (je nach Komfort), zur Nebensaison oft ab 2100 Bt. Anlage der Mittelklasse direkt am Strand. Rund 70 Zimmer in sechs Komfortstufen gruppieren sich auf drei Seiten rings um einen Pool.

Poolhotel am Rand – **Expat Hotel 9**: 163/17 Thanon Rathutit, Tel. 076 34 21 43, www.phuket.com/expat, DZ 1340–1657 Bt (Nebensaison) bzw. 1930–2276 Bt (Hochsaison). Hotel mit Pool am Rand des Amüsierviertels, jedoch so ru-

Unser Tipp

Fantastisch – Phuket FantaSea 2
Rund 3,5 Mrd. Baht hat es gekostet, den 35 ha großen Themenpark im Tempelstil zu errichten. In seinen Restaurants finden sich allabendlich bis zu 4000 Gäste zur Schlacht am Gigabuffet mit Delikatessen aus Europa und Asien ein. Anschließend wird im Palace of the Elephants ein faszinierendes Asia-Spektakel geboten. Wer die Mischung aus Las Vegas und Disneyland mag, wird begeistert sein und das Eintrittsgeld sicherlich gerne ausgeben (Kamala, Tel. 076 38 50 00, www.phuket-fantasea.com, tgl. 17.30–23.30 Uhr, Eintritt für Dinner und Show 1900 Bt, nur Show 1500 Bt).

hig gelegen, dass man ungestört schlafen kann. 48 schlicht möblierte, allerdings saubere und korrekte Zimmer. Zum Strand sind es etwa 300 m.

Essen & Trinken

Schlemmen mit Blick – **Baan Rim Pa 3**: 223–223/1 Phrabaramee Road, Tel. 076 34 07 89, www.baanrimpa.com, tgl. ab 12 Uhr, für Vorspeise und Hauptgericht muss man gut 1000 Bt ansetzen. Das bereits vielfach preisgekrönte, zweigeschossige Open-Air-Restaurant fasziniert nicht nur mit seiner romantischen Panoramalage über dem Meer, sondern auch mit klassischen Thaigerichten nach Art der königlichen Palastküche, die man in ähnlich authentischer Zubereitung heute kaum noch erhält. Auch das Auge isst mit. Die Preise sind vergleichsweise günstig. Um gepflegte Kleidung wird gebeten, Tischreservierung (insbesondere für die Panoramatische) ist ein Muss.

Tropisch-urban – **Lim's 4**: 28 Soi 7, Phrabaramee Road, Tel. 076 34 48 34, www.limsphuket.com, tgl. ab 18.30 Uhr, Vorspeisen um 280 Bt, Hauptgerichte 220–450 Bt. Das laut Phuket Gazette »most charming restaurant on Phuket« gilt derzeit als eine der trendigsten Inseladressen. Das Ambiente gibt sich tropisch-urban, die gepflegte Küche ist der Nouvelle Thai Cuisine verpflichtet, die Klassisches mit Mediterranem verbindet.

Abends & Nachts

Neben Bangkok und Pattaya gilt Patong als das größte Nightlife-Zentrum von Südostasien. Insbesondere auf dem Strip, der von der Strandpromenade abzweigenden Soi Bangla, pulsiert ab etwa 22 Uhr das Leben, wenn sich die unzähligen Bars mit Animierdamen und Transvestiten füllen. Wenn das Tanzbein juckt, bieten zahlreiche Discos Abhilfe.

Die Ladyboys auf dem Parkett – **Simon Cabaret 1**: 8 Sirirat Road, Patong Beach, Tel. 076 34 20 11–15, www.phuket-simoncabaret.com, tgl. 19.45 und 21.30 Uhr, 700–800 Bt. Seit bald schon 20 Jahren eine der größten und renommiertesten Transvestitenshows von ganz Südostasien und ein farbenreich-exotisches Kabarettspektakel ohnegleichen.

Technotempel – **Banana Disco 2**: Thanon Thaweewong, tgl. ab 21 Uhr. Schmelztiegel der Technolust ist die an der als Beach Road bekannten Promenade gelegene Disco, wo ab ca. 23 Uhr und bis 3 Uhr auf zwei Etagen die Post abgeht. Der Eintritt ist ein Pflichtgetränk (200 Bt).

Patong's Hotspot – **Crocodile Disco 3**: Soi Crocodile (off Soi Bangla), Tel. 076 29 42 24, www.phuketdir.com/crocodiledisco. Bunt-bizarres Vergnügungslokal für Freunde von Funk, HipHop und Techno oder auch Cabaret. Häufig Spezialpreise, etwa drei Biere zu 100 Bt.

Dschungelbuch-Disco – **Safari Pub & Disco 4**: südlich von Patong an der Straße nach Karon, Tel. 076 34 10 79, tgl. ab 20 Uhr, Eintritt frei. Konkurrenzlos populäre Adresse mit Dschungelatmosphäre à la Jurassic Park. Ab Mitternacht, wenn bereits reichlich Alkohol geflossen ist, erreicht die Stimmung ihren Höhepunkt. Innen wird bei Livemusik, im Freien bei laut dröhnender Musik aus der Konserve abgetanzt. Eine Kletterwand verlockt die Machos zum Showoff.

Die Flintstones lassen grüßen – **Tiger Disco & Bar 5**: in einer Nebengasse der Soi Bangla, Tel. 076 34 51 12, www.phuketdir.com/tigerdisco, ab 20 Uhr, 100 Bt. Das Erdgeschoss, wo sich in heißen Bars das Partyvolk sammelt, ist als Steinzeithöhle eingerichtet, während die eigentliche Disco im Obergeschoss zu finden ist.

Infos & Termine

Internet: aktuelle Informationen unter www.beachpatong.com.

Mietfahrzeuge: In Patong werden vorzugsweise Harleys *(big bikes)* verliehen. Dank der großen Konkurrenz sind die Preise teilweise extrem günstig.

Phuket Gay Festival: Febr., www.gaypatong.com (Schwulen-Portal). Das Schwulen- und Lesbenfest gilt als das größte und schrillste seiner Art in ganz Asien.

Phuket Bike Week: Mitte April, www.phuketbikeweek.com, s. S. 34.

Phuket Film Festival: Anfang Juni, www.phuketfilmfestival.asia, s. S. 34.

Patong Carnival: 1. Novemberwoche. 3 Tage lang wird der Beginn der neuen Saison am Patong Beach ausgelassen gefeiert.

Karon und Kata Beach

▶ Karte 5, B 11–13

Auch der **Karon Beach** ist auf seiner gesamten Länge von gut drei Kilometern touristisch voll erschlossen. Neben dem nördlich gelegenen Patong Beach ist er der am dichtesten bebaute Küstenabschnitt der gesamten Insel.

Jenseits der Uferstraße hat sich in den letzten Jahren eine regelrechte Stadt entwickelt mit großen Hotels, Apartmentgebäuden und Einkaufszentren. Anders als am Nachbarstrand werden in Karon mehr Stil und internationale Atmosphäre gepflegt, sodass abgesehen vom Wassersport- und Shoppingangebot nicht gar so viel Rummel herrscht. Der schnurgerade und fast schattenlose Strand beeindruckt durch seine Breite. Zum Schwimmen ist es im Winterhalbjahr ideal, während im Sommer wegen gefährlicher Strömungen mitunter das Baden verboten ist.

Im Süden schließt sich nahtlos der Ort **Kata** an, der sich hinter einem etwa 2 km langen, durch eine Felszunge zweigeteilten Strand erstreckt. Gewaltige Hotelanlagen säumen die Doppelbucht. Der Club Med beherrscht den nördlichen **Kata Yai Beach,** das Kata Thani Beach Resort den ▷ S. 211

Auf Entdeckungstour

Kautschuk – der Stoff, aus dem die Kondome sind

Wer Fußball spielt, Auto fährt oder ein Kondom benutzt: Ein Stückchen Thailand ist immer dabei. Denn Thailand ist der größte Kautschukproduzent weltweit. Der Siegeszug des klebrigen Saftes nahm vor 100 Jahren von Phuket seinen Anfang. Im Rahmen einer Kautschuk-Plantagentour lernt man den gesamten Arbeitsprozess vom weißen Saft zur Gummimatte kennen.

Reisekarte: ► Karte 4 und Karte 5

Touranbieter: Andamanda Travel, Tel. 876 72 72 66, www.phuket-trips.com

Dauer: ein halber Tag, individuelle Touren 2 Std.

Preis: 1200 Bt/Pers., mind. 2 Pers. (inkl. Transport und Führung)

Grinsend zieht der Arbeiter sein halbmondförmiges Hohlmesser aus dem Gürtel. Angesichts der lässigen Art, wie er seinen Daumen in ›Hitman‹-Manier schärfeprüfend über die Klinge fahren und dabei seinen stechenden Blick über die Teilnehmer der Rubber Plantation Tour schweifen lässt, verstummen sogar die Kinder, die auf dem Plantagenrundgang dabei sind. Der Kautschukarbeiter zieht sich das rote Band tiefer in die Stirn, tritt an einen Baum von etwa 20 cm Durchmesser heran und kerbt dessen Rinde spiralförmig ein. An das untere Ende des Schnitts befestigt er sogleich eine gespaltene Kokosnussschale als Auffangbehälter. Schon wenig später bilden sich erste weiße Tropfen, die zäh wie Honig in das Gefäß hineinfließen – der Kautschuk.

Caucho – der weinende Baum

Es sind dies die ›Tränen‹ des ›weinenden Baums‹, wie die Übersetzung des indianischen Namens *cahuchu* bzw. *caucho* für das Wolfsmilchgewächs Kautschukbaum lautet. *Hevea brasiliensis* ist seine botanische Bezeichnung, denn ursprünglich war er im Amazonasbecken beheimatet, dessen Urvölkern schon vor mindestens 3500 Jahren bekannt war, dass man aus diesem Saft, dem Latex oder Rohkautschuk, nützliche Dinge wie etwa Schläuche, Gefäße und Fackeln, aber auch Bälle herstellen kann.

Amerikanische Erfindung

Doch erst dem Amerikaner Charles Nelson Goodyear gelang es 1839, Kautschuk durch Vulkanisation in ein dauerhaft elastisches Material, Gummi also, zu verwandeln. Seine Erfindung kurbelte die Nachfrage nach Kautschuk an und löste in der Region um Manaus und Belém einen wahren Wirtschaftsboom aus, denn Brasilien besaß das weltweite Monopol auf diese Pflanze. 1876 schmuggelte der britische Abenteurer Henry Wickham im Auftrag seiner Majestät Samen des Kautschukbaums außer Landes. Und schon bald entstanden Plantagen in Asien und Afrika.

Ein Königreich für Gummi

Der Großteil der Kautschukproduktion erfolgt auf diesen kleinen Plantagen, durch die auch die Tour führt. Sie sind etwa 1 ha groß mit insgesamt ungefähr 400 Gummibäumen. Auf der Tour erfährt man, dass der Kautschukbaum besonders gut im sogenannten Kautschukgürtel zwischen ungefähr 30° nördlicher und 30° südlicher Breite gedeiht. In diesem Bereich liegt auch Südthailand. Da die Region im ausgehenden 19. Jh. zum allergrößten Teil mit Tiefland-Regenwald bedeckt war und landwirtschaftlich nicht genutzt wurde, waren hier die Bedingungen für das Entstehen großer Plantagen ideal.

Nachdem der Provinzgouverneur von Trang im Jahr 1901 den ersten Setzling eines Kautschukbaums gepflanzt hatte, wurde der Primärwald nach und nach gerodet und die Plantagenwirtschaft dehnte sich ab etwa 1903 von Phuket aus über ganz Südthailand aus. Deckte das Königreich noch Ende der 1980er-Jahre nur etwa 15 % des gesamten Weltbedarfs an Rohgummi, so sind es heute mit rund 3 Mio. t jährlich fast schon 50 %. Damit ist Thailand der größte Kautschukproduzent der Welt und längst ist Kautschuk das mit Abstand wichtigste Exportgut des Landes.

Vom Latex zur Kautschukmatte

Weiter geht die Führung zu einem benachbarten Kautschukbaum, dessen

Napf bereits randvoll mit der milchigen Latexflüssigkeit ist. Hier wurde der Schnitt, wie üblich, bereits nachts angebracht. Gut 300 ml können pro Erntevorgang, der etwa 3–4 Std. dauert, abgezapft werden. Da die Rinde schon nach ein bis zwei Tagen wieder verheilt ist, kann jeder Baum etwa zweimal pro Woche zur Ader gelassen werden, und das 20 Jahre lang.

Die nächste Station auf der Tour ist das ›Hauptquartier‹ der Plantage, ein einfacher Palmwedelschuppen, in dem demonstriert wird, wie man den Saft durch Zusatz von Ameisensäure oder Natriumsulfit zum Gerinnen bringt. Anschließend wird die so erzeugte zähe Masse zwischen ›Heißmangel‹-Walzen zu dünnen Matten gepresst, schließlich für rund 24 Stunden zum Trocknen aufgehängt, nach Qualität sortiert und als Ballen von rund 100 kg Gewicht verkauft.

Im Schatten der Krise

Den Verkaufspreis des Kautschuks freilich bestimmt die Nachfrage, die aufgrund der Erholung von der Weltwirtschaftskrise seit 2008/2009 um nahezu 300 % gestiegen ist. So erreichten die Gummipreise Anfang des Jahres 2011 das Hoch von über 120 Bt/kg.

Wie so oft gibt es Gewinner und Verlierer einer solchen Entwicklung: Während insbesondere für die Reifenproduzenten die momentane Preislage eine Herausforderung bedeutet, ist sie für die Kautschukbauern ein Segen. Da die Bäume an etwa 180 Tagen im Jahr angezapft werden können und ein Baum im Durchschnitt 10 kg pro Jahr erwirtschaftet, ergibt sich bei der Größe der meisten Plantagen eine maximale Ausbeute von 4000 kg im Gegenwert von zurzeit etwa 500 000 Bt. Zieht man die Produktions- und Vertriebskosten ab, bleiben so manchem Plantagenbesitzer netto relativ stolze 30 000 Bt im Monat, und eingedenk dieses Verdienstes nimmt es nicht weiter Wunder, dass in Südthailand mehr und mehr landwirtschaftliche Nutzflächen in Kautschukplantagen verwandelt werden.

Durch die Mangel gedreht und aufgehängt – aus Saft wird harter Stoff

südlichen **Kata Noi Beach**. Beide Strandabschnitte sind fest in pauschaler Hand. Wo noch Platz ist, wird weiter gebaut. Während sich der Nordstrand recht gut zum Baden eignet, kommen am Südstrand Surfer und Bodysurfer auf ihre Kosten. Rings um das vorgelagerte Inselchen Ko Jum finden Schnorchler ein überaus gutes Revier.

Übernachten

Markante Strandlage – **Karon Beach Resort** 10: 51 Karon Road, Karon, Tel. 076 33 00 06, www.katagroup.com/karonbeach, DZ ab 7400 Bt, über zahlreiche Hotel-Buchungsseiten ab 4100 Bt. Am Südende von Karon, wo der Strand mit Abstand am schönsten ist, erstreckt sich das zweigeschossige, außerordentlich gepflegte Spitzenhotel. Es ist das einzige, das direkt am Strand steht. Der Blick aus den 81 Zimmern, alle mit Balkon zum Meer, und aus dem Strandrestaurant ist perfekt. Zur Anlage gehören u. a. zwei Pools.

Komfort am Meer – **Kata Beach Resort** 11: 1 Pakbang Road, Kata Yai, Tel. 076 33 05 30, www.katagroup.com/katabeach, DZ ab 5500 Bt, aber oft Online-Angebote ab 3500 Bt. Wie das Karon Beach Hotel, so bietet auch das zur gleichen Kette gehörige Kata Beach Resort allerhöchsten Standard direkt am Strand. Mehrere Restaurants und Bars sowie ein Pool vervollständigen das Angebot.

Die günstige Variante – **Phuket Orchid Resort** 12: 34 Luangporchuan Road, Karon, Tel. 076 39 65 19, www.katagroup.com/phuketorchid, DZ ab 3400 Bt. Zwar mit drei Pools ausgestattet, aber nicht direkt am Strand gelegen und daher bei gleicher Komfortklasse wie das Karon Beach Hotel wesentlich günstiger. Sehr beliebt, nicht nur bei Reisenden mit Kindern.

Nüchtern am Strand – **Friend's House** 13: 210/2 Karon Road, Karon, Tel. 076 39 63 44, www.myfriendbungalow.com, DZ 500–2200 Bt (mit Seeblick plus 200 Bt). Die Lage direkt hinter der Strandstraße ist Gold wert. Dennoch sind die Preise für die sauberen, leider etwas steril wirkenden Zimmer (alle mit AC, Bad/WC, Balkon, TV, Kühlschrank) günstig. Entsprechend gut ausgebucht ist das Gästehaus. Weiter inseleinwärts unterhält das Friend's House eine Dependance mit Pool und gemütlicheren Zimmern, DZ 900–1200 Bt (Nebensaison) bzw. 1400–2100 Bt (Hochsaison).

Für Budgetbewusste – **Little Mermaid** 14: 197/1 Patak Road, Kata Yai, Tel. 076 33 07 30, www.littlemermaidphuket.net, DZ ab 750–1400 Bt (je nach Komfort). Die Kleine Meerjungfrau verfügt über insgesamt 75 Zimmer in Bungalows, einem Haupt- und einem Gästehaus. Obwohl etwa 1 km vom Strand entfernt, erfreut sich die Anlage insbesondere bei Familien aus Skandinavien großer Beliebtheit. Preislich ist sie unschlagbar.

Essen & Trinken

Speisen mit Traumblick – **On the Rocks** 5: Marina Phuket Resort, 47 Karon Road, Karon, Tel. 076 33 06 25, www.marinaphuket.com, tgl. ab 10 Uhr, abends unbedingt reservieren, Menü um 1500 Bt. Kaum eine andere Adresse auf Phuket kann es hinsichtlich der Aussicht auf Strand, Meer und Sonnenuntergänge mit diesem in die Klippen integrierten Seafood- und Barbecue-Restaurant aufnehmen. Thailändische und internationale Küche, köstlich z. B. der mit Käse überbackene Rock Lobster oder die Seafood Satays.

Jazz-Schlemmertempel – **Ratri Jazztaurant** 6: Kata Hill, Kata Yai, Tel. 076 33

Unser Tipp

Schlemmen mit Stil – Mom Tri's Boathouse 7
Das Bootshaus gilt als Phukets feinstes Gourmetrestaurant. Als einziges Restaurant in ganz Thailand erhielt es den begehrten Award of Excellence des »Wine Spectator-Magazine«. Und dies schon seit 1995 jedes Jahr aufs Neue! Das spricht für Weltklasse. Auch Service, Einrichtung und Panorama erfüllen die hohen Erwartungen. Wer sich das Besondere gönnen will, wählt das viergängige Menü der französischen oder thailändischen Küche (1500 Bt, mit Wein 3300 Bt). À la carte sind u. a. die Platte mit thailändischen Tapas (560 Bt für 2 Pers.) oder die Hummer-Trilogie mit grünem Curry, Armagnac und Thermidor-Sauce (750 Bt) zu empfehlen (2/2 Patak Road, Kata Yai, Tel. 076 33 00 15, www.momtriphuket.com, tgl. ab 18.30 Uhr).

35 38, www.ratrijazztaurant.com, tgl. ab 17 Uhr, Vor- und Hauptspeise etwa 1000 Bt. Ratri bedeutet ›Nacht‹, Jazztaurant steht für Hot & Spicy Jazz und eine Küche, die europäische und internationale Elemente mit thailändischen vereint. Schönen Blick.
Schlemmen mit Stil – **Mom Tri's Boathouse** 7: s. Unser Tipp oben

Nai Harn Beach

▶ Karte 5, B 13/14

Am Südzipfel von Phuket schmiegt sich der Nai Harn Beach in eine etwa 1 km lange, sanft geschwungene Bucht, die beidseitig von Klippen begrenzt wird. Hinter dem Strand greift eine Lagune weit ins Land, davor schauen einige Inselchen aus dem Meer. Der etwa 20 bis 50 m breite Strand ist makellos weiß und zählt sicherlich zu den schönsten der Insel. Doch kein Paradies ohne Schatten: Seit Mitte der 1980er-Jahre wird die gesamte Bucht vom Royal Meridien Phuket Yacht Club beherrscht. Wer nicht dort absteigt, kann den Meeressaum nur im Rahmen eines Tagesausflugs bzw. mit einem Strand-Shuttlebus von einem der weiter landeinwärts gelegenen Hotels besuchen. Die malerische Bucht und die fantastischen Sonnenuntergänge am Meer bleiben daher weitgehend einer zahlungskräftigen Klientel vorbehalten.

In Sachen Sonnenuntergang können sich allerdings nur wenige Plätze auf der Insel mit dem frei zugänglichen **Laem Phrom Thep** 3 messen. Am Leuchtturm auf Phukets felsigem Südkap finden sich daher allabendlich oft Hunderte Sonnenanbeter ein.

Übernachten

Naturnah im Binnenland – **Nai Harn Garden Resort** 15: Viset Road, Saiyuan, Tel. 076 28 83 19, www.naiharngarden resort.com, Bungalows ab 2200 Bt bzw. 3500 Bt (Hochsaison). Über 3 ha große Gartenanlage ein Stück vom Strand entfernt in naturnaher Umgebung an der malerischen Lagune. Verstreut liegende Bungalows (alle u. a. mit AC, Kühlschrank, TV, Safe) und ein großer Pool.

Termine

King's Cup Regatta: Anfang Dez., www.kingscup.com. Die unter der Schirmherrschaft des Königs stehende berühmteste Segelregatta Asiens lockt seit 1987 die besten Segler der Welt nach Nai Harn.

Inseln um Phuket

Abgesehen von der Phang-Nga-Bucht mit ihren bizarren Eilanden liegen rings um Phuket in der Andamanensee knapp *40 islands in the sun*. Mit einem Longtail- oder Schnellboot kann man alle 40 Inseln ab dem Chalong Pier im Südosten Phukets erreichen, wo auch die meisten organisierten Touren beginnen.

Ko Lone ► Karte 5, D–E 13

In der Chalong-Bucht, nur etwa 2 km von der Küste entfernt, liegt Ko Lone. Die etwa 3 km lange und 800 m breite Insel erinnert an das Phuket der 1970er-Jahre. Sie erhebt sich 250 m hoch aus dem Meer, ist mit Dschungel und vorwiegend Kautschukbäumen bewachsen und von Fußwegen durchzogen. Ein kleines Fischerdorf und mehrere Strände bilden ein ideales Ziel für einen Tagesausflug weitab vom Touristentrubel. Wer länger verweilen will, findet Unterkunft in mehreren teuren Resorts. Die Überfahrt im Longtailboot kostet ca. 500–800 Bt, organisierte Touren werden nicht angeboten.

Ko Hae ► Karte 5, D/E 14

Die Bootsfahrt zum 9 km entfernten Ko Hae, auch als Coral Island bezeichnet, beträgt rund 20 Minuten. Die etwa 2,5 km lange und nur wenige hundert Meter breite Insel steigt auf nahezu 200 m an und ist dicht bewaldet. Der makellos weiße Strand lädt zum Sonnen, Schwimmen und Relaxen ein. Unterkunft bietet nur das Coral Island Resort.

Ko Racha Yai ► Karte 1, B 9

Rund 20 km südlich von Phuket erstreckt sich wenig mehr als 1 km² groß Ko Racha Yai, das voll und ganz dem gängigen Klischeebild einer tropischen Paradiesinsel entspricht, perfekt zum Tauchen, Schnorcheln, Schwimmen und Entspannen. Etwa ein halbes Dutzend Bungalowanlagen ermöglicht einen längeren Aufenthalt. In der Saison verkehrt mindestens 1 x tgl. ein Schnellboot (800 Bt).

Übernachten

Eine Insel, ein Resort – **Coral Island Resort:** Coral Island, Tel. 076 28 10 60, www.coralislandresort.com. 64 gepflegte AC-Bungalows, Pool und Restaurant, 2200–3000 Bt (Nebensaison) bzw. 3700–4900 Bt (Hochsaison).
Großzügig angelegt – **Ban Raya Resort:** Ko Racha Yai, Tel. 835 91 20 95, www.banraya.com, ab 2100 Bt (Fan) bzw. 3000 Bt (AC). Mehrere dutzend Holzbungalows in einem großen Palmenhain, der sich zwischen zwei Sandbuchten erstreckt. Zur Anlage gehören ein Pool, ein Tauchzentrum und Fahrradverleih.

Infos

Bootscharter: ab Chalong Pier (östl. Kata/Karon) Longtailboot (6 Pers.) ca. 5000 Bt/Tag, Schnellboot (max. 6 Pers.) ca. 6000 Bt/Tag für Coral Island, 7500 Bt für Ko Racha Yai.
Tour: Am günstigsten ist der Besuch der Inseln im Rahmen einer Halb- oder Ganztagestour (ab 1200 Bt).

Das Beste auf einen Blick

Provinz Krabi – das Festland

Highlight!

Krabi: Wahrlich märchenhaft mutet die Landschaft in der Provinz Krabi an. Nicht ohne Grund wurden hier zahlreiche Spielfilme und einige Folgen der Fernsehserie »Traumschiff« gedreht. Ob an der Küste, auf den vorgelagerten Inseln oder im urwaldreichen Hinterland, stets wird nur der Superlativ der Realität gerecht. Vom Budgetreisenden bis hin zum Jetsetter findet jeder sein persönliches Paradies. S. 216

Auf Entdeckungstour

Im Rausch der Gewürze – thailändisch kochen lernen: Liebe geht durch den Magen, schon gar diejenige zu Thailand. Doch wie bereitet man süßsaures Hähnchen oder sauerscharfe Suppe, Fried Rice oder Curry, wenn nicht gar die Currypaste selbst, die aus einer Vielfalt exotischer Gewürze und duftender Kräuter besteht? Die Antworten auf diese und viele weitere kulinarische Fragen erhält man in einer Kochschule. 6 S. 222

Kultur & Sehenswertes

Rai Leh und Phra Nang Beach: Die in bizarre Kalksteinformationen gefassten Strände sind eine Sensation. S. 225, 226

Wat Tham Sua: Der Tiger Cave Temple am Rand eines monumentalen Felsmassivs im Urwaldsaum gehört zu den Klosteranlagen des Südens, die auf jeden Fall den Besuch lohnen. 4 S. 229, 230

Aktiv & Kreativ

Bootsausflüge: Eine Tour in die märchenhafte Inselwelt vor Krabi darf man sich einfach nicht entgehen lassen. S. 216

Mangroventouren: Am schönsten ist es, die Wildnis vor Krabi per Kajak zu entdecken. S. 218

Klettern: Die Strände Rai Leh, Phra Nang und Ton Sai gelten bei Kletterern als beste Spots in Südostasien – über 600 Routen sind präpariert. S. 225

Genießen & Atmosphäre

Reuan Mai: Das Restaurant im Bambushain ist mit Abstand die beste Empfehlung für authentische Thaiküche in der gesamten Provinz Krabi. 4 S. 220

Gift's Café: Die feine Ökoküche thailändischer Tradition hat in der Provinz kein Gegenstück. 7 S. 227

Phanom Bencha Mountain Resort: In einem von Kalksteinmassiven und Urwaldhängen umgebenen Tal liegt dieses ungewöhnliche Resort. Hier werden u. a. auch Dschungeltreks organisiert. 10 S. 228

Abends & Nachts

Rai Leh und Ton Sai Beach: Dutzende exotisch aufgemachte Bars verlocken zu langen Nächten. Berühmt sind die All Night Beach Parties am Ton Sai Beach, die nicht nur zu Voll- und Neumond stattfinden. S. 227, 228

Die Perle des Südens – Krabi !

Die rund 4600 km^2 große Provinz Krabi umfasst ein Reich, in dem die Natur ihre spektakulärsten Seiten zeigt und oftmals wie ein surreales Traumbild erscheint. Vor der mehr als 160 km langen Küstenlinie ragen wie in einem Märchenland die bizarren Kalksteinformationen der einzigartigen Phang-Nga-Bucht aus türkisgrünen Fluten. Aber auch Mangrovensümpfe und bis über 1300 m hohe Berge, tosende Wasserfälle, weltentrückte Seen und heiße Quellen sowie unauslotbare Höhlenlabyrinthe sind in der Region zu finden, die einen der größten Regenwaldbestände von Südthailand aufweist. Diese überwältigende Symphonie der Natur macht Krabi zum Tummelplatz von kältegeschädigten Sonnensuchern und Aktivurlaubern. Neuere archäologische Funde weisen übrigens darauf hin, dass in der Region um Krabi das älteste Siedlungsgebiet in ganz Thailand liegt. Bereits vor etwa 36 000 Jahren lebten hier Menschen als Sammler und Jäger.

Bootsausflüge

Auch wenn die Zeit noch so knapp bemessen ist, einen Bootsausflug in die märchenhafte Inselwelt vor Krabi darf man sich einfach nicht entgehen lassen! Dazu mietet man entweder in Krabi Town oder an den Stränden (s. S. 224) zu festen Preisen ein Longtailboot bzw. im Reisebüro ein schnittiges Motorboot oder man schließt sich einer der vielen All-inclusive-Touren an (Prospekte liegen in Restaurants, Unterkünften und Reisebüros aus). Diese führen auch in die Phang-Nga-Bucht, nach Phuket, Ko Lanta und Ko Phi Phi.

Abendlicher Hochbetrieb am Rai Leh West Beach

Infobox

Reisekarte: ► C 8/9 und Karte 4, D–E 5/6

Touristeninformation

Krabi Tourist Association: 289/22 Thanon Uttarakit, Krabi 81000, Tel. 075 63 65 41 und 086 810 34 13 (Hotline), www.krabi-tourism.com, tgl. 8.30–16.30 Uhr. Monatlich Infos per Flyer.

Internet: u. a. www.yourkrabi.com (Onlineausgabe des monatlich erscheinenden kostenlosen Magazins »Krabi Guide«), www.krabi.com.

Service

s. Krabi Town S. 224

Verkehr

Flugzeug: Krabi wird von Bangkok, Ko Samui und Kuala Lumpur angeflogen. Krabi International Airport, ca. 17 km außerhalb der Stadt am Highway gen Süden. Infos www.krabiairportonline.com, Tel. 076 63 65 41–42. Verbindung u. a. von/nach Bangkok mit Thai Air 3 x tgl. (ab 2900 Bt) und 3 x tgl. mit Asia Air (ab 1500 Bt), von/nach Kuala Lumpur (mit Asia Air ab 2000 Bt). Mit dem Flughafenbus für 90 Bt nach Krabi Town, 150 Bt nach Ao Nang, mit dem Taxi 400/600 Bt.

Boot: Krabi Passenger Port, Thanon Tharua. Sept.–Mai 2 x tgl. Schnellboot nach Ko Lanta via Ko Jum (2 Std., 400 Bt), ganzjährig 2–3 x tgl. nach Ko Phi Phi (1,5 Std., 400 Bt), nach Phuket (650 Bt), Songthaew ins Stadtzentrum 30 Bt. Weitere Verbindungen vom Ao Thalane Pier in Ao Nang (s. u.).

Bus: Busbahnhof ca. 4 km außerhalb der Stadt am Highway 4 in Talad Kao. Information Tel. 075 61 18 04. Verbindungen in verschiedenen Komfortklassen mit Bangkok (Nachtbusse Abfahrt ab 17 Uhr, ca. 12 Std.) und allen Städten in Südthailand. Private VIP-Busse von/nach Bangkok (vorzugsweise mit Lignite Tours, Tel. 075 61 28 47, 580–920 Bt). Außerdem nach Kuala Lumpur/Malaysia (1100 Bt) und Singapur (um 1300 Bt). Songthaew ins Stadtzentrum 10 Bt. Tickets: Buchung in örtlichen Reisebüros, auch Kombitickets Ko Samui und Ko Pha Ngan (ca. 600 Bt).

Minibus: u. a. Phuket International Airport (300 Bt), Phuket Town (350 Bt), Khao Sok National Park (350 Bt), Khao Lak (350 Bt), Ko Lanta (250 Bt), Hat Yai (350 Bt), Ban Pakbara (400 Bt), Satun (350 Bt) und Penang/Malaysia (800 Bt). Tickets in den örtlichen Reisebüros.

Taxi: nach Ko Lanta (2500 Bt), Khao Lak (2700 Bt), Khao Sok (3300 Bt), Surat Thani (3600 Bt) oder zum Phuket Airport jeweils ca. 2700 Bt; von Krabi Town zum Ao Nang Beach ca. 400 Bt.

Mietfahrzeug: Buchung in allen Reisebüros und den meisten Unterkünften. Suzuki-Jeeps ab etwa 1200 Bt/Tag, Motorräder ab ca. 150 Bt/Tag.

Four-Island-Tour

Renner ist in jeder Saison die Four-Island-Tour. Vom **Ao Nang Beach** aus geht es üblicherweise zuerst zur rund 10 km weit vorgelagerten Insel **Ko Poda,** wo in erster Linie ein Strand einlädt. Nächster Stopp ist **Chicken Island** mit erstklassigen Schnorchelmöglichkeiten, bevor die Fahrt via **Ko Tup** und **Ko Taloo** zum **Phra Nang Beach** und retour nach Ao Nang führt. Alle Inseln stehen unter Naturschutz (organisierte Tour ca. 400 Bt/Pers., Longtailbootsmiete ca. 2200 Bt für max. 8 Pers.).

Five-Island-Tour

Bei der Five-Island-Tour wird auch der weiter nördlich gelegene **Ko-Hong-Archipel** angesteuert. Die von Kalksteinklippen gesäumten Inselstrände sind paradiesisch. Ein Highlight ist die Fahrt durch einen schmalen Kanal in eine Kraterlagune, die auf Thailändisch *hong* (Zimmer) heißt (organisiert ca. 500 Bt/Pers., Bootsmiete ca. 2500 Bt).

Bamboo Island

Eine weitere Tagestour hat das recht weit draußen vor der Küste gelegene **Bamboo Island** zum Ziel, das auf organisierten Fahrten zusammen mit Ko Phi Phi besucht wird. Die zum **Ko Phi Phi Marine National Park** gehörende Insel blickt über schneeweiße Strände auf Ko Phi Phi. Die vorgelagerten Korallenriffs mit idealen Schnorchelbedingungen zählen zu den intaktesten weit und breit. Mit ein wenig Glück sieht man den ungefährlichen Leopardenhai, der hier tagsüber vorzugsweise auf dem Meeresboden liegt und schlummert (organisierte Tour ca. 650 Bt/Pers., Bootsmiete 3000 Bt).

Mangroventouren

Die Mangrovensümpfe erkundet man besser per Kajak als im Longtailboot.

Krabi

Sehenswert
1 Phra-Nang-Höhle
2 Diamond Cave
3 Phra Nang Viewpoint
4 Wat Tham Sua
5 Khao Phanom Bencha National Park
6 Than Boke Khorani National Park

Übernachten
1 Maritime Park & Spa Resort
2 Krabi City Seaview Hotel
3 The Greenery Hotel
4 City Hotel
5 Peace Laguna Resort
6 Sand Sea Resort
7 Andaman Sunset Resort
8 Tonsai Bay Resort
9 J. Mansion
10 Phanom Bencha Mountain Resort

Essen & Trinken
1 Viva
2 May & Mark
3 Nightmarket
4 Reuan Mai
5 Wanna's Place
6 Salathai
7 Gift's Café

Einkaufen
1 Maharaj Market
2 Nature Shop

Aktiv & Kreativ
1 Sea Kayak Krabi
2 Kon-Tiki
3 Krabi Eco Cycle
4 King Climbers
5 Nosey Parker's Elephant Camp
6 Krabi Thai Cookery School

Abends & Nachts
1 Viewpoint Bar
2 Coco's Bar
3 Ya Ya's
4 Stone Bar
5 Rasta-Chillout-Beachbar
6 Kashba
7 Luna Bar
8 Irish Rover
9 Full Moon Bar

Dann stört kein Motorengeräusch die Stille und schreckt Affen, Otter und Vögel auf. Vom Kajak aus bieten sich fantastische Ausblicke in schroffe Canyons und malerische Lagunen (ca. 1500 Bt/Pers. inkl. Transport, Lunch, Drinks).

Aktiv in Krabi

Nahezu alle Unterkünfte und Reisebüros bieten Ausflüge zu Wasser und zu Land sowie ein vielseitiges Outdoorprogramm an.

Kajak – **Sea Kayak Krabi 1**: 40 Thanon Maharat, Soi 2, Tel. 075 63 02 70, www.seakayak-krabi.com. Tagesexkursion nach Ko Hong 1800 Bt und Ban Bor Thor 1700 Bt, Halbtagestrip nach Ao Thalane 900 Bt, Mangroventour. Daneben gibt es noch zahlreiche andere Veranstalter, die organisierte Touren anbieten.

Tauchen – **Kon-Tiki 2**: Ao Nang Beach, 161/1 Moo 2, Tel. 075 63 78 26, www.kontiki-krabi.com. Das Dive Center hat beste Referenzen, alle gängigen Kurse bis zum Master, viertägiger PADI Open Water 15 000 Bt, Tauchfahrten ab 2700 Bt alles inklusive. In der Provinz Krabi gibt es über 30 Dive Spots und viele Tauchschulen.

Fahrradtouren – **Krabi Eco Cycle** 3: Tel. 081 607 41 62, www.krabiecocycle.com. Krabi ist ein Paradies auch zum Radfahren und zurzeit einziger Anbieter für geführte Radtouren ist Krabi Eco Cycle. Auf dem Programm stehen Halbtagestouren, z. B. rund um Ao Nang (800 Bt) sowie zum Wasserfall Huay To (1000 Bt), Tagestouren zu den Highlights in der näheren Umgebung (1700 Bt), darüber hinaus Mehrtagestouren, u. a. nach Ko Lanta (1 oder 2 Tage) und Ko Yao Noi (2 Tage) sowie zum Khao Sok National Park (3 Tage).

Asiens Kletterparadies – **King Climbers** 4: s. S. 225

Elefantenritte – **Nosey Parker's Elephant Camp** 5: einige Kilometer außerhalb von Ao Nang, Tel. 075 62 11 57, www.noseyparkerselephantcamp.com, 800 Bt (2 Std.) bzw. 1700 Bt (halber Tag inkl. Lunch und Besuch eines Orchideengartens) inkl. Transfer.

Unser Tipp

Original Thaiküche: Reuan Mai 4
Mit Abstand die beste Empfehlung für authentische Thaiküche in der gesamten Provinz Krabi ist das Reuan Mai. Man sitzt stilvoll und romantisch zugleich im Schatten eines Bambushains oder in kleinen Pavillons, umsorgt von professionellem Servicepersonal, und genießt traditionelle Gerichte des thailändischen Südens. Die ausgeklügelten Gewürzmischungen sind ein kulinarischer Höhepunkt (Krabi Town, Thanon Maharat, ca. 2 km außerhalb des Zentrums, Tel. 075 63 17 96–97, tgl. ab 11 Uhr, Hauptgerichte ab ca. 60 Bt, Anfahrt mit Motorradtaxi 20 Bt).

Thailändisch kochen lernen – **Krabi Thai Cookery School** 6: Ao Nang, s. Entdeckungstour S. 222

Krabi Town

▶ Karte 4, E 6 und S. 218

Die am Westufer des Krabi River gelegene etwa 30 000 Einwohner zählende Provinzhauptstadt *kra-bie* (wie die Thailänder sagen) präsentiert sich als Neubau-Metropolchen mit regulierten Straßennetzen im rechtwinkligen Rastersystem. Vom quirligen **Maharaj Market** 1 abgesehen gibt es keine nennenswerten Sehenswürdigkeiten. Doch dank der traumhaften Lage, der ausgezeichneten Gastronomie und der vielen Ausflugsmöglichkeiten bietet sich ein Aufenthalt an, auch ein Gang entlang der langen Flussuferpromenade sei empfohlen. Die meisten Besucher kommen allerdings nur zum Einkaufen nach Krabi oder um von hier zu den Stränden und Inseln der Provinz aufzubrechen.

Übernachten

Dutzende Guesthouses gibt es in der Stadt, jedes Jahr kommen mehr hinzu (Preise ab ca. 150 Bt für ein DZ ohne eigenes Bad, mit Bad ab 250 Bt).

Spitzenklasse in Traumlage – **Maritime Park & Spa Resort** 1: 1 Thanon Tungfah, Tel. 075 62 00 28, www.maritimeparkandspa.com, DZ ab 2000 Bt, Online-Preise oft ab 2300 Bt. In traumhafter Lage an Fluss und Lagune, ca. 2 km außerhalb des Zentrums. Klassisch-elegante Einrichtung, noble geräumige Zimmer (ab 40 m²), Spitzenrestaurant, herrlicher Pool und ein umfassendes Spa-Angebot. Das Nonplusultra in Krabi!

Komfort am Fluss – **Krabi City Seaview Hotel** 2: 77/1 Thanon Kongkha, Tel. 075 62 28 85–88, www.krabicityseaviewhotel.com, DZ 680–1300 Bt (Nebensaison) bzw. 800–1500 Bt (Hochsaison). Modern, top gepflegt und ruhig mit ansprechend eingerichteten großen Komfortzimmern (alle mit AC, Bad/WC, TV, Minibar), tolles Flusspanorama und Dachterrassenrestaurant – *der* Mittelklasse-Tipp im Zentrum.

Cool & zweckmäßig – **The Greenery Hotel** 3: 167/2 Thanon Maharat, Tel. 075 62 36 48, www.greeneryhotel.com, DZ ab 560 Bt (Fan), 850 Bt (AC). Dreigeschossiger Neubau mit coolem Interieur, Internetcafé, Restaurant. Zimmer mit Fan oder AC, Bad/WC, Kühlschrank, TV.

Beste Zentrumswahl – **City Hotel** 4: 15/2–4 Thanon Sukon (Maharat Soi 10), Tel. 075 62 12 80–81, www.citykrabi.com, DZ (Fan) ab 450 Bt, mit AC ab 550 Bt. Mitten im Zentrum gelegenes Mittelklassehotel mit Budgetpreisen. Die Zimmer im alten Flügel sind zwar etwas in die Jahre gekommen, aber dennoch tipptopp fürs Geld. Wer Komfort sucht, wählt am besten ein AC-Zimmer im neuen Flügel. Alle sind mit Bad/WC, TV und Telefon ausgestattet. Da die zur Straße gelegenen Zimmer teils laut sein können, empfehlen sich diejenigen nach hinten raus.

Essen & Trinken

Prima Pizzen – **Viva** 1: Thanon Preuksa Uthit, Tel. 075 63 05 17, tgl. ab 9/10 Uhr, Pizzen und sonstige Hauptgerichte ab 150 Bt. Korbsessel und -stühle verleihen dem luftigen italienischen Restaurant eine gemütliche Note und die Pizzen des Schweizers Renato gelten vielen als die besten des Südens überhaupt; Pasta und Antipasti sind ebenfalls vom Allerfeinsten und natürlich werden auch Kaffeetrinker zufriedengestellt; außerdem gibt es italienische Weine und köstlichen Grappa.

Klein, aber fein – **May & Mark** 2: Thanon Ruen Rudee, tgl. ab 6.30 Uhr, Hauptgerichte ab etwa 60 Bt. Kleines Restaurant mit Gerichten aus verschiedenen Ländern (u. a. Thai, italienisch, mexikanisch) für wenig Geld und extrem beliebt. Hier ist alles köstlich, besonders die Salate. Fürs europäische Frühstück, u. a. mit diversen Brotsorten, gibt es keine bessere Adresse.

Atmosphärisch – **Nightmarket** 3: Thanon Khong Ka, bei der Flusspromenade, tgl. ab etwa 18 Uhr, Hauptgerichte 30–50 Bt. Authentische Thaigerichte, vor allem Currys und Seafood in vielen Variationen, an Dutzenden Essensständen. Viel Atmosphäre und qualitativ gutes Essen zu denkbar günstigen Preisen. Tee wird kostenlos zum Essen serviert.

Original Thaiküche – **Reuan Mai** 4: s. Unser Tipp S. 220

Einkaufen

Das gesamte Stadtzentrum bildet eine große Shoppingmeile. Schwerpunkt sind die Straßen Thanon Phattana, Thanon Prachacheun und Thanon Maharat, an der auch ein Kaufhaus liegt.

Quirlig – **Maharaj Market** 1: Thanon Maharat, Soi 7, tgl. 5–10 Uhr.

Thailändische Naturmedizin und Kosmetik – **Nature Shop** 2: Thanon Maharat/Ecke Soi 7 (am ausgeschilderten Weg zum Maharaj Market), Mo–Sa ab 10 Uhr. *Die* Adresse für thailändische Naturmedizin und -kosmetik.

Aktiv & Kreativ

s. Aktiv in Krabi S. 219

Auf Entdeckungstour

Im Rausch der Gewürze – thailändisch kochen lernen

Liebe geht durch den Magen, besonders diejenige zu Thailand. Doch wie bitte bereitet man süßsaures Hähnchen oder sauerscharfe Suppe, Fried Rice oder Curry, wenn nicht gar die Currypaste selbst zu, die aus einer Vielfalt exotischer Gewürze und duftender Kräuter besteht? Die Antworten auf diese und viele weitere kulinarische Fragen erhält man in einer Kochschule.

Krabi Thai Cookery School 6: Ao Nang, Tel. 075 66 21 55 u. 081 979 06 77, www.thaicookeryschool.net

Öffnungszeiten: während der Saison tgl., Morgenkurse (9–13 Uhr), Nachmittagskurse (14–18 Uhr)

Preis: Morgenkurs 1300 Bt, Nachmittagskurs 1000 Bt, Ganztageskurs 2200 Bt

Es zischt und spritzt das bis nahe an den Flammpunkt erhitzte Kokosnussöl im Wok. Mit Händen, so flink, dass man ihnen kaum mit den Augen folgen kann, befördert die Meisterköchin der Krabi Thai Cookery School Schalotten und Knoblauch, Gemüsescheibchen, gekochten Reis und Hähnchenhäppchen, Soja- und Fischsauce, Pfeffer, Chili und Limettensaft ins siedende Öl, zieht alle Zutaten wirbelnd unter – fertig ist *khaao phat gai,* das ebenso leckere wie minutenschnell bereitete Fried Rice Chicken, das in keinem Thairestaurant auf der Speisekarte fehlt.

Wok und weg

Thailand ist ein einziger Sinnenreiz, selbst noch in einer Kochschule, und wenn Chonlaya Ya Lao Tong den Wok bedient, sind alle Teilnehmer des Kurses ›wok und weg‹, denn Ya ist eine diplomierte Meisterin der klassischen Thaiküche mit mehrjähriger Erfahrung als Chefköchin in internationalen Spitzenhäusern. Das kann man sehen und vor allem auch schmecken. Wer in ihrer Schule die Grundbegriffe der Thaiküche erlernt hat, für den geht auch zu Hause die Liebe zu Thailand immer wieder durch den Magen.

Aller Anfang ist schwer

Doch Fried Rice ist gewissermaßen nur das *hors d'œuvre* des morgendlichen Kochkurs-Menüs, in dessen Verlauf man nicht nur zuschaut und anschließend genießt, sondern unter Anleitung selbst zum Koch wird. Dabei sind Hürden zu nehmen, denn schon das Vorbereiten der Zutaten selbst für ein so einfaches Gericht wie gebratenen Reis hat seine Tücken.

Am gewöhnungsbedürftigsten ist vielleicht der Umgang mit dem großen Breitklingenmesser, das zum Zerkleinern der Zutaten benutzt wird, denn nicht die Messerspitze, wie in der europäischen Küche üblich, dient diesem Zweck, sondern vielmehr ist es das untere, schaftnahe Ende. Auch das feine Dekorieren von Karotten, Tomaten und anderen Gemüsen ist anspruchsvoll, denn Thaigerichte wollen nicht nur Gaumenschmaus, sondern auch Augenweide sein. Und gerade auch die Komposition der Kräuter und Gewürze für eine Currypaste ist kein Kinderspiel, zumal es viele Currypasten gibt, etwa rote, grüne und gelbe – um nur die offenkundige Unterscheidung nach Farben zu nennen.

Thaiküche leicht gemacht

Doch Buddha sei Dank gibt es überall in Thailand sowie zu Hause in den Asialäden auch fertig gemischte Currypasten. Und so kann man sich im Kurs darauf konzentrieren, aus diesen Grundpasten ein deftiges, sämiges *gaeng massaman,* ein chilirotes *gaeng phet* oder gar ein cremiggelbes *gaeng penaeng* (s. S. 27) zu bereiten. Letzteres ist freilich so scharf, dass den meisten, die es kosten, schlicht die Spucke wegbleibt.

Aber auch Nudelgerichte, etwa die thailändische ›Spaghettiversion‹ *phat thai,* stehen auf dem Kochplan, ebenso wie rein vegetarische Speisen nebst curryfreien Fleisch- und Fischgerichten und Salaten. Wer sowohl den Morgen- als auch den Nachmittagskurs belegt, kann schließlich zu Hause auf ein Repertoire von immerhin rund 16 traditionellen Gerichten der Thaiküche zurückgreifen. Und damit auch später gelingt, was man erlernt hat, kann man alle erforderlichen Gewürze und Pasten sowie auch Wok, Topf, Tiegel und sonstiges Gerät in der Schule erwerben. Ein Kochbuch mit den Rezepten auf Englisch und Deutsch ist im Kurspreis inklusive.

Abends & Nachts

Das Nachtleben spielt sich zumeist an den Stränden ab, s. S. 227.

Infos

s. auch Infobox S. 217

Service

Tourist Police: Ecke Moo 2/Thanon Klong Haeng, Ao Nang, Tel. 075 63 73 08, Hotline 11 55. Zuständig für die gesamte Provinz.
Krabi Hospital: 325 Thanon Uttrakit, Tel. 075 61 12 10. Nur bedingt im Notfall zu empfehlen, vorzugsweise die beiden Krankenhäuser in Phuket aufsuchen.
Krabi Immigration Office: Thanon Uttrakit, Tel. 076 61 27 40, Mo–Fr 8.30–16 Uhr; u. a. Visaverlängerungen.

Verkehr

Flug, Bus und Boot: s. auch S. 217
Taxi: von Krabi Town zum Ao Nang Beach ca. 400 Bt.
Longtailboote: ab dem Chao Fa Pier am Fluss per Taxiboot zum Rai Leh Beach (ca. 50 Min., 200 Bt, mindestens 6 Pers.).
Songthaew/Tuk-Tuk: regelmäßige Verbindung u. a. zum Ao Nang Beach (50 Bt/Pers.). Einzelbeförderung 300 Bt.

Krabis Strände

Ao Nang

► Karte 4, D 6 und S. 218

Ao Nang Beach

Als das touristische Zentrum von Festland-Krabi gilt der Ao Nang Beach, wo der Tsunami im Dezember 2004 vergleichsweise wenig Schaden anrichtete. Der 17 km von Krabi Town entfernte Küstenabschnitt hat sich mit einer Strandpromenade samt schicker Restaurant- und Boutiquenzeile für den Pauschaltourismus – insbesondere aus Skandinavien, England und Deutschland – fein herausgeputzt.

Der Strand aus recht grobkörnigem Sand, knapp 1,5 km lang und steil abfallend, ist weniger attraktiv. Reizvoll hingegen sind das Hinterland mit dschungelbewachsenen Kalksteinbergen und das bis zum Horizont reichende Panorama mit unzähligen Felsinseln.

Nopparat Thara Beach

Unmittelbar nördlich steigt aus hellblau leuchtendem Meer der sanft geschwungene Bogen des schneeweißen Nopparat Thara Beach auf. Als Teil des **Nopparat Thara Ko Phi Phi Marine National Park** blieb er bislang von großflächiger Bebauung verschont. Die Straße liegt hinter Kasuarinen verborgen. Erklärte Strandläufer finden hier alles zum Besten, Schwimmer hingegen kommen nur bei Flut auf ihre Kosten, da das Wasser flach ist.

Im Norden, unweit des Nationalparkhauptquartiers, endet der etwa 2,5 km lange Küstenabschnitt an einem schmalen Kanal. Dank zahlreicher Essensstände ist die Stelle bei Thais als Picknickplatz beliebt.

Nördliche Strände

Longtailboote setzen bei den Essensständen zum anderen Ufer des Klong Son über (20 Bt/Pers.), wo mehrere Komfortanlagen Urlauber empfangen. Je weiter man in Richtung Norden kommt, desto weniger taugen die Strände wegen vorgelagerter Muschelbänke und Riffreste zum Baden, so auch der **Klong Muang Beach** und der **Tup Kaek Beach,** an dem nun mehrere Vier-Sterne-Resorts liegen.

Asiens Kletterparadies
Die Strände Rai Leh, Phra Nang und Ton Sai gelten bei Klettersportlern als die besten Spots von ganz Südostasien. Nicht weniger als 600 präparierte Felsrouten vom Grad F4 (leicht) bis zum Grad F8c gilt es zu begehen. Die Angebote der zahlreichen Kletterschulen ähneln sich: Ein halbtägiger Schnupperkurs kostet ca. 1000 Bt, der Tageskurs 1800 Bt und der Dreitageskurs 6000 Bt (mit Zertifikat). Für einen Privatlehrer oder privaten Kletterführer zahlt man alles inklusive 4500 Bt pro Tag bzw. 12 000 Bt für drei Tage. Eine der bekanntesten und versiertesten Kletterschulen der Region ist **King Climbers** 4, Tel. 075 66 20 96 , dessen Website (www.railay.com) alle Fragen beantwortet, die man als Kletterer nur haben kann.

Pai Plong Beach
Südlich des Ao Nang Beach türmt sich die Küste zu einem urtümlich anmutenden Felskap von mehreren hundert Metern Höhe auf. Jenseits des Kaps erstreckt sich der von Steilklippen eingefasste feinsandige Pai Plong Beach, der seit Kurzem allerdings im Besitz des Central Krabi Bay Resort und daher nicht mehr frei zugänglich ist. Diese Exklusivität lassen sich die Gäste ab 200 € pro Nacht kosten.

Rai Leh und Phra Nang Beach ▸ Karte 4, D/E 6 und S. 218

Zwar ist die Landzunge und Bucht ca. 5 km südlich von Ao Nang nur mit dem Longtailboot zu erreichen, doch ist die Infrastruktur gut ausgebaut. Die Fahrt von Ao Nang (oder Krabi Town, s. S. 224) ist ein einmaliges Erlebnis, geht es doch vorbei an lauter Felsskulpturen aus Türmen, Spitzen, Buckeln und Fingern: Gestaltgewordenes aus Kalkstein, von Höhlenlabyrinthen durchbohrt, von Vögeln und Fledermäusen belebt, mit sattem Grün bewachsen und von blaugrünem Meer umkränzt.

Rai Leh West Beach
Die Ankunft in der seichten Bucht am etwa 700 m langen Rai Leh West Beach ist überwältigend. Jenseits der makellosen Sandfläche erstrecken sich im Schatten lichter Palmenhaine mehrere geschmackvolle Mittelklasseresorts bis an den Fuß eines wild zerklüfteten Gebirgsrückens heran, dessen Felswände im Ruf stehen, das mit Abstand beste Kletterrevier von Südostasien zu sein. Baden und Schnorcheln sind ebenfalls bestens, die Sonnenuntergänge legendär. Dementsprechend groß ist aber auch der Andrang von Strandliebhabern und Partyvolk, und wer seine Ruhe sucht, ist hier fehl am Platz. Dies auch, weil die ständig hin und her pendelnden Boote nicht gerade den deutschen Lärmschutzstandards entsprechen.

Ton Sai Beach
Doch es gibt Alternativen zum Rai Leh West Beach. Nördlich angrenzend, nur durch ein Felskap vom Hauptstrand getrennt (in ca. 10 Min. zu Fuß mit Seilhilfe zu umwandern), lockt der mehrere hundert Meter lange Ton Sai Beach, der ringsum in monumentale Kalksteinformationen gefasst und daher optisch vielleicht noch eindrucksvoller als der Rai Leh West Beach ist. Zum Baden aber ist er nicht ganz optimal: Bei Ebbe liegen Muschelbänke frei, der Sand ist recht grob. Doch Naturliebhaber und Felskletterer finden

hier ihr Paradies, Letztere auch eine Infrastruktur, die ihresgleichen sucht.

Phra Nang Beach

Südlich vom Hauptstrand, minutenschnell zu Fuß (oder ebenfalls per Boot ab Ao Nang/Krabi) erreichbar, finden Adel und Geldadel dieser Welt, was sie an Luxus begehren mögen: Dort nämlich, direkt hinter dem zwar kleinen, aber, wie der Prospekt sagt, legendär schönen Phra Nang Beach, versteckt sich eine der edelsten Resortanlagen von Südostasien im Palmengrün.

Direkt an den Strand angrenzend, zu Füßen eines gewaltigen Kalksteinmassivs liegt die **Phra-Nang-Höhle** 1, ein mit Opfergaben und vor allem Phallussymbolen geschmücktes Heiligtum einer ›Fruchtbarkeitsgöttin‹, der sowohl Buddhisten als auch Muslime huldigen.

Rai Leh East Beach

Einige hundert Meter weiter östlich grenzt der Rai Leh East Beach an, der gen Sonnenaufgang schaut, eine dramatisch schöne Felskulisse und gute Unterkünfte bietet, aber nicht zum Baden tauglich ist. Es lohnt ein Abstecher vom Strand in die beleuchtete und durch Wege erschlossene **Diamond Cave** 2 (Tham Phra Nang Nai) mit beeindruckenden Tropfsteinformationen. Über einen Dschungelpfad geht es hoch hinauf zum **Phra Nang Viewpoint** 3, einem Aussichtspunkt auf dem Bergrücken über dem Phra-Nang-Strand, in dessen Zentrum ein mit dem Meer verbundener Felskessel klafft, zu dem man hinabsteigen kann.

Übernachten

Hunderte von Guesthouses, Hotels, Bungalowanlagen und Resorts in allen Preisstufen finden sich insbesondere in Ao Nang und jährlich werden es mehr. Die Preise sind entsprechend der Nachfrage in der Saison (Dez./Jan.) relativ hoch, im Nov. und Febr.–April gut 30 % billiger, in der Nebensaison meist nicht einmal halb so teuer. Während Unterkünfte der Spitzen- und Mittelklasse reichlich vertreten sind, schrumpfen die Angebote in der Budgetklasse, und nur am Ton Sai Beach dominieren noch immer die günstigen Anlagen mit Bungalows von etwa 250 Bt an aufwärts.

Exotische Gartenanlage – **Peace Laguna Resort** 5: Ao Nang Beach, 193 Moo 2, Tel. 075 63 73 44, www.peacelagunaresort.com, DZ/Bungalows von 2200–6000 Bt (Nebensaison) bis 3500–9000 Bt (Hochsaison). Unlängst komplett restauriertes Resort auf über 3 ha Fläche mit 83 Zimmern und Cottages rings um einen kleinen See. In der exquisiten Gartenanlage laden drei Pools ein, zum Strand sind es nur ein paar Meter. Die Unterkünfte sind farbenfroh und stilvoll zugleich möbliert und bieten gehobenen Standard.

Günstig am Rai Lee – **Sand Sea Resort** 6: Rai Leh West Beach, Tel. 075 62 25 74, www.krabisandsea.com, Bungalows von 1350–3150 Bt (Nebensaison) bis 1950–6450 Bt (Hochsaison) inkl. Frühstück. Beidseits eines üppigen Gartens mit schönem Pool reihen sich gepflegte und geschmackvoll ausgestattete Bungalows. Guter Mittelklassekomfort für wenig Geld direkt hinter dem Strand.

Zum Wohlfühlen – **Andaman Sunset Resort** 7: Ao Nang Beach, 31 Moo 2, Tel. 075 63 74 84, www.wannasplace.com, DZ 1250–2800 Bt, Bungalow 1450–3300 Bt. Hotel/Resort unter Schweizer Leitung hinter der Strandpromenade, mit kleiner Gartenanlage und Pool. Alles tipptopp gepflegt und alle Zimmer/Bungalows sind ausgestattet mit Kühlschrank, Telefon, Föhn, DVD-Spieler, Safe und TV mit Satellitenprogramm (HBO, BBC, Discovery,

Supersport, Deutsche Welle); außerdem Wireless-Internetzugang.

Climber's Komfortwahl – **Tonsai Bay Resort 8**: Ton Sai Beach, Tel./Fax 075 63 72 34 und 075 62 25 84, www.tonsaibay.co.th, Bungalows 1000–3050 Bt (je nach Saison). Sehr gepflegtes Mittelklasseresort in einer Gartenanlage im Schatten eines gewaltigen Kalksteinmassivs direkt hinter dem Strand. Alle Bungalows mit AC.

Treff der Rucksackreisenden – **J. Mansion 9**: Ao Nang Beach, Moo 2, Tel. 075 69 51 28, www.jmansionaonang.com, DZ 600–1300 Bt (Fan) bzw. 800–1700 Bt (AC), je nach Saison. Dreigeschossiger Neubau, nur ca. 100 m vom Strand entfernt, mit auffallend sauberen Zimmern (alle mit AC, Bad/WC, TV, Kühlschrank). *Der* Treff der (meist jungen) Budgetreisenden aus aller Welt.

Essen & Trinken

Zu jeder Bungalowanlage/Hotel gehört ein Restaurant. Die der o. g. Unterkünfte können durchweg empfohlen werden. Auf der Speisekarte stehen Thaigerichte und Spezialitäten aus aller Welt. In den Budgetunterkünften kostet das preiswerteste Menü ca. 60 Bt, in den Resorts etwa 100–120 Bt.

Spitze zu günstigen Preisen – **Wanna's Place 5**: im Andaman Sunset Resort (s. 226). Eines der beliebtesten Restaurants. Unbedingt zu empfehlen! Man sitzt gemütlich mit Blick aufs Meer und kostet thailändische Spezialitäten oder bodenständige Schweizer Küche. Fisch und Meeresfrüchte sind stets frisch. Salate um 60 Bt, Thaigerichte um 110 Bt, Schweizer Küche 200–300 Bt, Seafood ab 150 Bt.

Panorama – **Salathai 6**: 132 Moo, Ao Nang, tgl. ab 9 Uhr, Hauptgerichte ab etwa 70 Bt. Direkt über dem Strand bietet das Restaurant das mit Abstand schönste Panorama. Zum Sonnenuntergang ist es oft schwierig, einen Platz draußen zu ergattern. Die umfangreiche Speisekarte offeriert Gerichte diverser Küchen. Spezialität sind auch hier natürlich Meerestiere.

Aktiv & Kreativ

s. Aktiv auf Krabi S. 219 und S. 225

Abends & Nachts

Coole Treffs – **Rai Leh Beach**: Der Strand wird vorzugsweise von eher

Unser Tipp

Feinste Ökoküche: Gift's Café 7

Der Tourismuspionier Gift Rugmak und seine Frau Khun Jam, deren Kochkünste in zahlreichen Zeitschriften und Fernsehreportagen gewürdigt wurden, haben etwas außerhalb von Ao Nang ihr Café eröffnet. Zum Frühstück, Lunch oder für den Nachmittagskuchen ist es ein beliebter Treff, denn hier gibt es die mit Abstand besten Backwaren der gesamten Provinz, u. a. auch Sauerteig- und Schwarzbrot. Die meisten Zutaten fürs Frühstück und die Gerichte der traditionellen Thaiküche stammen aus Ökoanbau, der Joghurt wird hier noch jeden Tag frisch gemacht und der Kaffee kommt von Pflanzungen bei Khao Sok, ebenfalls aus Ökoanbau. Dazu gibt es entspannende Musik, gerne auch Klassisches (Bakery & Restaurant, 76 Moo 6, Tel. 075 63 71 90, Di–Do 7.30–18.30 Uhr).

Unser Tipp

Traumhaft wohnen – Phanom Bencha Mountain Resort 10
In einem von märchenhaft geformten Kalksteinmassiven und sattgrünen Hängen umgebenen Tal, am Fuß des 1397 m hohen Khao Phanom Bencha, lädt ein ausgefallenes Resort zum Aufenthalt im Dschungel ein. Es liegt in einer liebevoll gepflegten, mit über 1500 Obstbäumen und exotischen Pflanzen paradiesisch anmutenden Gartenanlage. Ein Urwaldfluss speist anmutige Lotosteiche, eine künstliche Wasserkaskade ergießt sich über das Dach des luftigen Restaurants. Vom Naturpool aus genießt man Fernblicke über Palmenwipfel bis zum Meer. Auch die schicken Holzbungalows, alle mit Bad/WC, Fan und großer Veranda, fügen sich perfekt ins malerische Bild. Für Naturliebhaber stehen komfortable Zelte in Panoramalage bereit. Aktivurlauber können an dreistündigen Jungle Walks (350 Bt) oder siebenstündigen Jungle Treks (900 Bt) durch den Nationalpark teilnehmen, auch der Nam Tok Huay To (s. S. 229) ist im Rahmen eines Treks erreichbar (1500 Bt). Durchtrainierte können sogar den Khao Phanom Bencha besteigen (3500 Bt; Tel. 075 66 05 01 und 08 19 58 07 42, www.phanombenchamountainresort.com, Bungalow 500–800 Bt/2 Pers., 1000–1300 Bt/4 Pers., Zelt 350 Bt).

jüngeren Reisenden besucht und entsprechend viel los ist dort allabendlich während der Saison. Beliebte Adressen sind die Bars **Viewpoint** 1, **Coco's** 2, **Ya Ya's** 3 am Rai Leh East Beach und ganz besonders die taleinwärts gelegene **Stone Bar** 4, oft auch treffend als ›Stoned Bar‹ bezeichnet.

Wie anno dazumal – **Ton Sai Beach:** Berühmt sind die All Night Beach Parties zu jedem Voll- und Neumond am Ton Sai Beach. Am schönsten sitzt man dort in der aus Treibgut zusammengebastelten **Rasta-Chillout-Beachbar** 5 und taleinwärts in der **Kashba** 6.

Eher für die Oldies – **Ao Nang Beach:** Hier spielt sich das Nachtleben in Pubs und Bars entlang der Strandpromenade und der Hauptstraße ab. Angesagte Treffs sind u. a. die **Luna Bar** 7, der **Irish Rover** 8 und die **Full Moon Bar** 9, wo die Preise durchschnittlich bei 80 Bt für ein kleines Bier und 150–200 Bt für einen Cocktail/Longdrink liegen.

Infos & Termine

Internet: www.aonang.de, www.aonang.com, www.railay.com
Boot: ab Ao Nang/Rai Leh Sept./Okt.–Mai tgl. nach Ko Lanta (2 Std., 470 Bt), Ko Phi Phi (2,5 Std., 450 Bt), Phuket (3 Std., 650 Bt).
Songthaew/Tuk-Tuk: regelmäßige Verbindung zwischen Ao Nang und Krabi Town (50 Bt).
Longtailboote: von Ao Nang (80 Bt, nach 19 Uhr 100 Bt; Ticketkauf am Schalter direkt am Strand) und Krabi Town nach Rai Leh/Phra Nang (s. auch Krabi Town S. 220).
Krabi International Rock Climbing: April, www.railay.com. Großes Kletterspektakel mit Wettbewerben und Ne-

benveranstaltungen am Ton Sai und Rai Leh Beach; 2009 erstmals, geplant als jährliches Event.

Krabis Hinterland

Die zahlreichen Sehenswürdigkeiten auf dem Festland erkundet man individuell im Mietwagen bzw. auf dem Motorrad oder heuert in Ao Nang ein Taxi oder Tuk-Tuk an. Organisierte Touren sind in den Reisebüros und in vielen Unterkünften zu buchen. Wer viel Zeit hat, kann auch teilweise auf die öffentlichen Verkehrsmittel (vor allem Songthaew) ausweichen.

Wat Tham Sua 4

8 km nördlich von Krabi Town, Songthaew ab Krabi 20 Bt, Tuk-Tuk 150 Bt.
Unbedingt lohnend ist ein Besuch des Höhlen- und Waldklosters, auch als Tiger Cave Temple bekannt. Es zählt zu den berühmtesten Klöstern für Meditationslehre in Thailand. Die Meditation wird nach der analytisch-nüchternen Vipassana-Methode vermittelt. Die sehenswerte Haupthalle des Klosters prunkt in der namengebenden Tigerhöhle. Zahlreiche Mönchszellen liegen in Felsnischen, die in einer imponierend hohen Kalksteinwand klaffen.

Von der Tigerhöhle führt ein Pfad durch dichten Urwald, vorbei an teils monumentalen Bäumen, zum Fuß eines ca. 300 m hohen Kalksteinfelsens mit einem Fußabdruck Buddhas. Höhepunkt des Besuchs ist im Sinne des Wortes der Aufstieg über die in Fels gehauene Treppe mit über tausend Stufen zum Gipfel, wo ein atemberaubendes Rundumpanorama die Anstrengung belohnt (s. Lieblingsort S. 230); Wasser für den Aufstieg nicht vergessen, der für die meisten mindestens 30 Min. währt (der Rekord soll bei 14 Min. liegen).

Khao Phanom Bencha National Park 5

Direkt östlich des Klostergebiets verläuft die Grenze zum Khao Phanom Bencha National Park, der sich als ein Regenwaldrefugium mit überaus reicher Tierwelt und Dutzenden Wasserfällen präsentiert. Hier sollen u. a. noch Panther, Leoparden, Tiger und Bären leben. Vom Parkzentrum, rund 25 km von Krabi entfernt und nicht mit öffentlichen Verkehrsmitteln zu erreichen, führen verschiedene Wege durchs dichte Urwaldgrün. Beliebtes Ziel ist der Wasserfall **Nam Tok Huay To** (Eintritt in den Nationalpark 100 Bt), der sich über insgesamt elf Fallstufen aus über 80 m Höhe in Felsbassins ergießt. Ein Pfad erschließt alle Kaskaden, doch vor allem die unteren Pools eignen sich zum Baden. Im Rahmen einer zweitägigen Trekkingtour kann der 1397 m hohe Khao Phanom Bencha bestiegen werden (s. Unser Tipp S. 228; Tuk-Tuk ab Krabi zum Parkzentrum ca. 300–500 Bt).

Than Boke Khorani National Park 6

Songthaew ab Krabi ca. 30 Bt, Taxi 1800 Bt, Eintritt 200 Bt
Knapp 50 km nördlich von Krabi Town befindet sich bei der Kleinstadt **Ao Luk** das Hauptquartier des ca. 100 km^2 großen Schutzgebiets mit u. a. 23 Inseln. Es ist vor allem wegen seiner ausgedehnten Höhlensysteme bekannt. Der See **Than Boke Khorani** wirkt mit Grotten, kleinen Wasserfällen, Teichen und wild verwitterten Kalksteinmassiven wie ein Fantasieland. Spazierwege führen vom Parkzentrum durch das schattenreiche Terrain. Badezeug nicht vergessen, denn man kann u. a. von einem idyllischen Pool aus in eine Tropfsteinhöhle hineinschwimmen. Vor dem Park laden Essensstände zu kulinarischen Abstechern ein.

Lieblingsort

Wat Tham Sua 4 – dem Himmel nah

»1237 Steps To Top Mountain« verkündet ein Schild lakonisch, und wer Muskulatur und Kreislauf überschätzt, der wird es auf der ›Himmelsleiter‹ des Tiger Cave Temple bitter bereuen: Eine Stufe ist noch schmaler als die andere, jeder Absatz hat eine andere Höhe, oft bis über kniehoch, und oft genug windet sich die Stiege an fast senkrecht aufsteigenden Felswänden empor. Doch plötzlich ist man oben, ganz oben auf dem vielleicht 300 m messenden Gipfel des Klosterbergs, eine Insel im Meer von Kalkstein-Gebirgswogen, die sich nach Norden hin bis zum Horizont erstrecken. Gen Süden reicht der Blick bis zum Meer, und dorthin ist es auch, wohin der riesige golden schimmernde Buddha blickt, der die markante Bergspitze krönt (s. auch S. 229).

Das Beste auf einen Blick

Die Inselwelt vor Krabi

Highlights!

Ao Phang Nga Marine National Park: Die weltberühmte Bucht von Phang Nga gilt als Inbegriff einer tropischen Meereslandschaft und liegt mit Aberhunderten Kalksteininseln wie ein über 400 km^2 großer Kessel in der Andamanensee. S. 234

Ko Phi Phi: Dass die Wirklichkeit mitunter schöner sein kann als Postkarten, davon kann man sich auf Ko Phi Phi überzeugen. Die rund 35 km^2 Fläche umfassende Doppelinsel wurde einst zu einer der schönsten Inseln auf Erden erklärt und stand bereits als Drehort im Rampenlicht. S. 243

Auf Entdeckungstour

Tung Yee Peng – eine Ökotour in den Mangroven: Die Mangrovenwälder schwinden weltweit noch schneller als die Regenwälder. In Thailand stehen sie heute größtenteils unter Naturschutz. Auf Ko Lanta kann man nicht nur tiefe Einblicke in diesen faszinierenden Lebensraum nehmen, sondern auch aktiv zu seinem Erhalt beitragen. S. 250

Kultur & Sehenswertes

Ko Jum: Das authentische Thailand genießen, wie Robinson leben und dabei nicht auf Komfort verzichten – auf der Insel Ko Jum ist es möglich. S. 240

Ko Lanta: Strände in allen Varianten von kilometerlang mit feinem weißem Sand bis winzig klein mit grobkörnig-gelbem Sand finden sich hier. S. 248

Aktiv & Kreativ

Lam Sai Village Hotel: Highlight des großen Aktivangebots sind die Boots- und Kajaktouren in den Phang Nga Marine National Park. S. 238

Ko Phi Phi: Neben Klettern und Tauchen gehört eine Bootstour nach Ko Phi Phi Leh, einst Thriller-Drehort, zu den Attraktionen. S. 245

Ko Lanta Diving Center: Das älteste Tauchzentrum von Ko Lanta ist auch heute noch die erste Adresse am Platz. S. 255

Genießen & Atmosphäre

Koh Yao Noi Eco Tourism Club: Das Homestay-Projekt von Ko Yao Noi, das in der traditionellen Gastfreundschaft der Bevölkerung gründet, ist in seiner Art einzigartig in Südthailand. S. 239

Siboya Bungalows: In der von einer internationalen Community getragenen Anlage auf Ko Siboya kann man die Seele baumeln lassen. S. 240

Abends & Nachts

Ko Phi Phi: Was Ko Pha Ngan am Golf von Thailand, das ist Ko Phi Phi an der Andamanenseeküste, *das* Partyzentrum schlechthin für junge und jung gebliebene Reisende. Die Reggae Bar ist der größte Nightlife-Komplex der Provinz Krabi und in der Hippies Bar herrscht die mit Abstand beste Stimmung. S. 247

Inbegriff eines exotischen Tropenparadieses

Hunderte von Inseln zählt die amphibische Welt vor Krabi, die mit palmengesäumten Sandstränden, verführerisch schimmerndem Meer und bunt belebten Korallenriffen als Inbegriff eines exotischen Tropenparadieses gilt. Ob man nostalgische Palmwedelrefugien sucht oder ruhige Urlaubsinseln mit Komfort, berühmte Filmstrände und Party Beaches oder Robinson-Eilande ohne Fußspuren – im ›Archipel des Glücks‹, größtenteils Nationalpark, werden Träume erfüllt.

Jede Insel hat ihren eigenen Charakter. Ist den Naturbegeisterten die tropische Traumlandschaft der Phang-Nga-Bucht mit ihren bizarr erodierten Inseln und Inselsplittern das höchste der Gefühle, so findet der an unverfälschtem Inselleben interessierte Reisende auf Ko Yao Noi und auf Ko Siboya alles nach seinem Maß. Auf Ko Jum kann man sich wie Robinson fühlen, ohne auf Annehmlichkeiten einer guten touristischen Infrastruktur verzichten zu müssen, während auf Ko Phi Phi, durch die Verfilmung von »The Beach« zu Weltruhm gelangt, die Infrastruktur unerhörte Blüten treibt und das Nachtleben heißer nicht sein könnte. Weitaus entspannter geht es in Sachen Nightlife auf Ko Lanta zu, einer ruhigen Ferieninsel, die insbesondere Familien mit Kindern und auch Senioren begeistert.

Infobox

Reisekarte: ▶ B/C 8/9 und Karte 4

Touristeninformation
Krabi Tourist Association: 289/22 Thanon Uttrakit, Krabi 81000, Tel. 075 63 65 41 und 086 810 34 13 (Hotline), www.krabi-tourism.com, tgl. 8.30–16.30 Uhr. Für alle Inseln zuständig.

Verkehr
Alle Inseln sind perfekt ans Festland angebunden. Ausgangspunkt der Fähr- und Schnellboote sind insbesondere Phuket und Krabi, tgl. Dutzende Male von Bangkok aus angeflogen und von allen Ferienzentren des Südens innerhalb weniger Stunden erreichbar. Zwischen den Inseln verkehren ebenfalls Fährboote und Schnellboote nach genauem Fahrplan; bis nach Ko Lipe an der malaysischen Grenze reicht das Verkehrsnetz.

Ao Phang Nga Marine National Park ! ▶ Karte 4, B–D 4–5

Die weltberühmte Bucht von Phang Nga, in zahllosen Zeitungs- und Fernsehreportagen gewürdigt und seit 1981 als Nationalpark ausgewiesen, gilt als Inbegriff einer tropischen Meereslandschaft. Sie liegt nordöstlich von Phuket an der Andamanensee, wie ein über 400 km² großer Kessel, übersät mit Aberhunderten skurril geformter Kalksteininseln. Blaue und regengrüne Berge, bis über 600 m hoch, bilden den Saum mit von Wolken umhangenen Gipfeln und aus dem irisierend grünblauen, weil flachen Meer ragen Hunderte von der Erosion zerfressene und mit Stalaktiten behangene Kalksteinfelsen wie Skulpturen auf. Mal bilden sie mächtige Inseln, mal der Schwerkraft spottende Monolithen, mal kleine Hügel, mal Türme von 300 m Höhe und mehr, die sich in allen Grün- und Grauschattierungen gegen den Vorhang des Himmels abheben. Den jeweiligen Inselcharakter mit Worten zu beschreiben ist unmöglich – man kann die Inseln nur erleben, diese steinernen Denkmäler früherer Erdzeitalter, und muss sich daher per Boot durch die Landschaft bewegen. Mit Abstand am eindrucksvollsten ist eine Seekajaktour, für die man mindestens zwei, besser drei bis sechs Tage einplant.

Bootstouren

In Phuket, Khao Lak oder Krabi kann man sich einer organisierten Bootsfahrt durch den Nationalpark anschließen oder individuell mit einem gecharterten Boot aufbrechen.

Die Ausflugsprogramme ähneln einander: Von **Ban Tha Dan** aus, rund 9 km nördlich von Phang Nga Town, verläuft die Fahrt zunächst durch ausgedehnte Mangrovensümpfe, aus deren Dickicht das Kreischen und Fiepen von Vögeln und Insekten dringt. Nach dem Verlassen dieser ›grünen Hölle‹ passiert man zahlreiche bizarr geformte Inseln, deren Gestalt jeweils namengebend ist: Da gibt es die Insel des kleinen Hundes, die Eierinsel, die Kröteninsel und so fort. Durch einen natürlichen Tunnel von gewaltigen Dimensionen geht es mitten durch eine der Inseln hindurch, hinter der sich die eigentliche Bucht öffnet. Der Reisende schaut auf ein märchenhaftes Panorama. Erstes Etappenziel ist **Ko Panyi,** ein rund 200 Familien zählendes Stelzendorf am Saum der 300 m hohen gleichnamigen Insel. Die Bewohner, allesamt Muslime, partizipieren am Tourismus: Souvenirshops prägen den Ort und an der Uferfront drängen sich Seafoodrestaurants. Dort kehrt man meist ein, bevor es zum berühmten **James Bond Island (Ko Phingan)** weitergeht, das in den 1970er-Jahren Kulisse für den Actionfilm »Der Mann mit dem goldenen Colt« war. Abschließend werden der ›Bilderberg‹ **Ko Khian** mit 4000 Jahre alten Felsmalereien und eine Tropfsteinhöhle besucht.

Buchung und Preise

Pauschalarrangements über alle Reisebüros und viele Unterkünfte in Phuket, Krabi und Khao Lak, inkl. Transfer, Mittagessen etc. ab 2000 Bt ab Phuket bzw. 2500 Bt ab Khao Lak und Krabi. Außerdem ab Phuket Tagestouren mit einer Dschunke, um 3500 Bt/Pers. (Phuket Great Tours, Tel. 076 28 29 06, www.phuket-excursions.com). Individualfahrt im Longtailboot, Standardroute um 800 Bt/Pers. je nach Verhandlungsgeschick; zahlreiche Anbieter am Bootspier in Ban Tha Dan beim Nationalparkzentrum.

Aktiv & Kreativ

Kajaktouren – Anbieter u. a. in Phuket und Krabi, z. B. Sea Canoe Thailand, Tel. 076 76 52 88 39–40, www.seacanoe.net, ab ca. 3000 Bt/1 Tag, 27 000/3 Tage, jeweils inkl. Transfer, Verpflegung und Übernachtung. Eine sehr empfehlenswerte Adresse ist das Lam Sai Village Hotel (s. S. 238) auf Ko Yao Noi, das Touren in qualitativ hochwertigen Kajaks ab 3420 Bt anbietet.

Infos

Ao Phang Nga National Park: 80 Mu 1, Ban Tha Dan, Phang Nga, Tel. 076 41 11

36, www.dnp.go.th. Im Nationalparkzentrum ist der Eintritt von 400 Bt/Pers. zu entrichten.
Bus/Songthaew: aus Richtung Phuket, Khao Lak oder Krabi mit dem Bus bis Phang Nga Town, dort per Songthaew zum Nationalparkzentrum und Bootspier in Ban Tha Dan (20 Bt).

Ko Yao Noi ► Karte 4, C 5

Im Zentrum der Phang-Nga-Bucht, vis-à-vis der atemberaubenden Kulisse des Ko-Hong-Archipels (s. S. 218), präsentiert sich die ›kleine, lange Insel‹, so die wörtliche Übersetzung, als ein einzigartiger Logenplatz der Natur. Zusammen mit seiner Schwesterinsel Ko Yao Yai stellt das rund 50 km² umfassende Eiland das größte Wildnisrefugium der gesamten Region dar.

Trotz der Nähe zu Thailands beliebtesten Urlaubszielen hat Ko Yao Noi ein ursprüngliches Gepräge bewahrt. Zum Großteil ist die Insel von dichtem Regenwald bedeckt. Das Hauptdorf **Ta Khai,** eine malerische Holzhaussiedlung, hat sich seit Anfang der 1990er-Jahre, als die erste Bungalowanlage der Insel eröffnet wurde, kaum verändert. Selbst die Strände, die vorzugsweise die sandige Ostküste säumen, scheinen noch in tiefem Dornröschenschlaf zu liegen, obwohl bereits etliche Ferienanlagen um Kundschaft werben. Das Homestay-Projekt des **Yao Noi Eco Tourism Club** (s. Unser Tipp S. 239) ermöglicht interessante Begegnungen mit der Inselbevölkerung. Die ca. 4000 Einwohner sind in der Mehrheit Muslime und leben größtenteils von der Fischerei.

Inselexkursionen

Entdeckernaturen können auf der Insel spannende Exkursionen unternehmen, ob zu Fuß, mit dem Fahrrad oder Moped. Einen Besuch verdient insbesondere der **Hornbill Viewpoint,** der etwa 3 km nördlich vom Tha Khao Pier liegt. In den Bäumen am Mangrovenrand sitzen nicht selten bis zu vier Dutzend der sonst so raren schwarz-gelben Nashornvögel.

Bei einem Tagesausflug mit dem Fahrrad folgt man dem Weg vom Aussichtspunkt weiter nordwärts. Bald wird es sehr gebirgig und Dschungel breitet sich aus. Durch eine urwüchsige Landschaft geht es bis zum **Paradise Ko Yao Resort** im hohen Norden.

Übernachten

Mehrere dutzend Ferienanlagen gibt es, insbesondere an der Ostküste. Im

Beliebtes Ausflugsziel in der Phang-Nga-Bucht: James Bond Island (Ko Phingan)

Sommer 2007 eröffnete das erste Fünf-Sterne-Resort (Preise ab ca. 450 €/Nacht), wodurch eine neue (Preis-)Entwicklung eingeleitet wurde. Bei der Ankunft stehen am Inselpier üblicherweise Songthaews bereit, in denen man zur Unterkunft nach Wahl fahren kann, sofern man nicht reserviert hat und abgeholt wird.

Edle Villen im exotischen Stil – **Ko Yao Island Resort:** Tel. 076 59 74 74, www.koyao.com, 4700–15 000 Bt (je nach Saison). In der Mitte der Ostküste direkt am Strand gelegenes Resort mit 15 Villen, die aus edlen Naturmaterialien im thailändisch-balinesischen Stil errichtet wurden. Ansprechende Einrichtung, gepaart mit moderner Ausstattung (TV, Telefon, Kühlschrank, Minibar). Auf Ko Yao Noi gibt es keine bessere Adresse für einen nach Komfort suchenden Reisenden.

Romantisch am Beach – **Lom' Lae Beach Resort:** Tel. 076 59 74 86, www.lomlae.com, Okt.–April, 2000–6000 Bt (je nach Komfortstufe/Saison). Ganz im Südosten der Insel an einer privaten Sandbucht mit guten Bademöglichkeiten, die von einem Mangrovengürtel umschlossen ist. Auf einer großen Wiese direkt am Strand steht unter Palmen rund ein Dutzend romantischer Bungalows aus Naturmaterialien (alle mit Fan). Gemütliches Restaurant, großes Aktivitätsangebot.

Tradition verpflichtet – **Sabai Corner:** Tel. 076 59 74 97, www.sabaicornerbungalows.com, 800–1500 Bt (Nebensaison) bis 1000–2800 Bt (Hochsaison), auch günstige Monatsmieten ab 8000–

22 000 Bt (Nebensaison) bis 15 000–35 000 (Hochsaison). Die älteste Anlage der Insel, Anfang der 1990er-Jahre im südlichen Drittel der Ostküste von einem Italiener gegründet, ist noch immer die beste Wahl in der gehobeneren Budgetklasse. Die zehn gepflegten, luftigen Bungalows in zwei Komfortstufen (alle mit Bad/WC) gruppieren sich rings um einen kleinen Felsvorsprung, der ins Meer ragt. Das schön dekorierte Restaurant verströmt gemütliche Wohnzimmeratmosphäre, das Essen und die Shakes (!) sind Spitze.

Sehr gepflegt und mit Pool – **Lam Sai Village Hotel:** Tel. 076 59 74 81, www.lamsaihotel.com, Fan-Bungalows 800–1000 Bt, mit AC 1200–1800 Bt (je nach Saison). Hübsches kleines Resort unter deutscher Leitung mit sehr gepflegten Bungalows in zwei Komfortstufen, auch einem eigenen Pool, eigenem Tauchzentrum sowie großem Aktivitätsangebot (s. u.).

Budgetwahl mit Traumblick – **Tabaek Viewpoint Bungalow:** Tel. 076 59 73 25, Bungalows je nach Größe 300/500 Bt (Nebensaison) bis 500/800 (Hochsaison). Nicht direkt am Meer, sondern landeinwärts auf einem Hügel gelegene Anlage unter thailändisch-japanischer Leitung mit atemberaubendem 180°-Panorama auf die Phang-Nga-Bucht. Die Bungalows sind alle mit Bad/WC, Fan und Balkon ausgestattet, sehr behaglich eingerichtet und bieten einen außerordentlich guten Gegenwert. Im angeschlossenen Restaurant werden sowohl japanische als auch thailändische Gerichte serviert.

Essen & Trinken

Von den Restaurants der Bungalowanlagen abgesehen finden sich nur im Hauptdorf Ban Ta Khai ein paar schlichte Lokale, die auch auf Touristen eingestellt sind. In den zwei Shops/Kiosken am Tha Khao Pier wird von ca. 6–7.30 Uhr ein leckeres thai-ländisches Frühstück (Sticky Rice, Pfannkuchen, Khao Yam) serviert, 20–30 Bt inkl. Kaffee oder Tee.

Aktiv & Kreativ

Natur und Kultur nahe kommen – **Koh Yao Noi Eco Tourism Club:** s. S. 239. Mit Abstand größtes Outdoor-Angebot der Insel, u. a. günstige Boots-, Kajak-, Angel-, Trekking-, Fahrrad- oder Birdwatchexkursionen sowie Kulturtouren. Man kann auch Fahrräder ausleihen (200 Bt/Tag) oder Longtailboote chartern (um 2000–3000 Bt/Tag).

Über und unter Wasser – **Lom' Lae Beach Resort:** s. S. 237. Vermietung von Fahrrädern, Seekajaks und Surfbrettern, organisierte Trekking-, Boots- und Kajaktouren, Tauchschule.

Aktivitätszentrum – **Lam Sai Village Hotel:** s. Übernachten, links. Der Anlage ist ein Tauchzentrum angeschlossen (Open-Water-Kurs 13 900 Bt, tgl. geführte Tauchgänge), außerdem eine Muay-Thai-Schule (Thai Boxing; Tageskurs 400 Bt, 1 Woche 2000 Bt, 1 Monat 7000 Bt). Auch werden Kajaktouren in die Phang-Nga-Bucht (3420 Bt) organisiert sowie rund um Ko Yao Noi (2520 Bt), nach Krabi, Ko Phi Phi und Phuket; Bootstouren führen u. a. in die Phang-Nga-Bucht und zum Ko-Hong-Archipel, auch eine Radtour um Ko Yao Noi (2000 Bt) und eine Kultur-/Ökotour (1700 Bt) stehen auf dem Programm.

Infos

Touristeninformation

Basisinformationen bieten die Websites www.koyao.com, www.kohyao.

Unser Tipp

Zu Gast bei einer thailändischen Familie auf Ko Yao Noi
Auf Koh Yao Noi machen große geschnitzte Holzschilder auf Privatunterkünfte aufmerksam. Insbesondere rings um Ban Ta Khai gehören zahlreiche einheimische Familien dem Koh Yao Noi Eco Tourism Club an und nehmen ausländische Besucher bei sich zu Hause auf. Die Gäste wohnen in einem adretten Zimmer oder Bungalow, nehmen zusammen mit ihrer Gastfamilie die Mahlzeiten ein, begleiten sie zur Plantagenarbeit aufs Feld oder zum Fischen aufs Meer. Auf diese Weise erhalten die Gäste Einblicke in das Alltagsleben der Inselbewohner, die Touristen normalerweise verborgen bleiben. Dieses Homestay-Projekt von Ko Yao Noi, das in der traditionellen Gastfreundschaft der Bevölkerung fußt, wurde 2002 von National Geographic Traveller und Conservation International mit dem begehrten World Legacy Award für nachhaltigen Tourismus ausgezeichnet. Weitere Informationen und Anmeldung beim Koh Yao Noi Eco Tourism Club, Tel. 076 59 74 09 und 08 10 89 54 13, www.koh-yao-noi-eco-tourism-club.com. Die Kosten pro Tag und Person belaufen sich auf lediglich 300 Bt für Unterkunft und Essen, zuzüglich 100 Bt Beitrag für den Koh Yao Noi Environment Fund.

info und www.koyao.net. In den Unterkünften liegen Kopien von Inselkarten mit den wichtigen Stränden und Highlights aus.

Service

Geld: Geldautomat für alle gängigen Karten im Hauptdorf Ban Ta Khai. Kein Geldwechsel.
Internetcafé: in Ban Ta Khai links neben dem 7-Eleven-Shop.

Verkehr

Boot: bis zu 5 x tgl. zwischen Phuket (Bang Rong Pier) und Ko Yao Noi (Surha Pier und Tha Khao Pier), AC-Boot 2 x tgl. ab Phuket (Ao Sor Pier), 1 x tgl. ab Krabi (Ao Thalane Pier) und Phang Nga (Custom Pier, Ban Tha Dan); jeweils ca. 1–1,5 Std., 50–150 Bt/Pers., 80–120 Bt/Motorrad. Zwischen dem Manohe Pier auf Ko Yao Noi und dem Chonglad Pier auf Ko Yao Yai verkehren Longtailboot-Fähren (15 Min., 20 Bt/Pers.).

Inselverkehr

Songthaew: auf der Ringstraße, die die verschiedenen Piers, das Hauptdorf und die Strände an der Ostküste miteinander verbindet.
Mietfahrzeug: Ideale Transportmittel sind Fahrrad und Motorrad; die Bungalowanlagen vermieten zwar Zweiräder, aber es ist um einiges preisgünstiger, sie von Krabi oder Phuket mitzubringen.

Ko Siboya

▶ Karte 4, E 6/7

Rund 20 km südwestlich von Krabi Town, wo ein regelrechter Archipel aus Dutzenden kleinen und größeren In-

Unser Tipp

Traveller's Friend: Siboya Bungalows

In den Siboya Bungalows wohnt man sehr urig und romantisch zugleich in luftigen Palmwedelhütten oder höchst komfortabel in Häusern mit ungestörter Privatsphäre, die einzeln am Strand, am Hang und im Wald stehen. Das Angebot reicht bis hin zu kleinen luxuriösen Villen. Allabendlich vor dem Essen trifft sich die internationale Community auf dem Badminton-, Volleyball- oder Takraw-Feld zum Spiel in den Sonnenuntergang hinein. Die Seele der liebevoll gestalteten und in ihrer Art in Thailand wohl einzigartigen Anlage ist seit über 20 Jahren Mr. Chung, während seine Frau Keow die Gäste mit einer exzellenten Küche verwöhnt (Tel. 075 61 80 26 und 081 979 33 44, www.siboyabungalows.com, 250–1300 Bt je nach Komfort).

seln die Krabi Bay zur offenen Andamanensee hin abgrenzt, erstreckt sich die etwa 20 km^2 große ›Alligatoreninsel‹ – so die wörtliche Übersetzung von Ko Siboya (s. Lieblingsort S. 241). Die Insel zählt rund 1000 Einwohner und viele Affen: Ihr rund 10 km langer Weststrand, von Palmen, Kasuarinen und Urwaldbäumen gesäumt und oft mit kleinen Mangrovenhainen bestanden, eignet sich vorzüglich für stundenlange Wanderungen in vollkommener Einsamkeit. Nur zum Baden ist er nicht gar so optimal, da Korallenriffe und Muschelbänke an vielen Stellen bis ans Ufer reichen, das extrem seicht ist. Wer ein wenig sucht, kann aber zahlreiche reine Sandabschnitte finden.

Aktiv & Kreativ

Einmalige Möglichkeiten zum **Joggen** und **Strandwandern** sowie Spielfelder für **Volleyball, Takraw** und **Badminton.** Während der Saison werden mehrmals wöchentlich außerordentlich günstige **Touren im Longtailboot** durch die Mangrovensümpfe, nach Bamboo Island, Ko Phi Phi, Ko Jum und bis hinauf nach Ko Hong durchgeführt.

Infos

Songthaew/Tuk-Tuk/Boot: per Boot nach Ko Siboya ab Laem Hin Fähranleger (10 Min., 20 Bt). Man kann sich in Krabi und am Flughafen abholen lassen (800 Bt/Fahrzeug), ansonsten nimmt man um 11 oder 15 Uhr ab Krabi das Songthaew zum Fähranleger in Laem Hin (ca. 2 Std., 100 Bt), alternativ von Krabi per Tuk-Tuk nach Laem Hin (500–800 Bt, je nach Verhandlungsgeschick).

Boot: per Longtailboot direkt zur Insel (ab Krabi mind. 2500 Bt). Am Inselpier auf Bestellung Abholung von den Siboya Bungalows (50 Bt/Pers.) oder ca. 5 km Fußweg zur Unterkunft, alternativ einen Mopedfahrer um Hilfe bitten.

Ko Jum (Ko Pu)

► Karte 4, E 8

Noch ein echtes Stück authentisches Thailand genießen, ein bisschen wie Robinson leben und dabei nicht auf Komfort verzichten: Diese drei Vorzüge vereint das etwa 30 km^2 große, auch als Ko Pu bekannte Eiland, auf dem Moped- und Fußwege noch heute die Straßen ersetzen. Auf der Insel liegen nur drei Dörfer mit zusammen etwa 1500 Einwohnern, die in Fisch-

Lieblingsort

Die Seele baumeln lassen – Ko Siboya ► Karte 4, E 6/7
Will man einfach mal die Seele baumeln lassen, gibt es kein Pendant zu dieser Insel, die dank ihrer suboptimalen Strände im Abseits der Vermarktung liegt. Das Fährboot von Laem Hin ist eine Zeitmaschine, denn, von einem kurzen Betonweg abgesehen, ziehen sich nur Fuß- und Mopedpfade durchs Grün der Kautschukplantagen von Dorf zu Dorf sowie zur einzig nennenswerten Bungalowanlage, die schon für viele zur Urlaubsfalle geworden ist: Es fällt nicht leicht, wieder zu gehen (s. S. 240).

fang und Kautschukproduktion ein Auskommen finden. Mehr und mehr aber spielt der Tourismus eine wichtige Rolle.

Strände auf Ko Jum

Die Strände entlang der ca. 12 km langen Westküste sind von berückender Schönheit, wenn auch teils zum Baden nicht gar so optimal. Je weiter im Norden sie liegen, desto mehr Muschelbänke finden sich im seichten Uferwasser, aber desto urwüchsiger auch präsentiert sich das bis zu 400 m hoch ansteigende und noch mit Regenwald bewachsene Hinterland.

Nur im flachen Inselsüden kann man sich unabhängig vom Gezeitenstand in die klaren Fluten stürzen. Am lang gestreckten **Andaman Beach** findet sich die größte Dichte an Bungalowanlagen. Er zieht sich als goldgelbes und gut 3 km langes, von Palmen und Kasuarinen gesäumtes Sandband bis zum Südkap, das gen Ko Lanta blickt. Am Kap bestehen leidlich gute Schnorchelmöglichkeiten und lädt eine populäre Rasta-Beach-Bar ein. Gen Norden geht der Andaman Beach in den teils stark mit Korallenstückchen durchsetzten **Golden Pearl Beach** über, der von allen Inselstränden vom Tsunami am stärksten getroffen wurde. Die Wellen zerstörten die meisten Bungalows, Tote gab es allerdings hier, wie auf ganz Ko Jum, glücklicherweise nicht zu beklagen. Heute sind alle Schäden längst wieder behoben.

Am nördlich angrenzenden **Ao Si Beach** wird das Hinterland hügeliger und einige Bungalows liegen panoramareich am Waldhang. Es folgen der kleine, noch ganz naturbelassene **Magic Beach** und der **Ting Rai Bay Beach,** hinter dem das Land steil ansteigt. Das Landschaftsbild ist beeindruckend. Wer absolute Ruhe sucht, ist hier bestens aufgehoben, ebenso wie am **North Beach,** hinter dem die mit Urwald bedeckte Flanke des **Mount Pu** ansteigt. Die Atmosphäre und auch die Preise lassen Erinnerungen an vergangene Globetrotterzeiten wach werden.

Übernachten

Seit Mitte der 1990er-Jahre ist die Zahl der Bungalowanlagen auf rund 30 gestiegen und jährlich werden es mehr.

Robinson mit Komfort – **Koh Jum Lodge:** Golden Pearl Beach, Tel. 075/61 82 75 www.kohjumlodge.com, 3000–7500 (je nach Saison). Die 16 Bungalows, die der Franzose Jean Michel Limandas vorwiegend aus Holz und Rattan direkt hinter dem Golden Pearl Beach am Rand eines tropischen Gartens errichtet hat, gehören mit zum Ästhetischsten in Sachen ›Robinson-Style‹, das man in Südthailand für Geld bekommen kann! Sie sind individuell gestaltet, haben eine eigene Energieversorgung (Solar) und bieten mehr als 50 m^2 Wohnfläche mit höchst geschmackvollem thailändischem Interieur, wie auch das Restaurant seinesgleichen sucht. Mit zur Anlage gehört ein Swimmingpool, kleine Pavillons und ein Lese-/Spieleraum laden zum Entspannen ein, es wird Pétanque und Volleyball gespielt.

Für jeden etwas – **Joy Bungalow:** Andaman Beach, Tel. 075 61 81 99, www.kohjum-joybungalow.com, Bungalows 400–2000 Bt (Nebensaison) bis 600–2800 Bt (Hochsaison). 1990 gegründet, ist es die mit Abstand älteste Anlage der Insel. Auch wenn sie mit inzwischen ca. 50 Bungalows in allen Preisklassen sehr gewachsen ist, erfreut sie sich nach wie vor größter Beliebtheit. Die günstigen Häuschen liegen inseleinwärts im Palmenhain, die ebenso luxuriösen wie edlen Bungalows im klassischen Thaistil direkt hinter dem von alten Kasuarinen gesäumten Strand, der zum Baden perfekt ist. Unter einem Palmwedeldach lockt das Restaurant, die Thaiküche ist gut und die Pizzen sind super.

Wohnen mit Blick – **Ting Rai Bay Resort:** Ting Rai Bay Beach, Tel. 087 277 73 79, www.tingraibay.com, 500–2500 Bt (Nebensaison) bis 700–2800 Bt (Hochsaison). Mit viel Liebe zum Detail am Wiesenhang errichtete romantische Holzbungalows. Keines der 14 Gebäude gleicht dem anderen, alle sind urgemütlich und erfreuen mit Meerblick. Das Restaurant bietet supergute Küche, und der Besitzer sorgt dafür, dass man sich wirklich wohl fühlt. Gutes Preis-Leistungs-Verhältnis.

Palmwedelhütten-Perle – **Luboa Hut:** North Beach, Tel. 08 13 88 92 41, www.luboahut2008.com, 500–1200 Bt, starke Rabatte bei Langzeitaufenthalt. Nostalgiker auf den Spuren der Palmwedelhüttenzeit können in der kleinen Anlage mit viel Atmosphäre ihren Traum finden; nur neun Bungalows.

Aktiv & Kreativ

Die Aktivitäten erschöpfen sich in **Strand- und Inselwanderungen** sowie vereinzelten **Beachvolleyball**turnieren zum Sonnenuntergang. Zunehmend werden **Kajaks** aus Kunststoffschalen verliehen. Sporadisch finden **Bootstouren** nach Ko Siboya, Bamboo Island und Ko Phi Phi statt.

Infos

Infos im Internet: www.kohjumonline.com, mit viel Liebe gestaltete Website, jährliche Aktualisierung, zahlreiche Bilder. Außerdem www.kohjum.net.

Geld: Keine Geldautomaten oder Möglichkeiten zum Geldwechseln.

Boot: Während der Saison (Ende Okt.–April/Mai) liegt Ko Jum auf der Route des zwischen Krabi und Ko Lanta verkehrenden Schnellbootes, sodass man dann 2 x tgl. Verbindungen in jede Richtung hat (200 Bt). Das Boot stoppt vor dem North Beach sowie vor dem Andaman Beach und die meisten Bungalowanlagen unterhalten einen Longtailbootzubringer.

Ko Phi Phi !

▶ Karte 4, D 7–8

Dass die Wirklichkeit mitunter schöner sein kann als Postkarten, davon kann man sich mit eigenen Augen auf Ko Phi Phi (auch Ko Phee Phee) überzeugen – auch wenn der Tourismus Einzug in das Paradies gehalten hat. Die rund 35 km² Fläche umfassende Doppelinsel, bestehend aus Ko Phi Phi Don (28 km²) und Ko Phi Phi Leh (7 km²), wurde einst zu einer der schönsten Inseln auf Erden erklärt und stand im Jahr 2000 als Drehort für den Thriller »The Beach – Der Strand« mit Leonardo DiCaprio in der Hauptrolle im Rampenlicht. Ein Südseetraum aus bizarren Kalksteinklippen, Dschungel und Puderzuckerstränden, der als solcher touristisch vermarktet und in der Folge verschandelt wurde.

Im Dezember 2004 verwüstete der gewaltige Tsunami große Teile der Insel und riss offiziellen Angaben zufolge 753 Menschen in den Tod. An den zwei berühmtesten Stränden Thailands stand kein einziges Bauwerk mehr. Nur der aufopfernden Arbeit von teilweise bis zu 1000 Helfern aus aller Welt ist es zu verdanken, dass bis Sommer 2006 die mehr als 7000 t Schutt entfernt und die meisten Schäden behoben waren. In der darauf folgenden Saison lief schon wieder *business as usual.* 2010/2011 präsentierte sich alles wie gehabt, nur eine Spur edler und noch verbauter als zuvor. Schade, dass man beim Wiederaufbau nicht die Gelegenheit genutzt hat, mehr Rücksicht auf die Umwelt zu nehmen. Dennoch: Wer erstmals nach Ko Phi Phi kommt, wird schlichtweg begeistert sein, insbesondere beim ausgeschilderten **Viewpoint** (etwa 20 Gehminuten). Von dort aus, hoch über der Ton Sai Bay (s. u.) und der Lo Dalam Bay (s. u.) eröffnet sich das grandioseste Inselpanorama überhaupt.

Ko Phi Phi Don

► Karte 4, D 7–8

Phi Phi Don besteht aus zwei mit Dschungel überwucherten Kalksteinmassiven, die durch einen schmalen Isthmus aus Sand verbunden sind.

Die Westseite

Am Südufer der Landbrücke erstreckt sich die halbmondförmige und etwa 1 km lange **Ton Sai Bay** mit dem ehemaligen Vorzeigestrand der Insel. Heute ist er vor lauter Booten kaum noch zu sehen. Es lohnt sich auch nicht mehr, hier zu baden, wie auch das Schnorcheln vor der Bucht definitiv nicht mehr empfohlen werden kann.

Nicht versäumen sollte man den am Strand ausgeschilderten 20-minütigen Aufstieg zum Aussichtspunkt auf dem westlichen Inselteil. Das nördliche Ufer in der Lo Dalam Bay begeistert nur bei Flut, denn bei Ebbe zeigt sich der schlickige Grund. In der Mitte zwischen den Buchten liegt Tonsai Village, das dem Tsunami nahezu vollständig zum Opfer fiel. Seitdem herrscht hier rege Bautätigkeit, obwohl schon längst jedes Fleckchen Erde nahtlos bebaut ist mit Shopping Malls und Restaurants, Pubs und Bars, Shops und Kiosken

Der Küstenabschnitt südöstlich des Inseldorfs, der **Hin Khom Beach,** wird aus Felsen und vereinzelten winzigen Sandbuchten gebildet. Vorzug des etwa 1 km langen und sehr engen Strands ist die Aussicht auf die Ton-Sai-Bucht. Weiter gen Süden schließt sich jenseits einer Felsnase der Yao Beach, der lange Strand, an. Er ist recht schmal, teilweise mit Steinen und scharfen Korallen durchsetzt und fällt verhältnismäßig steil ins Meer ab. Dank eines vorgelagerten Korallenriffs – vor allem im Bereich des Südkaps – bietet er sehr gute Schnorchelmöglichkeiten.

Die Ostseite

Die Strände an der lang gestreckten Ostseite der Insel führten bislang mehr oder weniger ein Schattendasein und zogen nur wenige Bungalowanlagen an. Im Norden erstreckt sich der **Poh Beach**, gefolgt vom langen, sandigen **Laem Thong Beach.** Im Zentrum lädt der schöne Pak Nam Beach ein, der benachbarte **Rantee Beach** im Süden wurde lange Zeit als Geheimtipp gehandelt.

Ko Phi Phi Leh ► Karte 4, D 8

Die Schönheit von Phi Phi Don wird von der rund 5 km südlich gelegenen und gänzlich unbebauten Schwesterinsel, die unter Naturschutz steht, noch übertroffen. Spektakuläre Felsformationen, Puderzuckerstrände und Lagunen bildeten die perfekte Kulisse für »The Beach«. Die grenzenlose Kreativität der Natur versetzt jeden Besucher in Staunen. Auch die Unterwasserwelt der Insel erfüllt alle Superlative. Einen Schatten auf das Paradies wirft nur der Touristenandrang. Täglich werden im Rahmen organisierter Touren mehrere

Tausend Besucher nach Phi Phi Leh gebracht und man blickt vom Inselstrand aus vor allem auf Longtail- und Speedboote, die in mehreren Reihen hintereinander verankert sind und das Baden und Entspannen schlicht unmöglich machen.

Auf Bootstour

Üblicherweise fahren die Ausflugsschiffe zu der durch den Film berühmt gewordenen **Maya Bay,** fraglos eine der schönsten Lagunen Thailands. Sie und die gegenüberliegende **Pilay Bay** sind ideal zum Schnorcheln.

Angesteuert wird ebenfalls die **Viking Cave,** deren berühmte Felszeichnungen jedoch chinesische Dschunken und portugiesische Galeeren zeigen und keine Wikingerschiffe, wie man früher glaubte. Die Höhle hat gigantische Ausmaße und ist ungemein reich an Tropfsteinformationen und großen Kalksteinplateaus. In Kreisen chinesischer Feinschmecker war die Viking Cave auf Ko Phi Phi Leh schon vor etwa 1000 Jahren bekannt, denn hier nisten Hunderttausende von Salanganen. Die Nester dieser zur Familie der Segler gehörenden Vögel gelten den Chinesen seit alters her als potenzfördernde und lebensverlängernde Delikatesse. Da in China jedoch nahezu keine Salanganenkolonien vorkommen, muss der Luxusartikel aus Thailand, Indonesien und Indien importiert werden.

Zur Brutzeit sondern die Vögel große Mengen eines eiweißreichen, zähen Speichels ab, der an der Luft erhärtet und den sie zusammen mit Pflanzenresten und gelegentlich einigen Federn zu Nestern verbauen. Jährlich werden etwa 200 kg der äußerst seltenen und daher extrem teuren Spezialität in der Viking Cave geerntet. Während der dreimonatigen Sammelzeit, der jeweils eine Ruhephase von ebenfalls drei Monaten folgt, arbeiten die Sammler unter Lebensgefahr auf wackeligen Bambusstangen und -leitern in schwindelerregender Höhe. Vor dem Verzehr werden die gelatinösen Nester, im Deutschen fälschlich als ›Schwalbennester‹ bezeichnet, eingeweicht und gründlich gereinigt. Dann lässt man sie in Brühe garen, wobei sie sich auflösen und die Suppe leicht binden. Besonders begehrt sind die weißen Nester, die nur aus Speichel bestehen und weniger Reinigung erfordern.

Übernachten

Zur Saison 2010/2011 waren rund sieben Dutzend Resorts und Bungalowanlagen geöffnet, Tendenz steigend. Über den Jahreswechsel kommt es dennoch immer wieder zu Engpässen, und ohne rechtzeitige Reservierung ist es oft unmöglich, ein Zimmer zu bekommen.

Ruhe und Komfort – **Phi Phi Natural Resort:** Laem Thong Beach, Tel. 075 81 90 30, www.phiphinatural.com, DZ ab 2950 Bt, Bungalows ab 3500 Bt, Nov.–März plus 1000 Bt. Über 70 Bungalows und Zimmer der gehobenen Mittelklasse (alle mit AC) und überaus gemütlich eingerichtet am Nordrand des Strands in einer gepflegten Gartenanlage. Ruhiger wohnt man in keiner anderen Inselherberge. Auch ein herrlicher Pool ist vorhanden. Von Phuket und Krabi verkehrt 2 x tgl. ein Direktboot zum Resort.

Preiswertes Panorama – **Phi Phi View Point Resort:** Lo Dalam Beach, Tel. 075 60 12 00, www.phiphiviewpoint.com, ab 1200–2000 Bt (Fan/Hügellage, je nach Saison) bis 2900–4000 Bt (AC, Beachfront). Dank der Hanglage am Ende der Lo Dalam Bay blieb das große Drei-Sterne-Resort durch den Tsunami nahezu unzerstört. Bungalows in fünf

Komfortstufen direkt am Strand (AC) und in panoramareicher Hügellage (Fan), mit Swimmingpool.
Dem Namen verpflichtet – **Relax Beach Resort:** Pak Nam Beach, Tel. 089 725 44 11, www.phiphirelaxbeach.com, Bungalows ohne Seeblick 900–1600 Bt (je nach Saison), mit Blick 1200–2800 Bt, Komfort-Bungalows 2400–4900 Bt. Romantische Bambusbungalows (mit Bad/WC, Veranda, Moskitonetz), relativ teure Häuschen direkt am Strand, aber in unvergleichlicher Lage, preiswertere Hütten in zweiter Reihe; inkl. sind Frühstück, Internet, Kajakmiete, tgl. 1 Std. Massage. Anreise per Longtailboot (150 Bt) ab dem Inselpier oder zu Fuß via Aussichtspunkt (rund 1 Std., gut 250 m Aufstieg).
Traveller's Choice – **Andaman Beach Resort:** Hin Khom Beach, Tel. 075 60 10 77, www.andamanbeachresort.com, 1150–2500 Bt (mit Fan, je nach Saison), 1400–6200 Bt (AC). Die mehr als 60 Bungalows stehen zwar zum Teil recht eng beisammen, doch das Preis-Leistungs-Verhältnis stimmt. Schöner Swimmingpool und Restaurant mit Meerblick.

Einkaufen

Zahlreiche Shops im Hauptdorf der Insel mit allem, was das Touristenherz begehrt. Wer sein Geld für einen guten Zweck ausgeben will, kann das Buch »The Children of Phi Phi Island« kaufen mit von Kindern verfassten Geschichten über den Tsunami.

Aktiv & Kreativ

Kajak – Verleih an den Stränden der Insel (ca. 150 Bt/Std. bzw. ca. 800 Bt/Tag). Geführte Touren rings um die Insel und mehrtägige Exkursionen.
Klettern – **Phi Phi Climbers:** www.krabidir.com/phiphiclimbers. Eine der besten Infoquellen und Kletterschulen der Insel. Die 25 Kletterrouten von Ko Phi Phi genießen Weltruhm. Buchung von Kletterkursen (1 Tag 1000 Bt, 3 Tage mit Zertifikat 5000 Bt) und geführten Touren (Verleih von kompletter Ausrüstung 1200 Bt/Tag) auch in vielen Unterkünften.
Schnorcheln – An Schnorchelspots herrscht hier kein Mangel. Beliebt ist z. B. das Südkap beim Yao Beach. Die meisten Unterkünfte verleihen Tauchermaske und Flossen (ab 150 Bt/Tag).
Tauchen – Die Reviere der Insel sind vor allem wegen ihrer bis zu 30 m senkrecht abfallenden Steilwände berühmt. Sechs Tauchschulen bieten Tauchkurse (um 14 000 Bt), Tagesausflüge inkl. 2 Tauchgänge (ab 2500 Bt), Wracktauchen (3000 Bt). Als beste Adresse gilt das Moskito Diving Center, Tel. 075 60 11 54, www.moskitodiving.com.

Abends & Nachts

Was Ko Pha Ngan am Golf von Thailand, das ist Ko Phi Phi an der Andamanenseeküste: *das* Partyzentrum überhaupt für junge und jung gebliebene Reisende. Auf kleinstem Raum im Bereich der Ton Sai Bay hat man hier die Wahl zwischen rund einem Dutzend In-Treffs, in denen allnächtlich ab etwa 22 Uhr und oftmals bis zum Morgengrauen zu Reggae, Hip-Hop, Soul, Trance & Techno sowie vor allem auch Entertainment in Form von Feuershows und Thaiboxing-Spektakeln schlicht ›die Sau tobt‹.

Entertainment satt – **Reggae Bar:** Tonsai. Mit fünf Open-Air-Bars unter einem ›Dach‹, Poolbillard, einem Thai-Boxing-Ring (mindestens drei Boxnächte pro Woche) und einem großen Dancefloor ist der Komplex mit Abstand der größte und populärste auf der Insel. Wenn vieles längst geschlossen hat, herrscht hier immer noch eine bärenstarke Stimmung zu ultralautem Sound und Alkohol, der in Strömen vorzugsweise aus *buckets* (Kübeln) in durstige Kehlen fließt.

Stoned again – **Rolling Stoned Bar:** Ton Sai. Wem die Szene in der Reggae Bar zu alkohollastig ist, der geht ins Rolling Stoned, wo allabendlich heiße Livemusik fetziger Thaibands zu hören ist.

Hot stuff – **Phi Phi Hippies Bar:** Ton Sai. Direkt am Strand und der Happening Place auf der Insel: Nacht für Nacht kann man hier das Gefühl haben, auf einer Neujahrsparty zu weilen. Die Musikanlage ist die wattstärkste der Insel und ab 21 Uhr werden zum ständig wilder und lauter werdenden Sound die abgefahrensten Feuershows des Südens zelebriert. Schon das Zuschauen törnt unerhört an, auch alles andere, was antörnt, wird reichlich genossen, und wer es zu guter Letzt nicht mehr ins Bett schafft, bleibt einfach sitzen oder liegen. Zur Halbmondzeit geht´s noch ein wenig wilder zu, denn

Filmreif: Maya Bay auf Ko Phi Phi Leh

dann trifft sich alles, was Beine hat, am Strand zu Trance Music & Tribal Beats.
Musikalische Themennächte – **Tintin's Bar:** Ton Sai, beim Baracuda-Tauchzentrum. Ab 21, eher 22 Uhr trifft sich hier das Tanzvolk zu Tanznächten, die stets unter einem anderen Motto stehen. Mal dreht sich alles um schmusigen Klammer-Blues, mal um fetzigsten Rock, heißesten Rap oder was immer sonst, frei nach Tintins Motto ›We bring you up, take you down, smoothes those rough edges away‹.
Für ruhige Gemüter – **JJ Vegetarian Café:** Ton Sai. Ein Ruhepol für das gesetztere Publikum mit vor allem Jazz'n'Blues-Geschmack.
Kid's zone – **The Beach Club:** Ton Sai. Hier kommen auch Familien mit Kindern auf ihre Nightlife-Kosten, denn am Strand vor dem Club werden alkoholfreie Getränke serviert, die Atmosphäre ist entspannt und wird vereinzelt durch Feuershows aufgelockert.

Infos

Touristeninformation

Krabi Tourist Association: s. S. 234
Internet: www.phi-phi.com, www.kohphiphi-don.com.

Verkehr

Boot: ganzjährig 2–9 x tgl. von Phuket (ab 650 Bt) und 2 x tgl. von Krabi (450 Bt). Sept./Okt.–Mai zudem tgl. ab Ao Nang/Rai Lee bei Krabi (450 Bt), ab Ko Lanta (450 Bt) und mit Tiger Line (www.tigerlinetravel.com) Nov./Dez.–Mitte Mai tgl. via Ko Lanta, Ko Ngai, Ko Muk, Ko Kradan nach Ko Lipe (6,5 Std., 1800 Bt).
Ankunft: Bei Ankunft am Pier der Ton Sai Bay werden von jedem Touristen 20 Bt einbehalten, die u. a. für die Müllbeseitigung auf der Insel eingesetzt werden sollen.

Ko Lanta ▸C 9

Ko Lanta Noi im Osten und Ko Lanta Yai im Westen, nur durch einen schmalen Meereskanal voneinander getrennt, fügen sich zu einer Doppelinsel, die nur einen Katzensprung vom Festland entfernt ist. 1989 eröffnete auf Ko Lanta Yai die erste Bungalowanlage. Dass man bald schon nahezu 200 zählt, Tendenz steigend, ist in erster Linie den Sandstränden zu verdanken, die die Westküste dieser 24 km langen Insel säumen. Sie variieren in allen Abstufungen von kilometerlang mit feinkörnig-weißem Sand bis zu winzig klein mit grobkörnig-gelbem Sand. Doch trotz all ihrer Vielfalt und Schönheit können sie in Sachen Exotik nicht mit denen anderer Touristenzentren der Andamanensee konkurrieren. Zum einen fehlen die spektakulären Kalksteinformationen, zum anderen sind Kokospalmen eine Rarität.

Die meisten Küstenabschnitte laufen flach ins Meer aus, was auch Kindern und älteren Menschen perfekten Badespaß garantiert. Entsprechend hoch ist der Anteil an zumeist pauschal reisenden Familien (vor allem aus Schweden und Deutschland) sowie Senioren auf Langzeiturlaub. Aber auch für Aktivurlauber, insbesondere Taucher, ist Ko Lanta attraktiv, zählen doch einige der vorgelagerten Tauchspots, die oft von imposanten Walhaien besucht werden, mit ihren einzigartig strukturierten Korallenriffen zur Weltklasse.

Zwar hat der Tourismus das Leben der rund 20 000 Inselbewohner und das Bild der Küste nachhaltig verändert, doch das Inselinnere präsentiert sich noch immer ländlich und oft vollkommen unberührt. Es wird von einem bis 500 m hoch aufragenden Gebirgsrücken gebildet, über den sich primärer Regenwald zieht. An der Ostküste wurden Kautschukpflanzungen angelegt, die in ausgedehnte Mangrovenwälder übergehen. Fast 70 % von Ko Lanta sind mit geschütztem Wald bedeckt.

Strände

Alle Touristen betreten Ko Lanta Yai in **Ban Saladan,** das ganz im Norden gegenüber der Schwesterinsel Ko Lanta Noi liegt. Im Hauptdorf der Insel, teils noch malerisch auf Pfählen errichtet, finden sich außer den Fähranlegern auch Einkaufsmöglichkeiten und Banken mit Geldautomaten. Von hier aus verläuft eine Straße entlang der Westküste von Strand zu Strand bis hinunter zum Südkap, wobei es auf dem südlichen Abschnitt ständig auf und ab geht und sich schöne Ausblicke öffnen.

Klong Dao Beach

Von Ban Saladan erstreckt sich der rund 3 km lange Klong Dao Beach, der weitaus die meisten Besucher zählt, mit sanftem Schwung nach Süden. Am Rand des hellen Sandbands liegen im Schatten von Kasuarinen mehrere Dutzend Bungalowanlagen, die zunehmend den höheren Preiskategorien angehören. Da das Meer eher seicht ist, dominieren hier Familien und meist ältere Langzeitgäste.

Long Beach

Der angrenzende Long Beach (Hat Phra Ae), ein mehrere Kilometer langes weißes Sandband, ist in erster Linie Ziel jüngerer Reisender aus aller Welt. Das Preisniveau in den mehr als drei Dutzend Bungalowanlagen tendiert zur Budgetkategorie, obwohl auch an teuren Resorts kein Mangel herrscht.

Klong Khong Beach

Am nachfolgenden Klong Khong Beach erschweren Steine und Muschelbänke das Baden in vielen Abschnitten. Entsprechend niedrig sind die Preise in den rund 20 meist von Backpackern frequentierten Anlagen.

Klong Nin Beach

Mehr oder weniger feinsandig zeigt sich der Klong Nin Beach, der im südlichen Abschnitt immer schöner wird. Viele Auswanderer aus westlichen Ländern haben sich hier niedergelassen und ein kleines Geschäft im Tourismus aufgebaut. Es gibt etliche günstige, aber ebenso auch sündhaft teure Unterkünfte.

Kan Thiang Beach

Der erste Preis für den romantischsten Inselstrand würde fraglos an den Kan Thiang Beach vergeben werden, der sich sichelförmig auf etwa 1 km zwischen zwei Felskaps spannt und mit puderzuckerfeinem, weißem Sand erfreut. Zwischen den neun Bungalowanlagen ist noch reichlich Platz vorhanden. Doch seit hier ein Fünf-Sterne-Resort eröffnet hat, ist abzusehen, dass sich das ändern wird und auch die Preise anziehen werden.

Mai Phai Beach

Höchst idyllisch ist auch der als Last Beach bekannte Mai Phai Beach, eine weit geschwungene, halbmondförmige Bucht von gut 2,5 km Länge, die von Klippen und Urwald umkränzt wird. Es gibt nur drei Ferienanlagen, die sich auf die Bedürfnisse des jungen und budgetbewussten Publikums eingestellt haben.

Inselexkursion

Ideale Transportmittel für eine Inselrundfahrt (ca. 60 km) sind ein Suzuki-Jeep oder ein Moped. Die bis ins Jahr 2010 hinein teils desola- ▷ S. 252

Auf Entdeckungstour

Tung Yee Peng – eine Ökotour in den Mangroven

Die Mangrovenwälder schwinden weltweit noch schneller als die Regenwälder. In Thailand stehen sie heute größtenteils unter Naturschutz. Auf Ko Lanta erhält man nicht nur tiefe Einblicke in diese faszinierende Vegetationszone, sondern kann aktiv zu ihrem Erhalt beitragen.

Reisekarte: ► C 9

Öko-Touren: Tung Yee Peng Village, Tel. 089 590 91 73, www.tungyeepeng.com

Dauer: ein halber bis ein ganzer Tag

Preis: Mangroventour 850–1000 Bt (alles inkl.); für Individualreisende: Transport von den Stränden 500 Bt, Abholung vom Krabi Airport 1500 Bt; Übernachtung: 1800 Bt (mit VP).

Die teilweise extrem flache und damit im Einflussbereich der Gezeitenzone stehende Ostseite von Ko Lanta umfasst eines der größten Mangrovengebiete von Südthailand, die man im Rahmen einer Tour erleben kann. Bestandbildend ist der salzwassertolerante Mangrovenbaum, von dem hier rund 75 verschiedene Arten vorkommen. Das gilt als Weltrekord, und kaum irgendwo sonst in den Tropen wird so viel zum Schutz der Mangrovenwälder getan wie in Thailand, wo im Bereich der Andamanenseeküste noch rund 80 % dieser Vegetationseinheit intakt sind. Zusammen mit anderen wichtigen Mangrovenbereichen des Landes wird auch auf Ko Lanta der Schutz dieser weltweit nur in den Tropen in mindestens 23 °C warmem Meerwasser vorkommenden Vegetationszone groß geschrieben.

Lebenskünstler zwischen Land und Meer

Flaggschiff des gesteigerten Umweltbewusstseins auf Ko Lanta ist das direkt an der Ostküste gelegene Dorf Tung Yee Peng. Diese traditionelle Siedlung wurde bereits im Jahr 2003 vom United Nations Development Program zum Standort eines Coast Ecology Learning Center ernannt, in dem die Einwohner angeleitet werden, schonend mit ihrer Umwelt umzugehen und im Einklang mit der Natur zu leben.

Doch auch am Tourismus soll das Dorf gemäß dem UN-Projekt partizipieren, und entsprechend viel Gewicht wird seitdem auf die Ausbildung gelegt, weshalb die allermeisten jungen Dörfler gutes Englisch sprechen. Damit war der Grundstein für Ökotourismus gesetzt.

Heute ist der Ort Ausgangspunkt für sachkundig geführte Mangroventouren, und kaum hat man den Bereich von Tung Yee Peng Village verlassen, erlebt man vom Boot aus, wie glitzernden Wolken gleich Schwärme von winzigen Fischen im flachen Mangrovenkanal vorbeischweben; Algen, Schwämme und Seeanemonen wogen im sanften Gezeitenstrom. Der Uferschlick ist von Taschenkrebsen und Schlammspringern bevölkert – beides Arten, die sowohl auf dem Land als auch im Wasser zu Hause sind. Angrenzend erstreckt sich wie ein Geisterwald ein undurchdringliches Geflecht aus grauen Stelzwurzeln, an die sich Muscheln und Seepocken klammern und die in der Höhe ein bis über 20 m hoch aufragendes Kronendach bilden.

Während das Boot langsam an dieser ›grünen Hölle‹ vorübergleitet, erfährt man von dem sachkundigen Führer viel Wissenswertes über Flora und Fauna sowie über die empfindliche Ökologie der gefährdeten Vegetationszone Mangrove. Auch die schwimmenden Fischfarmen, die in den Mangrovenkanälen befestigt sind, sowie neu angelegte Mangrovenanpflanzungen werden angesteuert, bevor es gegen Ende der Tour ins Dorf zurück und zu den Produktionsstätten des lokalen Kunsthandwerks geht.

Become a villager

Wer einen tieferen Einblick in die Mangroven sowie das Dorfleben nehmen will, kann im Tung Yee Peng Village im Rahmen eines Homestay-Programms auch als Tourist selbst an der Wiederaufforstung der Mangroven mitarbeiten, auf den Fischfarmen mithelfen, den Fischern auf dem Meer zur Hand gehen, angeschwemmten Müll beseitigen – kurz: am täglichen Leben der Einwohner von Tung Yee Peng teilnehmen.

Unser Tipp

Ko-Rok-Robinsonade

Die dem Festland und Ko Lanta etwa 50 km weit vorgelagerte Doppelinsel Ko Rok Nok/Ko Rok Nai ist Teil und Highlight des Ko Lanta Marine National Park und, bis auf eine kleine Parkrangerstation auf Ko Rok Nok, auch völlig unbewohnt. Weißere Strände und ein noch intensiver türkisfarbenes Meer kann man sich kaum vorstellen. Aufgrund der exponierten Lage und der ungemein reichen Korallenriffe nah unter Land sind hier die Tauch- und Schnorchelbedingungen ganz und gar fantastisch. Hin kommt man am besten und günstigsten im Rahmen der tgl. auf Ko Lanta angebotenen Speedboot-Inseltouren, und anstatt sofort mit zurück zu fahren, kann man das auch zu einem späteren Zeitpunkt tun und bleibt dann auf Ko Rok Nok, wo Camping erlaubt ist und es mehrere Bungalows der Parkverwaltung gibt (2500 Bt für 4 Pers.). Buchung über das Parkamt auf Ko Lanta (Tel. 075 66 07 11, www.dnp.go.th) oder online über www.thaiforestbooking.com.

ten Straßen sind nun alle asphaltiert, mit Ausnahme der letzten 10 km der zur Südspitze der Insel führenden Küstenstraße, die äußerst holprig ist.

Zur Südspitze

Die gesamte Südspitze der Insel umfasst den **Ko Lanta Islands National Park** (200 Bt Eintritt), durch den einige Naturpfade führen. Es empfiehlt sich ein Besuch des Leuchtturms am Südkap, von wo der Blick hinüber nach Ko Ngai wandert.

An der **Klong Jak Bay,** rund 3 km vor dem südlichen Inselende, lädt der ausgeschilderte **Waterfall Walk** zu einem erfrischenden Abstecher ein. Es ist auch möglich, auf Elefanten zu reiten (ca. 1000 Bt).

Entlang der Ostseite

Vom Klong Nin Beach führt eine Straße quer über die Insel zur Ostküste. Beim Dorf Klong Nin folgt man den deutlichen Hinweisschildern zur Höhle **Tham Khao Mai Kaeo.** Am Wegende werden Elefantenritte (um 1000 Bt) und geführte Touren ins Innere der Tropfsteinhöhle angeboten, die als ein Highlight der Insel gilt.

Rund 3 km weiter auf dem Weg zur Ostküste passiert man einen **Aussichtspunkt** mit zwei Panoramarestaurants. Von der Passhöhe ergibt sich eine atemberaubende Aussicht auf die Ostküste von Ko Lanta, vor der etliche kleine, von Sandstränden umkränzte Urwaldinseln im Wasser liegen.

Vom Besuch des Dorfes **San-Gha-U** im Süden der Ostküste ist abzuraten, da die dort lebenden Chao Lee (s. S. 66) es längst leid sind, wie Sehenswürdigkeiten begafft und abgelichtet zu werden. Stattdessen geht es Richtung Norden, nah vorbei an dichten Mangrovensümpfen und dem in Sachen Ökotourismus bedeutsamen Dorf **Tung Yee Peng** (s. Entdeckungstour S. 250) zurück nach Ban Saladan.

Übernachten

Luxusresorts verdrängen zunehmend die Bungalowanlagen der Budgetklasse. Mitte Dez.–Mitte Jan. kann es mehr als doppelt so teuer wie zu anderen Zeiten sein. Die unten genannten Preise umfassen das gesamte Spektrum. Mitte Mai–Mitte Okt. haben viele Anlagen geschlossen.

Erste Budgetwahl – **Sunset Bungalows:** Klong Nin Beach, Tel. 075 66 26 11, www.thesunsetbungalows.com, 400–600 Bt (mit Fan, je nach Saison) bzw. 600–1500 Bt (mit AC). Das Günstige ist rar auf Ko Lanta und wenn Geld ein Thema ist, empfiehlt sich dieses kleine Resort mit freundlichen Besitzern, netten Bungalows, teils direkt am Strand, wo auch das gemütliche und preiswerte Restaurant einlädt.
Zum Wohlfühlen **Andaman Lanta Resort:** Klong Dao Beach, Tel. 075 68 42 00, www.andamanlanta.com, DZ 1200–3600 Bt, Bungalow 1600–4500 Bt. Am südlichen Strandende gelegene Komfortanlage mit Swimmingpool und freundlich eingerichteten Zimmern.
Markante Panoramalage – **Lanta Marine Park View:** Kan Tiang Beach, Tel. 075 66 50 63, www.lantamarine.com, 700–2950 Bt (je nach Komfort/Saison). Die 26 AC-Bungalows liegen in traumhafter Panoramalage über der Bucht. Auch das Bay View Restaurant (s. S. 254) ist ein Tipp.
Privat und behaglich – **Relax Bay Resort:** Long Beach, Tel. 075 68 41 94, www.relaxbay.com, 900–2000 Bt (Nebensaison) bis 1800–4900 Bt (Hochsaison). Durch einen Felsabschnitt vom eigentlichen Long Beach getrennt, bietet diese Anlage eine größtmögliche Privatsphäre und viel Gemütlichkeit in 37 Rattan- und Steinbungalows mit Fan bzw. AC. Französisches Management und französische Küche.
Familientreff – **D. R. Lanta Bay Resort:** Klong Dao Beach, Tel. 075 66 83 83, www.drlantaresort.com, Zimmer 1200–2600 Bt (je nach Saison), Bungalows 1500–3200 Bt. Optisch nicht so *fancy* wie die Nachbarresorts, aber die Zimmer sowie die 20 m vom Strand stehenden Steinbungalows (alle mit AC) gleichen das bestens aus. Mit Pool.
Gutes Preis-Leistungs-Verhältnis – **Lanta Island Resort:** Klong Dao Beach, Tel. 075 68 41 24, www.lantaislandresort.com, 800–1200 Bt (Nebensaison) bis 1600–4750 Bt (Hochsaison). Tropisch begrünte Anlage unter deutschem Management in der Mitte des Klong Dao Beach. Rund 60 Steinbungalows in fünf verschiedenen Kategorien und Swimmingpool. Da hier das Ko Lanta Diving Center seinen Strandsitz hat, beziehen viele Taucher Quartier.
Klein und fein – **Lanta Bee Garden:** Klong Dao Beach, Tel. 075 68 42 27, www.lantabeegarden.com, 700–1250 Bt (Nebensaison) bis 2000–2900 Bt (Hochsaison). Kleine Anlage mit 22 Bungalows mit Fan oder AC in zwei sich gegenüberstehenden Reihen. Einfache, aber saubere Zimmer, ansprechendes Restaurant direkt über dem Strand.
Palmwedelbungalows – **Lanta River Sand:** Klong Khong Beach, Tel. 075 66 26 60 und 08 14 76 01 65, www.lantariversand.com, 250–800 Bt (Nebensaison) bis 300–900 Bt (Hochsaison). Eines der ursprünglichsten und romantischsten Resorts am Ort mit 25 originellen Bambusbungalows auf Stelzen, einem kreisrunden Restaurant und einer Strandbar am Meer.
Tiptop am Traumstrand – **Baan Phu Lee:** Last Beach, Tel. 075 66 51 00, www.baanphulae.com, 600–1400 Bt (Fan-Bungalows, je nach Saison) und 800–1800 (mit AC). Der erste Blick bei Ankunft wird auf den Strand fallen, der zweite auf die hübschen Bambusbungalows direkt am Beach sowie am angrenzenden Hang – und stets wird man begeistert sein. Auch von innen halten die mit Palmwedeln gedeckten Häuschen, was sie versprechen.

Essen & Trinken

Will man frischen Fisch und Meeresfrüchte im luftigen, authentisch thai-

ländischen Ambiente eines Pfahlbau-Restaurants genießen, führt kein Weg um Ban Saladan herum. Am Klong Dao Beach sitzt man in fast allen Restaurants romantisch, die Preise variieren von gut und günstig bis sündhaft teuer.
Schlemmerküche – **Red Snapper:** Long Beach, Tel. 080 78 85 69 65, Hauptgerichte ca. 200–500 Bt. Spitzenempfehlung für einen Schlemmerabend. Die beste internationale Küche weit und breit, von einem innovativen holländischen Koch zubereitet und in einem tropischen Garten serviert. Hier zelebriert man ein Menü aus verschiedenen Gängen und genießt dazu Wein aus erlesenen Lagen (um 900 Bt die Flasche) und exotische Cocktails.
Kerzenlichtromantik – **Orchid Restaurant:** Klong Nin Beach, im Lanta Palace Resort, Hauptgerichte ab 100 Bt. Allabendlich wird zum Candlelight Dinner direkt am Strand geladen.
Speisen mit Blick – **Bay View Restaurant:** Kan Tiang Beach, im Lanta Marine Park View Resort, Hauptgerichte ab 100 Bt. Das Resort-Restaurant im Inselsüden hat nicht nur wegen der schlicht umwerfend schönen Aussicht einen hervorragenden Namen.
Fisch frisch – **Lanta Seafood:** Ban Saladan, an der Uferstraße, tgl. bis gegen 21 Uhr, Hauptgerichte um 100 Bt, Fisch nach Gewicht, etwa 300 Bt für 2 Pers. Frischester Fisch und Meeresfrüchte in einem typischen thailändischen Pfahlbau-Restaurant. Da stark nachgefragt, sollte man während der Saison möglichst vor 19 Uhr kommen; falls belegt, bietet sich das benachbarte Saladan Seafood mit gleichem Angebot an.
Gestrandet – **Same same but different:** Kan Tiang Beach, Hauptgerichte ab 80 Bt. Rustikal und unvergleichlich gemütlich direkt am Strand. Stilvoll mit Strandgut dekoriert.
Geiz ist geil – **Seaview Restaurant:** Klong Dao Beach, im Klong Dao Beach Resort an der Strandmitte, Gerichte ab etwa 60 Bt. Großes, kahles und eher ungemütliches Restaurant, in dem viele deutsche Überwinterer verkehren. Speisen der thailändischen und internationalen Küche und Bier sind konkurrenzlos billig.

Aktiv & Kreativ

Elefantenreiten – Angebote an den meisten Stränden (mit Transfer ab etwa 1000 Bt).
Kajak – Geführte Touren in die Mangroven an der nördlichen Inselseite und Verleih, u. a. über Rapu Sea Kayaking, Tel. 092 87 17 49 (nach Chutima fragen).
Segeln – **Lanta Sailing:** Tel. 08 48 41 82 70 und 081 101 74 40, www.lantasailing.com. Sunset-Törns, Ganztages- und Mehrtagestouren.
Tauchen – Zahlreiche Tauchzentren und u. a. acht ausgewiesene Tauchreviere vor Ko Lanta und sieben weitere vor Ko Phi Phi gewährleisten tägliche Abwechslung. Auch mehrtägige Touren und Kurse (s. Tipp S. 255).
Inselhopping-Touren – Mit Ausflugs- oder Schnellbooten zu den vorgelagerten Inseln Ko Rok, Ko Muk, Ko Kradan, Ko Ngai, Ko Phi Phi u. a. Verschiedene Kombinationen sind wählbar. Am meisten nachgefragt ist die Drei-Insel-Tour nach Ko Ngai, Ko Muk und Ko Kradan (ab 800 Bt/Pers.).

Abends & Nachts

Von einigen Beachbars abgesehen ist nicht viel los. Die Taucher treffen sich mit Vorliebe in der **Mook Bar** am Klong Dao, während der Long Beach junge Nachtschwärmer anzieht. Insbesondere im freakig aufgemachten **Reggae House** am Südende des Strands finden sie Musik nach ihrem Geschmack.

Infos & Termine

Touristeninformation

s. auch S. 234

Internet: www.lantalanta.com, www.kolanta.net, www.kohlanta-hotels.com, www.lantainfo.com (kommerzielle Websites). Informativ ist auch das jährlich aktualisierte »Ko Lanta Guidebook«.

Service

Geld: Banken in Ban Saladan, ATMs auch an den populärsten Stränden.

Verkehr

Flugzeug: Krabi International Airport, ca. 70 km nördlich. Taxi ca. 2500 Bt.

Boot: Sept.–Mai 2 x tgl. Schnellboot von/nach Krabi via Ko Jum (2 Std., 400 Bt); von/nach Ko Phi Phi (2 Std., 450 Bt), teils mit Anschluss nach Phuket (2 Std., plus 450 Bt). Mit den Highspeed-Motorbooten von Tiger Line (Tel. 081 092 88 00, www.tigerlinetravel.com) tgl. um 10 Uhr nach Pulau Langkawi/Malaysia (2800 Bt) via Ko Ngai (500 Bt), Ko Muk (750 Bt), Ko Kradan (750 Bt) und Ko Lipe (Ankunft 15 Uhr, 1500 Bt); außerdem tgl. um 15 Uhr nach Ko Phi Phi (500 Bt).

Minibus: regelmäßige Verbindungen mit Krabi (250 Bt) und Trang (300 Bt) und allen anderen Ferienzentren des Südens.

Inselverkehr

Pickup/Minibus: bei Ankunft der Fähren in der Regel kostenlose Abholung durch die Bungalowanlagen. Rückfahrt meist nicht kostenlos (20–200 Bt, je nach Entfernung).

Motorradtaxi: vor allem im nördlichen Inselteil bequem (30–300 Bt, je nach Entfernung).

Mietfahrzeug: Verleih in allen Reisebüros. Mietwagen (meist Suzuki-Jeep) ab etwa 1200 Bt/Tag, Mopeds um 150 Bt/Tag.

Termine

Lanta Beach Festival: 7.–9. Dez. Das größte Happening der Insel mit Folklore und Kulturshows, Wettkämpfen etc. am Long Beach.

Ko Lanta Diving Center

Die 1992 eröffnete erste Tauchschule im Süden Thailands ist auch heute noch die erste Adresse in Thailand. Sie steht unter Leitung von Christian Mietz, einem der versiertesten deutschen Taucher in Südostasien, der durch Publikationen in der Fachpresse und durch das Fernsehen bekannt wurde. Das Trainingsprogramm umfasst ebenso Ein-Sterne-Kurse oder Open Water Diver (300 €) wie Divemaster, Zwei-Sterne-CMAS-Tauchlehrer und Rebreather-Tauchlehrer. Außerdem ermöglichen die extrem schnellen und speziell für Taucher konzipierten Boote des Zentrums vielseitige und exklusive Exkursionen. Jeweils ein qualifizierter Führer begleitet maximal vier Taucher, sodass sowohl Tauchsicherheit als auch Tauchfreiheit garantiert sind. Tagestouren mit Frühstück, Mittagessen, freien Getränken und zwei Tauchgängen kosten 74 €, Tauchpakete mit 12 Dives 363 €, eine komplette Ausrüstung gibt es für 15 €/Tag (Ban Saladan, Tel. 00 66 75 66 80 65, www.kolantadivingcenter.com, Niederlassungen am Klong Dao Beach im Lanta Island Resort und am Klong Khong Beach im Blue Marlin Resort).

Das Beste auf einen Blick

Südliche Andamanensee

Highlight!

Tarutao Marine National Park: Zwischen 20 und 70 km vom Festland entfernt erstreckt sich dieses Schutzgebiet, das 51 Inseln und über 1400 km^2 umfasst. Ko Tarutao ist die größte unbewohnte Insel Thailands, die Chao-Lee-Insel Ko Lipe ist das touristische Highlight des tiefen Südens. Nirgends sonst findet man weißere und feinsandigere Strände als hier, wo auch Korallenriffe von einzigartiger Schönheit einladen. S. 269

Auf Entdeckungstour

Dugong Spotting – den Seekühen auf der Spur: Kontakt mit Meerjungfrauen erwünscht? Ko Libong macht's möglich, denn die Insel ist Heimat der letzten thailändischen Seekühe – die vom Aussterben bedrohte Meeressäugerspezies ist angeblich der Ursprung des Meerjungfrauen-Mythos. Im Rahmen von Dugong Spotting Tours hat man eine gute Chance, ein Exemplar zu Gesicht zu bekommen. S. 264

Kultur & Sehenswertes

Tham Morakot: Die ›Smaragdhöhle‹ auf Ko Muk führt vom Meer in eine fels- und waldumkränzte Lagune mit traumhaft schönem Sandstrand. S. 260

Tham Jara Khe: Die ›Krokodilgrotte‹ führt durch einen Berg hindurch. S. 270

Aktiv & Kreativ

Ko Libong: Diese Insel ist eine der bedeutendsten Zwischenstationen für Zugvögel. S. 263

Ko Tarutao: Wo sonst, wenn nicht hier, kann man auf Wegen rund 25 km weit durch den Regenwald oder von menschenleeren Traumstränden zu malerischen Wasserfällen wandern und unberührte Mangrovenwälder entdecken. S. 270

Ko Lipe: Die Sightseeing-/Schnorcheltouren nach Ko Adang, Ko Rawi oder Ko Butang sind ein Muss! S. 278

Genießen & Atmosphäre

Ko Ngai: Wer sich das Paradies vorstellt als eine Idylle aus weißen Sandstränden an einer smaragdfarbenen Meeresbucht, wird es auf dieser nur 4 km langen und maximal 2 km breiten Insel finden. S. 258

Ko Kradan: Mit der schneeweißen, von Palmen und Wald gefassten Ostküste entspricht Ko Kradan stark dem Klischeebild vom Tropentraum. S. 262

Ko Bulon Lae: Auf der hübschen kleinen Insel ist man vom Brimborium touristischer Vermarktung weit entfernt und braucht doch auf nichts zu verzichten, was das Leben angenehm macht. S. 267

Abends & Nachts

Ko Lipe: Fürs Nachtleben ist im tiefen Süden der Andamanensee die Insel Ko Lipe zuständig, wo am Pattaya Beach freakige Rasta Bars und im Inselinnern Pooh's Musikpub einladen. S. 279

Inselhüpfen in einer marinen Märchenwelt

Rund 120 km sind es in der Luftlinie von Ko Lanta bis hinunter an die Grenze zu Malaysia, und während die Festlandküste zum allergrößten Teil in ausgedehnte und oft unzugängliche Mangrovenwälder gefasst ist, so präsentieren sich die meisten der zahlreichen vorgelagerten Inseln als bizarre Kalksteingebilde, die bis zu 400 m hoch aus den tiefblauen bis türkisfarbenen Fluten des Meeres aufragen.

Infobox

Reisekarte: ▶ C/D 9–11

Internet

www.andaman-island-hopping.com: Diese Website stellt auf Englisch alle Inseln der Andamanensee vor, teils sehr ausführlich, meist sogar mit brauchbaren Karten, die Bootsfahrpläne werden ständig aktualisiert, auch Aktivitäten sind beschrieben und viele Unterkünfte kann man online zu günstigen Preisen buchen.

Verkehr

Alle Inseln sind perfekt ans Festland angebunden, Ausgangspunkt der Fähr- und Schnellboote sind vor allem Ko Lanta, der Pak Meng Pier bei Trang und Pan Pakbara im tiefen Süden – alle werden von den Ferienzentren aus mit Bussen und Minibussen bedient. Zwischen den Inseln verkehren größtenteils ebenfalls Fährboote und Schnellboote nach genauem Fahrplan und auch Charter-Longtailboote bieten sich zu günstigen Preisen an.

Hier eine Höhle, die sich in eine fels- und waldumkränzte Lagune öffnet, dort eine kleine Quarzsandbucht, ein kilometerlanger Muschelstrand. Und Korallenriffe, immer wieder Korallenriffe, die oft nur wenige Meter von den Stränden entfernt in marine Traumwelten mit ungemein reicher Unterwasserflora und -fauna entführen.

Aber auch über Wasser präsentiert sich die größtenteils unter Naturschutz stehende südliche Andamanensee als ein wahres Refugium, denn nahezu jede Insel ist mit primärem Regenwald überwuchert. Die Urwaldinseln des Ko-Tarutao-Nationalparks sind gar die größten unbewohnten Inseln von Thailand überhaupt und nur wenige Kilometer sind es von dort bis hinüber nach Ko Lipe, der Hauptinsel der als ›Seezigeuner‹ bekannten Chao Lee und neueste Hochburg des Individualtourismus im tiefen Süden. Die Nachbarinsel Ko Bulon ist eine Alternative für Ruhe suchende Gäste, Ko Ngai steht im Ruf eines exklusiven Urlaubsparadieses, Ko Kradan entspricht vielleicht am stärksten dem Klischeebild vom Tropentraum, Ko Libong ist die Heimat der letzten Seekühe des Landes und bedeutendster thailändischer Transitplatz für Zugvögel, auf Ko Sukon und Ko Muk scheint die Zeit noch langsamer zu vergehen als ohnehin schon in diesem Teil der Welt.

Ko Ngai (Ko Hai) ▶ C 9

Wer sich das Paradies vorstellt als eine Idylle aus weißen Sandstränden an einer smaragdfarbenen Meeresbucht, umkränzt von einer Kulisse aus vielgestaltigen Felsinselchen, wird es auf dieser gerade mal 4 km langen und maximal 2 km breiten Insel finden. Ihr Inneres ist mit Urwald bedeckt. Vor dem von Palmen gesäumten Strand an der Ostküste erstreckt sich ein buntes, von Anemonenfischen umschwärmtes Korallenriff. Bereits beim Schnorcheln offenbart sich der Reichtum des Meeres. Vor allem Wasserratten auf Entspannungstrip fühlen sich auf dem auch als Ko Hai bekannten Eiland wohl, das zum Had Chao Mai National Park gehört.

Übernachten

Acht Bungalowanlagen am Oststrand der Insel. Da der Anteil der Pauschalreisenden recht hoch ist, ist das Preisniveau oft völlig überzogen (DZ ab 2500 Bt, Bungalow bis über 6000 Bt).
Exotik pur – **Thapwarin Resort:** Tel. 081 894 35 85, www.thapwarin.com, AC-Cottages 2200–3500 Bt (je nach Saison), Strandvillen 3800–5900 Bt. Die im Sommer 2011 renovierten Cottages und Strandvillen dieser Komfortanlage präsentieren sich exotisch im Palmwedellook. Sie halten auch von innen, was sie von außen versprechen, und bieten ein ausgezeichnetes Preis-Leistungs-Verhältnis. Schöner kann man nicht wohnen auf der Insel!
Die günstige Alternative – **Koh Ngai Villa:** Tel. 085 224 87 02, www.kohngaivilla.com, Fan-Bungalows 600–850 Bt (je nach Saison), AC-Bungalows 1200–2000 Bt. Relativ günstige, aber kleine und recht stickige Bungalows auf einer großen Wiese mit Palmschatten.

Aktiv & Kreativ

Die Betreiber der Bungalowanlagen organisieren **Schnorchel- und Tauchtrips** sowie **Bootsfahrten** zu den vorgelagerten Inseln. Die besten Schnorchelgründe finden sich am Südrand der Insel, etwa ab dem Strand vor dem Ko Ngai Resort. Bei ruhiger Wetterlage empfiehlt sich eine Paddeltour rings um die Insel (Verleih von Kajaks über die Unterkünfte), die auf ihrer dem Meer zugewandten Seite größtenteils Felsküste besitzt.

Infos

Touristeninformation

Krabi Tourist Association: 289/22 Thanon Uttarakit, Krabi 81000, Tel. 075 63 65 41 und 075 63 65 42, www.krabitourism.com, tgl. 8.30–16.30 Uhr. Monatlich Infos per Flyer.
Internet: www.kohngai.net

Verkehr

Bus/Songthaew/Boot: mit dem Bus/Minibus von allen Ferienzentren des Südens aus nach Trang (350 Bt), weiter per Songthaew zum Pak Meng Pier (50 Bt), von dort Nov.–April 1 x tgl. (morgens) Fähre zur Insel (1 Std., 250 Bt), außerdem Schnellbootverbindungen mehrmals tgl. (450 Bt), Longtailboot-Charter vom Pak Meng Pier ca. 1500 Bt. Außerdem Transfer durch alle Inselresorts (600 Bt ab Trang Busbahnhof, 2500 Bt ab Krabi Airport).
Zwischen den Inseln: Von Ko Phi Phi verkehrt tgl. um 8.30 Uhr das Highspeed-Motorboot von Tigerlinetravel (www.tigerlinetravel.com) nach Ko Lanta/Ban Saladan (500 Bt); um 10 Uhr fährt es weiter nach Ko Ngai (350 Bt) und via Ko Muk und Ko Kradan nach Ko Lipe (1400 Bt); um 14 Uhr geht es ab Ko Ngai retour nach Ko Phi Phi via Ko Lanta (500 Bt).

Außerdem fährt ein Ausflugsboot von Ko Lanta/Ban Saladan tgl. gegen 8.30 Uhr (1 Std., 400 Bt), Mitnahme von Individualreisenden. Longtailboot-Char-

Spektakel am Strand: Feuerkünstler auf Ko Ngai

ter von Ko Lanta (Last Beach) ca. 1800 Bt/Boot, von Ko Kradan ca. 1200 Bt, von Ko Muk ca. 1000 Bt/Boot.

Ko Muk ►C 9

Die etwa 18 km² große, sehr gebirgige und noch größtenteils mit Urwald bewachsene ›Perleninsel‹ wird von Touristen im Rahmen von Rundfahrten ab Ko Lanta und Ko Ngai aus besucht.

Tham Morakot

Die Besucher kommen vor allem wegen der **Tham Morakot** nach Ko Muk. Die ›Smaragdhöhle‹, die an der klippenreichen Westküste auf Höhe des Meeresspiegels klafft, verdankt ihren Namen den fantastischen Farbschattierungen des Wassers. Longtailboote fahren zur Höhle, die man bei Ebbe – vorzugsweise mit Schwimmweste und in Begleitung eines ortskundigen Führers – durchschwimmen kann. Nach rund 80 m öffnet sich eine fels- und waldumkränzte Lagune mit traumhaftem Sandstrand. Der Anblick ist schlichtweg umwerfend und entschädigt reichlich für das ungewohnte Schwimmabenteuer sowie auch den teilweise extrem starken Besucherandrang.

Inselexkursion

Weiteres Highlight von Ko Muk sind die Schnorchelgründe beidseits der Höhle und entlang der gesamten Westküste, während eine Umrundung der zum **Had Chao Mai National Park** gehörigen Insel wildromantische Klippenbilder verspricht und, insbesondere im Nordosten, einen Blick auf ausgedehnte Fächerkorallen-›Wälder‹, die im dort sehr seichten Wasser wogen. Auf der Insel selbst, die von rund 300 muslimischen Familien bewohnt wird, kann man über Fuß-/Mopedwege noch ein Stück authentisches Landleben entdecken und im Südwesten den goldfarbenen **Farang Beach,** wo man auch wohnen kann.

Übernachten

Alles unter einem ›Dach‹ – **Koh Mook Charlie Beach Resort:** Farang Beach, Tel. 075 20 32 81, www.kohmookcharlieresort.com, Fan-Bungalows 1200–1500 Bt (je nach Saison), mit AC 2000–3300 Bt. Mehrere dutzend Bungalows in drei verschiedenen Komfortstufen im lichten Palmenhain direkt hinter dem Strand. Mit Restaurant, Bar, Internetcafé und Geldwechselmöglichkeit sowie Swimmingpool, Tauch- und Wassersportzentrum. Die mit Abstand beliebteste Anlage auf der Insel.

Aktiv & Kreativ

Smaragdhöhle und mehr – **Charlie Beach Resort:** s. o. Der Trip in die Höhle ist ein Muss, außerdem Angel-, Schnorchel-, Kajak- und Tauchexkursionen sowie Bootsfahrten zu allen Inseln der Region.

Infos

Bus/Songthaew/Boot: mit dem Bus/Minibus von allen Ferienzentren des Südens nach Trang, von dort per Songthaew zum Kuan Tungku Pier (200 Bt), Privattransport kostet ca. 1200 Bt, Taxi ab Krabi 2800 Bt; weiter per Fähre (30 Bt) auf die Insel.

Zwischen den Inseln: Von Ko Phi Phi verkehrt tgl. um 8.30 Uhr das Highspeed-Motorboot von Tigerlinetravel (www.tigerlinetravel.com) via Ko Lanta, Ko Ngai und Ko Kradan nach Ko Muk (1050 Bt); um 11.30 Uhr fährt es weiter nach Ko Lipe (1400 Bt); um 13 Uhr geht es ab Ko Muk retour nach Ko Phi Phi via Ko Kradan (500 Bt), Ko Ngai (500 Bt) und Ko Lanta (750 Bt). Per Longtailboot ab Ko Ngai ca. 800 Bt, ab Ko Libong 1500 Bt.

Ko Kradan (Ko Ha)

▶ C 9–10

Kaum 1 km² Fläche umfasst das Inselchen bei 2 km Länge. Zusammen mit Ko Ngai und Ko Muk gehört es zum Had Chao Mai National Park. Mit der schneeweißen, von Palmen und Wald gefassten Ostküste entspricht Ko Kradan, auch Ko Ha genannt, stark dem Klischeebild vom Tropentraum. Auch die marine Märchenwelt, die sich direkt vor dem Korallenstrand des Südkaps öffnet, steht ganz unter exotischen Vorzeichen.

Sehenswert

Doch das Paradies ist bedroht. Denn zur Saison fallen tgl. ab 10 Uhr Hundertschaften von Touristen auf die Insel ein, die ungeschickt und unachtsam wie Trampeltiere über das Korallenriff stampfen, das sich entlang der gesamten Südküste hinzieht und als eines der besten Schnorchelreviere in Thailand überhaupt gilt. Dort kann man Stunden mit Staunen verbringen, während sich die Ostküste für Strandspaziergänge anbietet.

Alle Boote legen direkt vor dem **Ko Kradan Beach Resort** (s. u.) an: Dort beginnt ein ausgeschilderter Pfad, der vorbei an der Bungalowanlage Paradise Lost durch dichten Wald zu einem **Aussichtspunkt** führt, der auf den Klippen über der Westküste liegt und einen prächtigen Platz zur Beobachtung des Sonnenuntergangs abgibt. Zum einsamen Strand kann man hinabsteigen, und ein anderer Pfad führt ab dem Paradise Lost (s. u.) auf die andere Inselseite, wo sich ein weiterer Strand erstreckt.

Übernachten

Innerhalb der letzten zwei Jahre hat Ko Kradan einen regelrechten Boom erlebt, die Anzahl der Bungalowanlagen hat sich verdoppelt.

Luxus satt – **The Sevenseas Resort:** Tel. 075 20 33 89, www.sevenseasresorts.com, 4000–8000 Bt (Nebensaison), 7800–15 000 Bt (Hochsaison). Neuestes und mit Abstand edelstes Resort der Insel, dessen 32 Villen auch den höchsten Ansprüchen genügen.

Beach Front – **Ko Kradan Beach Resort:** Tel. 075 21 13 91, www.kradanbeachresort.com, Beach-Front-Bungalows mit Fan 1300–1600 Bt (je nach Saison), mit AC 1600–2500 Bt, inkl. Frühstück. Das ehemalige Paradise Beach Resort ist unter neuer Leitung, und zumindest die neuen Beach-Front-Bungalows sind empfehlenswert, wenn auch ziemlich teuer.

Schatten im Paradies – **Paradise Lost:** Tel. 089 587 24 09, Fan-Bungalows 600–1200 Bt. Rund fünf Gehminuten vom Bootsanlageplatz im Zentrum der Insel auf einer malerischen Wiesenlichtung im Urwaldsaum gelegene Anlage unter europäischer Leitung. Das Umfeld ist schlicht atemberaubend, aber die Holzbungalows stehen ziemlich eng, von 7 bis 24 Uhr knattert ein Generator. Mit Restaurant (s. S. 263).

Robinson lässt grüßen – **Kradan Island Hut Resort:** Tel. 075 21 08 67, www.kradanisland.com, Fan-Bungalows 500–800 Bt (Nebensaison), 800–1000 Bt (Hochsaison). Am Schmalteil des Oststrands gelegene Anlage mit ebenso luftigen wie romantischen Rattan-Palmwedeldach-Bungalows.

Essen & Trinken

Die Strandrestaurants des Ko Kradan Beach Resort und Kradan Island Hut Resort bieten einfache Thaiküche zu normalen Preisen, während das auf den Urwald hin ausgerichtete Restaurant des Lost Paradise zwar urgemütlich ist, aber völlig überzogene Preise hat: Schon ein Softdrink kostet 40 Bt, und am günstigsten ist noch der Fried Rice, für den hier 120 Bt verlangt werden.

Infos

Touristeninformation

Internet: www.kohkradan.com.
Nationalpark: 200 Bt bei Betreten der Insel.

Verkehr

Boot: Von Ko Phi Phi verkehrt tgl. um 8.30 Uhr das Highspeed-Motorboot von Tigerlinetravel (www. tigerlinetra vel.com) nach Ko Kradan (1050 Bt). Um 11 Uhr fährt es weiter via Ko Muk (500 Bt) nach Ko Lipe (1400 Bt), um 13.30 Uhr geht es via Ko Ngai (500 Bt) und Ko Lanta (750 Bt) nach Ko Phi Phi zurück. Ansonsten bleiben die Ausflugsboote von Ko Lanta via Ko Ngai, die auch Individualreisende mitnehmen.
Zubringerdienste: Die o. g. Strandunterkünfte bieten Transfer ab Trang, die 450 Bt (Longtailboot) oder 750 Bt (Speedboot) kosten.

Ko Libong ►C–D 10

Die nur etwa 3 km vom Festland entfernte Insel Ko Libong ist mit einer Fläche von rund 40 km^2 die größte der Trang-Provinz, wird aber, da abseits der Standardroute des Tourismus, eher selten besucht. Für Naturliebhaber jedoch ist das vorwiegend von Muslimen bewohnte und durch einen beeindruckenden Mangrovenkanal zweigeteilte Eiland ein wahres Refugium.

Tiere beobachten – unter Wasser und in der Luft

Am ganz im Osten von Ko Libong gelegenen und unter Naturschutz stehenden **Kap Laem Juhoi** findet sich einer der bedeutendsten thailändischen Rastplätze für Zugvögel auf ihrem Weg von Sibirien nach Süden, und beste Beobachtungszeit für die oft nach tausenden zu zählenden Vögel sind die Monate November und Dezember.

Die flachen Küstengewässer der südlichen Inselhälfte sind Heimat der allerletzten Seekühe (s. Entdeckungstour auf S. 264), die es in thailändischen Gewässern überhaupt noch gibt. Diesen Meeressäugern, genannt Dugongs, kommt man entweder im Rahmen geführter Beobachtungstouren (etwa 1000 Bt/Pers.) oder auf Tauchtouren nahe.

Inseltour

Wer die Insel näher kennenlernen will, unternimmt am besten eine Mopedtour (Mopedvermietung über die beiden Inselresorts für 300 Bt/Tag) und folgt von den Resorts aus der Schotterbzw. Lehmstraße, die vorbei am Bootspier zum Nordzipfel mit dem Insel-Hauptdorf **Ban Maphrao** und dem nahe gelegenen Hauptquartier des Nationalparkamts führt. Von dort bzw. dem angrenzenden Strand aus genießt man herrliche Ausblicke über die schmale Wasserstraße zum mit Kalksteinfelsen gespickten Festland. Die Distanz beträgt rund 40 km (zurück über die gleiche Straße). ▷ S. 266

Auf Entdeckungstour

Dugong Spotting – den Seekühen auf der Spur

Wer Kontakt mit Meerjungfrauen wünscht, fährt nach Ko Libong, denn die Insel ist die Seekuh-Heimat in Thailand und Seekühe sollen am Anfang des Mermaid-Mythos stehen. Im Rahmen von Dugong Spotting Tours hat man gute Chancen, ein Exemplar dieser vom Aussterben bedrohten Spezies zu Gesicht zu bekommen.

Reisekarte: ▶ C–D 10

Touranbieter: Le Dugong Libong Resort, Tel. 08 79 72 72 28, www.libongresort.com

Zeitraum: Nov./Dez.–April/Mai tgl.

Dauer: ca. 2–4 Std., je nach Beobachtungsglück

Preis: 1000 Bt/Pers. (bei mind. 4 und max. 8 Teilnehmern)

Im Rahmen der etwa halbstündigen Bootsfahrt zum Seekuh-Spot geht es halb um die Insel herum. Genießt man erst Ausblicke auf steile Klippen und kleine Sandbuchten, so folgt bald eine wunderbare Sicht auf ausgedehnte Mangrovenwälder. Dann ist das Ostkap erreicht. Antriebslos liegt das Longtailboot etwa 200 m weit vor der Küste auf der unbewegten Jadefläche des flachen Wassers. Wenn man Glück hat, sieht man auf der Dugong Spotting Tour schon bald eine Seekuh, ansonsten muss man ausharren und geduldig sein.

Auf Anhieb sympathisch

Doch schnell sind alle Unannehmlichkeiten vergessen, wenn sich dicht an der Bordwand langsam und gemächlich ein graubraunes Etwas aus dem Meer emporhebt, das die rundlich-zylindrische Gestalt eines massigen Tieres von vielleicht 3 m Länge annimmt. Der Rumpf hebt sich deutlich vom großen Kopf mit der stumpfen und behaarten Schnauze ab, und gutmütig-freundlich aus zwei frontal stehenden Augen blickt die in der zoologischen Terminologie *Dugong dugong* genannte Seekuh den Beobachter an. Noch etwas höher schiebt sich der Körper heraus, dann dreht er seitlich weg und taucht wieder ab.

Arielle lässt grüßen

Der Bewegungsablauf wirkt wellenförmig, durchaus elegant, und er ruft bei aller Plumpheit des gewöhnlich um 400 kg schweren Seekuhkörpers Erinnerungen an Disneys Film »Arielle, die Meerjungfrau« wach. Kein Wunder also, dass Christoph Kolumbus, als er im Golf von Mexiko drei Seekühe sichtete, diese in seinem Tagebuch als Sirenen oder Meerjungfrauen beschrieb. Wie viele Wissenschaftler glauben, steht die Seekuh sogar am Anfang des Mythos von berückenden Meerjungfrauen oder auch grausamen Meerweibern (Sirenen). Diese Assoziation war vermutlich gerade auch durch die menschenähnliche Stellung der Augen und die Zitzen der weiblichen Tiere, die stark an menschliche Brüste erinnern, bedingt.

Elefant im Meer

Auf der Tour im Longtailboot erfahren die Teilnehmer, dass die Seekuh das einzige ausschließlich Pflanzen fressende und im Meer lebende Säugetier der Welt ist. Neben den Walen und Robben bildet der *Dugong dugong* die dritte Ordnung der Meeressäuger, doch ihr nächster Verwandter ist der Elefant. Wie aus 50 Mio. Jahre alten Fossilien gefolgert wird, ist die heutige Seekuh Nachfahrin einst vierbeiniger Pflanzenfresser, die sich nach und nach ins flache Küstengewässer insbesondere der Tropenzonen zurückgezogen haben, um im Laufe ihres durchschnittlich 60 Jahre währenden Lebens die dort wogenden Seegraswälder abzuweiden.

Vom Aussterben bedroht

Da aber die nahen Küstenzonen in Thailand stark unter der u. a. durch Shrimpfarmen hervorgerufenen Verschmutzung leiden, schrumpfen die Seegraswälder und mit ihnen der Bestand der Dugongs, von denen hier nur noch im Bereich um Ko Libong ein fester Stamm von geschätzt 100 bis 120 Tieren lebt. Tendenz fallend, trotz Natur- und Artenschutz, denn auch die Netze der immer zahlreicher werdenden Fischerboote fordern ihren Tribut. Und last but not least tut auch die Potenzsucht der Männer ihr Übriges, denn wie es heißt, lassen sich aus Dugongs Aphrodisiaka herstellen.

Übernachten

Erste Strandwahl – **Libong Beach Resort:** Tel. 075 22 52 05, www.libongbeachresort.com, Bungalows mit Fan 300–700 Bt (je nach Saison), mit Meerblick 500–1000 Bt, mit AC 1000–1200 Bt. Teils überaus attraktive Bungalows mit großen Fensterfronten. Insbesondere diejenigen mit Meerblick bieten ein gutes Preis-Leistungs-Verhältnis. Angeschlossen ist ein gut ausgestattetes Tauchzentrum und der Strand ist zudem einer der schönsten der Insel.
Wohnen im Kral – **Le Dugong Libong Resort:** direkt angrenzend an das Libong Beach Resort, Tel. 08 79 72 72 28, www.libongresort.com, Bungalows 600–900 Bt (je nach Saison). Urgemütliche Bungalows in Kralform aus Palmholz und Bambus an einem schönen Strandabschnitt. Sehr romantisch und sehr luftig. Angeschlossen ist ein Tauchzentrum.
Zu Gast bei Thais – **Homestay:** Im Restaurant beim Bootspier am Nordrand der Insel erhält man Informationen über Homestay auf Ko Libong, was 250–350 Bt pro Person inkl. Verpflegung kostet.
Nur Camping – **Nationalparkamt:** Die Bungalows machen nicht viel her, aber wer ein eigenes Zelt mitbringt, kann hier idyllisch auf der Wiese hinter dem Strand übernachten (sanitäre Einrichtungen vorhanden).

Aktiv & Kreativ

Tauchen – Die Tauchzentren des Libong Beach Resort und des Le Dugong Libong Resort bieten vor den Ko Libong vorgelagerten Inseln Open-Water-Kurse ab 13 000 Bt, Bootstouren mit zwei Tauchgängen 2500 Bt.
Inseltouren – Das Libong Beach Resort bietet u. a. Tagesbootstouren rund um Ko Libong an (1700 Bt), des Weiteren nach Ko Sukon (2000 Bt), nach Ko Muk/Ko Kradan (1500 Bt), nach Ko Rok (4500 Bt) und auch Ko Petra steht auf dem Programm (2000 Bt). Alle Preise pro Boot (1–4 Pers.).

Infos

Anreise: Mit dem Bus/Minibus gelangt man von allen Ferienzentren des Südens aus nach Trang, von dort per Songthaew etwa stdl. zum Hat Yao Pier (1 Std., 70 Bt) mit Bootsanschluss zum Hauptdorf der Insel Ban Maphrao (20 Min., 50 Bt). Ab dem Pier gibt es außerdem Charterboote zur Unterkunft nach Wahl um 800 Bt. Longtailboot ab Ko Muk 1500 Bt, ab Ko Ngai und Ko Sukon ca. 2000 Bt.
Inselverkehr: Motorradtaxi ab dem Bootsanleger zu den o. g. Unterkünften für 100–120 Bt.

Ko Sukon ► D 10

»Wie gesegnet muss ein Ort sein, dass allein die Farbe des Sandes ihm zum einzigen Makel gereicht?« – Diese Frage wurde im »Geo Special Thailand« gestellt, und sie bezog sich auf die Strände von Ko Sukon (auch Ko Sukorn), die eben nicht schneeweiß, sondern eher von bräunlicher Färbung sind. Wen das nicht stört und wer darüber hinaus ein Faible für Ruhe und beschauliches Ferienglück hat, der wird sie mögen, diese rund 4 x 8 km messende und von etwa 3000 Menschen bewohnte Insel, auf der die Zeit noch langsamer zu vergehen scheint als ohnehin schon in diesem Teil der Welt.

Inselexkursionen

Das Inselinnere, bis auf zwei 150 m hohe Hügel ziemlich flach, ist von schmalen Zementwegen durchzogen, die wie geschaffen sind für Wanderungen oder Radtouren: Da gibt es u.a. zwei Schulen, vier Dörfer, einen Krabbenmarkt, einen Aussichtspunkt – für sich allein betrachtet nichts Besonderes, aber alles in allem wunderschön. In allen Unterkünften liegen Kartenkopien aus, in denen alles Sehenswerte eingezeichnet ist. Eine Inselumrundung misst etwa 14 km.

Ansonsten kann man Kajaks ausleihen und vor allem auch an Bootstouren teilnehmen, die von hier aus bis hinunter ins Tarutao-Archipel und hinauf bis Ko Ngai führen. Besonders empfehlenswert ist eine Tour in den **Ko Petra Marine National Park,** dessen Inselklippen bis nahezu 380 m hoch aus dem Meer ragen und Wahrzeichen dieses etwa 500 km^2 großen Schutzgebietes sind.

Übernachten

Mittlerweile gibt es schon mehr als ein halbes Dutzend Bungalowanlagen ein, die meisten liegen nahe beieinander an den Weststränden der Insel, die auf die Kalksteinformationen der vorgelagerten Nationalparkinsel Ko Petra blicken und gut zum Baden geeignet sind.

Am populärsten – **Sukorn Beach Bungalows:** Tel. 075 20 77 07, www.sukorn-island-trang.com, Bungalows (Fan und AC) 850–1350 Bt (Nebensaison) bzw. 1000–2500 Bt. Gepflegte Anlage unter wogenden Palmen und umgeben von üppigem Grün am Rand. Sehr gepflegte Bungalows direkt hinter dem Strand, es werden Kajaks und Fahrräder vermietet (100 Bt halber Tag) und Touren zu den Inseln angeboten. Ein nettes, aber relativ teures Restaurant ist angeschlossen und die holländisch-thailändischen Besitzer Dick und Dee sind liebenswert und wissen viel über die Insel.

Eine gute Alternative – **Sukorn Cabana:** nördlich an Sukorn Beach Bungalows angrenzend, Tel. 085 057 92 26, www.sukorncabana.com, DZ mit Fan 900–1400 Bt (je nach Saison), mit AC 1400–1800 Bt, Fan-Bungalows 700–1000 Bt, mit AC 1200–1500 Bt. Sehr gepflegte Gartenanlage mit ebenso gepflegten Bungalows aus Naturstoffen sowie komfortablen Zimmern, die alle aufs Meer ›blicken‹. Es werden zahlreiche Bootstouren organisiert.

Infos

Bus/Songthaew/Boot: per Bus/Minibus von allen Ferienzentren des Südens aus nach Trang, wo man einen Transfer-Service für rund 300 Bt zur Insel buchen kann (die Inselresorts bieten den Transfer für 1000–1200 Bt an). Oder man nimmt den Bus nach Palian und steigt in Ban Na aus (30 Bt), von wo Songthaews zum Tasae Pier verkehren (35 Bt) mit Bootsanschluss (35 Bt) zum Hauptdorf der Insel Ban Siam Mai; ab dort Mopedtaxi zur Unterkunft für etwa 50 Bt.

Zwischen den Inseln: Longtailboot ab Ko Bulon Lae und Ko Libong ca. 2000 Bt, ab Ko Muk und Ko Ngai 3000–3500 Bt.

Inselverkehr: Motorradtaxi; vom Dorf zu den Unterkünften ca. 50 Bt.

Ko Bulon Lae ►D 10

Strände ohne Fußspuren wird man zwar keine mehr finden, aber das nur etwa 1 km^2 große und bis über 170 m hoch aufragende Eiland ist noch weit davon entfernt, überlaufen zu sein.

Insbesondere an der Ost- und an der Südküste locken schöne Strände zwischen hellem Weiß und sanftem Gold, die teilweise mit Steinen durchsetzt sind. Dort liegen die populären Resorts, die auffallend viele Stammgäste, vor allem Reisende mit Kindern, haben. Im hügeligen Inselinnern, noch dicht mit Urwald bestanden, laden alternative Anlagen mit den wahrscheinlich günstigsten Bungalows ein, die man heute in Südthailand noch finden kann – ab 200 Bt in der Hochsaison!

Ausflüge

Ko Bulon Lae ist Teil des knapp 500 km^2 großen **Ko Petra Marine National Park,** der 21 Inselsplitter umfasst. Ein Inselchen ist schöner als das andere. Einige werden von zauberhaften Felsformationen geschmückt, alle sind wie geschaffen für Schnorcheltouren oder für ein Leben à la Robinson.

Unser Tipp

Erste Strandwahl – Bulone Resort

Der von Palmen und Kasuarinen gesäumte Strand ist weiß und fein – der Vorzeigestrand der Insel. Die stets guten Badebedingungen locken insbesondere Familien an. Die komfortableren Bungalows sind aus Stein, die einfacheren aus Holz, alle sind mit Fan ausgestattet und die Strandbungalows sind von ihrer Lage her schlicht fantastisch. Dazu ein ausgezeichnetes Restaurant mit sehr leckeren Gerichten zu günstigen Preisen und unheimlich nette Vermieter – man fühlt sich auf Anhieb wohl (Tel. 08 18 97 90 84 und 08 69 60 04 68, www.bulone-resort.com, Bungalows 1200–1650 Bt, je nach Lage und Komfort).

Übernachten

Im Inselinneren sind zahlreiche Anlagen noch immer nach dem Maß des Budgetreisenden. Hinter dem Bulone Resort (s. Unser Tipp links) beginnt ein Zementweg, der innerhalb weniger Minuten steil über einen Hügel führt, an dem mehrere solche Anlagen liegen.

Viel Freiraum – **Pansand Resort:** Tel. 081 693 36 67, www.pansand-resort.com, Bungalows 800–1000 Bt (Nebensaison) bzw. 1500–2000 Bt (Hochsaison). Ebenso hübsche wie gepflegte Holzbungalows mit Fan in drei verschiedenen Komfortstufen auf grünem Grund im Baumschatten hinter dem hier teils etwas steinigen Strand. Angenehme Atmosphäre, schönes Strandrestaurant mit leider überzogenen Preisen und eher mittelmäßigem Essen.

Zum Wohlfühlen – **Chaolae Homestay:** unterhalb von Ban Sulaida, an der Panka Bay, Tel. 086 290 25 19. Schicke Bambus-, Holz- und Rattanbungalows zum Preis von 400 Bt.

Auch für kleinere Geldbeutel – **Ban Sulaida:** Tel. 084 407 69 78. Die erste Budgetalternative am Weg, wo man in properen Holzhäuschen am Hang zu Preisen von 350–400 Bt bei einer liebenswerten Chao-Lee-Familie unterkommt.

Günstiger geht's nicht – **Jungle Hut:** Die Anlage liegt von Ban Sulaide aus ein Stückchen weiter Richtung Mango Bay (ausgeschildert). Sie blickt auf die Urwaldhügel, vermietet werden gepflegte Rattanbungalows, die mit Bad/WC ausgestattet sind und nur 200 Bt kosten.

Aktiv & Kreativ

Von den Unterkünften werden **Boots-** und **Schnorcheltrips** zu den umliegenden Inseln angeboten. Der Preis pro Boot für einen halben Tag liegt bei 1400 Bt, für Ko Petra (Tagestour) muss man um 2500 Bt rechnen. Sehr lohnend ist eine Schnorcheltour rings um Ko Bulon Lae (Fels-/Klippenküste im Osten und Norden), wofür rund 5–6 Stunden anzusetzen sind.

Infos

Bus/Boot: mit dem Bus/Minibus von allen Ferienzentren des Südens aus nach Ban Pakbara, dort 2 x tgl. Fähre (400 Bt) und ein Schnellboot (700 Bt) zur Insel. Da es keinen Pier gibt, weiter per Longtailboot zur Ferienanlage nach Wahl (50 Bt).
Zwischen den Inseln: Ko Bulon Lae liegt nicht auf der Route der Highspeed-Motorboote, weshalb man die anderen Inseln der südlichen Andamanensee mit Ausnahme von Ko Lipe nur via Ban Pakbara bzw. per Charter-Longtailboot erreichen kann: von/nach Ko Sukon rund 2000 Bt, Ko Libong 4000 Bt, Ko Muk um 5000 Bt. Nach Ko Lipe tgl. mit dem Fährboot für 450 Bt, per Schnellboot für 650 Bt.

Tarutao Marine National Park!

▶ C/D 10/11

Zwischen 20 und 70 km vom Festland entfernt, an jener Stelle, wo die zwischen Malaysia und Sumatra verlaufende Straße von Malakka in den Indischen Ozean übergeht, erstreckt sich der 51 Inseln und über 1400 km² umfassende Tarutao-Archipel (auch Terutao). So manches Eiland ist nicht mehr als die Spitze eines aus der Andamanensee hervorgewachsenen Korallenriffs, während die namengebende Insel Ko Tarutao immerhin mehr als 700 m hoch ist. Sie ist wie alle anderen Inseln – mit Ausnahme von Ko Lipe – unbewohnt.

Vor gar nicht allzu langer Zeit diente der Archipel Schmugglern und Seeräubern als Schlupfwinkel. 1946 kam es zwischen einem Kommando der Royal British Navy und den Piraten zu einer regelrechten kleinen Seeschlacht. Noch 1974, als die gesamte Inselgruppe, auf der 1937 vorübergehend ein Strafgefangenenlager eingerichtet worden war, durch königlichen Erlass zum ersten Meeresnationalpark Thailands erklärt wurde, soll es hier diverse Piratenstützpunkte gegeben haben.

Die Inselwelt, zu einem Großteil mit primärem Regenwald bedeckt, umfasst imposante Wasserfälle und monumentale Höhlensysteme, Dutzende von unberührten Sandstränden nebst Mangrovensümpfen und eine ungemein reiche, nur hier vorkommende Flora und Fauna. Insbesondere die Vogelwelt ist mit mehr als 100 Spezies reich vertreten; allein von den sonst seltenen Nashornvögeln gibt es verschiedene Arten.

Noch spektakulärer präsentiert sich die Unterwasserwelt, in der laut offizieller Darstellung rund ein Viertel aller in den Ozeanen lebenden Fisch- und Säugetierarten vertreten sein soll, darunter auch Wale. Hinzu kommen verschiedene Schildkrötenarten, u.a. die Lederschildkröte, mit bis zu 2,5 m Länge und 700 kg Gewicht die größte auf Erden. Da aber an den Grenzen des Schutzgebietes extrem gefischt wird, vor allem gar mit Schleppnetzen, machen sich die Meeresbewohner äußerst rar, sodass es schon fast einem Sechser im Lotto gleichkommt, sollte man Wale und Schildkröten beobachten können.

Infos

Touristeninformation

Tarutao National Park: Amphur Langu Satun, Ban Pakbara, Tel. 074 78 34 85, www.dnp.go.th. Im Hauptquartier des Parks auf Ko Tarutao sowie auf Ko Adang Anmeldung und Eintritt. Das Ticket gilt für alle Inseln und kostet 200 Bt. Offizielle Öffnungszeit des Nationalparks ist Mitte Nov.–Mitte Mai, beste Besuchszeit Mitte/Ende Dez.–Ende März, da das Meer sonst sehr rau sein kann.

Service

Ärztliche Versorgung: Die Krankenstation von Ko Lipe ist gut ausgestattet und modern und mit einem Arzt besetzt. Das nächste Krankenhaus befindet sich auf dem Festland in Satun.
Geld: Weder Geldautomaten noch Banken gibt es auf den Inseln, aber auf Ko Lipe kann man (gegen Gebühr) Bargeld auf Kreditkarten bekommen.

Ko Tarutao ► D 10–11

Der Name Tarutao entstammt dem Malaiischen und bedeutet ›alt‹. In der Tat besteht ein Großteil der Insel aus Sandstein und ist in geologischer Hinsicht wesentlich älter als die meisten anderen Inseln der Andamanensee. Mit gut 151 km² Fläche ist Tarutao die größte unbewohnte Insel des thailändischen Königreichs. Einzigartig ist sie jedoch vor allem wegen des Regenwalds, der sie zu mehr als 60 % bedeckt.

Ao Phante Malaka

Ausgangspunkt für alle Inselexkursionen ist das Hauptquartier des Nationalparks an der mehrere Kilometer langen, weißsandigen Bucht Ao Phante Malaka, wo auch die Boote anlegen. Zum Baden ist der flach abfallende Strand ideal, zumal er von Schatten spendenden Kasuarinen gesäumt ist und auch Picknickplätze sowie Duschen einladen. Nicht versäumen sollte man den rund 20-minütigen Dschungelspaziergang hinauf zum **Toe Boo Cliff,** ein Logenplatz nicht nur bei Sonnenuntergang. Der Weg ist beim Hauptquartier ausgeschildert und in der Höhe lädt ein Pavillon zum Genießen der Aussicht ein.

Bootsausflug zur Krokodilgrotte

Ein Highlight ist der von dichtem Mangrovenwald eng umschlossene längste Fluss der Insel, **Khlong Phante Malaka.** Zur Vogelbeobachtung gibt es keinen besseren Platz, als beste Zeit gelten die frühen Morgenstunden. Täglich wer-

den organisierte Beobachtungstouren angeboten. Auch führen mehrere Kilometer lange Bootstouren zur **Tham Jara Khe (Krokodilgrotte).** Hier tritt der Fluss zu Füßen eines Kalksteinmassivs ins Freie, nachdem er sich seinen unterirdischen Weg durch Höhlen gebahnt hat. Früher soll es dort von Salzwasserkrokodilen gewimmelt haben, aber heute kann man über einen Plankenweg und Styropor-›Pontons‹ gefahrlos in die Höhle einsteigen und bis ans andere Ende vordringen. Um die Grotte zu erkunden, kann man – alternativ zur Bootstour – auch Kajaks (›Sit-on-Top‹) ausleihen, aber da der Fluss weit verzweigt ist, fällt es schwer, die Grotte zu finden; noch schwerer dann ist das Aussteigen aus dem Kajak und in die Höhle sollte man alleine besser nicht vordringen.

Ao Jak und Ao Molae

Am Südende des Strandes der Ao Phante Malaka gelangt man nach Umrundung eines Felskaps, was nur bei Ebbe möglich ist, an die einsame Sandbucht **Ao Jak** (ca. 3 km). Bei Flut folgt man ab dem Nationalparkhauptquartier der an den Bungalows vorbeiführenden Betonstraße, von der nach etwa 2 km eine ausgeschilderte Schotterpiste zum »Jak Beach« abzweigt.

Die Piste geleitet weiter an den rund 2 km entfernten Palmenstrand der **Ao Molae,** wo eine weitere Parkrangerstation liegt. Es laden gepflegte Bungalows und ein Restaurant ein, auch

Vom Aussichtspunkt auf Ko Adang geht der Blick hinüber nach Ko Lipe

zum Campen ist es hier ideal, und der etwa 1,5 km lange Halbmondstrand ist ein Traum aus weißem Sand vor blaugrün schillerndem Meer, in Felsklippen gefasst und von Urwald gesäumt. Wer Entspannung sucht und seine Ruhe haben will, ohne auf Komfort zu verzichten, ist hier richtig.

Ao Sone

Die Straße führt von der Ao Molae hügelauf, hügelab durch den Urwald und endet 3 km weiter an der ebenfalls von Dschungel gesäumten Ao Sone, wo schon seit 2009 ein neues Parkzentrum mitsamt Bungalows und Restaurant geplant ist; die Arbeiten waren aber zum Zeitpunkt der Recherchen noch nicht beendet. Der etwa 4 km lange und schneeweiße Sandstrand, an dessen südlichem Ende sich eine malerische Lagune öffnet, diente in früheren Jahren den Riesenschildkröten zur Eiablage (Nov.–April), doch seit Längerem schon wurden keine der Reptilien mehr gesichtet.

Wandern zum Wasserfall Lu Du

Landeinwärts lohnt vom Ao Sone eine Wanderung zum Wasserfall Lu Du (ca. 1,5 Std. pro Weg). Der Einstieg ist ausgeschildert (vor Erreichen der Ao-Sone-Bucht bei der Brücke), der Weg sporadisch markiert. Er führt durch primären Urwald und durch eine eindrucksvolle Dschungelschlucht, dann schließlich am Flussbett entlang zu einem felsgefassten Naturpool, in den sich der Wasserfall ergießt.

Quer durch die Insel

An der Abzweigung zum Ao Jak vorbei erreicht man auf der auch fahrzeugtauglichen Betonstraße nach insgesamt 12 km (ca. 2,5 Std.) durch primären Regenwald die Parkrangerstation **Ao Talo Wao** auf der anderen Inselseite. Der Weg ist beeindruckend, immer wieder genießt man herrliche Aussicht auf und über den Urwald, der zur Ostküste hin in Mangrovenwald übergeht. Am Rand dieses schlickigen Dickichts stehen die **Ruinen des alten Gefängnisses,** zu denen ab der Rangerstation ein mit Infotafeln ausgestatteter Rundweg führt. Folgt man dem ausgeschilderten Pfad nach Süden, wird nach weiteren 12 km (2,5–3 Std.) durch primären Regenwald die **Ao Talo Udang** erreicht. Diese weit gestreckte Bucht, die bei Ebbe nahezu völlig trockenfällt, blickt auf die malaysische Insel Pulau Langkawi und ist ebenfalls mit einer Parkrangerstation ausgestattet. Ein Restaurant gibt es jedoch nicht, auch keine Unterkünfte, und wer hier übernachten will, muss sein eigenes Zelt mitbringen. Zurück geht es dann wieder per pedes, so man nicht zuvor im Hauptquartier einen Bootsabholdienst organisiert hat.

Übernachten

Da die Unterkünfte während der Saison knapp sind, empfiehlt sich eine Reservierung möglichst schon vor der Anreise, telefonisch bzw. online beim Nationalparkamt (s. S. 273).

Ao Phante Malaka: große Holzbungalows mit Fan/Bad für 600 Bt, simple Zimmer in einem Langhaus für 500 Bt.

Ao Molae: neue Steinbungalows, sehr idyllisch direkt am Strand, 600 Bt.

Ao Sone: neue Steinbungalows (im Bau, Fertigstellung 2011/2012) nicht direkt am Strand, sondern in einem angrenzenden Waldtal.

Camping – An allen Stränden ist Zelten gestattet (100 Bt für 2 Pers.). Toiletten/Duschen gibt es an der Ao Phante Malaka, der Ao Molae und der Ao Sone. An der Ao Phante Malaka werden zahlreiche Zelte vermietet (150 Bt), in geringerem Umfang auch an der Ao Molae.

Essen & Trinken

Im Restaurant der Parkverwaltung an der Ao Phante Malaka kann man gut und günstig essen, große Auswahl an Thaigerichten (ab etwa 60 Bt). Es gibt auch einen kleinen Lebensmittelladen. Je ein weiteres Restaurant findet sich an der Ao Molae, der Ao Sone (evtl. ab 2011/2012) und der Ao Talo Wao.

Infos

Touristeninformation

Nationalparkamt: am Ao Pante Malaka, Tel. 074 78 34 85, tarutaosatun.go@hotmail.com. Im Besucherzentrum Informationen über Ökologie und Geschichte der Insel sowie allabendliche Diashow. Buchung von Boots- und Vogelbeobachtungstouren.

Verkehr

Bus/Boot: per Bus/Minibus nach Ban Pakbara (ab Krabi 380 Bt, ab Ko Lanta 450 Bt, ab Surat Thani 450 Bt, ab Phuket 500 Bt). Dort Nov.–April mindestens 2 x tgl. Schnellboot zur Ao Phante Malaka (1,5 Std., 300–400 Bt/Pers., je nach Gesellschaft), außerdem mindestens 2 x tgl. 800-PS-starke Motorboote (450 Bt/Pers.).
Zwischen den Inseln: mindestens 1 x tgl. um 12 Uhr Schnellboot nach Ko Lipe/Ko Adang (1,5 Std., 350 Bt/Pers.), außerdem Motorboote (400 Bt/Pers.).

Ko Adang ►C 11

Die sehr gebirgige, 30 km² große Insel rund 40 km westlich von Ko Tarutao und direkt gegenüber von Ko Lipe ist mit Primärwald bewachsen, von weißen Stränden aus Quarzsand gesäumt und von Korallenriffs umgeben. Das Meer ist so klar wie Glas und versorgt auch heute noch die Chao Lee (s. S. 66) mit fast allem, was sie zum Leben benötigen: Rings um die Insel finden sich mehrere feste Siedlungen dieser Ethnie, manche ständig bewohnt, manche nur während der Regenzeit, und insbesondere an der Westküste bestehen zur Trockenzeit ab November/Dezember kleine Hüttencamps nomadisierender Stämme.

Sehenswert

Am sowohl zum Baden als auch Schnorcheln perfekten Südstrand von Ko Adang findet sich die Parkrangerstation der Insel. Ein lohnenswerter Ausflug führt von dort zu den etwa 1,5 Gehstunden entfernten **Pirate's Falls** (Wasserfall), ein anderer hat einen Aussichtspunkt zum Ziel (s. Foto S. 270, ca. 30 Min., anstrengend und rutschig).

Weitere Highlights von Ko Adang und den Inseln der Umgebung sind einer großen Infokarte an der Parkrangerstation zu entnehmen, wo während der Saison täglich zahlreiche Bootstouren angeboten werden (Ziele und Preise wie von Ko Lipe aus, s. S. 278).

Übernachten

Komfortbungalows in panoramareicher Hanglage über der Rangerstation für 600 Bt, außerdem werden direkt am Strand urig-romantische, aus Palmwedeln errichtete Unterstände *(shelter)* mitsamt Moskitonetz (350 Bt) und etliche Zelte (250 Bt) vermietet. Auch kann man sein eigenes Zelt aufschlagen, was an der Rangerstation 100 Bt kostet, an allen anderen Stränden kostenlos ist.

Lieblingsort

Auf Ko Rawi für immer bleiben
► C 10–11

Wer hat nicht schon einmal davon geträumt, allein auf einer Insel zu weilen, sich der Unendlichkeit des Meeres zu stellen, Seeadler zu beobachten, hinabzutauchen in glasklare Tiefen zu schillernden Korallenriffen, hinaufzusteigen in steile Urwaldhöhen und sich nach des Tages ›Mühen‹ unter einem Wasserfall oder in einem Süßwasserpool ein verdientes Bad zu gönnen? Auf Ko Rawi (s. S. 276) kann man sich diese und andere Träume erfüllen, kann Wanderer und Fischer sein, Entdecker von Stränden, Beobachter von Vögeln und unberührten Landschaften und sich eine unvergessliche Weile lang auch dem Gedanken hingeben, wie es wäre, nicht dorthin zurückzukehren, woher man gekommen ist …

Essen & Trinken

Über der Rangerstation am Hang luftiges und panoramareiches Restaurant, recht große Auswahl an guter Thaiküche für wenig Geld (ab 60 Bt). Außerdem ein kleiner Laden für Süßigkeiten und Getränke.

Infos

Parkrangerstation: am Südstrand von Ko Adang, mit kleinem Informationszentrum.
Anreise: Transfer von Ko Lipe mit Longtailbooten (100 Bt/Pers.).

Ko Rawi ►C 10–11

Ein Muss ist ein Besuch des benachbarten Ko Rawi, das in Größe, Topografie und Schönheit mit Ko Adang vergleichbar ist. Als ein Höhepunkt gilt die Fahrt zum **White Sand Beach**, wo eine intakte Unterwasserwelt direkt vor dem Strand einlädt und man sich als Schnorchler an einem gespannten Seil mehrere hundert Meter weit über das Riff ziehen kann. Wer ein eigenes Zelt oder eine Hängematte hat und einen Hang zum Abenteuer, der kann hier wahre Robinsonaden erleben (s. Lieblingsort S. 274). Insbesondere die Rangerstation **Tao Palian** am Südostende der Insel bietet sich dazu an, denn im Hinterland gibt es einen Wasserfall, und ein anderer Weg hat den unwirklich schönen Strand **Ao Leuk** zum Ziel.

Essen & Trinken

Am White Sand Beach, wo eine kleine Rangerstation eingerichtet ist, findet sich ein schlichtes Restaurant, in dem stets ein, zwei Gerichte und Getränke zu bekommen sind (um 60 Bt).

Infos

Boot: Transfer von Ko Lipe mit Longtailbooten (100 Bt/Pers.).

Ko Lipe ►C 11

Die 4 km^2 große Insel, oft auch Ko Leepae geschrieben, weist als einzige im Nationalpark touristische Infrastruktur auf, da sie nicht den sonst so strengen Regeln unterliegt. Denn hierher wurde das Volk der Chao Lee, die als Seenomaden im Bereich von Ko Adang und Ko Rawi lebten, nach Einrichtung des Tarutao National Park umgesiedelt. Die insgesamt rund 700 Stammesangehörigen leben vorwiegend an der Ostküste des leicht hügeligen Eilands, das ringsum von Sandstränden gesäumt ist. Die Strände und die atemberaubende Unterwasserwelt nebst dem Umfeld von Ko Adang & Co locken schon seit Jahren Individualtouristen an. Mittlerweile herrscht hier während der Saison bereits so drangvolle Enge, dass die zurzeit geschätzt über 1000 Bungalows nicht mehr ausreichen und Dutzende Zelte als Notunterkünfte aufgestellt werden. Mit der Wasserqualität der Brunnen steht es auch nicht gerade zum Besten und selbst der naivste Besucher wird das Müllproblem der Insel stellenweise kaum übersehen und -riechen können.

Pattaya Beach

Die vier bedeutendsten Strände der Insel, von denen es heißt, sie seien die feinsten, weichsten und weißesten von Südthailand schlechthin, sind untereinander über Fußwege verbunden. Der Hauptstrand heißt Pattaya Beach.

Wie packt man eine Ananas aus? In Pooh's Bar auf Ko Lipe

Auch wenn er dank perfekter Infrastruktur der mit Abstand populärste ist, so hat er doch nichts mit seinem Namensvetter unweit von Bangkok gemeinsam. Er erstreckt sich entlang einer etwa 2,5 km langen Halbmondbucht, blickt nach Süden und ist idyllisch in Hügel gefasst. Die einzigen Schatten, die hier fallen, werden von den vielen Longtail- und Fährbooten geworfen, die in der Bucht vor Anker liegen bzw. lautstark von sich hören machen.

Sonstige Strände

Eine regelrechte Shopping- und Restaurantmeile führt vom Pattaya zum **Sunlight Beach,** der nahezu die gesamte Ostküste säumt. Hier befindet sich das **Dorf der Chao Lee,** wo man interessante Einblicke, z. B. in die direkt hinter dem Strand liegende Open-Air-Schule, nehmen kann.

Aber im Dorfbereich sieht man oft das Meer vor lauter Longtailbooten kaum. Wesentlich schöner wohnt oder badet man daher am Südrand des Strands oder insbesondere an seinem Nordzipfel, der als **Karma Beach** bekannt ist. An der Nordküste schließt sich bald der **Sunset Beach** an, der zurzeit noch ruhigste der Insel.

Übernachten

Jährlich entstehen neue Unterkünfte. Zurzeit sind es schon viele Dutzend, davon die meisten am Pattaya Beach, und alle sind nur während der Saison geöffnet. Da die Nachfrage oftmals größer als das Angebot ist, empfiehlt sich eine rechtzeitige Reservierung, was aber nicht in allen Anlagen möglich ist. Einen Überblick über einen Großteil der Bungalowanlagen auf Ko Lipe bietet die Website www.kohlipethailand.com, über die man teils direkt online buchen kann.

Wohnen mit Traumblick – **Mountain Resort:** Sunlight Beach, Tel. 074 72 81 31, www.mountainresortkohlipe.com,

Bungalows mit Fan ab 1300 Bt, mit AC 1900 Bt, AC mit Traumblick ab 3000 Bt. Die Höhenlage rund 10 Gehminuten über dem Strand garantiert ein herrliches Panorama auf Ko Adang. Die Bungalows sind auffallend groß und gepflegt, Strom gibt es rund um die Uhr und nirgends sitzt man luftiger als im angeschlossenen Restaurant.

Große Auswahl – **Andaman Resort:** Sunlight Beach, www.andamanresortkohlipe.com, Bungalows mit Fan 800–2000 Bt (je nach Komfort), mit AC 2000–3500 Bt. Mit über 60 Bungalows, größtenteils direkt hinter dem im Kasuarinenschatten gelegenen Strand eine der größten Anlagen der Insel. Leider sind die meisten Bungalows aus Naturstoffen ein wenig verwahrlost und werden mehr und mehr durch relativ lieblose Billigbau-Steinbungalows ersetzt. Dennoch populär, und wer ein eigenes Zelt hat, kann es für 200 Bt aufbauen.

Komfort am Pattaya Beach – **Lipe Resort:** Pattaya Beach, Tel. 074 75 02 91, www.liperesort.com, AC-Bungalows mit Gartenblick 800–2000 Bt (je nach Saison), mit Meerblick 1300–3200 Bt. Die größte Anlage der Insel zählt mittlerweile schon etwa 80 Bungalows, die allesamt recht gepflegt wirken.

Bambus stilvoll – **Forra Bamboo:** Sunlight Beach, Tel. 08 05 45 50 12, www.forradiving.com, Bungalows mit Fan 500–800 Bt (Nebensaison), 1000–1200 Bt (Hochsaison). Die vielleicht urigsten und gemütlichsten Bungalows der Insel, alle aus Bambus errichtet, teils direkt am Strand, aber wer hier reservieren will, muss Taucher sein bzw. an Tauchfahrten teilnehmen.

Ruhig und gemütlich – **Daya Resort:** Pattaya Strand, Tel. 080 508 20 87, Fan-Zimmer 350–1200 Bt (je nach Saison), Cottages 1200–1400 Bt. Am etwas ruhigeren und weniger von Booten frequentierten Westrand des Strandes gelegene Anlage mit etwa 50 Bungalows; die direkt am Strand liegenden wurden aus Bambus errichtet.

Urig-rustikal – **Viewpoint Resort:** Sunlight Beach, Tel. 08 16 78 89 25 und 083 193 33 62, 500–700 Bt (je nach Saison). Die Anlage mit 15 urig-romantischen Bungalows am felsigen Ende des Strandes ist eine der wenigen, die unter Leitung der Chao Lee steht. Ein Tipp für alle, die es ursprünglich mögen.

Aktiv & Kreativ

Ein Muss! – **Bootstouren:** In der Saison tgl. Dutzende Sightseeingtouren in Longtailbooten nach Ko Adang, Ko Rawi, Ko Butang und vielen weiteren Inseln. Strand- und Schnorchelstopps werden dabei reichlich eingelegt. Programme und Preise der unterschiedlichen Anbieter sind identisch, Morgentour 8–14 Uhr 550 Bt, Nachmittagstour 11.30–16.30 Uhr 750 Bt, alles (auch Verpflegung) inklusive.

Thailands Traumrevier – **Kajak:** Vielfältige Ausflugsmöglichkeiten in der Inselwelt, doch leider werden nur ›Sit-on-tops‹ vermietet, die für größere Touren nicht geeignet sind. Wer den Archipel in seiner ganzen Schönheit erleben will, muss ein eigenes Kajak mitbringen oder auf die Angebote z. B. von Sea Canoe (www.seacanoe.net) zurückgreifen, die zahlreiche Mehrtagestouren im Programm haben.

Atemberaubende Einblicke – **Schnorcheln:** Interessante Stellen finden sich z. B. direkt vor dem Sunlight Beach zwischen den beiden kleinen vorgelagerten Inseln (Achtung! starke Strömungen) und am Ostrand des Pattaya Beach. Schnorchelausrüstung ab ca. 100 Bt/Tag, auch Schnorcheltouren (s. o., Bootstouren), außerdem können Schnorchler auch preisgünstig an Tauchtouren teilnehmen (s. rechts).

Einzigartig in Südostasien – **Tauchen:** Die Tauchgründe im Umfeld des Tarutao-Archipels gelten als einzigartig in Südostasien. Allein im Bereich von Ko Lipe und den Nachbarinseln haben sich ein rundes Dutzend Spots einen herausragenden Namen gemacht. Tauchzentren gibt es entsprechend viele. Seit Jahren beliebt sind u. a. Sabye Diving (Tel. 089 464 58 84, www.sabye-sports.com) und Forra Dive (Tel. 080 545 50 12, www.forradiving.com). PADI Open-Water-Kurs 13 500 Bt, Tagestouren mit 2 Dives ab 2800 Bt (für Schnorchler 600 Bt), komplette Tauchausrüstung ca. 1200 Bt/Tag.

Abends & Nachts

Chill out – **Rasta Bars:** Pattaya Beach. Es gibt mehr als ein Dutzend Bars auf der Insel, und am Pattaya Beach öffnen abends mehrere freakige Rasta Bars, in denen man zu musikalischer Untermalung und durch Feuershows unterhalten auf Sitzmatten/Liegenstühlen direkt auf dem Sand sitzt oder auf Podesten dahinter.

Top Sound – **Pooh's Bar:** am Strip zwischen Pattaya und Sunlight Beach. Kleiner, aber üppig begrünter Garten mit einem guten Restaurant, einer kleinen Bar und einem Musikpub, in dem allabendlich topaktuelle Musik-DVDs auf einen überdimensional großen Bildschirm projiziert werden. Man sitzt entspannt auf Kissen auf dem Boden und lässt es sich zu köstlichen Cocktails und Long Drinks (um 120–140 Bt) gut gehen.

Entspannt genießen – **Karma Bar:** Sunlight Beach. Wer ruhige Abende zu Drinks und Musik bevorzugt, geht in die Karma Bar, wo obendrein ein herrlicher Meerblick zu genießen ist.

Angetörnte Nächte – **Jack's Jungle Bar:** am Weg zum Sunset Beach. Allabendlicher Treff zu Musik (vereinzelt auch live) und Drinks in entspannter Atmosphäre.

Infos

Touristeninformation

Internet: Infos auf www.kohlipe.net, wesentlich umfassender auf www.kohlipethailand.com.

Service

Geld: keine Automaten oder Möglichkeiten zum Geldwechseln, aber in Pooh's Bar & Restaurant (s. links) bekommt man Cash auf Card (Visa, Mastercard und AmEx) gegen 4 % Provision.

Krankenstation: Hinter der Schule beim Sunlight Beach befindet sich ein Health Centre, in dem stets ein Arzt oder zwei Ärzte Dienst tun.

Verkehr

Bus/Boot: per Bus/Minibus nach Ban Pakbara (ab Krabi 380 Bt, ab Ko Lanta 450 Bt, ab Surat Thani 450 Bt, ab Phuket 500 Bt), dort Nov.–April mindestens 5–9 x tgl. Verbindungen nach Ko Lipe (1,5–4 Std., um 650 Bt, je nach Bootstyp), teils via Ko Tarutao (1,5 Std.), teils direkt. Es verkehren auch Schnellboote (ebenfalls teilweise via Ko Tarutao), die nur wenig mehr kosten.

Zwischen den Inseln: Von Ko Phi Phi verkehrt tgl. um 8.30 Uhr das Highspeed-Motorboot von Tigerlinetravel (www.tigerlinetravel.com) nach Ko Lipe (1800 Bt) und weiter nach Langkawi/Malaysia (1200 Bt). Um 9.30 Uhr fährt es tgl. via Ko Muk (1400 Bt), Ko Ko Kradan (1400 Bt), Ko Ngai (1400 Bt) und Ko Lanta (1500 Bt) nach Ko Phi Phi zurück. Zwischen Ko Lipe und Ko Bulon fährt mind. 1 x tgl. ein Fährboot (450 Bt) sowie ein Schnellboot (650 Bt).

Sprachführer

Thai zu sprechen ist selbst mit einem Wörterbuch schwierig, denn es gibt 44 Konsonanten und 32 Vokale sowie verschiedene Tonhöhen, mit denen eine Bedeutungsverschiebung einhergeht. Doch lohnt es sich, wenigstens Begrüßungsformeln und Zahlen zu lernen. Wichtig: Männer beenden Sätze mit der Höflichkeitsfloskel ›khrap‹, Frau mit ›kha‹.

Allgemeines

Guten Morgen/Tag/ Abend/Auf Wiedersehen	sawat-dee kha (Sprecherin = Frau), sawat-dee khrap (Sprecher = Mann)
bitte (einladend)	tschuhn
bitte (fordernd)	prott
danke (Frauen)	kop khun kha
danke (Männer)	kop khun khrap
Das macht nichts!	mai pen rai
ein bisschen	nitnoi
Entschuldigung	khoo thoot
Es tut mir leid	tschan (Frau)/phom (Mann) sia chai
Freund	püan
gut	die
gut, clever	gäng
haben …	mie …
hübsch	suäi
ja	dschai
Junge	dek pu-dschai
Kind	dek
klein	lek
können	dai
Mädchen	dek pu-jing
mögen	schop
müssen	tong
nein	mai, plaao
nicht gut	mai die
nicht	mai
schmutzig	sockapock
sehr gut	die mahk
sehr	mahk mahk
sich wohl fühlen	sabai
Spaß haben	sanuk
vielleicht	bangti
westlicher Ausländer	farang
wollen, möchten	jaak

Zeit

Abend	jen
gestern	müa wan-nie
heute	wan-nie
Jahr	bi
jetzt	diao-nie
Minute	natie
Mittag	tiang
Monat	düan
Morgen (früh am Tag)	tschao
morgen	prung-nie
Nacht	khühn
später	tie-lang
Stunde	tschua mohng
Tag	wan
Woche	athit
Welche Zeit/ wieviel Uhr ist es?	kie mohng

Unterwegs

Wohin gehen Sie?	khun tschai pai nai?
Ich gehe nach …	tschan (Frau)/phom (Mann) pai …
geradeaus	trong pai
(nach) links	(liao) sai
(nach) rechts	(liao) khwa
Stopp!	jut
Welche Straße ist das?	thanon nih arai?
Auto	rot jon
Bahnhof	sathani rot fai
Benzin	bensin
Berg	doi
Boot	rüha
Bucht	ao
Bus	rot meh
Busbahnhof	sathani rot meh, bo ko so
Dorf	ban
Eisenbahn	rot fai

Fahrrad	dschakrajahn
Flugplatz	sahnam bin
Flugzeug	krüang bin
Hafen	tah rüha
Gasse/Straße	soi/thanon
Insel	ko
Motorrad	mohtöhsai
mieten	tschau
Stadt	müang
Strand	tschai haht
Taxi	teksi

Unterkunft

Hotel	rong rähm
Wo ist das Hotel?	rong rähm ju tienai?
Zimmer	hong
Bett	tiang
Schlüssel	gun tschä
Moskitonetz	mung
Badezimmer	hong nahm
Wo ist die Toilette?	hong nahm ju tienai
Toilettenpapier	gradad samla

Einkaufen

Gibt es ...?	mie ... mai?
Es gibt nicht	mai mie
kaufen	süh
teuer	phääng
Wie viel kostet das?	raka tao-rai/kih baht?
Das ist zu teuer.	an-nii phääng bai.
Können Sie den Preis senken?	lot raka nooi daai mai?

Gesundheit, Notfall

Arzt	moo
Durchfall	tong döhn
Erbrechen	adschian
Fieber	kai
Hilfe	tschuai duai
krank	mai sabai
Krankenhaus	rong payabahn
Medizin	jah
weh tun	dschep
Zahnarzt	moo fan

Zahlen

1	nöng	12	sip sohng
2	sohng	20	jie sip
3	sahm	21	jie sip et
4	sie	25	jie sip hah
5	hah	30	sahm sip
6	hock	100	nöng roy
7	dschät	200	sohng roy
8	bät	1 000	nöng pan
9	kao	10 000	nöng müün
10	sip	100 000	nöng sähn
11	sip et	1 000 000	nöng laan

Die wichtigsten Sätze

Willkommen! (Begrüßung)	jin die tohn rap
Verstehen sie?	khun kao dschai mai?
Sprechen Sie Thai?	khun put Thai dai mai?
Ich verstehe (nicht)	tschan (mai) kao dschai
Ich spreche ein wenig Thai	put Thai dai nitnoi
Bitte sprechen Sie langsam!	prott put cha cha
Wie heißen Sie?	khun dschü arai ?
Ich heiße ...	tschan dschüa
Wie alt sind Sie?	khun anju tao-rai?
Woher kommen Sie?	khun mahn dschak tienai?
Wo wohnen Sie?	khun jü tienai?
Wie geht es?	ben jang ngai bang?
Mir geht es gut	sabai die
Kann man fotografieren?	tai ruhp dai mai?
Bitte bringen Sie mich nach ...	tschuai paa tschan/phom pai
Halten Sie hier!	yut drong nii!
Wann ist ... geöffnet?	... pööt pratu kii moong?
Tschüss	laa gon

Kulinarisches Lexikon

Allgemein/Zubereitung

Das Essen schmeckt gut!	ahahn a-roi
Dasselbe noch mal	ao ik mai
durstig sein	hiu nham
essen gehen	pai tahn ahahn
essen	gin khaao
heiß	rohn
hungrig	hiju
Ich (weibl./männl.) mag …	tschan (weibl.)/phom (männl.) schop
kalt	jen
Restaurant	rahn ahahn
trinken	dühm
Zahlen, bitte!	tschek bin
nüng	gedünstet, gekocht
phet	scharf
phat	gebraten
ping	getoastet
prih oh wahn	süß-sauer
tord	gebraten, gebacken
tom	gekocht
wahn	süß
yang	gegrillt

Eiergerichte

khai	Ei
khai gai	Hühnerei
khai ped	Entenei
khai luak/tom	weich/hart gekochtes Ei
khai tord	Omelett
khai yad sai	Gemüseomelette
khai yat sai muh	Omelette mit Gemüse und Schweinefleisch

Suppen

gaeng djüt	milde Suppe mit Gemüse und Fleisch
gaeng liang	thailändische Suppe mit Gemüse
gaeng ba tschor	Suppe mit Schweinefleisch
khaao tom	Reissuppe, es folgt die Bezeichnung der jeweiligen Fleischsorte
khaao tom plah	Reissuppe mit Fisch
tom yam	scharfe, saure Suppe, besondere Spezialität
tom yam gai	die Variante mit Hühnerfleisch

Currys

gaeng gariih	mildes indisches Curry
khiau wahn	sehr scharfes Curry
gaeng masman	mildes gelbes Curry
gaeng phet	scharfes Curry

Fleisch, Fisch, Meeresfrüchte

gai	Hühnerfleisch
gang	Garnele
gung	Hummer
muh	Schweinefleisch
nua wua	Rindfleisch
ped	Entenfleisch
plah	Fisch
plahmük	Tintenfisch
puh	Krebse

Reis- und Nudelgerichte

khaao plau	weißer, trockener Reis
khaao phat	gebratener Reis, ein typisches Gericht an den Essensständen
khaao phat gai	gebratener Reis mit Hühnerfleisch
khaao nie oh	klebriger Reis, vor allem als Nachspeise
guäi tiao	Reisnudeln (weiß)
ba mie	Weizenmehlnudeln (gelblich)
nham	Nudelsuppe
ba mie nham muh	Suppe mit Schweinefleisch und gelben Nudeln
guai tiau hang	Reisnudeln mit Gemüse und Fleisch
ba mie rahd nah	knusprig gebratene Weizenmehlnudeln
phat thai	traditionelles Nudelgericht

Nachspeisen und Snacks

khaao larm	gekochter Klebreis in einem Bambusrohr
khaao tom mat	mit Bananen gefüllter Klebreis, oft kunstvoll in einem Bananenblatt verpackt
gluei bod tschie	Bananen in süß-salziger Kokosnusscreme
gluei tord	gegrillte Bananen

Obst

farang	Guave
kha nun	Jackfrucht
gluei	Banane
ma la kor	Papaya
mamuang	Mango
mang kut	Mangostan
tunan	Durian
sap pa rot	Ananas
som	Orange/Mandarine
somoh	Riesenorange/ Pomelo

Getränke

bia	Bier
tschah	Tee mit süßer Milch
tschah dam	Tee mit Zucker
tschah manao	kalter Tee mit Zitrone
gafä	Kaffee
lao	alkoholische Getränke
nham (yen)	(Eis-) Wasser
nham mahprau	Kokosnussmilch
nham manao	Zitronensaft
nham sohm	frischer Orangensaft
nhom sot	frische Milch
nhom pan	Milchshake
oh liang	kalter chinesischer Kaffee, süß
witamilk	Sojabohnenmilch

Spezialitäten

gai phat baikrapao	gebratenes Hühnerfleisch mit thailändischem Basilikum
gai phat metmamuang	gebratenes Hühnerfleisch mit Cashewnüssen
gai phat nohmai gap het	gebratenes Hühnerfleisch mit Bambus sprossen, Morcheln
gai takrai	Hühnerbrust mit Zitronengras
gai yahng	gegrilltes Hähnchen
khaao man gai	Reishähnchen mit pikanter Ingwersauce
gang nüng krathiam pak chii	gedämpfte Garnelen mit Knoblauch und Koriander
muh phat king	gebratenes Schweinefleisch mit Ingwer
muh tord krathiam prikthai	Schweinefleisch mit Knoblauch und Chilis
muh prih oh wahn	Schweinefleisch süß-sauer
nua phat nam manhoy	gebratenes Rindfleisch mit Austernsauce
ped op nam püng	Ente, gebacken mit Honig
phat nohmay sai khai	gebratene Bambussprossen mit Eiern
phat pak ruam	gemischtes gebratenes Gemüse
plahmük yat sai	Tintenfisch, gefüllt mit Gemüse und Hack
plah tord	gebackener Fisch
sate (gai, muh ...)	Fleischspießchen (von Huhn, Schwein ...) mit Erdnusssauce
tom yam talueram	sauer-scharfe Suppe mit Fisch, Garnelen und Muscheln
yam somoh	bitterscharfer Pomelo-Salat

Abbildungsnachweis

Anantara Resort, Ko Samui/Thailand: S. 11 o. re., 125 li., 130/131
Bildagentur Huber, Garmisch-Partenkirchen: S. 78 re., 82, 90 (Schmid)
DuMont Bildarchiv, Ostfildern: S. 27, 31, 63, 64, 71, 79 li., 100/101, 118, 136, 143, 160/161, 214 re., 222, 232 li., 246/247 (Sasse)
Getty Images, München: S. 9 re. (Allison), 233 li., 236/237 (Chesley), 51 (Evrard), 58 (Laman)
laif, Köln: S. 214 li., 216 (Amme), 52 (Bialobrzeski), 60, 68 (Biskup), 10 o. li., 23, 74, 156/157 (Hemispheres), 78 li., 94/95 (Henseler), 208, 256 re., 260/261, 277 (Heuer), 120 (Jonkmanns), Umschlagklappe vorn (Lengler), 66 (Modrow), 144 li., 152 (On Asia/Joren), 191 li., 199 (On Asia/Redfern), 210 (Redux Pictures), 250 (Rodtmann), 56 (Sasse)
Look, München: S. 10 u. li., 102 li., 103 li., 105, 108/109, 169 (Maeritz), Titelbild, 11 u. li., 96/97 (Pompe), 166, 176/177 (Stumpe)
Mauritius Images, Mittenwald: S. 124 re., 134 (Beuthan), 162 (Oxford Scientific), 48 (Pacific Stock)
Christian Mietz, Ko Lanta/Thailand: S. 145 li., 164
Michael Möbius, Kabelvåg/Norwegen: S. 9 li., 102 re., 114
Picture-Alliance, Frankfurt am Main: S. 186 (KPA/Aquila), 40/41 (maxppp/Drouyer), 257 li., 264 (Photoshot/Ocean Images/Murray), 167 li., 172/173 (united archives)
Thomas Stankiewicz, München: S. 12/13, 24, 76/77, 144 re., 150, 190 li., 190 re., 194, 204/205, Umschlagrückseite
Annette Ster, Kabelvåg/Norwegen: S. 8, 10 o. re., 10 u. re., 11 o. li., 11 u. re., 55, 124 li., 138/139, 182/183, 215 li., 230/231, 232 re., 241, 256 li., 270/271, 274/275

Kartografie

DuMont Reisekartografie, Fürstenfeldbruck

Titelbild: Maya Bay auf Ko Phi Phi Leh
Umschlagklappe vorn: Geisterhäuschen am Choeng Mon Beach auf Ko Samui

Hinweis: Autoren und Verlag haben alle Informationen mit größtmöglicher Sorgfalt geprüft. Gleichwohl sind Fehler nicht vollständig auszuschließen. Alle Angaben erfolgen ohne Gewähr. Bitte schreiben Sie uns! Über Ihre Rückmeldung zum Buch und über Verbesserungsvorschläge freuen sich Autoren und Verlag: **DuMont Reiseverlag,** Postfach 3151, 73751 Ostfildern, info@dumontreise.de, www.dumontreise.de

2., aktualisierte Auflage 2012

Lektorat/Redaktion: Anne Winterling, Nadia Al Kureischi, Petra Juling, Silvia Engel
Grafisches Konzept: Groschwitz/Blachnierek, Hamburg
Printed in China

FSC www.fsc.org MIX Paper from responsible sources FSC® C002957